L'économie
repensée

Ouvrages parus chez le même éditeur

Jean-François Dortier, *Les Sciences humaines. Panorama des connaissances*, 1998

Jean-Claude Ruano-Borbalan (sous la direction de), *Eduquer et Former. Les connaissances et les débats en éducation et en formation*, 1998

Jean-Claude Ruano-Borbalan (coordonné par), *L'Identité. L'individu, le groupe, la société*, 1998

Philippe Cabin (coordonné par), *La Communication : état des savoirs*, 1998

Jean-François Dortier (coordonné par), *Le Cerveau et la Pensée. La révolution des sciences cognitives*, 1999

Philippe Cabin (coordonné par), *Les Organisations : état des savoirs*, 1999

Jean-Claude Ruano-Borbalan (coordonné par), *L'Histoire aujourd'hui*, 1999

Jean-François Dortier (coordonné par), *Philosophies de notre temps*, 2000

Si vous désirez être informé(e) des parutions de Sciences Humaines Éditions et de la revue mensuelle *Sciences Humaines* :
Sciences Humaines, 38, rue Rantheaume,
BP 256, 89004 Auxerre Cedex.
Tél. : 03 86 72 07 00/Fax : 03 86 52 53 26.
http://www.scienceshumaines.fr

L'économie repensée

- •Le renouveau théorique
- •Le marché dans la société
- •La globalisation
- •La croissance et l'emploi
- •Les politiques économiques

Coordonné par
Philippe Cabin

Éditions
SCIENCES
HUMAINES

Réalisation et diffusion de l'ouvrage

Cet ouvrage reprend des articles parus dans le mensuel *Sciences Humaines* enrichis et actualisés. L'appareillage pédagogique (bibliographie, mots clés, encadrés) a été également actualisé.

Conception : Philippe Cabin, Jean-François Dortier, Jean-Claude Ruano-Borbalan

Coordination : Philippe Cabin

Conception maquette, mise en pages intérieure et fabrication : PolyPAO, Anne Leprince et Marc-Philippe Saligue, 89420 Saint-André-en-Terre-Plaine

Conception maquette couverture : Gilbert Franchi

Secrétariat : Laurence Blanc

Diffusion : Nadia Léal

Promotion : Estelle Dorey

Diffusion Presses universitaires de France

© Sciences Humaines Éditions, 2000,
38, rue Rantheaume,
BP 256, 89004 Auxerre Cedex
ISBN 2-912601-08-8

Liste des auteurs

Philippe Adair, Enseignant à l'université Paris-XII Val-de-Marne, Directeur de l'ISIAG (Institut supérieur d'informatique appliquée à la gestion)

Michel Aglietta, Professeur de sciences économiques à l'université Paris-X, Conseiller scientifique au CEPII (Centre d'études prospectives et d'informations internationales)

Jean-Pierre Allégret, Chargé de recherche au CNRS, GATE (Groupe d'analyse et de théorie économique), CNRS et université Lyon-II

Sylvain Allemand, Journaliste scientifique au magazine *Sciences Humaines*

Wladimir Andreff, Professeur de sciences économiques à l'université Paris-I, Vice-président de l'International Association of Sports Economists

Jean-Charles Asselain, Professeur d'histoire économique à l'université Bordeaux-IV

Laurence Bancel-Charensol, Chercheur au GREGESE/OEP (Groupe de recherche en gestion et économie des services/Organisation et efficacité de la production), université de Marne-la-Vallée

Georges Benko, Géographe, université Paris-I Sorbonne

Henri Bourguinat, Professeur à l'université Bordeaux-I, Directeur du LARE (Laboratoire d'analyse et de recherche économique), CNRS

Robert Boyer, Directeur d'études à l'EHESS, Directeur de recherche au CNRS, chercheur au CEPREMAP (Centre d'études prospectives d'économie appliquées à la planification)

Michel Cabannes, Maître de conférences à l'université Bordeaux-IV

Philippe Cabin, Journaliste scientifique au magazine *Sciences Humaines*

Jean-Claude Delaunay, chercheur au GREGESE/OEP (Groupe de recherche en gestion et économie des Services/Organisation et efficacité de la production), université de Marne-la-Vallée

Jean-François Dortier, Rédacteur en chef du magazine *Sciences Humaines*

Jacques Freyssinet, Professeur à l'université Paris-I, Directeur de l'IRES (Institut de recherche économiques et sociales)

Dominique Guellec, Administrateur de l'Insee

Bernard Guerrien, Maître de conférences à l'université Paris-I Sorbonne

Muriel Jougleux, chercheur au GREGESE/OEP (Groupe de recherche en gestion et économie des services/Organisation et efficacité de la production), université de Marne-la-Vallée

Smaïn Laacher, Sociologue, Centre d'étude des mouvements sociaux (EHESS), Institut d'administration des entreprises (université Paris-I)

Michel Lallement, Professeur de sociologie à l'université de Rouen

Michel Lelart, Directeur de recherche au CNRS, Institut orléanais de finance

Alain Lipietz, Directeur de recherche au CNRS

Jean-Hervé Lorenzi, Professeur à l'université Paris-Dauphine

Pascal Lorot, Directeur de la *Revue française de géoéconomie*

Daniel Mercure, Professeur de sociologie à l'Université Laval de Québec

Claire Pignol, ATER, université Paris-I Sorbonne

Robert Reich, Professeur de politique économique et sociale à l'Université de Brandeis (Massachusetts), ancien ministre du Travail du gouvernement des Etats-Unis

Christine Roland-Lévy, Maître de conférence en psychologie sociale à l'université Paris-V, Présidente de l'IAREP (International Association for Research in Economic Psychology)

André Rousseau, Responsable des études marketing au Crédit Mutuel de Bretagne, et responsable de la vie coopérative

Jean-Claude Ruano-Borbalan, Directeur de publication du magazine *Sciences Humaines*

Ignacy Sachs, Directeur d'études à l'EHESS

Frédérique Sachwald, Maître de recherche à l'IFRI (Institut français des relations internationales), Professeur associée à l'université Paris-XIII

Jean-Michel Servet, Professeur à l'université Lyon-II, Directeur du Centre Léon Walras

Ahmed Silem, Professeur à l'université Lyon-II, chercheur à l'ERSICO (Equipe de recherche sur les systèmes d'information et de communication des organisations)

Pierre Veltz, Professeur à l'Ecole nationale des Ponts et Chaussées

Immanuel Wallerstein, Historien et sociologue, Directeur du Centre Fernand Braudel pour l'étude des économies, des systèmes historiques et des civilisations, Université de Binghamton (New York)

SOMMAIRE

Chapitre II : Marché, économie et société

SECONDE PARTIE : MÉCANISMES ET ENJEUX

Chapitre III : Nature et destin du capitalisme

Chapitre IV : Croissance et développement

PHILIPPE CABIN*

INTRODUCTION GÉNÉRALE

Globalisation, libéralisation des échanges, nouvelles technologies de l'information, marchés émergents, affaiblissement des politiques économiques : l'économie subit sous nos yeux de profondes transformations. Face à ces mutations, la science économique a largement renouvelé ses grilles de lecture et s'est ouverte aux autres disciplines.

L'ÉCONOMIE a-t-elle besoin d'être repensée ? Probablement, quand on songe à la place qu'elle occupe dans les débats publics et à la virulence de certaines controverses. D'un côté des formules choc, comme le titre du livre de Viviane Forrester, *L'Horreur économique*, cristallisent des polémiques et des ressentiments à l'égard d'une logique marchande s'insinuant dans tous les recoins de la vie sociale. De l'autre un enthousiasme parfois naïf annonce un avenir radieux : celui d'une nouvelle économie, d'un monde qui ne serait plus gouverné par l'industrie et la production matérielle, mais par la communication, l'innovation, la créativité, l'intelligence, etc. Ces visions radicalement divergentes de l'économie s'enracinent dans une même réalité : l'ampleur des transformations du monde économique depuis deux décennies. L'économie – la science – semble se faire plus modeste face à l'économie – les faits. Cette dernière devient, en effet, de plus en plus fluide et de plus en plus complexe. L'internationalisa-

* Journaliste scientifique au magazine *Sciences Humaines*.

tion des échanges, les transformations de la production et des entreprises, l'emprise des technologies de l'information, l'explosion de la sphère financière, la remise en question des politiques économiques… : les transformations se chevauchent et semblent s'accélérer dans un tourbillon sans fin.

Face à cet apparent désordre, cet ouvrage se propose un double objectif : décrire les évolutions en cours et éclaircir les principaux enjeux de l'économie contemporaine ; exposer de façon synthétique les analyses et les grilles de lecture les plus récentes qui permettent d'interpréter ces phénomènes économiques.

Les nouveaux visages de l'économie contemporaine

En cette fin de siècle, l'économie mondiale peut être appréciée par quelques indices : la libéralisation et la déréglementation des économies, une inflation maîtrisée et une croissance retrouvée dans la plupart des pays occidentaux, l'essor des pays dits « émergents » (Brésil, Chine, Corée…) ; mais aussi la persistance d'un chômage de masse dans des pays importants (France, Allemagne, Espagne…), la marginalisation persistante des continents les plus peuplés (l'essentiel de l'Afrique et une partie de l'Asie), la corruption…

Victoires et contradictions du marché

L'effondrement des économies communistes, la marche de la Chine vers une économie capitaliste, le recul des politiques keynésiennes et la remise en cause de l'Etat-providence : la contrepartie de tous ces événements est une évolution quasi générale vers un modèle concurrentiel et marchand. Ce modèle imprègne l'organisation des échanges dans les pays développés : privatisations mais aussi arrivée (certes prudente) du secteur privé dans des domaines dont ils étaient jusque-là exclus, comme la santé, l'assurance-retraite. La construction européenne a d'abord été celle d'un marché : elle aboutit à mettre en situation de concurrence des grands opérateurs nationaux (comme EDF, France Télécom) et à fragiliser des situations de monopoles ou de marchés très protégés.

L'organisation de la production suit elle aussi la voie de la libéralisation et de la déréglementation. Une part essentielle des politiques de lutte contre le chômage a ainsi consisté à combattre les rigidités du marché du travail (assouplissement du droit de licenciement, recours aux emplois précaires et à la

sous-traitance…). Pourtant, c'est aussi en partie à une croissance retrouvée que l'on doit la baisse actuelle du chômage
en France. Les théories récentes de l'emploi montrent la diversité des facteurs qui concourent à la formation du chômage :
problèmes d'information, effets de cliquet, recherche de la
rentabilité… (*voir l'article de Jacques Freyssinet page 221*).
L'automatisation et les nouvelles technologies sont fréquem-
ment invoquées comme facteur de chômage : là encore, les
recherches montrent l'ambivalence des effets. Très schématiquement, on peut dire que le progrès technique est destructeur d'emplois à court terme, mais qu'à long terme les effets
dynamisants sur l'économie l'emportent sur les effets négatifs
(*voir l'article de Jean-Hervé Lorenzi page 229*). Autre conséquence du mouvement de libéralisation de l'économie : une
course sans fin à la rentabilité, sous la double pression d'une
concurrence plus rude et d'un marché financier plus exigeant.
Les modes de production doivent se transformer pour faire
face à ce double défi. La recherche de flexibilité est l'une des
manifestations les plus visibles de ces transformations. Derrière le discours sur la flexibilité, il y a pourtant des pratiques
différentes, qui peuvent même être contradictoires (*voir
l'article de Daniel Mercure page 235, et l'encadré page suivante*).
Cette évolution n'est pas dénuée néanmoins de paradoxes.
Les méga-fusions d'entreprises ont un objectif essentiel : l'acquisition (ou le refus) d'une situation dominante. Au point
que ce sont les pouvoirs publics qui sont amenés à intervenir,
voire à sanctionner, pour faire respecter les règles de la concurrence ! Selon Immanuel Wallerstein cette contradiction apparente s'expliquerait sans peine (*voir page 131*) : le capitalisme
tend à installer des monopoles pour lutter contre la concurrence, car c'est le monopole, et non la concurrence, qui fait
du profit.

Innovation et nouvelle économie

Comme le souligne Michael Porter, professeur à Harvard, les
pays occidentaux ont aujourd'hui fini de «*mettre de l'ordre
dans la maison*» (c'est-à-dire déréguler). Selon lui, la différence
va dès lors se jouer dans la capacité à innover, à créer de nouveaux produits et de nouveaux procédés. Un tel constat est
loin d'être nouveau : le rôle de l'innovation comme moteur
du développement économique avait déjà été souligné par le
grand économiste autrichien Joseph Schumpeter (*voir l'article*

La flexibilité du travail est-elle rentable ?

Les emplois dits « atypiques » (contrats à durée déterminée, intérim, contrats subventionnés, stages, etc.) occupent plus de 20 % des salariés. Si ces systèmes ont des avantages évidents et immédiats, ils ont aussi des coûts. Au bout du compte, le bilan leur est-il si favorable ?

Le succès des emplois atypiques s'explique par divers atouts. Ils permettent d'ajuster la main-d'œuvre au plus près des fluctuations de l'activité. De nombreuses formes d'emplois précaires sont par ailleurs agrémentées de primes allouées par l'Etat. En outre, qu'il s'agisse de relations salariales (CDD) ou de contrats commerciaux (intérim, sous-traitance), elles permettent de contourner certaines obligations du droit du travail. Les emplois temporaires sont aussi un moyen de mettre à l'épreuve les candidats plus longuement que ne le permet la « période d'essai » normalement prévue dans un contrat à durée indéterminée.

Mais la flexibilité du travail présente aussi des inconvénients, qu'il convient de ne pas négliger. Ainsi, la baisse de productivité qu'ont connue divers secteurs des services entre 1994 et 1995 est imputable, selon l'économiste Patrick Artus, à un recours excessif à l'intérim. En effet, l'intérimaire est un homme comme les autres : il a besoin d'un peu de temps pour prendre ses repères dans l'entreprise. Selon Christophe Everaere, l'emploi précaire a également des effets négatifs sur l'implication au travail, sur la continuité des tâches et la passation des consignes. Il ajoute que la coexistence au sein de l'entreprise de populations aux statuts inégaux pose un problème de cohésion qui nuit à l'efficacité collective. Plus fondamentalement, il pense qu'une organisation du travail fondée sur le développement de compétences et l'autonomie des salariés (la flexibilité qualitative) est incompatible avec une politique d'emploi précaire (la flexibilité quantitative).

En termes comptables, les avantages l'emportent sur les inconvénients. Mais il semble que le recours aux emplois précaires présente des risques qui, pour être moins tangibles, n'en sont pas moins lourds de conséquences à moyen terme.

P.C.

Source : C. Everaere, « Emploi, travail et efficacité de l'entreprise : les effets pervers de la flexibilité quantitative », *Revue française de gestion*, n° 124, juin-juillet-août 1999.

de Jean-François Dortier page 35). Ce qui est inédit en revanche, c'est l'accélération du rythme de l'innovation et la durée de vie de plus en plus brève d'un produit sur le marché.

Autre aspect de l'évolution du système productif : la part de l'immatériel (service, connaissance, signes…) dans la production ne cesse de croître. Ainsi, les services représentent aujourd'hui 70 % de l'emploi et de la valeur ajoutée des sociétés développées, contre 5 % pour l'agriculture et 25 % pour l'industrie (*voir l'article de Laurence Bancel-Charensol, Jean-Claude Delaunay et Muriel Jougleux page 243*). Y compris dans un produit typiquement industriel comme l'automobile, la part de l'immatériel dans le coût de production est supérieure à celle de la production physique. Nous serions en train de passer d'une société de l'effort physique à une société de l'effort mental.

Mais il y a aussi derrière tout cela un moteur et un mythe : les nouvelles technologies de l'information et de la communication. Les ordinateurs sont partout, aussi bien dans les usines, les entreprises, que dans les administrations, l'armée, ou les domiciles. Ils ont bouleversé nos façons de travailler. Grâce à l'informatique, le savoir et l'information (nouveaux nerfs de la guerre économique) peuvent être stockés, traités et codés de manière quasiment illimitée. Grâce aux technologies de communication (téléphonie portable, télécopie, Internet…), ils acquièrent une capacité de circulation considérable. Cette «révolution informationnelle» affecte jusqu'à nos catégories de pensée (1).

L'enthousiasme généré par ces nouveaux outils, et les excellents résultats de l'économie américaine depuis dix ans, auxquels on les attribue spontanément, sont à l'origine du succès du terme de «nouvelle économie», qui renvoie en fait au dynamisme du secteur des nouvelles technologies (Internet, informatique, télécommunications, commerce électronique, multimédia, audiovisuel). Nous serions ainsi entrés dans un nouveau paradigme, dans une sorte d'économie numérique fondée sur l'information et l'immatériel. D'autres analyses soulignent que le phénomène de la nouvelle économie ne serait que la manifestation d'un cycle de croissance normal, rendue plus spectaculaire par le battage fait autour des NTIC. Une réponse tranchée à un tel débat serait à la fois imprudente et

---

1. Voir M. Guillaume, *L'Empire des réseaux*, Descartes, 1999.

prématurée (*voir l'article de J.-F. Dortier page 157*). Rappelons
en effet que le côté «magique» des performances des NTIC
n'est pas sans générer une forme d'utopie et par conséquent
des illusions : on peut faire un virement bancaire par Internet; pourrait-on sentir un parfum ou se faire livrer une pizza
par le câble? Ajoutons que malgré une croissance exponentielle, l'usage courant des NTIC ne concerne pour l'instant
qu'une minorité de citoyens (en général diplômés et urbains)
à l'échelle des pays occidentaux, une minorité encore plus
réduite à l'échelle mondiale !

On a parlé à propos de la nouvelle économie d'un néocapitalisme. Le système qui est en train de s'ériger sous nos yeux est-
il un avatar supplémentaire du capitalisme, est-il radicalement
nouveau? Allons-nous vers un modèle universel de régulation, qui effacerait à terme les spécificités nationales, institutionnelles et culturelles qui subsistent encore de nos jours?
Cette réflexion sur la nature et le devenir du capitalisme est
au cœur de nombreuses recherches. Robert Boyer, l'un des
principaux représentants de l'école française de la régulation (2), distingue quatre modèles de régulation capitaliste :
rhénan, anglo-saxon, social-démocrate, étatique. S'il admet
l'érosion du système étatique français, il ajoute que rien de
permet de prédire une convergence complète et définitive
vers un modèle unique, qu'il soit rhénan ou anglo-saxon (*voir
page 139*).

De global en local

*«Au milieu des années 70, la grande majorité de la population
active internationale se trouvait encore dans des pays fermés au
marché mondial, un tiers environ vivant dans les économies planifiées fortement protégées. En l'an 2000, selon la Banque mondiale, moins de 10 % de la population sera vraiment coupée du
marché mondial.»* (3) Daniel Cohen pointe ici un autre trait
majeur du système qui est en train de se dessiner sous nos
yeux : la mondialisation des échanges et l'interdépendance
accrue des économies (on emploie le plus souvent le terme de
globalisation).

Ce phénomène ancien s'est singulièrement accéléré pendant

---

2. Voir les mots clés en fin d'ouvrage.
3. D. Cohen, «L'avenir des inégalités mondiales», dans T. de Montbrial et P. Jacquet, *Rapport RAMSES 2000*, Dunod, 1999.

la période récente, sous le double effet de la libéralisation et des progrès techniques (NTIC, baisse du coût des transports notamment). Il renvoie à des réalités très diverses. Dans le domaine de la finance, par exemple, on a assisté en quelques années à une véritable explosion des flux et des volumes d'échanges internationaux. Henri Bourguinat indique ainsi que le volume d'échange quotidien sur les grandes places financières mondiales est passé de 1 000 milliards de dollars en 1993 à 2 000 milliards en 1999 (*voir son article page 251*). Dans le domaine commercial, l'essor du libre-échangisme et la baisse concomitante du protectionnisme sous toutes ses formes (normes, taxes, bureaucratie) concourent à une montée en puissance du volume des échanges internationaux. Les nouvelles théories du commerce international montrent que, contrairement à ce que l'on pourrait penser, cette augmentation tend vers une logique de concurrence imparfaite et à la constitution d'oligopoles (*voir l'article de Frédérique Sachwald page 293*). F. Sachwald relativise d'ailleurs le poids de cette explosion des échanges marchands. Elle rappelle, en effet, que l'internationalisation a beaucoup progressé par le biais des implantations d'entreprises : l'investissement des firmes à l'étranger a plus augmenté que le commerce dans les années 80 et 90.

Au cœur de cet autre aspect de la globalisation : les fameuses firmes multinationales globales. Ces *«world companies»* exercent dans certains secteurs une emprise considérable : elles contrôlent, par exemple, 90 % du commerce mondial de blé et 75 % de celui du pétrole. Le processus d'internationalisation de ces entreprises correspond à des stratégies bien définies, qui ont évolué dans le temps (*voir l'article de Wladimir Andreff page 307*). Apparues au XIXᵉ siècle, les premières multinationales (Nestlé, Michelin) avaient une stratégie d'approvisionnement en produits de base. Ensuite sont apparues des stratégies de marché (implantation de filiales), puis de rationalisation (notamment par la délocalisation vers les pays à faible coût de main-d'œuvre) et, plus récemment (à partir des années 80), des stratégies techno-financières fondées sur des alliances, des pratiques de sous-traitance et la spéculation sur les marchés financiers. Aujourd'hui, la plupart des FMNG combinent ces quatre types de stratégies, comme le montrent les exemples de Swissair ou de ABB (*voir l'encadré page 309*). A l'instar des «miracles» des nouvelles technologies, la globalisation suscite beaucoup de fantasmes et d'illusions. Rappelons encore une fois qu'une majorité de la population mondiale reste en dehors des circuits du «village planétaire» : le chiffre cité plus haut par D. Cohen renvoie à une potentialité fondée sur une évolution politique, non à une réalité économique. Des chercheurs aussi éminents qu'Henry Mintzberg dénoncent d'ailleurs le caractère trompeur du terme de globalisation : «*Qui peut penser que Coca-Cola n'est pas une entreprise américaine ? Les deux seules organisations globales que je connais ne sont pas des entreprises : Greenpeace et la Croix-Rouge. Greenpeace travaille dans tous les continents et sur les mers. A la Direction de la Croix-Rouge qui est à Genève, vous n'avez qu'un seul Suisse et la Croix-Rouge est représentée dans 170 pays.*» (4)

Relativisée quant à son ampleur, désignée comme l'idéologie d'une élite, la mondialisation donne lieu à des débats passionnés, comme en témoigne le mouvement de protestation contre le sommet de l'Organisation mondiale du commerce à Seattle. Elle renvoie également au problème politique de la reconfiguration du rôle de l'Etat (5), et aux mouvements de replis identitaires que l'on observe en de multiples endroits (*voir l'article de Jean-Claude Ruano-Borbalan page 287*).

La mobilité accrue et la possibilité de commercer ou de s'implanter en de multiples lieux de la planète posent la question de l'ancrage territorial et géographique des activités. Les nouvelles théories de la croissance éclairent un certain nombre de dynamiques déjà évoquées, comme l'intégration des économies ou l'innovation technologique (*voir l'article de Dominique Guellec page 163*). La réussite de certaines régions particulièrement dynamiques (la Silicon Valley, la «Troisième Italie», le Bade-Wurtenberg, ou la vallée de l'Arve en Haute-Savoie) a amené certains analystes à se pencher sur les secrets de ces «régions qui gagnent» (6). Ce courant de recherche sur le développement local, qui réunit des économistes et des géographes, est particulièrement fécond (*voir l'article de Georges Benko page 197*). Ces travaux soulignent les effets, typique-

---

4. «Nous vivons dans le culte du management», entretien avec H. Mintzberg, *Sciences Humaines*, hors série n° 20, mars/avril 1998.
5. Voir sur ce point T. de Montbrial, «Le monde au tournant du siècle», *RAMSES 2000*, *op. cit.*
6. G. Benko et A. Lipietz (dir.), *Les régions qui gagnent*, Puf, 1992 ; voir aussi, des mêmes auteurs, *La Richesse des régions*, Puf, 2000.

Les grappes : de Sassuolo à Houston

Michael Porter, professeur à Harvard, cherche à saisir quels sont les ressorts de l'innovation, principale source selon lui de la prospérité économique. Avec l'internationalisation, les décisions relatives à la localisation géographique ont pris une importance cruciale, car elles déterminent un environnement économique immédiat. Il souligne l'importance de ce qu'il appelle les grappes (*clusters*) : ce sont des concentrations géographiques qui réunissent des entreprises et des acteurs divers coopérant pour une même activité.

Ainsi, les producteurs italiens de carreaux en céramique concentrés autour de la petite ville de Sassuolo en Emilie-Romagne représentent à eux seuls 60 % des exportations mondiales. M. Porter montre comment ce succès est lié à la constitution progressive d'une grappe réunissant : des producteurs de matière première (argile rouge), des fabricants de machines (fours et presses), la concentration d'une main-d'œuvre qualifiée, des services d'assistance (moules, design, emballage, transport), des sociétés de conseil, un syndicat professionnel et même un centre de recherche.

Autre exemple : celui de l'industrie pétrolière de la région de Houston. Elle ne produit plus beaucoup de pétrole aujourd'hui, et pourtant les principales découvertes en matière de traitement des hydrocarbures ont lieu dans cette région. Pourquoi ? Parce que, répond M. Porter, il y a là un vaste réseau réunissant des compagnies pétrolières, des institutions, des prestataires de services, des sociétés de conseil, des organisations professionnelles, des laboratoires de géologie.

P.C.

ment locaux, de réseaux de coopération entre acteurs de natures diverses, bref de véritables systèmes locaux ayant une certaine stabilité et ancrés dans un territoire (*voir l'entretien avec Alain Lipietz page 189*). Cette analyse est voisine de concepts comme celui de district industriel, introduit dès le début du siècle par l'anglais Alfred Marshall, ou celui de grappe promu par Michael Porter (*voir l'encadré ci-dessus*) (7).

---

7. Notons cependant que la vision d'A. Lipietz renvoie à une conception plus large de la notion de réseaux : il insiste sur la mobilisation humaine et les stratégies sociales des territoires.

Fin ou redéfinition des politiques économiques?

Libéralisation économique, dérégulation des marchés, efface-
ment des frontières, marché européen, mais aussi désengagement volontaire de l'Etat de multiples espaces de la vie économique et sociale... Allons-nous vers un Etat impuissant et
une fin des politiques économiques, face à la loi d'airain de
l'extension *ad libitum* de la seule logique marchande et financière? Pour prendre l'exemple de la France, les politiques
menées depuis vingt ans sont marquées par le souci de la
rigueur (politique du franc fort et primauté de la lutte contre
l'inflation) et la libéralisation (privatisations, indépendance des
institutions monétaires, etc.) : les pouvoirs publics ont ainsi
contribué à se priver d'une part non négligeable des outils qui
leur permettaient d'intervenir dans le pilotage de l'activité économique (*voir l'article de Michel Cabannes page 317*). Beaucoup de gouvernements en sont dès lors réduits à jouer le rôle
de bateleurs pour attirer les investissements mondiaux, comme
le montre Robert Reich, ancien ministre du Travail du gouvernement Clinton (*voir l'entretien avec R. Reich page 341*).
Pourtant, face à cette domination croissante du marché, et aux
dangers potentiels qu'elle recèle, de nombreux observateurs
soulignent la nécessité de retrouver des leviers pour réguler
l'économie (*voir le texte de Robert Boyer page 335*). C'est dans
le domaine financier, à cause des risques de crise contagieuse
et brutale, que les interrogations se font les plus pressantes.
De nombreux travaux théoriques ont essayé de comprendre
les facteurs et les logiques des enchaînements financiers (*voir
l'article de Jean-Pierre Allégret page 265*). En examinant la crise
financière asiatique de 1997, Michel Aglietta pointe la responsabilité des opérateurs bancaires et l'inaction des autorités internationales. Il pense qu'il existe des moyens de régulation des marchés, et préconise deux mesures : un dispositif
de contrôle des banques, et l'instauration d'un prêteur en dernier ressort (*voir son article page 349*).
Il faut enfin souligner que le phénomène de retrait de l'Etat
n'est ni général, ni uniforme. Dans les pays d'Asie de l'Est, par
exemple, le rôle de l'Etat a été déterminant dans le développement spectaculaire qu'ils ont connu dans les années 90.
D'ailleurs des théories récentes du commerce international
semblent justifier un certain protectionnisme, afin de préserver les industries naissantes des pays en développement (*voir
le texte de F. Sachwald page 293*). Plus globalement, l'heure est

plutôt au mieux d'Etat qu'au moins d'Etat : ce dernier doit redéployer son activité, devenir facilitateur plutôt qu'opérateur. Rappelons également le poids persistant du secteur public dans nos économies : les prélèvements obligatoires représentent en France plus de 45 % du PIB.

Les nouveaux regards de la science économique

La science économique a cherché à se construire sur le modèle des sciences de la nature. L'introduction de la formalisation mathématique à la fin du XIXᵉ siècle par les économistes néoclassiques est indissociable de ce projet d'établir une discipline « pure » (*voir l'article sur les néoclassiques page 45*). Cet objectif alimente, dans de larges pans de la recherche économique, une abstraction et une sophistication modélisatrice de plus en plus poussées, qui expliquent pour certains une prédominance durable de la théorie sur l'empirie. Cette aspiration à la scientificité fut d'ailleurs consacrée en 1969 par l'attribution d'un prix Nobel, distinction qui reste à ce jour refusée aux autres disciplines des sciences humaines et sociales (8).

Une science moins arrogante ?

Cette position dominante s'assoit aussi sur le pouvoir que l'on prête aux économistes. *«Les hommes d'action qui se croient parfaitement affranchis des influences doctrinales sont d'ordinaire les esclaves de quelque économiste passé.»* L'auteur de cette phrase n'est autre que John Maynard Keynes, l'économiste qui a sans doute le plus marqué les politiques économiques au cours du XXᵉ siècle. Milton Friedman, Prix Nobel 1976 et chef de file du courant monétariste (9), a également eu une influence considérable sur les politiques libérales menées aux Etats-Unis et en Grande-Bretagne dans les années 80. C'est en fait moins l'influence des économistes en tant que tels que la prégnance de leurs idées qui donne lieu à discussion. Les économistes ont une fonction normative (10). Ils contribuent à former puis à diffuser des représentations. Ce sont ces idées et ces normes (par exemple, l'idée que l'Etat est moins bon gestionnaire que l'entreprise privée) qui orien-

8. En réalité, le prix Nobel d'économie ne dépend pas directement de la fondation Nobel. Il a été créé par la Banque centrale de Suède.
9. Voir les mots clés en fin d'ouvrage.
10. Voir S. Allemand, « Profession : économiste, conseiller du prince », *Sciences Humaines*, hors série n° 25, juin/juillet 1999.

tent le plus sûrement les croyances et les pratiques des diri-geants politiques et économiques, mais aussi des salariés et des simples citoyens.

Contestée pour sa toute-puissance, identifiée avec la doctrine libérale, la science économique est aussi brocardée pour la fai-blesse de ses résultats et les erreurs de ses experts. Elle se caractériserait par « *la faible efficacité des moyens qu'elle a mis en œuvre pour prévoir les dysfonctionnements du système économique et tenter d'y porter remède* » (11). Les politiques inspirées par les doctrines keynésiennes, puis libérales, ont montré leurs limites pour résoudre les problèmes comme l'inflation, le chômage, la montée des déficits publics, le sous-développement...

Jusqu'au début des années 80, les courants de pensée en éco-nomie étaient peu nombreux et nettement différenciés. On distinguait en général quatre familles : les classiques, les key-nésiens, les marxistes et les hétérodoxes. Aujourd'hui, ce pay-sage scientifique s'est enrichi et éclaté. Paradoxalement, c'est au moment où le modèle du marché concurrentiel semble l'emporter que la science économique semble en admettre les imperfections. Certains courants intègrent le rôle des normes et des conventions, le jeu des institutions, les croyances ; d'autres incluent dans leur modélisation les imperfections ou les anomalies des mécanismes marchands ; d'autres enfin considèrent des éléments jusque-là ignorés, comme le res-pect de l'environnement, la concentration territoriale, les contraintes juridiques, etc.

Le marché dans la société

La fonction régulatrice de l'Etat et la nécessité de politiques sectorielles sont rappelées dans de nombreux travaux récents. Les nouvelles théories de la croissance endogène (12), par exemple, insistent sur le rôle de l'investissement dans les infra-structures et dans la formation comme facteur essentiel de prospérité économique.

Un rappel de l'importance de l'environnement non écono-mique (humain, social, culturel, historique) auquel fait écho l'approche de la socio-économie. Ce courant de recherche vise

---

11. E. Quinet et B. Walliser, « A quoi sert la science économique ? », *Problèmes éco-nomiques*, n° 2653, 23 février 2000.
12. Voir les mots clés en fin d'ouvrage.

à mettre en évidence les déterminants sociaux de l'activité économique. Les actes de production, de commerce ou de finance sont en effet «encastrés» dans le social. Le fait d'acheter une voiture, par exemple, ne saurait être réduit à un simple calcul coût-bénéfice, mais dépend du positionnement social de l'intéressé, de son histoire, de son identité, voire de ses aspirations (13).

Plus généralement, le courant de la socio-économie remet en cause deux postulats fondamentaux pour une large part de la science économique «canonique» : celui de l'*homo œconomicus* (c'est-à-dire l'hypothèse que les individus sont purement rationnels et n'agissent qu'en fonction de leurs intérêts) et celui du marché concurrentiel, dans lequel n'interviendraient que des paramètres économiques et que l'on pourrait modéliser à l'aide d'équations ou de formules simples. Le point de départ de cette critique est simple : il est fondé sur l'observation empirique. Le marché de concurrence pure et parfaite n'existe que dans quelques configurations particulières. Les relations marchandes sont bâties sur des normes, des valeurs, des traditions (*voir les articles de J.-F. Dortier page 93 et de Michel Lallement page 107*). Olivier Favereau, l'un des chefs de file de l'école des conventions (14), indique, par exemple, que sur nombre de marchés, ce ne sont pas des prix ou des agents qui s'affrontent, mais des organisations et des institutions. Il suffit de considérer les guerres de positionnement des grandes firmes autour d'Internet ou de l'industrie du logiciel, ou la bataille qui s'est déroulée en 1999 entre la Société Générale, la BNP et Paribas, pour s'en persuader.

La fin de l'idiot rationnel

«L'homme purement économique est à vrai dire un demeuré social. La théorie économique s'est beaucoup occupée de cet idiot rationnel, drapé dans la gloire de son classement de préférences unique et multifonctionnel.» La citation émane du Prix Nobel d'économie 1998, l'Indien Amartya Sen (15), un économiste

---

13. Les études des comportements de consommation ont mis en évidence l'extrême diversité des registres sur lesquels s'opère une décision d'achat : l'affectif, le symbolique, l'identité, les appartenances et les groupes de référence, la personnalité, la situation... Voir R. Ladwein, *Le Comportement du consommateur et de l'acheteur*, Economica, 1999 ; B. Dubois, *Comprendre le consommateur*, Dalloz, 1994.
14. Voir les mots clés en fin d'ouvrage.
15. A. Sen, «Des idiots rationnels. Critique de la conception du comportement dans la théorie économique», dans *Ethique et Economie*, Puf, 1993.

La confiance et le marché

Monter dans un avion, manger dans un restaurant, accepter un chèque : chacun de ces actes requiert un minimum de confiance. Mécanisme de base de l'économie, *« lubrifiant des relations sociales »* selon Kenneth Arrow, Prix Nobel d'économie, la confiance suscite aujourd'hui de nombreuses investigations. Raison essentielle de cet engouement, selon Christian Thuderoz (1) : on découvre que la confiance, c'est pratique ; ça n'est pas qu'une question d'éthique. Dans les relations avec des sous-traitants, par exemple, elle est une alternative aux systèmes de contrôle, très onéreux. De même, à l'intérieur des organisations on s'aperçoit que la coercition gêne la coopération. En définitive, la non-confiance est coûteuse.

Des outils conceptuels élaborés par la socio-économie permettent de penser cette notion polymorphe. La typologie de L. Zucker, par exemple, distingue la confiance *intuitu personae* (qui relève de l'acte de foi : celle que l'on accorde à sa famille ou aux intimes), la confiance relationnelle (qui repose sur des échanges, et qui concerne, par exemple, des collègues ou des amis) et la confiance institutionnelle (construite dans un but précis, et attachée à une structure formelle : par exemple, la confiance en la fiabilité d'une compagnie aérienne). Ces trois registres diffèrent, mais peuvent se compléter. Ainsi, les avocats misent sur la confiance personnelle avec le client. Mais ils s'appuient en même temps sur une confiance institutionnelle construite par un ensemble de dispositifs : ordre professionnel, diplôme.

La confiance dans les organisations est-elle résiduelle ou peut-elle fonctionner comme un principe organisateur ? Pour certains auteurs, elle n'est qu'un avatar de l'intérêt. Quand un banquier londonien accorde en trois minutes, sur un simple coup de téléphone, un prêt de 200 000 £ à un armateur norvégien, il ne fait, selon Oliver Williamson, qu'un simple calcul de risque-opportunité.

A l'inverse, des analyses du fonctionnement d'entreprises montrent que la confiance est un support essentiel des relations sociales et un mode de coordination à part entière. Comme le résumait le sociologue allemand Georg Simmel, *« sans la confiance des hommes les uns envers les autres, la société tout entière se disloquerait... »*

P.C.

1. Ch. Thuderoz, V. Mangematin et D. Harrison (dir.), *La Confiance. Approches économiques et sociologiques*, Gaëtan Morin Editeur, 1999.

peu orthodoxe il est vrai. Mais le fait même que ce dernier, spécialiste de la pauvreté, ait été couronné témoigne de la montée en puissance de ce courant critique. La remise en cause du modèle de l'*homo œconomicus* amène ainsi les socio-économistes à se pencher sur des phénomènes non «économiques», mais pourtant déterminants dans l'activité économique, comme la confiance (*voir l'encadré page ci-contre*). Dans la même optique, les recherches en psychologie économique apportent une contribution importante. Si le «facteur psychologique» est très souvent évoqué dans les commentaires sur la vie économique, son contenu n'est jamais élucidé, renvoyant le plus souvent à une conception sommaire du psychisme humain (à un pôle, la rationalité intéressée, à l'autre les comportements «irrationnels» ou «la panique», terme passe-partout évoqué en cas de crise boursière). L'endettement, l'épargne, l'acte d'achat : tout cela est affaire de moyens mais aussi de personnalité, de mode de vie, d'affects, etc., autant d'éléments propres à une analyse spécifique (*voir l'article de Christine Roland-Lévy page 275*).

Les facteurs historiques et culturels offrent un autre angle sous lequel on peut étudier les phénomènes et les comportements économiques. Jean-Michel Servet montre, par exemple, comment le prix des tuyaux en fonte utilisés pour l'adduction d'eau n'est pas en France déterminé par l'offre et la demande. Il résulte d'une tradition historique remontant à l'époque de Louis XIV, et de la puissance d'une grande entreprise française qui mobilise divers réseaux d'influence (*voir l'entretien avec J.-M. Servet page 101*).

De façon plus évidente encore, l'économie informelle montre que le marché tel que nous l'entendons est loin d'être universel. Les tontines ou les systèmes d'échanges locaux (*voir le texte de Michel Lelart page 115 et l'entretien avec Smaïn Laacher page 123*) ne sont que deux exemples, parmi beaucoup d'autres, de ces formes alternatives de régulation des échanges.

Une science ouverte
Des géographes, des psychologues, des sociologues, des historiens : l'analyse économique s'ouvre donc aux autres disciplines (*voir «Les autres approches» page 75*). Nous avons également vu que de nouvelles théories apparaissent (*voir «Du nouveau sur...» page 51*), en même temps que la séparation stricte entre courants de pensée tend à s'estomper. Ainsi, les

néokeynésiens, tout en conservant certains principes de la vision de J.M. Keynes, intègrent certains apports de la micro-économie et des néoclassiques (*voir l'encadré page 33*). De même, les développements les plus récents de la micro-économie (modèles de concurrence imparfaite, théorie des contrats...) tentent de dépasser les grilles de lecture cano-niques forgées par les néoclassiques (*voir l'article de Bernard Guerrien et de Claire Pignol page 39*). Les affrontements et les débats entre courants se sont apaisés, en même temps que les approches se sont diversifiées, sinon éclatées.

Comment interpréter cette évolution ? L'économie aurait-elle renoncé à son aspiration à la scientificité ? C'est ce que sem-blent penser certains, qui font l'hypothèse que, face au laby-rinthe des phénomènes économiques (en un certain sens beau-coup plus complexes que ceux observés par la chimie, les mathématiques ou la physique), les économistes ont revu leurs ambitions à la baisse (16). On peut à l'inverse regarder cette évolution comme une maturation : une science faisant plus de place à l'empirisme et admettant le désordre du réel. On peut également soutenir que s'il y a une telle diversité des points de vue et des théories économiques, ce n'est plus parce qu'il y aurait des clivages infranchissables entre courants, mais parce que les économistes n'étudient pas les mêmes objets, n'utili-sent pas les mêmes techniques d'observation, n'adoptent pas les mêmes angles ou les mêmes échelles d'observation. Bref, ils ne parlent pas tous de la même chose (*voir l'article de J.-F. Dortier page 21*). D'autres enfin relèvent avec malice que cette pluralité de la science économique est le signe de l'ab-sence de «pensée unique» en son sein (17). Une variété dont cet ouvrage espère rendre compte fidèlement.

---

16. J. Fox, «John, Milton, Robert et les autres : autant d'économies», *Problèmes éco-nomiques, op. cit.*
17. S. Allemand, «Economie : haro sur les économistes?», *Sciences Humaines*, n° 100, décembre 1999.

PREMIÈRE PARTIE

Nouveaux regards sur l'économie

CHAPITRE I

Courants et théories

JEAN-FRANÇOIS DORTIER[*]

SUR QUOI LES ÉCONOMISTES SONT-ILS D'ACCORD ?[**]

La diversité des courants de pensée en économie s'explique par la diversité des méthodes, des sujets d'études, des questions posées, mais aussi par de forts enjeux idéologiques. Cette multiplicité des approches est-elle contradictoire avec l'idée de science ?

POUR LE PROFANE (et même pour l'esprit un peu plus averti), l'existence de courants de pensée en économie a quelque chose de déroutant et de désolant. D'un côté, l'économie a tous les attributs d'une science : les équations, les démonstrations rigoureuses, les données chiffrées, les modèles abstraits. Depuis 1969, l'existence d'un prix Nobel – le seul dans le domaine des sciences sociales – vient même couronner l'entrée de l'économie dans le domaine des sciences dites «dures».

Mais on sait aussi qu'il existe au sein de la discipline une multitude d'écoles : «néoclassique», «keynésienne», «monétariste», «régulationniste», et autre «institutionnaliste». Si on conçoit bien l'existence d'écoles en peinture ou en littérature, comment l'admettre pour une science ? Les modèles abstraits ne dissimuleraient-ils pas des «chapelles» idéologiques ? Comment en est-on arrivé à cette situation ?

La première explication est que l'économie est une «pseudo-science» qui se pare des attributs de la scientificité mais qui ne forme en fait qu'un assemblage de débats idéologiques et de connaissances douteuses (1).

Une deuxième explication – exactement inverse – est qu'il existe, sous l'écume des débats d'écoles, simples mouvements de surface, une commu-

---

* Rédacteur en chef du magazine *Sciences Humaines*.
** *Sciences Humaines*, hors série n° 22, septembre/ octobre 1998.
1. C'est la thèse provocante soutenue, par exemple, par M. Musolino, *L'Imposture économique ; Bêtises et illusions d'une science au pouvoir*, Textuel, 1997.

nauté de références et de connaissances : un même socle théorique partagé par l'immense majorité des économistes.

Une autre approche est encore possible. Si les économistes ne sont pas toujours d'accord, c'est que leurs modèles ne portent pas sur les mêmes objets, ne posent pas les mêmes questions, et s'appuient sur des méthodes différentes. Dès lors, la diversité des points de vue reflète la différence de perspective. Et la variété des modèles n'est pas contradictoire avec la scientificité de chacun. Il n'est pas inconcevable qu'ils aient tous un peu raison puisqu'ils ne parlent pas de la même chose...

Les 4 familles de pensée

Au début des années 80 on divisait les économistes en quatre grandes familles : les classiques (et néoclassiques), les keynésiens, les marxistes et les hétérodoxes.

• Les classiques (auteurs du XIXe siècle) sont les tenants du libre-échange. Ils voient dans le marché à la fois le meilleur stimulant de la production et le meilleur moyen de répartir les produits. Leurs héritiers, les « néoclassiques », vont inventer une nouvelle façon d'envisager l'économie à partir du modèle d'équilibre général du marché de Léon Walras.

• Pour John M. Keynes (1883-1946) et les siens, le marché n'est pas ce modèle d'équilibre spontané et harmonieux que décrivent les classiques. Les keynésiens pensent en termes « macroéconomiques » (ceux du circuit global). Ils admettent que le marché livré à lui-même peut générer des situations de chômage chronique et des crises. Enfin,

ils pensent que l'Etat a un rôle à jouer dans la régulation du circuit économique.

• Marx et les marxistes ont introduit une critique beaucoup plus radicale du capitalisme. Les crises, les inégalités, la paupérisation, le chômage, loin d'être des failles passagères du système, en révèlent la nature profonde.

• Les « hétérodoxes » forment un ensemble disparate. On a pris l'habitude de regrouper sous ce nom une pléiade d'économistes qui refusent de considérer l'économie comme un monde autonome, séparé du reste de la société et ayant ses lois propres. Pour eux, on ne peut penser l'économie sans y intégrer les formes d'organisation des entreprises, les relations de pouvoir, les conduites des groupes sociaux, les institutions, normes et valeurs d'une société.

Les nouveaux économistes

Voilà donc le portrait de famille des économistes tel qu'on le présentait il y a peu encore. Depuis une quinzaine d'années, ce tableau a quelque peu changé. Comme dans toutes les familles, il y a eu des mariages, des nouvelles ramifications... et des crises. Une génération de « nouveaux » économistes a fait son entrée ; on les appelle les « nouveaux classiques », les « néokeynésiens », les « néo-institutionnalistes ». Même si on manque de recul pour apprécier toutes les évolutions, quelques lignes de force se dégagent pourtant.

• Le courant néoclassique a d'abord eu le vent en poupe : il s'est enrichi, diversifié et sophistiqué encore plus. On le présente souvent comme le courant dominant de l'économie contemporaine.

Fondamentalement, la démarche – fondée sur la formalisation mathématique et le raisonnement déductif – reste la même. Les soubassements théoriques ne changent pas : les agents économiques sont rationnels, ils cherchent à optimiser leurs gains. En revanche, le cadre d'application de la théorie s'est beaucoup étendu.

Les néoclassiques ne raisonnent plus à partir du seul cadre d'un marché «pur et parfait» supposé équilibré. On a construit une infinité de modèles possibles : situations de monopoles, concurrence imparfaite (2), coûts de transaction (3), etc. On reconnaît également que les agents économiques (consommateurs ou producteurs) ne sont pas toujours bien informés (économie de l'information), qu'ils agissent dans un environnement incertain (théorie des jeux) (4), que les différents comportements de la firme dépendent de son organisation interne (économie de la firme) (5), etc. Une infinité de ramifications théoriques ont pris corps.

• Les keynésiens, après avoir subi une forte crise dans les années 80, relèvent la tête depuis peu. Les «néokeynésiens» conservent de Keynes deux principes majeurs : l'imperfection du marché et la nécessité de l'intervention de l'Etat. Cependant, face aux failles théoriques mises au jour et à l'épuisement des politiques keynésiennes, ils ont dû se renouveler. Les néokeynésiens ont intégré de nombreux aspects de l'approche néoclassique (importance de l'offre, des anticipations rationnelles notamment). Ils accordent à l'Etat un rôle nouveau : sa fonction n'est pas d'intervenir pour stimuler l'activité, mais plutôt pour créer un environnement favorable à la croissance (par la création d'infrastructures, d'aides à la formation, à l'innovation).

• Les marxistes ont quasiment disparu de la scène des idées économiques. Ils se sont joints aux hétérodoxes pour former une nouvelle constellation : celle des «socio-économistes». Pour la socio-économie et ses différentes composantes (conventions, évolutionnisme, école de la régulation, institutionnalisme), on ne peut penser l'économie hors des relations sociales. Le marché du travail, par exemple, n'est pas (et ne doit pas être) réglé par les lois de l'offre et de la demande, supposées universelles, mais est structuré par des normes, des conventions, des règles produites par les acteurs sociaux.

Evidemment, tous les économistes ne se reconnaissent pas dans l'une des trois familles : néoclassiques, néokeynésiens, socio-économistes. La présentation de l'économie sous forme de courants de pensée a tendance à radicaliser les positions et à créer des frontières étanches. Tout d'abord, il existe entre les écoles un langage, des références et des acquis communs. Que l'on soit keynésien, néoclassique ou socio-économiste, on analyse à peu près de la même façon les effets de la dévaluation ou les conséquences des gains de productivité. Sur un sujet très controversé comme le chô-

---

2. Voir les mots clés en fin d'ouvrage.
3. Voir page 54.
4. Voir les mots clés en fin d'ouvrage.
5. Voir pages 54 et 55.

mage de masse en Europe, tous les spécialistes acceptent l'idée qu'il existe plusieurs composantes : un « chômage classique » lié à l'offre (c'est-à-dire à l'organisation de la production), une composante « keynésienne » liée à la demande (c'est-à-dire à l'insuffisance de la consommation et de la croissance), ainsi que d'autres encore, liées à l'organisation des relations professionnelles ou aux effets de systèmes (6).

Faut-il contrôler les marchés financiers contre les risques de krach ? Tous sont unanimes à le réclamer : des régulationnistes aux keynésiens, en passant par les très libéraux experts du FMI et… Georges Soros lui-même, l'un des principaux spéculateurs desdits marchés.

Selon Jacques Généreux, ce sont des questions de valeurs, de choix politiques qui opposent en fait les économistes plutôt que la technique économique elle-même (7).

Sur quoi
sont-ils en désaccord ?

Pourquoi et sur quoi les économistes ne parviennent-ils pas à se mettre d'accord ? Peut-on nourrir l'espoir de voir un jour la science économique réunifiée en une même grande famille ? Sur ces questions, les avis sont bien sûr… partagés.

Tout d'abord, comme le rappelle John Galbraith, les théories ne sont pas toutes nées à la même époque et n'ont pas eu à affronter les mêmes problèmes (8). Les mercantilistes furent confrontés à l'afflux de monnaie en Europe, Keynes à la brusque montée du chômage consécutive à la grande crise ; aujourd'hui, les développements du courant néoclassique ne pourraient s'expliquer

sans le développement des marchés financiers ou des problèmes liés à la gestion des firmes.

Ensuite, les méthodes d'étude créent également des clivages. Par exemple, entre ceux qui cherchent à appréhender l'économie à partir d'une analyse socio-historique et ceux qui s'intéressent à l'évolution des marchés à partir de modèles mathématiques. Ce grand clivage est à l'origine de la fameuse « querelle des méthodes » qui a enflammé l'université dès le siècle passé et dont on continue encore à débattre (9).

Une autre cause de divergence provient de la diversité des sujets d'étude. Les régulationnistes se préoccupent d'étudier les phases historiques du capitalisme et ses différents systèmes nationaux ; cela a peu à voir avec la « théorie de la croissance endogène » (10) qui a, comme son nom l'indique, une tout autre fonction : comprendre les ressorts internes de la croissance. Théorie de la croissance, du commerce international, de la monnaie, des cycles et des crises… il y a suffisamment de spécialités pour créer des compartiments de recherche qui, à terme, évoluent de façon séparée. Mettre sur le même plan ces théories et les opposer n'a guère plus de sens que d'opposer la biologie moléculaire à la physique des matériaux.

Enfin, on ne peut ignorer que la science

---

6. Voir l'article de J. Freyssinet dans ce volume.
7. Voir l'encadré page 73.
8. J. Galbraith, *L'Economie en perspective. Une histoire critique*, Seuil, 1989.
9. A. Mingat, P. Salmon et A. Wolfelsperger, *Méthodologie économique*, Puf, 1985 ; M. Blaug, *La Méthodologie économique*, Economica, 1982.
10. Voir l'article de Sylvain Allemand « Le marché et ses enjeux » page 89.

économique, étant profondément engagée dans les enjeux de société, est imprégnée des valeurs et des idéologies de cette société. Le libéralisme a exprimé la vision optimiste de la bourgeoisie conquérante, de même la démarche néoclassique est celle d'ingénieurs mathématiciens soucieux de comprendre la société à partir d'équations (11). Toutes ces raisons (et quelques autres) (12) suffisent amplement à expliquer les clivages entre économistes et éloignent l'espoir de les voir se réunir bientôt autour d'un même modèle de référence.

On peut se consoler de cela en admettant, avec Jean-Paul Fitoussi, que la controverse est source d'enrichissement comme l'a largement montré l'histoire récente de la discipline et que « *d'importants progrès ont été réalisés en raison même de la vivacité des controverses théoriques* » (13). Une science qui n'aurait pas de débat interne cesserait peut-être de vivre. De plus, s'il est vrai qu'« *aucun modèle n'est capable d'expliquer à lui seul toutes les données* » (14), la multiplicité des théories est peut-être la condition pour affronter les diverses facettes du réel.

---

11. Voir G.G. Granger, «Epistémologie économique», *Encyclopédie économique*, Economica, t. I, 1990.

12. Il y a aussi la volonté des familles d'économistes de se distinguer, le fait que l'économie se soucie peu de critiquer les hypothèses d'hier et superpose sans cesse de nouvelles théories à celles d'hier.

13. Préface de B. Snowdon, H. Vane et P. Wynarczyk, *La Pensée économique moderne*, Ediscience, 1997.

14. B. Grennewald et J. Stiglitz (1988), cités dans *La Pensée économique moderne, op. cit.*

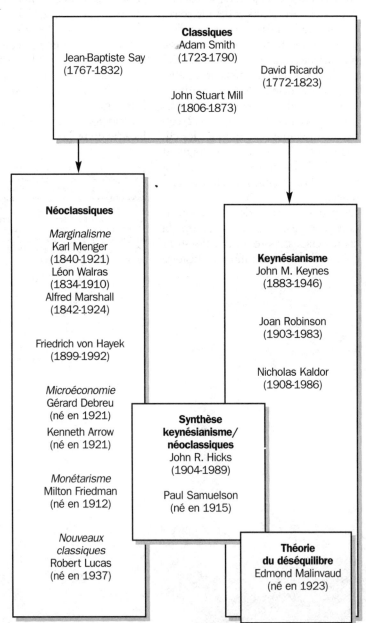

Classiques
Adam Smith
(1723-1790)

Jean-Baptiste Say
(1767-1832)

David Ricardo
(1772-1823)

John Stuart Mill
(1806-1873)

Néoclassiques

Marginalisme
Karl Menger
(1840-1921)
Léon Walras
(1834-1910)
Alfred Marshall
(1842-1924)

Friedrich von Hayek
(1899-1992)

Microéconomie
Gérard Debreu
(né en 1921)
Kenneth Arrow
(né en 1921)

Monétarisme
Milton Friedman
(né en 1912)

Nouveaux classiques
Robert Lucas
(né en 1937)

Keynésianisme
John M. Keynes
(1883-1946)

Joan Robinson
(1903-1983)

Nicholas Kaldor
(1908-1986)

Synthèse keynésianisme/ néoclassiques
John R. Hicks
(1904-1989)

Paul Samuelson
(né en 1915)

Théorie du déséquilibre
Edmond Malinvaud
(né en 1923)

PENSÉE ÉCONOMIQUE

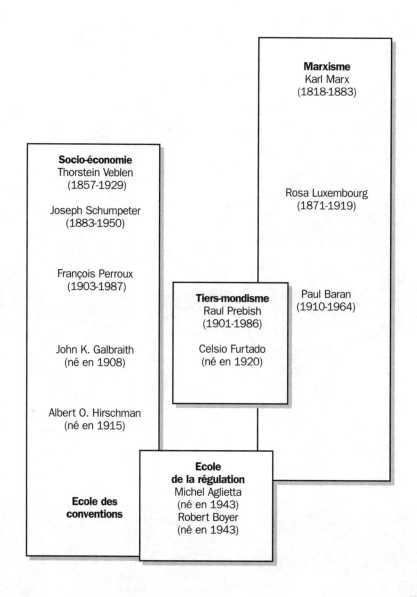

Marxisme
Karl Marx
(1818-1883)

Socio-économie
Thorstein Veblen
(1857-1929)

Joseph Schumpeter
(1883-1950)

Rosa Luxembourg
(1871-1919)

François Perroux
(1903-1987)

Tiers-mondisme
Raul Prebish
(1901-1986)

Paul Baran
(1910-1964)

Celsio Furtado
(né en 1920)

John K. Galbraith
(né en 1908)

Albert O. Hirschman
(né en 1915)

**Ecole
de la régulation**
Michel Aglietta
(né en 1943)
Robert Boyer
(né en 1943)

**Ecole des
conventions**

JEAN-FRANÇOIS DORTIER*

LA RÉVOLUTION KEYNÉSIENNE**

À PROPOS DU LIVRE DE JOHN MAYNARD KEYNES
LA THÉORIE GÉNÉRALE DE L'EMPLOI, DE L'INTÉRÊT
ET DE LA MONNAIE (1936)

La *Théorie générale de l'emploi, de l'intérêt et de la monnaie* peut être considérée comme le principal livre d'économie du XXᵉ siècle. Pensé et écrit dans la période de crise des années 30, il cherche à expliquer et à trouver des réponses au problème de l'heure : le chômage de masse.

E LIVRE de John Maynard Keynes est aussi fondateur à bien des égards :
– il jette les bases de la macroéconomie qui envisage l'économie en termes de circuit global au niveau national ;
– il propose des solutions aux déséquilibres du marché en jetant les bases d'une action régulatrice (notamment par l'Etat) destinée à relancer la croissance.

Critique de l'approche néoclassique

L'ouvrage débute par une critique de l'approche classique de l'économie. Ce terme désigne le courant de pensée qui, avec Adam Smith (1723-1790), David Ricardo (1772-1823), Jean-Baptiste Say (1767-1832), John S. Mills (1806-1873) et leurs continuateurs (1), envisage l'éco-

nomie de marché comme un système spontanément équilibré et qui réalise au mieux l'utilisation des ressources. Un des postulats centraux de cette approche réside dans la fameuse «loi de l'offre» de J.-B. Say : *«L'offre crée sa propre demande.»* Toute offre de produit sur le marché trouvera des débouchés puisque, pour produire un nouveau bien, il a fallu embaucher et distribuer des salaires. Ces salaires deviennent une source de revenus disponibles pour l'achat des nouveaux

---

* Rédacteur en chef du magazine *Sciences Humaines*.
** *Sciences Humaines*, n° 49, avril 1995.
1. A l'époque de J.M. Keynes, les principaux continuateurs de l'école classique sont A.-C. Pigou (1877-1959), A. Marshall (1842-1924), L. Walras (1834-1910). Aujourd'hui, on parle de néoclassiques à propos de ces auteurs de la seconde génération que J.M. Keynes appelait encore «classiques».

produits. Appliquée au marché du travail, cette «loi de l'offre» doit conduire au plein emploi puisque les entrepreneurs ont intérêt à augmenter leur production tant qu'ils sont assurés de trouver un débouché disponible.

La demande effective

Pour Keynes, l'adéquation spontanée admise par les classiques entre offre et demande n'est qu'une relation hypothétique seulement valable en moyenne. Concrètement, un entrepreneur n'augmente sa production et n'embauche qu'en fonction de ses prévisions de ventes. Cette demande escomptée par les entrepreneurs, Keynes l'appelle «demande effective». Or, cette demande ne correspond pas au total des débouchés possibles. En effet, tous les revenus distribués ne sont pas automatiquement dépensés. Le consommateur peut préférer garder une partie de ses revenus en liquidités plutôt que de tout consommer.

De la même façon, une entreprise qui

Repères biographiques

Né en 1883, à Cambridge, où son père était universitaire, J.M. Keynes, s'est vite distingué comme un étudiant brillant. Il accède rapidement au rang de professeur dans la même université prestigieuse. Mais Keynes n'est pas qu'un théoricien en chambre ; il a abordé l'économie en homme d'action. Conseiller du gouvernement britannique, il participe aux grandes négociations de son époque. C'est ainsi qu'en 1919, il est présent à la Conférence de Paris sur la paix, il s'oppose aux réparations trop fortes imposées à l'Allemagne. Au lendemain de la Seconde Guerre mondiale, il dirigera la délégation britannique lors des accords de Bretton Woods où il préconise la création d'un Fonds monétaire international.

Esprit éclectique et ouvert, Keynes était aussi un amoureux de la vie, de la poésie, des arts. En 1929, il épousa Lydia Lopokowa, la danseuse étoile des ballets russes Nijinsky avec qui il créera l'Arts Theater de Cambridge. Il meurt d'une crise cardiaque en 1946, à l'âge de 62 ans.

Bibliographie
• J.M. Keynes, *Théorie générale de l'emploi, de l'intérêt et de la monnaie*, 1936, (Payot, 1985).
• J. Brémond, *Keynes et les keynésiens aujourd'hui, des solutions pour sortir de la crise?*, Hatier, 1987.
• P. Delfaud, *Keynes et le keynésianisme*, Puf, «Que sais-je?», 1986.
• M. Stewart, *Keynes*, 1967, «Points» Seuil, rééd. 1969.
• B. Maris, *Keynes ou l'économiste citoyen*, Presses de Sciences-po, 1999.
• P. Combemale, *Introduction à Keynes*, La Découverte, 1999.

touche des revenus supplémentaires ne va pas automatiquement les réinvestir ; elle préférera peut-être spéculer en Bourse. La transformation des revenus en dépenses de consommation ou en investissement dépend donc d'une « propension à consommer » et d'une « incitation à investir » dont il faut analyser les causes.

C'est ce décalage entre la demande effective et les débouchés possibles (en quelque sorte la demande totale potentielle) qui peut constituer, selon Keynes, la base d'un déséquilibre entre offre et demande.

L'équilibre de sous-emploi

Dans le raisonnement keynésien, rien n'oblige en effet la machine économique à tourner à plein régime. Si les consommateurs préfèrent conserver une partie de leurs revenus en épargne plutôt que de la dépenser, si les investisseurs potentiels préfèrent garder leurs liquidités par « motif de précaution » ou « motif de spéculation », la demande globale va faiblir. Les entrepreneurs, prenant alors acte de la moindre demande, ne seront pas encouragés à produire plus et donc à embaucher… Il en résulte une situation que Keynes qualifie d'« équilibre de sous-emploi ». Dans ces conditions, un chômage de masse peut survenir de ce simple fait : le circuit économique fonctionne au ralenti sans utiliser toutes les ressources disponibles.

L'effet multiplicateur
et la logique de la relance

Que faire pour pallier cette atonie du système économique ? Puisque les règles du marché sont insuffisantes à assurer le plein emploi, il faut stimuler artificiellement la croissance économique : encourager la dépense, dynamiser l'investissement, bref « relancer la demande ».

C'est ici que Keynes fait intervenir la notion d'« effet multiplicateur » qu'il emprunte à Richard F. Kahn, économiste de Cambridge. C'est un « coup de pouce » initial qui doit permettre à la machine de repartir. Selon Keynes, un investissement nouveau peut produire une réaction en chaîne positive. Par exemple, une forte demande publique aux entreprises encourage les entrepreneurs à investir, à embaucher et donc à distribuer des revenus à leurs salariés. Ces revenus distribués vont à leur tour devenir source de nouvelles commandes aux entreprises. Le circuit enclenché a ainsi produit un cycle nouveau de commandes/dépenses : tel est le mécanisme de « l'effet multiplicateur ».

Qui peut être à l'origine de cette chiquenaude initiale qui relance la demande des entreprises ? L'Etat, bien sûr, en a la possibilité. Par des grands travaux, par des commandes publiques, par la distribution de revenus aux familles… Il existe toute une panoplie destinée à favoriser la relance. Dans la *Théorie générale*, Keynes ne réduit pas la relance aux seules politiques de dépense de l'Etat. L'auteur imagine d'autres actions possibles destinées à encourager la demande : la taxation des droits de succession limite le poids des rentes improductives ; des taux d'intérêts faibles permettent aux entreprises d'investir et donc de créer des emplois… Dans cette perspective destinée à encourager la croissance, la monnaie tient également une place centrale. Pour Keynes, la monnaie n'est pas un instrument «neutre», seul moyen de paiement et de circulation. Elle peut bloquer ou encourager la croissance selon qu'elle est abondante ou non. Créer de la monnaie, par l'intermédiaire du crédit par exemple, offre aux entrepreneurs les fonds pour créer de nouvelles activités. La «rétention» de liquidité au contraire freinera l'activité.

Le glas du keynésianisme ?

Le keynésianisme a inspiré la plupart des politiques économiques de l'après-guerre à la fin des années 70. Le recours au déficit de l'Etat, la politique des grands travaux, la redistribution des revenus par le biais de l'Etat-providence, la politique des faibles taux d'intérêt… toutes ces politiques favorisaient la croissance. Cependant, le keynésianisme a été délaissé depuis la fin des années 70 du fait de l'apparition d'effets pervers : déficit croissant de l'Etat, inflation galopante, etc. De plus, l'ouverture des économies nationales, la mondialisation des échanges et de la finance rendaient inopérantes les techniques de relance nationale. En effet, si l'aide à la consommation conduit à l'augmentation des dépenses, dans une économie ouverte, cette consommation nouvelle favorise autant et parfois plus les produits étrangers que la production nationale. Est-ce pour autant la fin du keynésianisme? Non, répondent les néo-keynésiens actuels (2). Le keynésianisme a été réduit, à tort, à un certain nombre de recettes. Keynes était tout sauf un doctrinaire. On peut envisager de nouvelles mesures, les doser différemment.

La révolution keynésienne, une nouvelle perspective

Keynes a opéré une sorte de révolution conceptuelle en économie. La notion de «demande effective», centrale dans son livre, centre la dynamique économique sur les stratégies des acteurs économiques, leurs anticipations, décisions et comportements. Ce faisant, il accorde une place centrale aux facteurs sociaux et psychologiques de la consommation et de l'investissement, le marché n'apparaît plus comme un système physique auto-équilibré.

L'entrepreneur qui investit, le consommateur qui dépense, le rentier qui spécule… sont des forces motrices de la dynamique de croissance. Partisan du marché et de la libre entreprise, Keynes souligne néanmoins la nécessité d'une intervention régulatrice. En ce sens, il est bien le théoricien des «économies mixtes».

---

2. R. Arena, *Keynes et les nouveaux keynésiens*, Puf, 1993. Voir aussi l'encadré ci-contre.

Néokeynésiens : l'Etat réhabilité ?

Après une forte domination dans les années 80, les thèses libérales pourraient bien céder du terrain dans les milieux scientifiques, comme en matière de politique économique. Les keynésiens sont de retour, avec des arguments nouveaux en faveur de l'intervention de l'Etat.

Le keynésianisme a été le grand courant dominant parmi les économistes, dans les années 60. Mais dans les années 70, la « machine » se dérègle durablement. La crise qui se prolonge dans les années 80 (inflation, chômage, déficits publics, faible croissance) entraîne avec elle le déclin du keynésianisme. Sur le plan des théories, ce dernier subit les assauts du libéralisme (monétarisme, nouvelles économies classiques, etc.).

A la fin des années 90, le vent est peut-être en train de tourner. On assiste à une renaissance du keynésianisme. Une nouvelle génération de théoriciens « néokeynésiens » apparaît. Qui sont-ils ? Installés surtout aux Etats-Unis (Gregory Mankiw, George Akerlof, Olivier Blanchard, Joseph Stiglitz, Stanley Fischer, Lawrence Summers, David Romer, Edmund Phelps, etc.), on les appelle parfois les « poissons d'eau de mer » parce qu'ils appartiennent à des universités proches de l'Océan (Boston, Columbia) par opposition aux libéraux qui sont dans les universités proches des Grands Lacs (Chicago) et que l'on nomme donc « poissons d'eau douce ».

Ils reconstruisent un « keynésianisme nouvelle manière », sorte de mixte intégrant les acquis de la microéconomie et des apports des néoclassiques (1). Certes, leur vision de l'économie n'est pas unifiée en un cadre cohérent, leurs outils de pensée sont assez abstraits. Mais ils conservent quelques principes majeurs de Keynes : l'imperfection du marché et la nécessité de l'intervention de l'Etat. *« Je me considère comme un keynésien dans le sens où je crois que les cycles économiques réels représentent une imperfection de marché à grande échelle »* (2), proclame G. Mankiw, professeur à Harvard, un des jeunes chefs de file de la NUKE (New Keynesians). Dans le domaine de l'emploi, du commerce international, du développement, ils formulent théories et propositions nouvelles.

Alors que le keynésianisme « orthodoxe » fait porter la responsabilité du chômage par le sous-emploi, lui-même lié à l'insuffisance de la demande, les néokeynésiens admettent qu'il existe aussi des facteurs liés à l'offre, c'est-à-dire aux difficultés des entreprises à embaucher. Leurs analyses prennent en compte à la fois les «rigidités» du travail (absence de souplesse dans la gestion de la main-d'œuvre), les effets «d'hystérésis» (3), enfin des causes proprement keynésiennes (insuffisance de la demande). Conclusion pratique : le chômage ayant plusieurs composantes, il est nécessaire d'intervenir à plusieurs niveaux : réduire les coûts du travail par la diminution des charges sociales (et non des salaires) sur les bas salaires, aider à la relance de la demande, pratiquer une politique monétaire non restrictive, etc. En matière de commerce international, les néokeynésiens, s'appuyant sur des modèles récents, soutiennent également le principe d'une aide de l'Etat pour encourager et stimuler certaines industries nationales : soit parce qu'elles sont dans «l'enfance» (c'est-à-dire trop nouvelles pour être concurrentielles), soit pour les aider à affronter la concurrence.

Dans les pays en développement, l'Etat peut également avoir un rôle stimulant dans le décollage économique comme le montre l'expérience des nouveaux pays industriels d'Asie. Dans son «Rapport sur développement dans le monde» de 1997, la Banque mondiale – dont le credo était jusque-là très libéral – reconnaît que l'Etat pourrait bien avoir un rôle d'incitation au développement dans le cadre de politiques de partenariat Etat-entreprises.

Joseph Stiglitz, l'économiste en chef de la Banque mondiale – une des figures de proue de ce néokeynésianisme –, écrivait en 1993 dans son épais volume intitulé *Macroeconomics* : «*Des circonstances économiques changeantes requièrent une politique économique souple (…) Le fait est qu'aucun gouvernement ne peut rester les bras croisés devant 10, 15 ou 20 % de sa population active inemployée… Les nouveaux économistes keynésiens pensent qu'il est pratiquement impossible de concevoir des normes fixes dans une économie en évolution rapide.*» Ni fétichistes de l'Etat, ni idolâtres du marché, tels sont les nouveaux keynésiens.

JEAN-FRANÇOIS DORTIER

---

1. Ecole des anticipations rationnelles et certains aspects du monétarisme.
2. B. Snowdon, H. Vane et P. Wynarczyk, *La Pensée économique moderne*, Ediscience, 1996.
3. Théorie formulée notamment par Olivier Blanchard, un Français du MIT : une partie du chômage peut persister par auto-entretien, alors même que ses causes initiales ont disparu.

JEAN-FRANÇOIS DORTIER*

LA DYNAMIQUE DU CAPITALISME

*SELON JOSEPH ALOYS SCHUMPETER (1883-1950)***

Les innovations techniques et le rôle des entrepreneurs : tels sont, selon Joseph A. Schumpeter, les facteurs fondamentaux de la dynamique du capitalisme.

JOSEPH A. SCHUMPETER est né en 1883, la même année que Keynes, l'autre grand économiste du XXᵉ siècle. Après de brillantes études de droit et d'économie, J. Schumpeter accède à la carrière professorale et publie dès 1908 (il a 25 ans) son premier ouvrage *Nature et contenu de la théorie économique*, puis en 1912 une *Théorie de l'évolution économique*. Au lendemain de la guerre, il devient ministre des Finances d'un éphémère gouvernement socialiste, puis va diriger une banque à Vienne jusqu'en 1924. Ces deux expériences furent des échecs. Il abandonne alors la vie publique et revient à la carrière universitaire, en Allemagne d'abord, puis aux Etats-Unis où il se réfugie après la victoire du nazisme. Professeur à Harvard,

il va alors se consacrer entièrement à ses travaux économiques et sociologiques. Il publie notamment *Business cycle* en 1939 et son ouvrage le plus célèbre, *Capitalisme, Socialisme et Démocratie*, en 1942. Il entreprend une monumentale *Histoire de la pensée économique* que la mort (1950) ne lui laissera pas le temps de conclure. Esprit encyclopédique, J. Schumpeter s'est par ailleurs intéressé aux phénomènes de l'impérialisme, de l'évolution des classes sociales, de l'Etat (*cf. Impérialisme et classes sociales*).

La destruction créatrice

Le thème central des travaux de J. Schumpeter concerne la dynamique

* Rédacteur en chef du magazine *Sciences Humaines*.
** *Sciences Humaines*, n° 25, février 1993.

du capitalisme. Alors que la plupart des économistes de son temps s'intéressent aux conditions d'équilibre de l'économie de marché, l'auteur de *Business cycle* manifeste tôt son originalité en étudiant les fluctuations du capitalisme, ses phases d'expansion et de crises. Selon lui, le capitalisme est un système instable, en perpétuel mouvement, et ne peut connaître qu'un équilibre dynamique, comme le cycliste qui ne peut tenir en équilibre qu'en avançant.

Reprenant les travaux de l'économiste russe Nicholas Kondratieff qui, dans les années 20, avait mis en évidence des cycles longs (alternance de phases de croissance et de crises d'une quarantaine d'années) dans l'évolution du capitalisme, J. Schumpeter les interprète comme le résultat de l'innovation technologique.

• Les phases de croissance s'expliquent par l'apparition d'innovations techniques fondamentales qui sont sources d'énormes gains de productivité et de nouvelles branches de la production. Ces nouvelles technologies ayant épuisé leurs potentialités de développement, arrive une période de crise qui se prolonge jusqu'à ce que de nouvelles innovations viennent prendre le relais.

Si la croissance du capitalisme n'est pas continue, c'est en raison du manque de continuité dans l'apparition des technologies fondamentales qui ne surviennent que par «grappes», c'est-à-dire de façon groupée et au même moment.

• L'innovation technique provoque un renouvellement permanent du système de production que J. Schumpeter appelle processus de «destruction créatrice». Cette dynamique est liée à l'existence d'un groupe social particulier

d'entrepreneurs innovateurs capitalistes qui, poussés par la recherche du profit, sont conduits à introduire sans cesse de nouvelles techniques plus performantes. C'est de l'existence de cette couche sociale que dépend le dynamisme du capitalisme. C'est de son extinction progressive que mourra le capitalisme.

• Dans son ouvrage majeur *Capitalisme, Socialisme et Démocratie* (1942), J. Schumpeter s'interroge sur le destin du capitalisme. Comme Marx – à qui il rend un hommage appuyé dans ce livre – il pense que le capitalisme est condamné, mais, se séparant de l'auteur du *Capital*, il envisage cette mort du capitalisme non pour cause de crise économique interne mais pour des raisons sociologiques. C'est en raison même de ses succès que le capitalisme risque de périr. La tendance à la concentration et à la bureaucratisation des entreprises conduit à expulser les capitalistes individuels propriétaires de leur capital. Une organisation bureaucratique et centralisée tend à se substituer peu à peu au capitalisme individuel : à cela s'ajoute l'hostilité croissante des intellectuels à ce régime économique. Ce thème de l'extinction progressive du capitalisme par sa bureaucratisation était un thème récurrent dans les années 40 (il a été défendu et développé par des auteurs comme James Burnham, Bruno Rizzi et, dans les années 60, par John Galbraith). J. Schumpeter s'interroge alors sur le sort de la démocratie dans un régime économique de plus en plus bureaucratisé.

Une pensée actuelle

Le thème de l'absorption du capitalisme par la bureaucratie est quelque

Les « vagues » du capitalisme

L'histoire du capitalisme peut être divisée en une série de « vagues » : cycles longs d'une quarantaine d'années où s'alternent une phase de croissance et une période de récession. L'innovation technologique serait le moteur de ces fluctuations.

Dans *Business cycle* (1939), J. Schumpeter distingue ainsi trois cycles majeurs dans l'histoire du capitalisme :

• La première révolution industrielle commence à la fin du XVIIIe siècle et est impulsée par les dérivés et les progrès technologiques de la machine à vapeur et des machines à filer mécaniques.

• Une deuxième phase d'expansion s'ouvre à partir des années 1840 grâce au chemin de fer et à la métallurgie.

• Un troisième cycle débute à la fin du XIXe siècle avec le développement de l'électricité, de la chimie industrielle et du moteur thermique.

• Pour les auteurs, qui, comme C. Stoffaes, inscrivent leurs recherches dans la lignée de J. Schumpeter, les Trente Glorieuses d'après-guerre sont la phase de croissance d'un nouveau cycle long. La récession à partir de 1973 en constitue la phase descendante.

• Il faut voir alors dans la révolution informatique des années 80 le début d'une cinquième révolution industrielle (C. Stoffaes, *Fins de mondes*, O. Jacob, 1987).

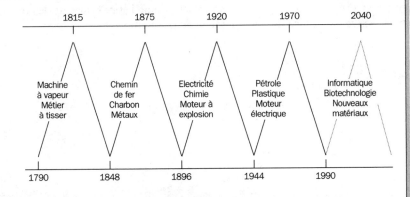

Les cycles longs du capitalisme et les technologies porteuses

peu daté. S'il est clair que la grande entreprise n'a pas tué la croissance et la capacité d'investissement, on reconnaît aujourd'hui le rôle irremplaçable d'innovateurs pour la création de nouvelles activités. Dans les pays en développement ou dans les ex-pays communistes, l'apparition d'une classe sociale d'entrepreneurs devient l'un des enjeux essentiels de l'essor économique. Paradoxe que J. Schumpeter ne pouvait pas prévoir : que cette minorité active d'entrepreneurs serait l'une des conditions d'un passage du socialisme au capitalisme !

Le second apport de J. Schumpeter est, sans conteste, son analyse du rôle des techniques dans l'évolution économique. On parle moins aujourd'hui de « troisième révolution industrielle » portée par l'informatique, les biotechnologies et les nouveaux matériaux. Au début des années 80, on voyait dans ces grappes d'innovations le fer de lance d'une sortie de crise et d'une nouvelle phase de croissance. C'est alors que fut redécouvert J. Schumpeter. Si cette perspective de relance technologique

---

A lire sur le sujet

Ouvrages de Schumpeter traduit en français :
- *Capitalisme, socialisme et démocratie*, Payot, 1942.
- *Théorie de l'évolution économique. Recherche sur le profit, le crédit, l'intérêt et le cycle de la conjoncture*, Dalloz, 1983.
- *Histoire de l'analyse économique*, 3 volumes, Gallimard.
- *Impérialisme et classes sociales* (recueil de textes), Champ Flammarion, 1984.

Introduction à l'œuvre :
- Article « Schumpeter », dans *Encyclopedia Universalis*.
- F. Perroux, *La Pensée économique de J. Schumpeter*, Droz, 1965.
- B. Coriat et R. Boyer, « De la crise comme destruction créatrice… ou le retour de Schumpeter », *Le Monde diplomatique*, septembre 1984.
- J.-J. Quilès, *Schumpeter et l'évolution économique*, Nathan, 1997.

---

suscite moins d'enthousiasme, il reste que J. Schumpeter fut le premier à prendre en compte la dimension technique grandement ignorée jusque-là par la plupart des courants économiques.

Au final, la prise en compte des forces et structures sociales dans l'analyse de la dynamique du capitalisme restera sans doute l'apport majeur de l'œuvre de J. Schumpeter.

Bernard Guerrien[*] **et Claire Pignol**[**]

MICROÉCONOMIE : HYPOTHÈSES ET RÉSULTATS[***]

A la recherche d'un modèle simple pour penser l'équilibre en économie, la microéconomie est parvenue à des résultats décevants, voire paradoxaux : elle montre qu'il n'est pas possible d'affirmer que des individus égoïstes peuvent librement s'organiser grâce au marché et atteindre, à travers des échanges volontaires, des situations optimales.

L A THÉORIE NÉOCLASSIQUE, dont est issue la microéconomie contemporaine, est née dans les années 1870 et a pris sa forme définitive dans les années 1930-1940. Les pères fondateurs en sont le Français Léon Walras (1834-1910), l'Anglais Stanley Jevons (1835-1882) et l'Autrichien Carl Menger (1840-1921). Leur ambition était de dégager les conditions dans lesquelles des décisions individuelles pouvaient, à travers le marché, se coordonner, c'est-à-dire être rendues mutuellement compatibles. Il s'agissait donc de proposer une représentation du marché qui permette de répondre à la question de savoir si le marché peut conduire à une situation satisfaisante.

Pour cela, ils élaborèrent un modèle théorique simplifié de l'échange marchand. Ce modèle met en présence deux types d'agents, consommateurs et producteurs, dont l'objectif est de maximiser leur satisfaction (pour les consommateurs) ou leur profit (pour les producteurs). Ils sont placés dans des conditions particulières d'échange, conditions dites «de concurrence parfaite». Nous présenterons ici les principales caractéristiques de ce modèle, pour en dégager ensuite ses principales conclusions, ou «résultats».

* Maître de conférences à l'université de Paris-I-Panthéon-Sorbonne. Il a publié de nombreux livres dont un *Dictionnaire d'analyse économique*, La Découverte, 1996.
** ATER université Paris-I-Panthéon-Sorbonne.
*** *Sciences Humaines*, hors série n° 22, septembre/octobre 1998.

La question de l'échange

La microéconomie prend donc pour point de départ les unités élémentaires de l'économie (ses agents), conçues comme des centres de décision, et regroupées en deux catégories : les ménages (ou « consommateurs ») et les entreprises (ou « producteurs »).

Les ménages disposent initialement d'un ensemble de ressources, appelées dotations initiales (biens, temps disponible, titres de propriété sur les entreprises) et cherchent à effectuer des échanges avec d'autres individus, de façon à améliorer leur satisfaction. Les ménages sont supposés rationnels : compte tenu des ressources dont ils disposent et des possibilités d'échange qui s'offrent à eux, ils cherchent à maximiser leur satisfaction.

Les entreprises sont caractérisées par une fonction de production qui indique la quantité maximale de produits qu'elles peuvent obtenir à partir des divers *inputs* (travail, matières premières, machines) dont elles disposent. L'objectif qui leur est fixé est la maximisation du profit (différence entre les recettes et les dépenses) ; cette recherche du profit maximal est aussi considérée comme l'expression, pour l'entreprise, d'un principe de rationalité.

Afin de maximiser leur utilité ou leur profit, les agents cherchent à effectuer des échanges, selon des modalités que le modélisateur doit spécifier. Ces modalités portent sur les institutions sociales ; ainsi, tous les modèles microéconomiques supposent un ordre social pacifié : le recours à la force est interdit et nul ne peut être contraint à l'échange. C'est pourquoi tout échange doit procurer à chaque participant un gain en utilité. Cette forme d'organisation sociale minimale étant posée, il reste à préciser la façon dont se font les échanges. Il apparaît alors un premier problème : on pourrait penser *a priori* que les individus négocieront les taux d'échange en fonction de la valeur – subjective – qu'ils attribuent aux biens. Mais cette valeur varie d'un individu à l'autre. Par exemple, un consommateur potentiel serait prêt à céder 1 kg de cerises pour obtenir 2 kg de pommes alors qu'un autre exigerait en contrepartie au moins 4 kg de pommes. Ainsi, les taux d'échange dépendraient des individus considérés, de leur ordre de rencontre et de leur aptitude au marchandage. Compte tenu de l'aléa de ces deux derniers paramètres, le résultat des transactions serait indéterminé et le modèle ne comporterait aucune solution précise.

Pour préciser les modalités de l'échange, le microéconomiste doit donc ajouter de nouvelles hypothèses. La plus simple impose l'unicité du prix de chaque bien. Les agents sont qualifiés de « preneurs de prix » : les prix leur sont donnés et ils sont les mêmes pour tous. Pour faire apparaître ces prix, il est nécessaire d'introduire une nouvelle entité, un agent fictif, appelé commissaire-priseur ou secrétaire de marché.

Le paradoxe de la concurrence parfaite

Après avoir pris connaissance des prix des biens, les agents formulent des demandes pour les biens qu'ils désirent, et des offres pour ceux qu'ils sont prêts à céder en contrepartie. Si aucune règle supplémentaire n'était imposée, des échanges auraient lieu aux prix affichés, chacun ayant pour tâche de trouver des acheteurs pour les biens qu'il offre, et des vendeurs pour les biens qu'il demande. Mais pour éviter que le résultat de l'échange ne dépende du hasard des rencontres, on doit ajouter une nouvelle hypothèse : on suppose que les offres et les demandes sont regroupées, additionnées, puis confrontées globalement. Ainsi peut-on parler sans ambiguïté de « la » demande et de « l' » offre d'un bien donné. Cependant, les prix ayant été choisis au hasard, rien n'assure que l'offre et la demande (globales) formulées sur la base de ces prix soient égales ; si tel est le cas, on est en présence de prix d'équilibre. La tâche du théoricien est alors de montrer qu'il existe, parmi tous les prix possibles, des prix d'équilibre, puis de proposer une procédure permettant de les trouver et de permettre la réalisation des échanges à ces prix.

Ainsi, pour modéliser le plus simplement possible l'idée selon laquelle des agents rationnels parviennent à maximiser leur satisfaction ou leur profit à travers l'échange en concurrence parfaite, il a fallu adopter les hypothèses suivantes :

– les prix des biens sont affichés par une entité extérieure aux agents : le commissaire-priseur ;

– les agents, à partir de ces prix, formulent des offres et demandes ;

– les offres et demandes individuelles sont regroupées, additionnées pour chaque bien, et confrontées globalement par le commissaire-priseur ;

– s'il n'y a pas égalité entre l'offre et la demande globale d'un bien, les prix sont modifiés, et le processus recommence jusqu'à l'obtention des conditions de l'équilibre.

Ce modèle théorique, appelé modèle de concurrence parfaite, décrit donc une forme d'organisation sociale extrêmement centralisée, reposant sur une entité (le commissaire-priseur) qui propose des prix, en informe les agents, reçoit leurs offres et leurs demandes, cherche à les rendre compatibles et, enfin, organise les échanges. Cette centralisation pose problème, dans la mesure où la théorie microéconomique se proposait de décrire une économie de marché caractérisée précisément par la décentralisation des décisions individuelles. On peut donc s'interroger sur les raisons pour lesquelles il occupe une place centrale en microéconomie. Deux types de réponses peuvent être apportés à cette question :

– tout d'abord, la concurrence parfaite est, du point de vue mathématique, le modèle le plus simple possible dans la perspective néoclassique : les principales hypothèses du modèle (prix affichés, centralisation des offres et des demandes) ont été introduites afin de simplifier l'analyse et d'éviter de traiter de situations caractérisées par une multitude de négociations bilatérales, à l'issue indéterminée ;

– ensuite et surtout, la concurrence parfaite joue le rôle de norme en microéconomie. Plus précisément, l'équilibre de concurrence parfaite représente une affectation des ressources entre les individus qui est optimale au sens de Vilfredo Pareto ; une situation est optimale s'il n'est pas possible d'améliorer la satisfaction d'un individu sans détériorer celle d'au moins un autre. A un optimum de V. Pareto, toutes les possibilités d'échanges mutuellement avantageux ont été épuisées.

Or, le microéconomiste accorde une place toute particulière aux optimums de Pareto, qualifiés d'états «efficients». On considère en effet que sa tâche principale est de préconiser des mesures ou des politiques économiques conduisant à des états optimaux. D'où l'importance accordée aux équilibres de concurrence parfaite qui sont – sous certaines conditions – des optimums de Pareto.

Remarquons qu'il existe plusieurs optimums de Pareto : les situations où l'on ne peut améliorer la satisfaction de l'un des agents sans détériorer celle d'un autre sont très nombreuses. Une situation extrême dans laquelle un individu détient toutes les ressources de l'économie est un optimum de Pareto, puisqu'il n'est pas possible d'améliorer la situation de ceux qui n'ont rien sans détériorer celle de celui qui détient tout. Ainsi, une situation optimale peut être injuste. L'insistance accordée aux optimums de Pareto ne signifie pas que le microéconomiste juge qu'un état optimal au sens de Pareto est nécessairement satisfaisant au regard d'un critère de justice. Mais il considère que la répartition plus ou moins égalitaire des ressources n'est pas du ressort de l'économiste mais de celui du politique, le rôle de l'économiste se limitant à désigner les situations «efficientes» et à indiquer les façons d'y parvenir.

Outre son caractère normatif, le modèle de concurrence parfaite doit sa prééminence en microéconomie à sa relative simplicité, qui facilite le traitement mathématique et la recherche de résultats – ou théorèmes. Le premier de ces résultats porte sur l'existence de l'équilibre : Kenneth Arrow et Gérard Debreu ont démontré, en 1954, l'existence d'un système de prix d'équilibre, qui rendent compatibles les offres et demandes des agents. Ce résultat permet de vérifier la cohérence du modèle, et d'étudier les propriétés de l'équilibre. Si l'on n'était pas assuré de l'existence d'un équilibre, l'étude de ses propriétés (notamment de son optimalité) n'aurait pas plus de sens que l'achat d'un billet d'une loterie sans prix.

Des résultats décevants

Après avoir résolu cette question, les microéconomistes se sont alors affrontés à la question suivante : comment le système parvient-il à l'équilibre ? Il semble alors que ce qu'on appelle couramment la «loi de l'offre et de la demande» fournisse une réponse à cette question : le prix d'un bien augmente lorsque sa demande est supérieure à l'offre, il diminue dans le cas contraire. Dans le cadre de concurrence parfaite, le commissaire-priseur confronte globalement les offres et les demandes, et fait varier les prix en conséquence, en cherchant à atteindre les prix d'équilibre. On pourrait alors penser que ce processus, appelé «tâtonnement» – selon le terme utilisé par Léon Walras – conduit à l'égalité des offres et demandes agrégées pour chaque bien, c'est-à-dire à l'équilibre. Or, il n'en est rien : à leur grande surprise, les théoriciens néoclassiques se sont aperçus que le tâtonnement pouvait continuer indéfiniment, sans converger vers la solution d'équilibre : le système est instable. Autrement dit, l'idée selon laquelle les «mouvements des prix» peuvent guider à eux seuls les choix individuels de façon à les rendre compatibles (que l'on résume souvent par la métaphore de la «main invisible») n'a aucun fondement, du moins dans le modèle de la concurrence parfaite.

Ce «résultat» – appelé «théorème de Sonnenschein-Mantel-Debreu», du nom de ceux qui les premiers l'établirent au début des années 70 – est considéré comme une catastrophe par les microéconomistes, puisqu'il signifie que, même dans le modèle idéal de concurrence parfaite, la libre variation des prix ne conduit nullement à une situation harmonieuse où chacun pourrait réaliser ses plans.

Comment expliquer ce résultat, apparemment si peu intuitif ? Par la complexité des interactions entre les choix individuels. Ainsi, lorsque le prix d'un bien augmente, deux effets agissent en sens contraire : un effet dit de substitution, qui diminue la demande et accroît l'offre (puisque le bien devient plus cher relativement à d'autres) ; un effet dit de revenu, qui diminue l'offre, du fait de l'augmentation du revenu des vendeurs. Si l'effet de revenu domine, la variation de l'offre et de la demande peut donc aller en sens inverse de celui attendu, et accroître l'écart entre l'offre et la demande.

Le deuxième résultat négatif tient à la réalisation des échanges : en supposant même que l'on ait trouvé les prix d'équilibre, rien n'assure, dans ce modèle microéconomique, que les échanges

puissent être réalisés. G. Debreu imaginait une solution centralisée, à travers une «chambre de compensation», qui rassemblerait toutes les marchandises offertes pour les redistribuer ensuite entre les demandeurs. Mais cette solution n'est évidemment pas satisfaisante si l'on veut décrire une économie de marché, où les transactions doivent pouvoir s'effectuer par des rencontres entre individus. Pour réaliser les échanges, il est alors nécessaire d'introduire la monnaie. En effet, du fait du problème de la double coïncidence des besoins, le troc ne permet pas aux individus d'échanger leurs biens au cours de rencontres successives : rien ne garantit que l'individu qui possède le bien que je désire veuille acheter celui que je possède. Or les tentatives d'intégration de la monnaie dans le modèle ont échoué. Le modèle microéconomique n'est donc pas parvenu à représenter l'échange dans une économie de marché.

Dépasser le cadre de concurrence parfaite ?

Ces difficultés ont incité les économistes à s'écarter du cadre de concurrence parfaite. Divers modèles en ce sens ont été proposés : modèles de concurrence imparfaite, théorie des contrats, économie de l'information, modèles de théorie des jeux, etc.

Dans la théorie de la concurrence imparfaite, par exemple, ce sont les entreprises qui ont le pouvoir de fixer les prix. Ces modèles conservent cependant de nombreuses caractéristiques de la concurrence parfaite (notamment la centralisation). Surtout, ils ont échoué dans leur tentative d'intégrer l'approche de concurrence imparfaite dans une perspective d'équilibre général. Les théoriciens sont alors contraints d'adopter une approche dite d'équilibre partiel, qui consiste à raisonner sur un seul bien, et qui n'est, selon leurs propres critères, qu'un pis-aller.

Ces dernières années, à travers la «théorie des contrats» ou «théorie des incitations», les microéconomistes se sont intéressés aux relations bilatérales (qui mettent en présence un seul acheteur et un seul vendeur). Leur objectif est alors de trouver le contrat ou le système d'incitations qui permet de parvenir à une situation efficace, sachant que les agents sont susceptibles d'adopter des «comportements opportunistes», sources d'inefficience.

Sans nous attarder sur les difficultés rencontrées dans ces modèles, remarquons que le développement de modèles particuliers – c'est-à-dire prenant pour objet d'étude non le fonctionnement de l'économie dans son ensemble, mais les relations entre quelques agents – est, du point de vue de la théorie économique, un appauvrissement de l'analyse. Cette étude en effet éloigne du projet initial de la microéconomie, qui était de comprendre comment une société régulée par le marché peut permettre une coordination satisfaisante des décisions individuelles.

Au regard de cette interrogation, le modèle de concurrence parfaite, en dépit de ses échecs, est riche d'enseignements : en mettant en évidence les hypothèses institutionnelles nécessaires à la possibilité d'une coordination des décisions, la microéconomie montre

que le bon fonctionnement d'une société marchande présuppose un accord des agents sur un minimum de règles. Que ce résultat ait été ou non celui que désiraient produire les microéconomistes importe peu : les hypothèses du modèle de concurrence parfaite montrent que la fiction de la constitution volontaire de la société marchande sur la base d'intérêts individuels est privée de tout fondement en théorie économique : il ne suffit pas, pour que le marché puisse fonctionner efficacement, de supposer des individus rationnels agissant dans un vide institutionnel, juridique et moral.

Mais, si le modèle de concurrence parfaite présente l'immense avantage de pouvoir «raconter une histoire» sur la société, cela ne suffit cependant pas à en faire une représentation du marché acceptable. Non seulement l'échec des théories de la stabilité et de la réalisation des échanges, mais aussi le caractère centralisé du modèle conduisent à conclure que l'interprétation qui en est généralement proposée est irrecevable : il n'est pas possible d'affirmer que la théorie microéconomique prouve que des individus égoïstes peuvent librement s'organiser grâce au marché et atteindre, à travers des échanges volontaires, des situations optimales.

Cependant, renoncer à proposer une représentation du marché, comme le font les microéconomistes qui déplacent leurs préoccupations vers l'analyse de situations particulières, n'est pas davantage satisfaisant, puisqu'il semble alors que la théorie économique renonce à produire un discours sur le fonctionnement d'une société de marché.

Philippe Cabin[*]

LÉON WALRAS ET LES NÉOCLASSIQUES :
À LA RECHERCHE
DE L'ÉCONOMIE PURE[**]

Mettre l'économie en équations sous la forme d'une interdépendance de marchés en équilibre : par cette intuition, Léon Walras va bouleverser la science économique.

ÉTÉ 1858 : le jeune Léon, 24 ans, se promène dans la vallée du Gave de Pau avec son père Auguste Walras. Ce dernier, philosophe et économiste, lui affirme qu'une des grandes tâches à accomplir pour le XIXe siècle est de «*commencer à créer la science sociale*». Léon Walras lui promet alors de «*laisser la littérature et la critique d'art pour (se) consacrer entièrement à la continuation de son œuvre*». Ingénieur raté (il a échoué à Polytechnique et est sorti sans diplôme de l'Ecole des mines), romancier velléitaire, il entame alors un long chemin vers la construction du modèle théorique qui lui vaudra une reconnaissance tardive. Fasciné par les résultats de la physique et de la mécanique, L. Walras veut faire de l'économie une science rigoureuse.

C'est en rédigeant en 1859 son premier ouvrage, consacré à Proudhon, qu'il a l'intuition d'une «*économie politique pure et appliquée à créer dans la forme mathématique*». Polémiste féroce et iconoclaste (1), il ne parvient pas à s'insérer dans les institutions académiques françaises, et exerce divers métiers avec une réussite inégale. Mais ce n'est qu'à partir de 1870, lorsqu'il est nommé professeur à l'université de Lausanne, qu'il élabore le modèle de l'équilibre

* Journaliste scientifique au magazine *Sciences Humaines*.
** *Sciences Humaines*, n° 104, avril 2000.
1. Comme en témoigne cet extrait, où L. Walras parle de Louis-Adolphe Thiers : «*Il faut bien reconnaître que l'auteur, malgré sa médiocrité scientifique, et tout en n'unissant à une grande pauvreté d'idées qu'une platitude assez remarquable de style, parvient à constituer une apparence de théorie de la propriété.*»

L'itinéraire obstiné d'un marginal novateur

Léon Walras est né en 1834 à Evreux. Il décide en 1858 de se consacrer à la science économique. Dépourvu de titre universitaire, il n'a d'autre choix, pour poursuivre son projet scientifique, que de devenir journaliste économique.

Convié en 1860 à participer en Suisse au Congrès de l'impôt, il impressionne son auditoire par la clarté de son exposé. Mais il s'en prend sans ménagement aux thèses des directeurs des deux principales revues d'économie et se fâche avec ces derniers. Il tente sans succès de fonder son propre journal, puis se tourne vers les affaires et participe à l'essor des coopératives. Il est nommé administrateur délégué d'une banque associative, qui ne tarde pas à faire faillite.

La chance va lui donner un coup de pouce en 1870. Louis Ruchonnet, qui avait assisté à la conférence de 1860, lui propose la chaire d'économie de la nouvelle université de Lausanne. Cette nomination, comme le suggère Hervé Dumez, va le libérer et lui donner une position, à partir de laquelle il va développer ses travaux théoriques sur l'économie pure.

L. Walras ne cessera de témoigner d'une certaine amertume vis-à-vis de son pays, la France, qui n'a pas su l'accueillir. En 1905, il cherche à concourir pour le prix Nobel... de la Paix (en vain). Il considérait en effet qu'en tant que promoteur du libre-échange, il servait la cause de la paix. Il faudra attendre l'organisation de son jubilé pour qu'il reçoive un hommage appuyé de la communauté de ses pairs. Une reconnaissance qu'il n'aura guère le temps de savourer : il meurt trois semaines plus tard, le 5 janvier 1910.

Principaux ouvrages :
* *Eléments d'économie politique pure*, 1874-1877 ;
* *Etudes d'économie sociale*, 1895 ;
* *Etudes d'économie appliquée*, 1898.

Les œuvres complètes de L. Walras ont été rééditées récemment par les éditions Economica.

général qui va fonder le paradigme néo-classique.

Le modèle walrassien s'inscrit dans ce que l'on a appelé la révolution marginaliste, qui impose une analyse nouvelle de la valeur. Pour les économistes classiques (Adam Smith, David Ricardo, Karl Marx), la valeur d'un bien résidait dans la quantité de travail nécessaire pour le produire, et non dans l'utilité qu'il procure au consommateur. A. Smith réfutait l'approche utilitariste à l'aide de l'exemple de l'eau et du diamant : l'eau, remarquait-il, est plus utile que le diamant, et pourtant elle est bien moins chère. La réplique fut fournie dès 1776 par le philosophe Etienne de Condillac : plus un bien est rare, plus il est précieux ; c'est pourquoi le diamant est si cher.

Du marché stylisé à l'équilibre général

Les néoclassiques vont fournir une interprétation qui permet de combiner l'utilité et la rareté, en introduisant le raisonnement à la marge. La valeur d'un bien est liée selon eux à la satisfaction que procure la dernière unité détenue. Cette utilité marginale décroît, au fur et à mesure que la quantité détenue augmente, jusqu'à satiété : la satisfaction d'acquérir une première voiture est supérieure à celle que me procurera une deuxième ou une troisième automobile. L. Walras va formaliser la loi de décroissance de l'utilité marginale. En s'appuyant sur les travaux d'Antoine Augustin Cournot, inventeur de la courbe de demande, il montre que dans le cas de l'échange de deux marchandises, il existe un prix qui équilibre l'offre et la demande.

Fort de ces résultats, L. Walras envoie en 1874 à Stanley Jevons, qu'il tient pour un économiste important, une présentation de ses travaux. Ce dernier le remercie, tout en lui faisant remarquer qu'il avait dès 1871 fait la même analyse de l'intensité décroissante du dernier besoin satisfait. Ce qu'ils ne savent pas encore, c'est qu'il existe un troisième larron, l'Autrichien Carl Menger, qui vient de faire la même « découverte ». Jevons et Walras réalisent même qu'en 1854, l'Allemand Herman Gossen avait (avec les deux « lois de Gossen ») déjà posé les fondements de l'analyse marginaliste. Le marginalisme apparaît donc simultanément en trois lieux, et donnera naissance à trois écoles : l'école de Lausanne, l'école anglaise de Cambridge et l'école autrichienne.

Mais L. Walras veut aller plus loin : il passe de l'analyse de l'échange de deux biens à celle de l'ensemble des échanges. Une économie rassemble des milliers de marchés, qui sont interdépendants : les consommateurs doivent en effet choisir entre les multiples biens qui leur sont proposés.

Il cherche à démontrer mathématiquement qu'il existe un système de prix aboutissant à un équilibre général de l'offre et de la demande de tous les biens en circulation, et imagine une situation de concurrence pure : « *Nous supposerons toujours un marché parfaitement organisé sous le rapport de la concurrence, comme en mécanique pure, on suppose d'abord des machines sans frottement.* » A cette hypothèse institutionnelle s'ajoute une hypothèse comportementale : les individus sont considérés rationnels et utilitaristes. Ainsi peut-on décrire leurs arbitrages sous forme de fonctions mathématiques.

Ces postulats sont la source essentielle des critiques adressées au modèle néoclassique : quelle crédibilité accorder à un schéma que l'on ne rencontre pas dans la réalité ? L. Walras reconnaît expressément que les conditions de la concurrence pure ne sont jamais réunies (elles s'en rapprochent dans certains cas qu'il a observés, comme la Bourse ou les marchés aux poissons).

Pour lui, le modèle n'a qu'une valeur de démonstration. Il a aussi pour vertu de simplifier le traitement mathématique. Ce cadre défini, L. Walras parvient à exprimer l'ensemble des relations solidaires (offres, demandes, prix, quantités de tous les biens) sous la forme d'un système d'équations simultanées, dans lequel le nombre des équations est égal à celui des inconnues. Il en déduit qu'un système de prix assurant l'équilibre général sur l'ensemble des marchés existe, et que cet équilibre tend à se réaliser spontanément.

Une question reste en suspens : comment, dans un schéma d'une telle ampleur, l'agrégation des demandes et des offres et l'ajustement des prix peuvent-ils se réaliser concrètement ? L. Walras ajoute une hypothèse : il suppose l'existence d'un « commissaire-priseur », qui recueille et centralise les réactions du marché, et finit par trouver, par un processus de tâtonnement, le juste prix.

Vilfredo Pareto, qui prend la succession de L. Walras à la chaire d'économie de Lausanne, poursuivra la voie ainsi ouverte en définissant la notion d'optimum économique. Avec les travaux de l'Ecole de Cambridge (plus empiriques) et ceux de l'Ecole de Vienne (ancrés dans l'individualisme méthodologique et rétifs au formalisme mathématique), le modèle walrassien va constituer l'épine dorsale du paradigme néoclassique, qui servira de modèle de référence à toute la science économique moderne.

Dans son *Histoire de l'analyse économique*, l'économiste autrichien Joseph Schumpeter rend hommage à L. Walras : « *En comparaison, la plupart des écrits théoriques de cette période apparaissent comme des chaloupes à côté du navire.* » Il réserve cependant ses louanges à la théorie de Walras, et non à ce qu'il appelle ses « *spéculations douteuses en matière de politique ou de justice sociale* ».

Il faut rappeler en effet que, contrairement à une idée largement répandue, l'économie néoclassique ne s'identifie pas *stricto sensu* à la doctrine libérale. L. Walras rejette ce qu'il appelle « *le laisser-faire inorganisé* ». Il préconise l'intervention de l'Etat dans certains secteurs, par exemple la nationalisation des terres et des chemins de fer. Plus généralement, il se voit comme une sorte d'ingénieur du social, avec une vision globale de la société, mélange inclassable de libre-échangisme et de socialisme. L'économie pure n'est pour lui qu'une composante d'un tout qui comprend l'économie sociale (« *lois morales qui doivent présider à la répartition de la richesse* ») et l'économie appliquée (« *règles d'utilité selon lesquelles devrait s'effectuer la production de la richesse sociale* »).

L'Anglais Alfred Marshall est l'autre grande figure de l'économie néoclassique. Ses travaux sont moins ambitieux (plus réalistes) que ceux de L. Walras : il se borne ainsi à l'analyse de l'équilibre partiel, c'est-à-dire au mécanisme de formation des prix sur un seul marché. Il aborde l'économie sous un angle dynamique, en introduisant la dimension temporelle (distinction entre court et moyen terme). Son œuvre participe, à l'égal de celle de Walras, à la construction du paradigme néoclassique.

Schématiquement, ce modèle de réfé-

Etapes et courants de la pensée néoclassique

Les précurseurs

– Etienne de Condillac (1715-1780)
– Hermann Heinrich Gossen (1811-1858)

– Antoine Augustin Cournot (1801-1877)
– Arsène Dupuit (1804-1866)

Les fondateurs : la « révolution marginaliste »

- **L'école de Lausanne (équilibre général)**
– Léon Walras (1834-1910)
– Vilfredo Pareto (1848-1923)

- **L'école anglaise (Cambridge)**
– Stanley Jevons (1835-1882)
– Alfred Marshall (1842-1924)
– Arthur C. Pigou (1877-1959)

- **L'école autrichienne (Vienne)**
– Carl Menger (1840-1921)
– Friedrich von Wieser (1851-1926)
– Eugène von Böhm Bawerk (1850-1914)

Les principaux courants néoclassiques contemporains

- **Le courant de l'équilibre général**
– John Hicks (1904-1989)
– Kenneth Arrow (né en 1921)
– Gérard Debreu (né en 1921)
– Maurice Allais (né en 1911)

- **La synthèse keynéso-classique**
– Paul Samuelson (né en 1915)
– Robert M. Solow (né en 1924)

- **La nouvelle école classique (ou courant des anticipations rationnelles)**
– Robert Lucas (né en 1937)

rence peut se décrire par quelques traits distinctifs : l'individu est le point de départ de l'analyse (posture désignée par le terme d'individualisme méthodologique), la rationalité des acteurs, l'utilitarisme, le marché concurrentiel comme forme d'allocation des ressources la plus efficiente, un système de prix qui tend à l'équilibre, enfin une utilisation (plus ou moins marquée selon les courants) de la formalisation mathématique.

Une révolution scientifique ?

Le modèle néoclassique connaîtra la consécration dans les années 20-30. Cette domination théorique sera balayée par la « révolution keynésienne » (du nom de John Maynard Keynes, élève d'Alfred Marshall), qui va notamment montrer que la machine économique ne tend pas spontanément à l'équilibre. C'est en partie en réaction à l'hégémonie keynésienne que le modèle néoclassique connaît, dans la seconde moitié du XXᵉ siècle, de nombreux développements. Deux types de variantes contemporaines de l'école néoclassique doivent être distingués.

• **La théorie moderne de l'équilibre général :** elle cherche à raffiner à l'aide d'outils mathématiques de plus en plus sophistiqués (calcul matriciel, espaces vectoriels, topologie), le modèle d'équilibre général de Walras. A l'instar de ce dernier, le Français Gérard Debreu doit s'exiler (aux Etats-Unis) pour connaître la reconnaissance. Avec Kenneth Arrow, il mène à son terme la démonstration mathématique (mais sous de nombreuses conditions) de l'existence d'un équilibre général en situation de concurrence pure. Le modèle Arrow-Debreu est considéré comme la référence des interrogations contemporaines sur l'équilibre général. Maurice Allais critiquera le caractère formel et abstrait de ces travaux. Il proposera une vision de l'équilibre faisant appel à la notion de surplus distribuable : *«Il y a équilibre lorsqu'il n'existe plus aucune possibilité d'échanges qui paraissent avantageux aux opérateurs.»*

• **Les néolibéraux sont-ils néoclassiques ?** initialement employé pour désigner le courant marginaliste, le terme néoclassique (2) s'est progressivement étendu. Ainsi, on inclut souvent derrière ce vocable l'ensemble des courants libéraux qui connaissent leur essor à partir des années 70 : du monétarisme de Milton Friedmann jusqu'à la théorie du capital humain de Gary Becker. Une telle classification peut accréditer l'idée d'une équivalence littérale entre la pensée néoclassique et le libéralisme, analogie qui est, nous l'avons vu, très relative. Certains courants libéraux contemporains s'enracinent dans la pensée des économistes de l'école de Vienne (Friedrich Hayek, Ludwig von Mises). D'autres, tout en se situant dans un cadre théorique walrassien, radicalisent certains préceptes, comme celui de la ratio-

A lire sur le sujet...

• H. Dumez, *L'Economiste, la Science et le Pouvoir*, Puf, 1985.

• B. Guerrien, *La Théorie économique néoclassique*, 2 tomes, La Découverte, 1999.

• C. Rouge-Pullon, *Introduction à l'œuvre de Walras*, Ellipses, 1996.

• J. Schumpeter, *Histoire de l'analyse économique*, t. III, 1954, Gallimard, 1983.

nalité des acteurs. L'école des anticipations rationnelles, dont le principal représentant est Robert Lucas, considère que les individus sont compétents (économiquement parlant) et capables d'anticiper sur les fluctuations économiques.

La quête entreprise par Walras avait plusieurs dimensions. Il voulait provoquer une révolution scientifique, et s'était accordé cinquante ans pour qu'elle s'accomplisse : on peut considérer que de ce point de vue, il a réussi. Il espérait faire de l'économie une science exacte, sur le modèle de la physique. Sur ce point, nous sommes loin du compte. Certes, son œuvre fait partie du patrimoine auquel la majorité des économistes se réfère. Mais comme en témoignent les innombrables prolongements et ramifications théoriques auquel il donne lieu, le modèle de l'équilibre général est un chantier qui est loin d'être achevé.

---

2. L'économiste Thorstein Veblen (1857-1929) a été le premier à employer cette expression, qui ne s'est généralisée qu'à partir de 1970.

Du nouveau sur...

*La science économique se renouvelle en découvrant
de nouveaux champs – comme celui de l'entreprise –
ou en abordant des domaines traditionnels sous
des angles nouveaux : c'est le cas de la théorie
de la croissance ou de celle du commerce international.*

... le commerce international

Selon la théorie économique classique, formulée par David Ricardo et affinée par la suite (1), les nations ont toujours intérêt à échanger entre elles. Chacune mettant à profit ses atouts, il en résulte un bien supérieur pour toutes. Ainsi, l'Espagne a intérêt à échanger ses fruits avec l'Allemagne contre des machines-outils.

Cependant, l'observation des flux du commerce mondial montre un phénomène singulier : la plupart des échanges ont lieu entre pays similaires et dans les mêmes marchés. Ainsi, l'Italie, la France et l'Allemagne sont à la fois productrices et importatrices d'automobiles entre elles. Comment expliquer ce phénomène, puisqu'il n'y a pas ici d'«avantages comparatifs» d'un pays par rapport à l'autre ? Les nouvelles théories du commerce international, apparues dans les années 80, tentent d'expliquer cette situation.

Lorsque les coûts d'investissement initiaux sont très importants (pour produire des automobiles ou des avions, par exemple), le nombre de producteurs est limité à cause du coût d'investissement. On dit qu'il y a situation de «concurrence monopolistique», c'est-à-dire un petit nombre de producteurs sur le marché. Dans une telle situation de concurrence «imparfaite», les rendements sont croissants. Pour développer un nouveau modèle, Renault doit investir par exemple 100 millions de francs (coût initial constant) mais elle démultiplie ses bénéfices si elle vend 200 000 exemplaires au lieu de 150 000 du même modèle.

Dans une telle configuration, un producteur ne peut multiplier les gammes de voitures (à cause des coûts initiaux). Ici, la théorie montre qu'il est avantageux de commercer entre pays sur des produits similaires afin de se partager un marché plus étendu. Les nouvelles théories du commerce international doivent beaucoup au talent de vulgarisateur de Paul Krugman, économiste très en vue aux Etats-Unis. Mais aussi parce que certains modèles ont conduit à des conclusions déroutantes. Celui de James Brander et de Barbara Spencer montrait ainsi que, dans certaines situations, les Etats avaient intérêt à aider leurs entreprises nationales pour conquérir un marché. C'est ce que l'on a appelé la « politique commerciale stratégique ». Ce qui pose un problème, puisqu'un tel « coup de pouce » est en infraction formelle avec les règles affichées par l'Organisation mondiale du commerce (OMC) qui est censée faire la loi en ce domaine...

J.-F.D.

---

1. Par le modèle de E.F. Heckscher, B. Ohlin et P. Samuelson, dit modèle « HOS ». Voir aussi le texte de F. Sachwald dans cet ouvrage.

... la croissance

Depuis au moins deux siècles, les économistes s'attachent à comprendre par quels mécanismes la richesse produite par une nation augmente (ou diminue) d'une année sur l'autre ou sur le long terme. Les facteurs qu'ils avancent sont au nombre de trois. Il y a, d'abord, le capital (le niveau d'équipement), ensuite le travail (la quantité de main-d'œuvre utilisée). Enfin, il y a ce que les économistes sont convenus d'appeler le « résidu » ou encore la « part d'ignorance » : soit l'ensemble des autres facteurs, à commencer par le progrès technique. Selon les études statistiques de Jean-Jacques Carré, Paul Dubois et Edmond Malinvaud, ce facteur expliquerait la moitié de la croissance française des Trente Glorieuses. Depuis les années 80, les recherches sur la croissance ont connu de nombreuses avancées. Qu'il s'agisse des innovations (capital technique), des infrastructures (capital public) ou encore des compétences (capital humain), les facteurs mis en avant par ces nouvelles théories de la croissance étaient déjà connus des économistes classiques. Dans *La Richesse des nations* (1776), Adam Smith soulignait, par exemple, l'importance de la division du travail et du savoir-faire des ouvriers. L'apport de ces nouvelles théories réside ailleurs : dans l'idée que les facteurs traditionnellement considérés comme résiduels ne sont pas extérieurs à la logique économique mais, au contraire, liés directement aux décisions d'investissement. D'où l'expression de « croissance endogène » associée à ces nouvelles théories. L'économiste américain Paul Romer montre ainsi que les investissements réalisés par une entreprise pour renouveler son équipement ont des répercussions sur le niveau global du capital technique. L'introduction d'une nouvelle machine implique de nouveaux apprentissages qui profitent à terme aux autres entreprises, y compris concurrentes. C'est pour désigner ce phénomène que les économistes ont avancé la notion d'« externalités ». De telles externalités sont également induites par le capital public. C'est ce que montre Robert Barro, en portant son attention sur les investissements dans le domaine des infrastructures de transport ou de communication. Enfin, au fil du temps, chaque individu améliore ses compétences et, ce faisant, accroît son efficacité productive. C'est ce que soulignent les travaux de Robert Lucas sur les relations entre croissance et capital humain. Le moment venu, ces compétences peuvent être valorisées sur le marché du travail et vont donc profiter aux autres entreprises. Bien qu'élaborées par des économistes néoclassiques, ces nouvelles théories reviennent à réhabiliter peu ou prou l'Etat et ses investissements dans les infrastructures ou dans l'éducation. Elles montrent surtout que les investissements (qu'ils soient publics ou privés) ont des effets durables.

Une autre conséquence mérite d'être soulignée. Alors que les hypothèses des théories classiques débouchaient sur l'idée d'une convergence probable des économies, les nouvelles théories concluent au maintien voire à l'aggravation des écarts entre les pays industrialisés et les pays en développement. L'évolution de la croissance à l'échelle mondiale semble leur donner raison.

Il faut encore mentionner au moins trois autres axes de recherche. D'une part, les prolongements de l'approche en termes de « régime de croissance » de l'Ecole de la régulation. Dans cette perspective, la longue phase de croissance des Trente Glorieuses s'expliquerait aussi par la conjonction d'un mode de production de masse et d'institutions (compromis sociaux, Etat-providence...) assurant une consommation de masse. Il y a, d'autre part, les débats autour de la notion de « croissance durable » qui tendent à souligner l'importance de l'environnement.

Il y a, enfin, les améliorations apportées à l'évaluation elle-même, qui permettent de mieux apprécier les variations dues à des effets strictement comptables. Ainsi, les économistes ont découvert que, durant les années 1993, 1994 et 1995, une part substantielle de la croissance américaine (au moins 0,6 %) était imputable à une mauvaise appréciation de l'évolution des prix. La croissance n'a pas fini de surprendre les économistes...

S.A.

Pour aller plus loin...
• D. Guellec et P. Ralle, *Les Nouvelles Théories de la croissance*, La Découverte, 1995.
• « La Croissance économique », *Problèmes économiques*, 5-12 mars 1997.
• Voir aussi le texte de D. Guellec dans cet ouvrage.

... les entreprises

Longtemps, pour l'économiste, l'entreprise ne fut qu'un « agent » de production, une sorte d'atome élémentaire guidé par une seule force : la maximisation du profit. Il n'y avait pas lieu d'ouvrir la « boîte noire » de l'entreprise pour voir ce qui se passait à l'intérieur. Jusqu'à ce qu'en 1937, dans un article fondateur, « La nature de la firme », l'Américain Ronald Coase (Prix Nobel d'économie en 1991) pose cette question simple : *« Pourquoi y a-t-il des entreprises ? »* En effet, si, comme le veut la théorie dominante, le marché est la meilleure méthode d'allocation des ressources, pourquoi créer une organisation avec ses règles, sa hiérarchie, ses contrats de travail stables ? Pourquoi ne pas traiter le personnel comme des sous-traitants, en négociant au jour le jour le volume et le prix du travail en fonction des aléas du marché ?

Pour R. Coase, la réponse est simple : une telle méthode de gestion de la main-d'œuvre supposerait des transactions permanentes et serait d'un coût élevé. Conclusion : l'entreprise abolit la loi du marché en son sein pour éviter de trop lourds « coûts de transaction ». Cela révèle un problème qui jusque-là avait été ignoré par les économistes : dans une relation marchande, la transaction n'est pas gratuite. Parfois, il vaut mieux stabiliser la relation (quitte à négliger de meilleures opportunités) que renégocier sans cesse. La théorie des coûts de transaction sera développée notamment dans les années 80 par Oliver Williamson, l'un des auteurs que l'on qualifie aujourd'hui de « néo-institutionnalistes ».

D'autres théories économiques des entreprises se sont développées récemment. On les appelle les « théories de la firme » : « théorie de l'agence », « théorie des droits de propriété », « théories des conventions ». Leur point commun ? Chercher à comprendre si une entreprise peut oui ou non être considérée comme un marché en miniature.

J.-F.D.

Pour aller plus loin…
- O. Williamson, *Les Institutions de l'économie*, InterEditions, 1994.
- Entretien avec O. Williamson dans *Sciences Humaines*, n° 79, janvier 1998.
- B. Coriat et O. Weinstein, *Les Nouvelles Théories de l'entreprise*, Le Livre de Poche, 1995.
- Voir aussi le texte de P. Cabin page suivante.

PHILIPPE CABIN*

LES NOUVELLES THÉORIES ÉCONOMIQUES DE L'ENTREPRISE**

Pendant longtemps, les économistes n'ont eu de l'entreprise qu'une vision sommaire : celle d'un agent unique et universel à la recherche du meilleur profit. Les développements récents de « l'économie de la firme » ouvrent la « boîte noire » des organisations et en donnent une image à la fois plus complexe et plus proche de la réalité.

FUSIONS-ACQUISITIONS, déconcentration, diversification, externalisation des tâches, *joint-ventures*… : les structures et les frontières de l'entreprise sont de plus en plus mouvantes et multiformes. Quoi de commun entre les structures de Benetton, celles de Bouygues ou celles de Nestlé ?

Longtemps, la science économique n'a disposé, pour penser le comportement des entreprises, que d'un modèle unique, celui d'une sorte d'automate uniforme mû par une seule logique : la maximisation des profits, c'est-à-dire l'utilisation optimale des machines et des hommes pour en tirer le meilleur bénéfice. C'est le modèle largement utilisé par l'approche dite «néoclassique». Ce modèle simple et uniforme peut difficilement rendre compte de certaines conduites plus complexes. Une des caractéristiques principales de l'entreprise moderne réside dans la séparation entre actionnaires et managers, ce qui peut entraîner des conflits d'intérêts entre ces deux parties (1). William J. Baumol, économiste américain, affirme en 1959 que l'objectif poursuivi par les managers sera souvent de maximiser non le profit mais le chiffre d'affaires global de l'entreprise, dès lors que leur revenu et leur prestige sont davantage

* Journaliste scientifique au magazine *Sciences Humaines*.
** *Sciences Humaines*, n° 57, janvier 1996.
1. Les effets de cette disjonction avaient été soulignés dès 1776 par Adam Smith, père de la pensée économique libérale, comme le rappelle G. Charreaux dans G. Charreaux et al., *De nouvelles théories pour gérer l'entreprise*, Economica, 1987.

dépendants de cette dernière valeur. Pour interpréter ce type de phénomènes, les sciences économiques ont, depuis les années 80, développé des modèles théoriques qui offrent des visions diversifiées et plus réalistes de l'entreprise. Celle-ci est ainsi, selon les cas, « nœud de contrats », système de compétences, système d'information, etc. Dans *Les Nouvelles Théories de l'entreprise*, Benjamin Coriat et Olivier Weinstein, professeurs d'économie à l'université Paris-Nord (2), présentent un aperçu de ces théories.

Ouvrir la « boîte noire » du modèle néoclassique

La remise en cause du modèle microéconomique dominant de l'entreprise – sorte d'atome impersonnel mû par la seule recherche du profit immédiat – s'est faite en deux temps. Dès les années 60, des tentatives ont été effectuées pour ouvrir la « boîte noire » de l'entreprise. Mais ces remaniements sont restés marginaux. C'est surtout depuis les années 80 que les nouvelles théories de l'entreprise émergent. Les premières réinterprétations de l'entreprise peuvent être résumées autour de cinq approches (3).

Une première démarche, présentée plus haut, a consisté à prendre en compte le décalage possible des intérêts entre les actionnaires et les managers de la firme. Même si les validations empiriques de cette proposition furent controversées, cette approche a démontré que l'hypothèse de maximisation du profit ne saurait être la seule opérante. L'entreprise poursuit un ensemble d'objectifs, pécuniaires ou non pécuniaires (carrière des salariés, pouvoir et prestige des managers…), et est ainsi amenée à organiser des arbitrages.

Deuxième rupture majeure dans l'approche théorique de la firme : les travaux de Herbert A. Simon, Prix Nobel d'économie en 1978, et l'un des fondateurs des sciences de la décision. Celui-ci remet en cause le fondement même du modèle néoclassique : pour lui, l'entrepreneur n'agit pas selon une rationalité « substantive » (ou optimale) mais selon une rationalité « procédurale » (ou limitée). Par exemple, lorsqu'il réorganise un service ou recrute du personnel, le responsable n'a ni le temps, ni les moyens d'envisager toutes les configurations possibles. Il trouve en général une solution « satisfaisante » qui n'est pas forcément la meilleure en théorie. Le principe de la « rationalité limitée » aura une influence considérable sur les futures théories de la firme.

Dans le prolongement de cette démarche, le courant dit *béhavioriste,* dont le livre de Richard M. Cyert and James G. March *A Behavioral Theory of the Firm* (1963) est l'ouvrage fondateur, décrit l'entreprise comme une coalition de groupes (les dirigeants, les commerciaux, les financiers, les industriels, etc.) eux-mêmes saisis dans des structures internes (départements, divisions, sites, etc.) et poursuivant des objectifs propres. Les travaux de l'économiste américain Harvey Leibenstein sur les types d'efficience constituent une étape supplémentaire. Cet auteur constate que la

---

2. B. Coriat et O. Weinstein, *Les Nouvelles Théories de l'entreprise,* LGF Livre de poche, 1995.
3. Nous nous inspirons pour ce passage de la présentation faite par B. Coriat et O. Weinstein, *op. cit.*

théorie économique n'envisage pour l'entreprise qu'une seule manière d'utiliser les «facteurs de production» que sont le capital et le travail, les machines et les hommes. Or, les études empiriques montrent que des entreprises identiques et utilisant les mêmes facteurs de production parviennent à des résultats très différents. Selon H. Leibenstein, ces différences s'expliquent par la qualité de l'organisation mise en œuvre. Ce facteur organisationnel, non pris en compte par la théorie économique, il l'appelle le *facteur d'efficience X*. C'est lui qui permet d'obtenir la plus grande intensité d'utilisation des facteurs et par là de faire la différence. Ces analyses déboucheront sur une exploration des incitations (salaires, contrats de travail, etc.).

L'histoire de l'entreprise, notamment à travers les travaux d'Alfred Chandler, professeur à Harvard, a également contribué à enrichir la théorie économique de la firme (4). A. Chandler souligne que la compréhension de l'entreprise renvoie aux évolutions des structures productives, et particulièrement aux innovations technologiques et organisationnelles. Surtout, il décrit l'entreprise comme une institution économique dont la logique est différente de celle du marché. La firme s'oppose au marché, en substituant la «coordination administrative» à la «coordination marchande», et en instituant un système hiérarchique et centralisé.

L'entreprise «nœud de contrats»

C'est sur ce substrat d'analyses alternatives que sont apparues dans les années 80 des théories qui renouvellent la vision économique de l'entreprise. Ces nouveaux modèles ont pour noms : théorie des contrats (théorie de l'agence et des droits de propriétés), théorie des coûts de transaction, théories «évolutionnistes», théories de l'entreprise japonaise.

Les théories du contrat cherchent à combler les insuffisances du modèle néoclassique tout en s'inscrivant dans son prolongement. Les théoriciens des «droits de propriété» s'attachent à démontrer que la forme de l'entreprise capitaliste est plus efficiente que les autres formes d'organisation (coopératives et mutualistes, entreprises publiques, autogérées), en raison du système des droits de propriété. Alain Couret donne une illustration intéressante de cette théorie, à travers l'exemple des Caisses d'épargne (5). Pendant longtemps ces entreprises étaient dotées d'un statut juridique incertain qui, selon l'auteur, *«excluait l'existence de tout droit de propriété bien défini»* et qui, par la multiplicité et la confusion des agents et des systèmes de contrôle, nuisait à l'efficacité. Une réforme mise en place à partir de 1983 a donc consisté à clarifier le système des droits de propriété afin d'inciter à mettre au clair les intérêts de chacun.

La définition des formes organisationnelles dépend donc de la manière dont sont délimités et affectés les droits de propriété. Or, l'entreprise capitaliste fonctionne comme un ensemble

---

4. Principaux ouvrages d'A.D. Chandler traduits en français : *Stratégies et Structures de l'entreprise*, Éditions d'Organisation, 1989 ; *La Main visible des managers*, Economica, 1988.

5. A. Couret, dans G. Charreaux et al., *op. cit.*

d'«équipes» au sein desquelles il est impossible de mesurer la contribution individuelle de chacun. D'où la question qui préoccupe les théoriciens des droits de propriété : comment identifier et éliminer les «tire-au-flanc»? La solution prônée est la spécialisation d'un agent ou «moniteur» dans le contrôle des autres... celui-ci étant très directement intéressé, par le biais du système des droits de propriété, aux résultats de l'entreprise.

Dans la «théorie de l'agence», voisine de celle des droits de propriété, la notion même d'entreprise se dilue, au profit d'un ensemble d'individus qui sont en relations contractuelles. La théorie de l'agence définit les organisations comme des «nœuds de contrats» entre un mandant (ou «principal») qui confie la gestion de ses biens à un mandataire (ou «agent»). Mais le principal n'a pas les moyens de contrôler la loyauté de son mandataire. C'est le cas du dirigeant d'entreprise qui envoie à l'étranger un cadre afin de négocier un contrat. Il n'a aucune assurance sur la qualité de la prestation de son employé. Il va donc devoir mettre en œuvre un système d'incitation et de surveillance. Ce système a un coût. Il s'agit donc de déterminer quel est le dispositif contractuel qui minimise ce coût. Les théoriciens de l'agence vont, à partir de ces postulats, ériger un système explicatif de l'ensemble des formes organisationnelles. E. Fama et M. Jensen proposent ainsi une typologie basée sur le degré de séparation entre fonction de décision (management) et fonction d'assomption des risques (actionnariat). A l'extrémité du spectre se trouvent les grandes sociétés, avec un capital très dispersé et une séparation fonctionnelle entre actionnariat et management. Des dispositifs (hiérarchie, surveillance, droit de vote des actionnaires, conseil d'administration, systèmes d'intéressement) permettent de contrôler la loyauté des mandataires. Les coûts de ce système sont à comparer avec les gains qu'ils occasionnent et conduisent à déterminer la taille et la structure optimales de l'organisation. Au contraire, dans l'entreprise individuelle, les fonctions sont concentrées et les coûts de contrôle sont très limités. La théorie de l'agence a attiré des critiques. Elles tiennent en premier lieu à l'hypothèse de rationalité pure des individus, héritée du modèle néoclassique. On notera d'ailleurs le zèle affiché, tant par les théoriciens des droits de propriété que par ceux de la relation d'agence, à traquer les «tire-au-flanc», les *free riders* (passagers clandestins) et à brandir le bâton et la carotte. Une telle obsession révèle une occultation des phénomènes de hiérarchie, de confiance, la référence à des valeurs ou à des systèmes identitaires qui existent dans les organisations.

L'entreprise contre le marché

Le second courant dominant dans les nouvelles théories de la firme est celui des «coûts de transaction». Le point de départ de la théorie est un article de 1937, écrit par un jeune économiste anglais, Ronald H. Coase, «The Nature of the Firm» (6). Dans cet article, l'au-

---

6. Traduction : R.H. Coase, « La nature de la firme », *Revue française d'économie,* 1987.

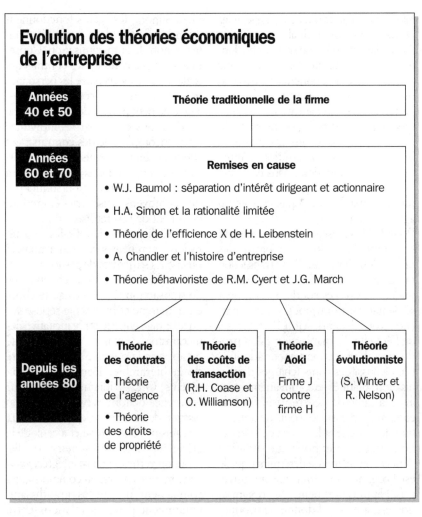

Evolution des théories économiques de l'entreprise

Années 40 et 50	Théorie traditionnelle de la firme		

Années 60 et 70	**Remises en cause**		
	• W.J. Baumol : séparation d'intérêt dirigeant et actionnaire • H.A. Simon et la rationalité limitée • Théorie de l'efficience X de H. Leibenstein • A. Chandler et l'histoire d'entreprise • Théorie béhavioriste de R.M. Cyert et J.G. March		

Depuis les années 80	**Théorie des contrats** • Théorie de l'agence • Théorie des droits de propriété	**Théorie des coûts de transaction** (R.H. Coase et O. Williamson)	**Théorie Aoki** Firme J contre firme H	**Théorie évolutionniste** (S. Winter et R. Nelson)

teur, qui obtiendra le prix Nobel d'économie en 1991, part d'une question toute simple : *« Pourquoi y a-t-il des organisations ? »* En effet, si l'échange de biens est le moyen le plus efficace et le plus productif pour allouer les ressources, il ne sert à rien à un chef d'entreprise de recruter des salariés, un service comptable, un service de fabrication. Après tout, toutes les fonctions de l'entreprise peuvent être sous-traitées par d'autres microentreprises indépendantes.

En fait, si une telle entreprise virtuelle peut exister, elle supposerait un coût énorme de « transactions ». Chaque ordre de production, qui est donné habituellement au sein de l'entreprise, devrait faire l'objet d'un contrat d'échange, mais ce système serait au final très coûteux. Ainsi, dans un système de marché, l'intervention de dix personnes dans une activité exigera la conclusion de quarante-cinq contrats liant les différentes parties les unes aux autres. L'entreprise répond à ces difficultés en internalisant ces transactions et en instituant la hiérarchie et l'administration comme mode de coordination : dans ce cadre, l'intervention de dix personnes n'exige plus que neuf accords passés avec un agent central.

Pour R.H. Coase, l'organisation qui fonctionne en interne à partir des ordres donnés et non d'une transaction marchande est, au final, plus «économique». Dans ces conditions, on peut se demander pourquoi il y a des marchés. Tout dépend, selon R.H. Coase, de l'échelle d'organisation de la production. Le fonctionnement administratif a aussi des coûts (charges d'organisation, rigidités, etc.) qui augmentent avec la taille de l'entreprise. C'est la comparaison entre les coûts de transaction du marché et les coûts de transaction internes qui, pour une situation donnée, permettra de déterminer quelle est l'organisation (marché ou entreprise) la plus pertinente. Si l'organisation est, à un seuil donné de production, plus efficace, elle le devient moins à grande échelle. Là, le marché devient plus efficace.

Oliver E. Williamson, chef de file actuel de l'économie des «coûts de transaction», a prolongé les analyses de R.H. Coase. Son analyse repose sur une microéconomie intégrant les hypothèses de comportement avancées par H.A. Simon : les agents fonctionnent selon le principe de la rationalité limitée et non de la maximisation. Conséquence de ce constat : les contrats qui règlent les rapports entre les personnes ne peuvent être qu'incomplets, car personne ne peut prévoir de façon certaine les décisions prises par les individus. Cette incomplétude des contrats peut conduire certains agents à des comportements «opportunistes», c'est-à-dire à rechercher leur intérêt personnel par divers moyens (ruse, triche, etc.) au détriment de l'entreprise.

O.E. Williamson identifie les caractéristiques pertinentes des transactions, et précise les structures de gestion les plus adéquates en fonction de chaque type de transaction (7). Au total, le choix entre marché et hiérarchie repose sur un arbitrage entre la force incitative des mécanismes de marché et l'adaptabilité qu'apporte le pouvoir discrétionnaire de la hiérarchie. Dans ses travaux récents, O.E. Williamson insiste sur l'existence de formes hybrides d'organisation de l'entreprise, empruntant aux mécanismes du marché et à ceux de la hiérarchie : alliances, systèmes de distribution verticaux quasi intégrés, *joint-ventures* («aventures en commun»), qui connaissent un succès grandissant, notamment dans les relations entre firmes de l'Est et de l'Ouest). La franchise commerciale, l'intégration verticale à la japonaise (fédération d'entreprises

---

7. Pour une explication détaillée de cette grille de lecture, on se reportera à B. Coriat et O. Weinstein, *op. cit.* ; P. Joffre, «Economie des coûts de transaction» ; G. Charreaux (dir.), *op. cit.* Ouvrage de O.E. Williamson traduit en français : *Les Institutions de l'économie*, Inter-Editions, 1994.

dans laquelle interviennent un chef de file et une cascade de sous-traitants unis par des relations contractuelles, comme Toyota) sont d'autres exemples de ces nouvelles formes d'organisation, sortes d'associations d'entreprises, ou «entreprises transactionnelles» (8).

La théorie des coûts de transaction a aujourd'hui un écho considérable, tant auprès des milieux scientifiques qu'auprès des acteurs et des gestionnaires. Elle influence les analyses et les décisions de gestion dans de nombreux domaines, par exemple la relation d'emploi dans l'entreprise, le recours à la sous-traitance, l'intégration de telle ou telle activité, etc.

L'entreprise comme système de compétences

Le courant que l'on désigne par le nom d'«école évolutionniste» tient une place à part. Selon cette approche, la préoccupation principale de l'entreprise n'est pas de maximiser le profit, mais d'abord de survivre, comme tout être vivant dans la théorie darwinienne de l'évolution. Conséquence de cette posture : l'attention est portée sur les processus d'innovation et d'adaptation au milieu, et donc sur les capacités d'apprentissage et d'auto-organisation des entreprises. Cette théorie évolutionniste est née au début des années 80; l'ouvrage des deux économistes américains Sidney Winter et Richard Nelson *An Evolutionary Theory of Economic Change* (9) en marque l'acte de naissance.

Ainsi la «firme évolutionniste» se définit avant tout comme un ensemble dynamique de compétences. Ce qui différencie une entreprise d'une autre, c'est la nature des savoir-faire qu'elle a

su accumuler. Ces savoir-faire contiennent par nature des facultés d'adaptation et d'apprentissage. Ils guident la firme sur un «sentier» d'évolution précis : une entreprise ne maximise pas ses ressources en se pliant à tout moment à l'évolution des marchés et aux opportunités qui se présentent. Elle ne peut pas changer du jour au lendemain de marché, de procédés de fabrication ou de type d'organisation. Seuls certains exemples attestent d'un changement dans la trajectoire : la firme modifie alors brusquement son orientation. Pour les évolutionnistes, ces changements tiennent à des opportunités technologiques que l'entreprise est capable de saisir.

La firme se définit donc ici par sa compétence foncière, fondée sur des routines et des savoir-faire organisationnels et technologiques, très souvent tacites et non transférables. Les évolutionnistes construisent des typologies d'entreprises fondées sur le degré et le type de cohérence mis en œuvre (10). L'approche évolutionniste fournit donc un modèle alternatif aux autres paradigmes pour interpréter le fonctionnement des entreprises.

Firme hiérarchique et firme horizontale

Les travaux récents autour de l'entreprise japonaise, notamment ceux de l'économiste Masahiko Aoki (11), ont eux aussi contribué à enrichir et à élargir

---

8. Expression utilisée par F. Fréry (intervention à la journée de l'ANVIE du 20 septembre 1994).
9. Harvard University Press, 1985.
10. Voir B. Coriat et O. Weinstein, *op. cit.*
11. Ouvrage traduit en français : *Economie japonaise : information, motivations et marchandage*, Economica, 1991.

la théorie économique de l'entreprise. M. Aoki fait un constat : l'entreprise japonaise et l'entreprise américaine fonctionnent différemment. Le facteur qui les différencie fondamentalement est la structure des échanges d'information. La firme américaine se caractérise par des principes de spécialisation rigides, un mode hiérarchique et autoritaire de répartition des fonctions, la distinction entre conception et exécution... A l'inverse, la firme japonaise présente une division du travail flexible, une rotation des tâches, une coordination basée sur des méthodes incitatives, un partage du pouvoir entre propriétaires, gestionnaires et employés. Selon M. Aoki, la structure souple et horizontale du système d'information de la firme japonaise est la plus efficace et la mieux adaptée à l'environnement contemporain.

M. Aoki poursuivra dans cette voie en distinguant deux formes fondamentales d'entreprises : la firme hiérarchique et la firme horizontale. Il mettra notamment l'accent sur l'importance, dans la firme horizontale, des mécanismes d'incitation qui touchent aussi bien les relations sala-riés-direction que les relations entre managers, actionnaires et banquiers.

Hormis cette dernière approche, les courants théoriques exposés ci-dessus sont tous d'origine américaine. D'autres approches, notamment françaises, fournissent des grilles de lecture de la firme, sans en faire toutefois l'objet unique et central d'analyse : c'est le cas de la théorie de la régulation (12), ou de l'école des conventions (13).

Ce renouvellement des problématiques s'inscrit dans un cadre plus général, celui des nouvelles théories économiques qui agitent actuellement la communauté des économistes. Leur point commun ? En ouvrant la boîte noire de l'entreprise, elles permettront peut-être de faire un pont avec les regards sociologiques qui, depuis longtemps, analysent et décrivent le fonctionnement interne des organisations.

---

12. Voir R. Boyer et Y. Saillard (dir.), *Théorie de la régulation. Etat des savoirs*, La Découverte, 1995.
13. Voir J.-P. Dupuy *et al.*, « L'économie des conventions », *Revue économique*, n° 40 (2), mars 1989 ; P. Bernoux (dir.), « L'économie des conventions : débat critique », *Cahiers des relations professionnelles*, n° 9, novembre 1994.

Cartographie d'une science

Comme toutes les disciplines, la science économique a ses hauts lieux, ses revues phares, ses bataillons d'étudiants et d'enseignants.

Combien de divisions en France ?

85 000 candidats au bac économique et social contre environ 30 000 au début des années 80. Des effectifs en augmentation régulière depuis l'institution du bac B en 68.

100 000 étudiants en sciences économiques (En France métropolitaine) :

36 500 en 1er cycle (1re et 2e années de Deug) ;

42 600 en 2nd cycle (licence et maîtrise) ;

21 100 en 3e cycle (dont 3 400 en DEA, 5 100 en cours de thèse et 12 600 en DESS). S'y ajoutent les quelque 50 000 étudiants inscrits en AES (Administration économique et sociale).

Plus de 500 soutenances de thèse. Un chiffre en progression régulière : à la fin des années 80, on comptait un peu plus de 200 soutenances.

Plus de 4 200 enseignants (professeurs des universités, maîtres de conférences, professeurs de SES de l'enseignement public) contre 2 600 environ au milieu des années 80.

(Sources : DEP, ministère de l'Education nationale, de l'Enseignement supérieur, de la Recherche et de l'Insertion professionnelle.)

Les hauts lieux

De la recherche. Aux Etats-Unis, le MIT (Massachusetts Institute of Technology) constitue le plus important foyer de recherche en économie : les spécialistes du commerce international Paul Krugman et Lester Thurow comptent parmi ses plus éminents chercheurs. En France, les principaux laboratoires universitaires sont rattachés au CNRS. De même que les laboratoires des grandes écoles (Polytechnique, Mines, Ponts).

De l'enseignement. Outre la recherche, des universités sont réputées pour la qualité de leur enseignement. Aux Etats-Unis, les universités de Chicago, de Harvard ou de Stanford sont parmi les plus prestigieuses.

En France, les universités les plus réputées sont les universités de Paris-I La Sorbonne et de Paris-X-Nanterre pour l'enseignement théorique. Les deux universités proposent de nombreux DEA et attirent donc les futurs chercheurs. S'y ajoute, pour l'économie appliquée : l'université de Paris-Dauphine qui propose des formations professionnalisées (DESS) en économie et en gestion.

Les revues phares

Pour son auteur, la parution d'un article dans l'une ou l'autre de ces revues est une consécration, elle est un plus qui peut être déterminant au moment du recrutement comme professeur des universités.

Les revues les plus prestigieuses sont anglo-saxonnes : il s'agit de *The American Economic Review* (ou « AER » pour les spécialistes) et du *Journal of economic theory* (JET). Signalons encore : le *Journal of economic perspectives*, le *Journal of economic literature* ; *Econometrica* (pour les économètres), la *Review of Economic Studies*, le *Journal of Political Economy*, etc.

Parmi les revues françaises, deux revues font autorité dans la communauté des économistes : la *Revue économique* et *La Revue d'économie politique*. Signalons également la *Revue française d'économie*, *Economie et sociétés*, *Les Cahiers d'économie politique*... Pour des synthèses sur les grands enjeux économiques : *Problèmes économiques*, les *Cahiers français*...

Enfin, différentes publications traitent régulièrement de sujets économiques : *La Revue du Mauss* (Mouvement anti-utilitariste dans les sciences sociales), *Commentaire* ou encore la revue *Economie et humanisme*, qui perpétue une tradition d'enquêtes sociales.

Parmi les revues francophones : *Les Recherches économiques de Louvain* (belge).

Une présence accrue dans les médias

La presse économique apparaît dès le XIXe siècle. Parmi les titres les plus anciens : *The Economist* (hebdomadaire), fondé à Londres en 1843. De tendance libérale, il tire à plus de 300 000 exemplaires, dont 50 % vendus hors de Grande-Bretagne. S'y ajoutent dans la presse financière : *The Wall Street Journal*, *The Financial Times*... En France, les années 80 ont vu un essor de la presse économique. Les quotidiens (*Le Figaro*, *Libération*, *Le Monde*, etc.) se sont dotés de rubriques ou de suppléments pour répondre à une demande croissante, tandis que plusieurs titres

DIFFUSION PAYÉE DE LA PRESSE ÉCONOMIQUE (ventes au numéro et abonnement compris)	1992	1997
Alternatives économiques Mensuel	49 019	94 956
Capital Mensuel	222 100	422 019
L'Expansion Bimensuel	140 460	113 229
Le Nouvel Economiste Hebdomadaire	83 269	67 156
Enjeux les Echos Mensuel	91 661	110 801
Les Echos Quotidien	94 253	108 047
La Tribune Quotidien	71 638	77 032

spécialisés coexistent (*La Tribune*, *Les Echos* pour les quotidiens).

Les radios généralistes ou thématiques ont toutes leurs chroniqueurs ou des émissions relatives aux enjeux économiques («Rue des entrepreneurs» sur France Inter, «L'économie en questions», sur France Culture) ou au cours de la bourse. Des stations spécialisées ont vu le jour (la radio d'information continue BFM).

La télévision n'est pas en reste avec l'apparition de nouvelles émissions consacrées à la vie économique («Capital», sur M6).

Comment s'enseigne l'économie

En France...

La création de la filière économique et sociale remonte aux années 60 avec l'institution du bac B en 1968, transformé depuis en filière ES (économique et sociale) depuis la réforme des lycées achevée en 1995.

L'économie est enseignée au lycée dès la seconde, sous forme d'option «sciences économiques et sociales» (3 heures hebdomadaires). L'option vise à familiariser les élèves aux notions de base de la vie économique et sociale (rareté, besoins, ressources, consommation, entreprise, Etat, famille...).

En première ES, l'économie occupe 5 heures. Au programme : les activités économiques, le cadre social, l'économie et la société de marché, la régulation sociale. Enfin, en terminale ES, les cours portent sur les facteurs économiques de croissance, de crise et de développement à travers les théories et les grands auteurs de la pensée économique et sociologique. Un net décalage existe entre cet enseignement du secondaire et l'enseignement universitaire, davantage fondé sur la formalisation mathématique. Moins d'un bachelier ES sur cinq opte pour les filières économiques de l'université.

Après trente ans d'existence, l'enseignement de l'économie dans le secondaire va-t-il être supprimé ? Des propos du ministre de l'Education nationale ou de ses conseillers ont suscité quelque émoi parmi les professeurs de sciences économiques et sociales. Un conseiller a considéré que la création même de cette filière était une «erreur génétique». Le nombre de postes d'enseignants offerts dans les concours a, par ailleurs, diminué au cours de ces dernières années : 70 en 1998 pour le Capes contre 140 en 1996 ; 35 pour l'agrégation contre 49.

Une pétition pour la défense de cette filière a été lancée à l'initiative de l'Association des professeurs de sciences économiques et sociales (APSES) ; 10 000 signatures ont été recueillies dont celles d'éminents… sociologues (Pierre Bourdieu, Henri Mendras, François de Singly, etc.).

… Et aux Etats-Unis ?

Aux Etats-Unis : aucun enseignement de l'économie n'est proposé avant l'université. Seuls les établissements sélectifs proposent en option des cours d'initiation. Les lycéens sont sensibilisés aux questions économiques dans le cadre des cours d'histoire, de sciences sociales ou de mathématiques à travers l'histoire du capitalisme ou de problèmes concrets.

Avant d'entrer à l'université, les étudiants n'ont donc pas été confrontés à des questions économiques à moins d'avoir passé les tests AP (*Advanced Placement*) qui permettent d'être dispensés des enseignements de base à l'université (ces tests comportent des questions purement économiques).

Cela n'empêche pas la majorité de ces étudiants de choisir l'économie comme matière dominante. L'économie est enseignée sous forme de mathématiques appliquées.

Ahmed Silem[*]

LANGAGE ÉCONOMIQUE : À CHACUN SON STYLE[**]

L'économie peut s'écrire sur plusieurs modes, selon l'objectif visé. Il y a les microéconomistes et les macroéconomistes, les littéraires et les formalisateurs, enfin, ceux qui s'adonnent à l'économie pure et abstraite et ceux qui relèvent de l'économie appliquée.

L E LANGAGE ÉCONOMIQUE est dominant depuis longtemps dans les médias et plus généralement dans les sociétés modernes, et pourtant il n'existe pas de phénomènes économiques distincts des phénomènes sociaux. Se rendre chez le boulanger pour demander une baguette de pain, en prendre livraison moyennant l'équivalent d'un demi-euro est une situation qui intéresse aussi bien l'économiste qui analyse l'état de l'offre et de la demande, que l'anthropologue qui constate que la consommation de pain est un phénomène susceptible de permettre d'identifier un Français (surtout si l'acheteur est un homme à moustache et coiffé d'un béret), le juriste qui voit dans l'achat et la vente de pain un contrat synallagmatique (accord entre les deux parties), l'historien qui analyse l'évolution de la consommation de pain sur la longue période et peut faire observer la corrélation au cours de l'histoire entre le manque de pain et les révoltes ou révolutions sociales, le géographe qui relève que la consommation de pain est associée à la production locale de blé exigeant des qualités de terrain et un climat particuliers pour avoir des farines panifiables, etc.

Ainsi, « acheter du pain » est un fait

---

* Professeur d'université, chercheur à l'ERSICO (Equipe de recherche sur les systèmes d'information et de communication des organisations), Lyon-II. Il a collaboré à de nombreux manuels de sciences économiques et sociales et a dirigé, avec Bernard Lamizet, un *Dictionnaire encyclopédique des sciences de l'information et de la communication*, Ellipses, 1997.
** *Sciences Humaines*, hors série n° 22, septembre/octobre 1998.

social total qui peut être analysé par différentes disciplines autonomes des sciences sociales (1) qui sont toutes des constructions raisonnées, simplificatrices, particulières du fait étudié. Dans cette partition du social, l'économi(qu)e, selon le titre de l'ouvrage éponyme du Grec Xénophon (401 av. J.-C.), ou l'économie politique, selon le titre d'un ouvrage du Français Antoine de Montchrestien (1615), ou encore la science économique, expression plus moderne, analyse la manière dont les hommes, confrontés à la contrainte de rareté des moyens dont ils disposent et avec des besoins insatiables, s'organisent ou doivent s'organiser pour produire, répartir, distribuer et consommer les richesses dans la société. Mais derrière cette définition plus ou moins œcuménique, l'économie est loin de constituer un champ scientifique unifié.

Plusieurs classifications sont envisageables pour rendre compte de la diversité de ce champ. On distinguera ici les économistes en partant des questions fondamentales de la communication : de quoi ou de qui parlent les économistes (autrement dit, quelle est l'unité économique analysée) ? Comment en parlent-ils (autrement dit, quelle est la syntaxe ou la forme de leurs messages) ? Et dans quels buts (en vue de quels effets) ? (2)

La première question correspond à la distinction entre micro et macroéconomie. Cette distinction a été proposée pour la première fois par Ragnar Frisch dans les années 30. La microéconomie analyse les processus de choix et de décision de l'individu qui peut être un producteur, un consommateur, un épar-

gnant, un investisseur, un employeur, un chômeur, etc. Les notions de ménage et d'entreprise ne sont pas de pures entités microéconomiques, puisqu'elles peuvent être constituées de plusieurs individus. C'est la raison pour laquelle Harvey Leibenstein (3) propose d'appeler «micromicroéconomie» l'étude des comportements des individus dans les entreprises et dans les ménages.

La macroéconomie s'intéresse aux phénomènes globaux qui résultent de l'agrégation des comportements individuels dans la société (inflation, chômage, croissance, déséquilibre externe, etc.). Entre les niveaux micro et macroéconomiques, les études de branches d'activité ou d'un marché particulier d'un produit réunissant plusieurs unités économiques constituent un niveau intermédiaire dit niveau mésoéconomique. Mais les outils d'analyse en mésoéconomie sont souvent des extensions des modèles conçus en microéconomie.

En principe, les résultats obtenus au niveau micro ne peuvent pas être extrapolés au niveau macro, et réciproque-

---

1. Aussi, lorsqu'on parle de l'enseignement économique et social, on pose que l'économique est indépendant du social, ou alors on fait l'erreur de confondre le sociologique (le regard du sociologue) avec le social. Dans l'enseignement secondaire, on accepte l'autonomisation de l'histoire et de la géographie qui donne lieu à des manuels spécifiques à chacune des disciplines, tandis que cette autonomisation disciplinaire est combattue, puisque la sociologie, l'économie et le droit public sont réunis dans le même manuel dit de sciences économiques et sociales.
2. Cette classification s'inspire des distinctions retenues par B. Walliser et C. Prou dans La Science économique (Seuil, 1988) entre économie littéraire et économie mathématique, économie théorique et économie empirique, microéconomie et macroéconomie, économie positive et économie normative.
3. H. Leibenstein, Inside the firm, Harvard University Press, 1987.

ment. Par exemple, si, en période de difficultés et d'incertitude, l'individu est parfaitement rationnel en thésaurisant une part plus importante de son revenu, il en résulte au niveau collectif une moindre consommation et une baisse de la production engendrant finalement une baisse de l'épargne.

Néanmoins, depuis une trentaine d'années, l'un des courants les plus actifs en théorie économique a pour objet d'analyse les fondements microéconomiques de la macroéconomie (*voir l'article de Bernard Guerrien et Claire Pignol dans ce chapitre*).

Economie littéraire et économie formalisée

Comment les économistes parlent-ils de l'économie ? Cette question amène à distinguer entre les deux formes d'écriture utilisées par les économistes : l'écriture littéraire et l'écriture formalisée. De ce point de vue, l'économie a connu une évolution qui se caractérise par une formalisation croissante dans les revues professionnelles et dans les manuels destinés aux étudiants de l'enseignement supérieur, avec un penchant plus affirmé pour la représentation algébrique symbolique que pour les travaux positifs avec des données numériques. Il semble loin le temps où Carl Menger et les économistes de l'école autrichienne comme Ludwig von Mises ou Friedrich A. von Hayek se contentaient d'emporter la conviction du lecteur uniquement par un exposé littéraire, en ne voyant que futilités dans les mathématiques.

Dans les revues professionnelles, le langage mathématique est aujourd'hui dominant, sans être nécessairement de rigueur. Ainsi, le *Journal of Economic Theory* est totalement consacré à l'économie mathématique. Même lorsqu'on y expose un problème philosophique en méthodologie économique (4), le recours à la formalisation mathématique semble inévitable. Cette tendance n'est pas une spécificité des revues américaines. Pour s'en convaincre, il suffit de consulter les numéros récents de deux revues professionnelles françaises : la *Revue économique* et la *Revue d'économie politique*.

Ainsi, dans un numéro consacré aux «Développements récents de l'analyse économique» (5), la *Revue économique* ne comporte que deux articles littéraires sur trente-trois. On compte seize articles mathématiques symboliques (sans données numériques) et quinze d'économétrie appliquée. Le plus intéressant est que l'article «littéraire» relève de la théorie des jeux, qui, en principe, constitue une branche des mathématiques appliquées. En effet, Thierry Pénard présente «Les jeux répétés. Un instrument de décision pour les autorités concurrentielles» sans aucun formalisme mathématique. Les articles examinés dans le numéro de la *Revue d'économie politique* consacré au prix de l'euro (6) sont majoritairement mathématiques, mais la part du langage purement symbolique se limite à un seul article, contre trois pour le numérique ou l'économétrique, et deux pour

---

4. Voir l'article «The positive economics of methodology» de J.A. Kahn, S.E. Landsburg et A.C. Stockman, *JET*, vol. 68, janvier 1996.
5. N° 3 du volume 49, publié en mai 1998.
6. N° 2, mars/avril 1998.

la forme littéraire. Certes, il ne suffit pas d'éviter les symboles algébriques et ceux de la logique propositionnelle pour que la théorie exposée soit à la portée de tout lecteur. Il est cependant incontestable que le langage mathématique a toujours été un handicap à la diffusion élargie de la théorie économique. C'est la raison pour laquelle Antoine A. Cournot, après avoir constaté le faible succès de son livre *Recherches sur les principes mathématiques de la théorie des richesses* (1838), en donne une version plus littéraire sous le titre *Principes de la théorie des richesses* (1863).

De nos jours, les revues et les essais à destination du grand public s'en tiennent aux tableaux arithmétiques, aux représentations graphiques simples (histogrammes, diagrammes en bâtons, graphiques d'évolution, etc.) et aux schématisations des relations fonctionnelles ou causales. Les premières éditions des *Rouages de l'économie nationale* de Jean-Marie Albertini reflètent bien ce souci d'éviter un langage formalisé, bien que, fondamentalement, l'ouvrage s'inscrive dans cette logique du «keynésianisme hydraulique» (7) triomphant dans les années 60. Les représentations de l'équilibre de marché avec des courbes d'offre et de demande n'apparaissent que dans les éditions des années 80-90.

La vulgarisation n'est pas toujours une spécialisation de certains économistes, alors que l'abstraction et les développements techniques seraient réservés à d'autres économistes. Ainsi, la réputation de vulgarisateur acquise par John K. Galbraith ne doit pas faire oublier ses autres travaux plus techniques, publiés notamment dans *Review of Economics and Statistics*, l'une des revues les plus exigeantes scientifiquement et les plus sérieuses en formalisation dans la discipline. Qui plus est, dans *L'Ere de l'opulence* (8), son ouvrage le plus diffusé, il aborde une réflexion socio-économique qui n'est pas d'un accès facile, même s'il traite de la croissance économique et de la notion d'équilibre de l'investissement (chapitre XIX) sans aucune équation mathématique et en n'utilisant en tout et pour tout qu'un tableau de données chiffrées (sur la distribution du revenu familial moyen après impôt).

A l'inverse, Kenneth J. Arrow est reconnu comme l'un de ceux qui ont le plus contribué à la mathématisation de la théorie économique contemporaine. Son ouvrage sur *Les Limites de l'organisation* est pourtant dépourvu de formalisme (9). Plus récemment, Roger Guesnerie, dont les travaux fortement formalisés sont internationalement reconnus par les spécialistes, a présenté de manière littéraire accessible, limpide et rigoureuse dans le petit ouvrage *L'Economie de marché*, la théorie de l'équilibre partiel, la théorie de l'équilibre général de L. Walras, la planification, la croissance et les fluctuations conjoncturelles (10).

---

7. Voir les mots clés en fin d'ouvrage.
8. J.K. Galbraith, *L'Ere de l'opulence*, Calmann-Lévy, 1961.
9. K.J. Arrow, *Les Limites de l'organisation*, Dunod, 1974.
10. R. Guesnerie, *L'Economie de marché*, Dominos, Flammarion, 1996. Seule la page 36 donne les représentations graphiques de l'équilibre de l'offre et de la demande inspirées de A.A. Cournot et A. Marshall.

Hors vulgarisation, si Joseph Schumpeter a pu décrire, dans la théorie de l'évolution économique, les principes de l'équilibre général sans jamais se servir d'équations mathématiques, de nos jours et même depuis longtemps, la formalisation apparaît comme une nécessité pour beaucoup d'économistes en raison de ses nombreux avantages. Les apports de la formalisation peuvent être résumés par les propos plus anciens de Kiichiro C. Kogiku qui considère que *« l'utilisation des mathématiques permet souvent de conjuguer l'efficacité, la rigueur et la rapidité »* (11). Ce point de vue est partagé par d'autres économistes comme le Prix Nobel Gérard Debreu.

Economie pure et économie appliquée

La question de la finalité correspond à la distinction entre économie pure et économie appliquée. Comme le rappelle lapidairement l'économiste Christian Schmidt : *« l'économie a été domestique avant d'être politique. »* (12)
Par sa dimension normative (ce qu'il faut faire ou ne pas faire) et prescriptive (comment faire ce qu'il faut faire), elle se devait d'être à la portée du prince ou de l'entrepreneur que l'économiste conseillait. De nos jours, les revues de vulgarisation de l'économie et de la gestion du patrimoine, d'une part, et les essais écrits par les grands noms de la discipline à destination du grand public, d'autre part, maintiennent encore cet héritage. Les économistes d'entreprises et les conseillers économiques auprès des décideurs politiques sont également toujours là. Mais ils ne sont plus les seuls, car l'économie deve-

nue discipline universitaire, en s'autonomisant à l'égard des sciences morales et politiques, a engendré des professionnels qui font de l'économie en soi, c'est-à-dire pure et abstraite. Avec l'importance prise par la mathématisation, la dimension humaine, évidente dans l'économie littéraire, semble quelquefois, et cela depuis quelques dizaines d'années déjà, être secondaire, ou simplement disparaître devant l'économie scientifique.
Le modèle de l'*homo œconomicus* parfaitement informé et maximisateur (tout en étant sans âge, sans religion, sans patrie, sans sexe) a été au début de cette évolution vers l'économie pure. Les économistes de l'école historique allemande et les institutionnalistes américains *(voir l'article de Jean-François Dortier page 21)* n'ont pas cessé de dénoncer cette dérive vers l'abstraction. Mais malgré de nombreuses contre-tendances en faveur de plus de réalisme et de moins d'abstractions (économie des coûts de transaction, économie du droit, économie des conventions, économie évolutionnaire, économie de la bureaucratie et des choix publics, etc.), l'économie dominante, qu'Olivier Favereau appelle modèle standard, devient alors, non un des lieux d'application des mathématiques, mais celui où se développent des théorèmes inédits en mathématiques pures, sans référence à la réalité sociale. Dans ce contexte, le débat méthodologique relatif au critère de vérité d'une théorie à contenu empirique, opposant

---

11. K.C. Kogiku, *Introduction aux modèles macroéconomiques*, Sirey, 1971.
12. C. Schmidt, *La Sémantique économique en question*, Calmann-Lévy, 1985.

les tenants du réalisme des hypothèses (13) aux défenseurs de l'instrumentalisme (14), est largement dépassé : en mathématiques, seule compte l'élégance formelle appréhendée par la cohérence logique et par le recours parcimonieux aux axiomes et aux postulats non démontrables.

Du point de vue des résultats, ce phénomène d'autonomisation et d'abstraction consommée de la science économique s'observe par la substitution des notions de théorèmes et de propositions à celle de loi. De tels développements accentuent la distinction entre l'économie pure et l'économie appliquée qui, par la démarche économétrique, a l'ambition d'estimer les variables économiques et leurs relations. On observe néanmoins que lorsque les résultats de travaux d'économie mathématique sont pertinents du point de vue social, ils se traduisent sans grandes difficultés en termes littéraires. C'est ce qu'ont fait notamment A. Cournot et J. Schumpeter.

Même si bien d'autres exemples peuvent être cités, on peut néanmoins se demander si le mathématicien John von Neumann maintiendrait encore aujourd'hui le point de vue selon lequel *« les traitements mathématiques de l'économie n'ont fait, jusqu'ici, que traduire en langage sibyllin les résultats de l'économie littéraire »*. Cette opinion est, en effet, susceptible d'être discutée à l'examen notamment de certains progrès de la théorie économique. Il en est ainsi, par exemple, des résultats du modèle d'équilibre macroéconomique en économie ouverte – dit modèle de Mundell-Fleming – qui n'ont pu être obtenus qu'après avoir pris appui sur le modèle d'équilibre en économie fermée – dit modèle IS-LM de Hicks et Hansen –, dont les premières représentations étaient sous forme géométrique. Si, en finances, la théorie du choix de portefeuille de Harry Markowitz peut être caricaturée comme la formalisation du bon sens de celui qui, dans l'ignorance de la rentabilité de chacun des actifs, prend la sage décision d'éviter de mettre tous ses œufs dans le même panier, en revanche, le modèle de Black et Scholes de 1973, qui permet de déterminer la valeur théorique du prix d'une option, n'a pas été précédé par une formulation littéraire.

Toute taxinomie, typologie, classification, ou encore catégorisation est souvent incomplète ou non totalement satisfaisante. En lui-même, un tel exercice est un discours sur l'économie (ou métaéconomie) qui relève de la méthodologie économique. Cette démarche a très tôt suscité l'intérêt des économistes anglo-saxons. Longtemps ignorée en France, elle suscite depuis peu la publication d'ouvrages spécifiques (15). C'est heureux, car cette démarche permet de mieux comprendre la construction et la mise en forme du discours économique.

---

13. Selon ce point de vue, défendue par P.A. Samuelson, seules des hypothèses réalistes, c'est-à-dire testables, peuvent avoir des conséquences vraies.
14. La thèse instrumentaliste, adoptée notamment par M. Friedman et surtout par L.A. Boland, indique que la réalité ne pouvant pas être reproduite, les hypothèses sont nécessairement simplificatrices et donc irréalistes. Par conséquent, seule importe la capacité de la théorie à servir d'instrument pour la prévision et l'action.
15. Citons à titre indicatif les ouvrages de C. Meidinger, *Sciences économiques : questions de méthode*, Vuibert, 1994 ; d'A. Mingat, P. Salmon et A. Wolfesperger, *Méthodologie économique*, Puf, 1985 ; de C. Mouchot, *Méthodologie économique*, Hachette, coll. HU, 1996 ; enfin, l'ouvrage de B. Walliser et C. Prou, déjà cité.

Jacques Généreux :
« *L'impuissance des politiques est un mythe.* »

« Les solutions existent. Elles ne dépendent pas des lois économiques, mais des choix politiques. » *Tel est le message de Jacques Généreux, professeur à l'Institut d'études politiques de Paris et auteur d'un essai remarqué,* Une raison d'espérer *(1).*

J. Généreux s'oppose au fatalisme ambiant selon lequel de lourdes lois économiques pèsent sur la destinée des hommes. Derrière les contraintes économiques, nous dit-il, il y a des choix politiques acceptés (ou refusés). Ainsi, face au chômage, il existe toute une gamme de solutions.

La flexibilité de l'emploi en est une. C'est la voie prise par les Anglo-Saxons. Elle favorise l'emploi au détriment des salaires et de l'égalité. Le partage du temps de travail est une autre solution. Il peut se faire par le recours au temps partiel, par le partage des revenus (la richesse a continué à croître en même temps que le chômage).

En France, une autre voie a été choisie : elle favorise le maintien du pouvoir d'achat et la sécurité des salariés en place au détriment des jeunes et des précaires. Elle favorise aussi la politique du franc fort au détriment de la lutte contre le chômage.

Selon l'orientation prise, les conséquences sociales sont différentes. Et c'est là que résident les véritables choix : *« le choix d'une stratégie dépend d'un jugement de valeur sur ce qui est juste et injuste ».* Et cela, ce n'est pas à la science économique de le dire. *« Il n'est guère de problème contemporain pour lequel les spécialistes ne puissent dessiner plusieurs stratégies de réaction, nous en présenter les coûts et les avantages. »*

L'idée qu'il n'existe qu'une seule politique possible, commandée par les seules lois de l'économie, est un mythe. C'est aux citoyens et aux politiques de trancher, en fonction de valeurs. Il faut, pour cela, redonner toute sa place à la politique. C'est à cette condition que l'on pourra retrouver, selon J. Généreux, *« une raison d'espérer ».*

J.-F.D.

---

1. J. Généreux, *Une raison d'espérer*, Plon, 1998.

LES AUTRES APPROCHES

Les économistes ne sont pas les seuls à s'intéresser à l'économie. Géographes, psychologues, historiens, anthropologues... ont également développé des approches originales, en mettant en évidence le rôle de l'espace, des pulsions, du temps, des relations non marchandes.

LA GÉOÉCONOMIE
Les enjeux politiques du commerce

ENTRETIEN AVEC PASCAL LOROT[*]

Sciences Humaines : Vous avez jeté, en France, les bases de la géoéconomie. A quel besoin a répondu la création de cette nouvelle discipline ?

Pascal Lorot : Elle découle d'un constat : dans les pays du Nord, la conflictualité est devenue essentiellement économique et non plus militaire ou territoriale. Dans ce contexte, il y a des entreprises qui mènent leur propre diplomatie et d'autres qui s'engagent dans des formes de partenariats conclus sous l'impulsion des administrations étatiques. Face au risque de perdre leur souveraineté, les Etats cherchent en effet de nouvelles causes en s'appropriant les objectifs stratégiques des grandes entreprises. Ils mettent ainsi en place des dispositifs qui assurent la promotion des intérêts des «fleurons» de l'industrie nationale. Tout l'objet de la géoéconomie, c'est d'analyser cette nouvelle réalité de l'économie internationale.

[*] Directeur de la Revue française de géoéconomie. Il est l'auteur, entre autres publications, d'une Introduction à la géoéconomie, *Economica, 1999.*

SH : En quoi diffère-t-elle de la géopolitique ?

P.L. : Comme les géopoliticiens, les géoéconomistes s'intéressent à l'espace, mais il s'agit d'un espace affranchi des pesanteurs des frontières territoriales et physiques. Le but ultime des politiques à caractère géoéconomique n'est pas le contrôle des territoires ; il est d'acquérir la suprématie technologique et commerciale. Détenir la maîtrise d'une technologie d'avenir constitue un facteur de rayonnement international. La géoéconomie se propose donc d'analyser précisément les stratégies décidées par les Etats en vue de protéger leur économie nationale, ou des pans clairement identifiés de celle-ci, d'acquérir la maîtrise de technologies clés et de conquérir certains segments du marché mondial relatifs à la production ou à la commercialisation de produits sensibles.

SH : En quoi consistent concrètement de telles stratégies géoéconomiques ?
P.L. : La diplomatie économique que mènent actuellement les Etats-Unis fournit une bonne illustration. A l'occasion de ses déplacements à l'étranger, le président américain se fait l'ardent défenseur des entreprises américaines. Mais ce n'est là que la partie émergée de l'iceberg. Ce que l'on connaît moins, ce sont les différents dispositifs mis en place. Ainsi, par exemple, l'administration américaine procède à une identification systématique de pays cibles, ou pivots, qui constituent un marché porteur et, par ailleurs, susceptibles d'exercer une influence régionale. Tous les moyens aussi bien civils que militaires sont ensuite mis en œuvre pour promouvoir les intérêts des entreprises américaines dans ces pays. Le renforcement de la présence commerciale et, par-delà, politique, doit en principe permettre de rayonner ensuite sur des zones plus vastes : en renforçant leur présence en Turquie ou en Afrique du Sud, les Etats-Unis escomptent accroître leur influence sur l'Asie centrale et le cône Sud de l'Afrique. Les positions américaines en faveur de la libéralisation du commerce international, et leur combat quotidien pour la définition de règles du jeu qui soient favorables aux entreprises américaines vont de pair avec cette stratégie. D'où une présence active dans les forums internationaux qui visent à promouvoir la libéralisation des marchés.

Parallèlement, des circuits de transmission d'information stratégique ont été créés entre l'administration et les entreprises américaines. L'objectif est de placer celles-ci en position de force par rapport à leurs concurrents. S'ajoutent à cela la création au sein de l'administration américaine de structures *ad hoc* comme l'« Advocay center », appelé aussi *war room*, et qui est composé de représentants de toutes les administrations, dont les agences de renseignements. Cette structure a pour mission de suivre au quotidien tous les projets d'envergure portés par les entreprises US sur les pays préalablement ciblés, l'état des négociations, les stratégies des concurrents étrangers, etc. Lorsque ces derniers sont en passe de l'emporter, des actions de déstabilisation et de désinformation peuvent alors être entreprises au bénéfice des firmes américaines.

LA PSYCHOLOGIE ÉCONOMIQUE
Les ressorts de la rationalité

ENTRETIEN AVEC
CHRISTINE ROLAND-LÉVY ET PHILIPPE ADAIR[*]

Sciences Humaines : **Comment les psychologues en sont-ils venus à s'intéresser aux comportements économiques ?**

Philippe Adair : Le croisement entre l'approche psychologique et économique résulte d'un double mouvement : d'une part, de l'intérêt des psychologues sociaux pour l'économique et, d'autre part, des économistes pour la dimension psychologique des conduites individuelles.

Il ne s'agit pas de rejeter l'*homo œconomicus* mais seulement de faire valoir que c'est un postulat destiné à faciliter la construction de modèles théoriques. On fait comme si les individus étaient rationnels, calculateurs et bien informés. Seulement, si on veut être plus réaliste, il faut admettre que l'individu procède parfois sous l'effet de pulsions, qu'il est parfois mal informé, qu'il n'a pas toujours la volonté de se livrer à des calculs sophistiqués, que ses préférences ne sont pas stables comme le postule le modèle standard.

Pourquoi précisément les individus n'agissent-ils pas de manière aussi rationnelle que le suppose le modèle de l'*homo œconomicus* ? Telle est la question à laquelle se propose de répondre la psychologie économique. L'approche psychologique permet de mettre en évidence des comportements relativement simples même s'ils ne sont pas toujours intuitifs. Le paradoxe mis en évidence par le Prix Nobel d'économie 1998 Maurice Allais constitue à cet égard un bon exemple. Lorsqu'un individu doit choisir entre deux situations (1 et 2), il tend à limiter le risque : il préfère la certitude d'un gain (situation 1) à la probabilité d'un gain supérieur ou d'une perte (situation 2). Cependant, confronté à un nouveau choix entre deux autres situations (3 et 4), le même individu surestime les faibles probabilités : il préfère la situation la plus risquée (situation 4) où la probabilité d'un gain plus élevé est légèrement inférieure à celle d'un gain faible (situation 3). S'il préfère la situation 1 à la situation 2, l'individu devrait logiquement préférer la situation 3 à la situation 4.

* C. Roland-Lévy est maître de conférences à l'université Paris-V et présidente de l'Association internationale pour la recherche en psychologie économique (IAREP). P. Adair enseigne les sciences économiques à l'université Paris-XII Val-de-Marne. Ils ont codirigé Psychologie économique. Théories et applications, Economica, 1998.

SH : Comment la psychologie économique s'est-elle constituée ?

P.A. : En France, l'idée d'étudier les comportements économiques sous un angle psychologique est plus ancienne qu'on ne le croit. On la doit au sociologue et spécialiste de criminalité Gabriel Tarde (1843-1904). Il est le premier à avoir parlé de psychologie économique dans un ouvrage paru en 1902 et précisément intitulé *La Psychologie économique*.

Bien que novateur, son ouvrage a été ensuite oublié. Sa psychologie économique a été, comme la psychologie sociale, largement supplantée par la sociologie de Durkheim, alors dominante. Il faut attendre l'entre-deux-guerres pour assister à un regain d'intérêt. Aux Etats-Unis, au contraire, le développement d'une approche psychologique de l'économique a été plus facile. Même si l'œuvre de G. Tarde y est encore, semble-t-il, largement méconnue.

SH : Qu'en est-il aujourd'hui ?

Christine Roland-Lévy : La psychologie économique a bénéficié de l'intégration de la psychologie sociale dans l'enseignement universitaire à partir des années 50-60. Elle jouit aujourd'hui d'une reconnaissance institutionnelle. En témoigne la multiplication, depuis les années 80, d'articles publiés sur ce thème dans les revues académiques. La création, en 1975, de l'Association internationale pour la recherche en psychologie économique a favorisé les rapprochements disciplinaires.

SH : Quelles sont les principales applications de la psychologie économique ?

C.R.-L. : Les résultats des recherches de psychologie économique trouvent une première application dans le domaine du marketing. Les études sur les représentations de l'argent et en particulier sur celles de l'épargne et du crédit intéressent naturellement les banques et les organismes de crédit. Ces études permettent de mieux comprendre les comportements financiers des ménages qui conduisent aux situations d'endettement, voire de surendettement. Elles montrent que le niveau de revenu n'explique pas tout. En prenant en compte le taux d'endettement et le style de vie, j'ai pu, avec d'autres chercheurs, mettre en évidence quatre profils de consommateurs, les uns dépensiers, les autres économes (1).

---

1. Pour en savoir plus sur cette recherche, se reporter à l'article de C. Roland-Lévy dans cet ouvrage.

L'HISTOIRE ÉCONOMIQUE
A l'heure de la cliométrie

ENTRETIEN AVEC JEAN-CHARLES ASSELAIN*

Sciences Humaines : **Où en est l'histoire économique actuellement ?**

Jean-Charles Asselain : Certains spécialistes de la discipline regrettent que l'histoire économique française ait perdu la position dominante qu'elle détenait du temps de Labrousse et de Braudel. En fait, les nombreuses recherches, notamment en histoire de l'entreprise, en histoire monétaire et financière internationale ou encore sur les crises et les mouvements cycliques de longue durée, sont autant de preuves de vitalité, de même que l'ouverture des revues de théorie économique aux questions d'histoire et les efforts des économistes historiens pour affirmer leur existence – même si certains historiens le ressentent comme une OPA des économistes sur l'histoire. Subsiste un vrai problème : l'éclatement du champ de l'histoire économique. En France, son enseignement est fractionné entre les instituts d'histoire des facultés de lettres, les facultés de droit (pour l'histoire des institutions) et les facultés d'économie (pour l'histoire des faits économiques).

SH : **Quelle influence a eu la naissance de la *New Economic History* pratiquée aux Etats-Unis à partir des années 50 ?**

J.-C.A. : Les réactions initiales ont été franchement hostiles. Pour comprendre l'enjeu, il faut rappeler que le mode spontané d'expression de l'historien est le récit. L'historien raconte l'enchaînement des faits historiques et, par là même, leur donne un sens. De ce point de vue, la naissance de l'école des Annales avait déjà représenté un tournant majeur : l'histoire narration faisait place à l'histoire problème. La solidarité entre faits sociaux, économiques et culturels constitue depuis le principe cardinal de l'approche historique : il n'y a plus d'histoire économique considérée isolément. C'est sur ce point précis que la *New Economic History* (la NHE, appelée aussi cliométrie), à la fin des années 50, marque non plus un tournant, mais une rupture.

La NHE propose ni plus ni moins d'expliquer l'histoire économique scientifiquement à partir de la théorie économique. Elle se fonde sur des hypothèses et des théories explicites pour

* Professeur d'histoire économique à l'université de Bordeaux-IV, correspondant de l'Institut. Auteur de L'Histoire économique du xxe siècle, *2 vol., Presses de Sciences-po et Dalloz, 1995.*

construire des modèles exprimant les interdépendances entre les variables économiques dans un contexte donné. Ces modèles sont ensuite testés selon les critères de l'économétrie sur la base de données historiques. La méthode contrefactuelle représente l'aboutissement logique de cette démarche. Elle prétend reconstituer ce qu'aurait été l'évolution de l'économie si tel ou tel développement historique – la construction du chemin de fer aux Etats-Unis, par exemple – n'avait pas eu lieu. Une «histoire avec des si», qui a tout pour choquer les historiens.

SH : Quelle a été l'influence de la NHE aux Etats-Unis ?

J.-C.A. : Même aux Etats-Unis, les débuts de la NHE ont été difficiles. La NHE s'est plu d'emblée à multiplier les provocations en partant d'hypothèses extrêmes, celles de concurrence pure et parfaite et de rationalité des «acteurs». Les résultats, surtout, étaient provocants ; ils prenaient systématiquement le contre-pied des thèses admises, en niant le rôle du chemin de fer dans la croissance américaine ou l'inefficacité de l'économie esclavagiste… Comment s'étonner des réactions de défense aux Etats-Unis ? Mais il y a eu ensuite un apaisement pour diverses raisons. Il est apparu d'abord que les résultats étaient imputables non pas aux modèles eux-mêmes mais à leur maniement imparfait. La méthode scientifique de la NHE ne conduisait jamais à des conclusions définitives. On lui reconnaissait le mérite d'apporter des éclairages nouveaux sur des points importants. Ce qui permettait de dire, il y a dix ans, que la révolution cliométrique était morte victime de son succès, que le clivage entre nouvelle et ancienne histoire économique avait vécu.

Aujourd'hui, il est impossible de faire aux Etats-Unis de l'histoire économique en ignorant la théorie et les approches quantitatives. En même temps, la NHE a beaucoup évolué. Un de ses principaux représentants, le Prix Nobel Douglas North, prend ses distances par rapport à la modélisation économétrique, en centrant davantage son analyse sur les conditions institutionnelles de la mise en place de l'économie de marché. Ces débats autour de la NHE ne doivent pas faire oublier ce que l'histoire a apporté à la théorie économique. La théorie de la croissance endogène fondée sur l'importance du capital humain a été devancée par les historiens qui insistaient depuis longtemps sur le rôle du système éducatif. Même chose pour le concept de *path dependence* (dépendance envers la trajectoire) : les historiens n'ont pas attendu la science économique contemporaine pour le placer au centre de leur analyse. C'est le principe même de l'approche historique.

L'APPROCHE GÉOGRAPHIQUE
Le poids de l'espace

ENTRETIEN AVEC PIERRE VELTZ[*]

Sciences Humaines : **Quel est l'objet de la géographie économique ?**

Pierre Veltz : Il s'agit de comprendre comment se localisent les individus et les activités économiques et comment s'organisent les flux (de marchandises, de personnes, etc.) entre les localisations. Sur ce sujet, on peut distinguer trois courants principaux. Le premier qui a une longue tradition mi-théorique, mi-empirique derrière lui : la science régionale ou l'économie urbaine. Initié par Alfred Weber (le frère de Max Weber), ce courant est parti de la microéconomie de la localisation pour aborder progressivement des phénomènes plus complexes de polarisation des entreprises et des ménages. En France, François Perroux a joué un rôle essentiel avec la théorie des pôles de croissance.

Une deuxième orientation est apparue dans les années 80-90, en lien avec l'économie internationale et l'économie industrielle : il s'agit de la nouvelle géographie économique. Elle met l'accent sur les imperfections des marchés, en prenant en compte les perturbations liées à l'espace. A la suite de Jacques Thisse, de jeunes économistes tentent d'intégrer la géographie dans l'analyse économique classique en utilisant des modèles mathématiques.

Le troisième grand courant souligne le rôle des institutions et des externalités sociales dans les phénomènes d'agglomération : les modes de coordination entre les acteurs, les conventions, la confiance, l'apprentissage, etc. Ce courant s'est notamment appuyé sur l'analyse des districts industriels ou encore, en France, des systèmes productifs locaux (1).

* Professeur à l'Ecole nationale des Ponts et chaussées, il a dirigé le laboratoire Techniques, territoires et sociétés (Latts). Auteur de Mondialisation, villes et territoires. L'économie d'archipel, *Puf, 1996.*

SH : **La prise en compte de l'espace remet-elle en cause le modèle de l'économie pure et parfaite ?**

P.V. : En théorie, l'abaissement du coût des transports devrait favoriser une dissémination des facteurs de production. Or, c'est le contraire qui se produit : les facteurs de production tendent à se concentrer dans les métropoles. Ce paradoxe s'explique par le fait que celles-ci offrent à la fois la plupart des conditions de fonctionnement du marché et le plus d'externalités positives. Dans une grande ville, le marché du travail est fortement différencié et abondant. Les entreprises sont assurées de trouver non seulement la main-d'œuvre dont elles ont besoin mais encore d'éventuels sous-traitants ou partenaires. La localisation dans une métropole limite les risques liés à l'incertitude croissante qui caractérise l'environnement économique.

SH : **Qu'est-ce que représente la mondialisation de votre point de vue ?**

P.V. : Elle se manifeste par un processus de métropolisation à l'échelle du monde. On a l'impression d'une géographie à deux vitesses avec les grandes métropoles qui fonctionnent en réseau à l'échelle internationale, et les autres espaces engagés dans un rapport de subordination avec ce réseau de premier plan. La France n'échappe pas à ce phénomène : l'Ile-de-France ne cesse de renforcer sa position dans l'ensemble national malgré les politiques d'aménagement du territoire des trente dernières années. L'Ile-de-France est une formidable pompe qui attire la main-d'œuvre qualifiée du pays et qui, en contrepartie, distribue de l'emploi public, des équipements, des revenus de redistribution. A cet égard, il y a une évolution inquiétante qui ressort d'un certain nombre de travaux récents : les activités relevant du secteur marchand ont tendance à se concentrer dans les grandes villes les plus dynamiques tandis qu'un bon nombre de villes, petites ou moyennes, sont massivement dépendantes des dépenses et des emplois publics. On n'est plus tout à fait dans le schéma centre-périphérie. C'est pourquoi j'ai proposé la notion d'archipel métropolitain. Les grands pôles peuvent se développer en réseau, entre eux, sans se soucier de leur périphérie.

SH : **Quel sens peut avoir le développement local dans ce contexte ?**

P.V. : Initialement, on envisageait le développement de manière exogène (comment attirer les investissements extérieurs). Dans les années 70, on commence à parler de développement endogène : la question est de savoir comment une région ou une ville peut puiser dans ses propres ressources. Aujourd'hui, la tendance est de marier les deux approches. Il est admis que, dans une économie mondialisée, les grandes firmes ont besoin de points d'appui territoriaux. C'est la thèse de mon livre, et aussi du récent ouvrage de M. Storper sur le «monde régional» (2).

1. Voir le texte de G. Benko et l'entretien avec A. Lipietz dans cet ouvrage.
2. M. Storper, *The Regional World*, Guilford Press, 1997.

L'APPROCHE ANTHROPOLOGIQUE
Par-delà l'échange marchand

ENTRETIEN AVEC JEAN-MICHEL SERVET*

Sciences Humaines : **En quoi consiste une approche anthropologique de l'économie ?**

Jean-Michel Servet : L'approche anthropologique de l'économie correspond très largement à une approche comparée des systèmes économiques. Elle souligne la diversité des mécanismes d'échange, de production et de consommation, comme des comportements économiques, aussi bien dans les sociétés industrielles que dans les économies en développement.

A la suite des travaux de Karl Polanyi sur la différence entre la place de marché et le port de commerce (1), on peut distinguer deux formes de rapports dans les comportements d'échange : les relations proprement marchandes, d'une part, les liens de clientèle, d'autre part. Dans les relations marchandes, le prix est l'élément central de la transaction. La valeur du produit sera supposée la même quels que soient les partenaires de l'échange. La relation est contractuelle et n'est pas supposée se prolonger dans le temps.

Dans le second type de rapports, le prix n'est pas la variable centrale de l'échange et l'échange ne se limite pas à la transaction. La fidélité du client compte beaucoup dans la détermination du prix ; vendeurs et acheteurs peuvent se livrer à des marchandages. C'est pourquoi les économies de marché ont plutôt cherché à effacer ce type de comportement. Aujourd'hui, les liens de clientèle tendent à être valorisés, jusque dans les grandes surfaces au travers de la création de cartes de fidélité, par exemple.

* Directeur du Centre Walras de l'université Lumière-Lyon-II. Il a dirigé La Modernité de Karl Polanyi, *L'Harmattan, 1998, et* Exclusion et liens financiers, *Montchrestien, 1998.*

SH : Vous avez aussi travaillé sur la monnaie. Pourquoi cet intérêt ?

J.-M.S. : Dans la tradition économique, la monnaie est un objet bizarre : la monnaie a une dimension politique ; elle affirme la souveraineté d'une communauté politique. Pourtant, la construction par les économistes du système économique monétarisé a eu tendance à faire de la monnaie un instrument purement économique. L'approche anthropologique de la monnaie consiste au contraire à considérer la monnaie comme un tiers dans les relations d'échange : la monnaie désigne la présence de l'ensemble de la société dans des relations supposées *a priori* bilatérales. C'est ce que Marcel Mauss a bien mis en évidence dans *L'Essai sur le don*. Alors que, dans la vision occidentale contemporaine dominante, l'échange engage deux personnes (A échange avec B et B échange avec A), pour un Maori, l'échange est une chaîne qui implique trois personnes, la troisième personne étant l'image de la société prise dans son ensemble. Finalement, en prenant en compte la dimension politique de la monnaie, l'anthropologie ne fait que réintroduire le tiers que l'économie politique a tendu à exclure.

SH : Où en est l'anthropologie économique en France, aux Etats-Unis ?

J.-M.S. : L'anthropologie économique émerge dès le XIXe siècle, notamment à travers les travaux des écoles historiques allemande, anglaise, française, etc. Mais c'est dans les années 1950-1960 qu'elle connaît ses développements les plus importants à la suite de la publication des travaux de Karl Polanyi. Son œuvre a été introduite en France notamment par Maurice Godelier. Publiée en 1944, *La Grande Transformation* n'a été toutefois traduite qu'en 1983.

Aux Etats-Unis, l'audience de l'anthropologie économique a beaucoup dû à la revue *American Anthropology*. Jusque dans les années 70, celle-ci y consacre plusieurs articles avant de virer vers les questions d'écologie et d'environnement.

Aujourd'hui, le courant critique de l'économie, attaché à articuler les dimensions sociale et économique, se perpétue en France à travers la socio-économie contemporaine et la *Revue du MAUSS*. Aux Etats-Unis, il se poursuit à travers les travaux de Mark Granovetter ou de Viviana Zelizer sur les institutions économiques, ou de Richard Swedberg (2). Il y a encore quelques années, la critique des économies modernes inscrite dans l'anthropologie économique s'appuyait sur la diversité des sociétés à travers le temps et l'espace. Aujourd'hui, le courant de la socio-économie porte davantage son attention sur les sociétés contemporaines en n'hésitant pas à analyser des phénomènes propres à l'économie dite de marché.

Propos recueillis par
SYLVAIN ALLEMAND
(*Sciences Humaines*, hors série n° 22, septembre/octobre 1998)

---

1. J.-M. Servet, J. Maucourant et A. Tiran (dir.), *La Modernité de Karl Polanyi*, L'Harmattan, 1998.
2. Voir le numéro spécial de sociologie économique, paru sous la direction de J.-L. Laville aux *Cahiers internationaux de sociologie*, juillet-décembre 1997.

Marché, économie et société

SYLVAIN ALLEMAND[*]

LE MARCHÉ ET SES ENJEUX[**]

Qu'est-ce qu'un marché ? Comment fonctionne-t-il ? Est-il efficace ? Trois questions qui correspondent à trois points de vue différents : empirique, théorique et doctrinal.

L E MARCHÉ est depuis plus d'un siècle au centre de nombreux enjeux, les uns d'ordre théorique, les autres d'ordre doctrinal, voire idéologique. Malgré de multiples travaux et de nombreuses avancées théoriques, les débats suscitent encore des malentendus : certains se fondent sur la réalité empirique pour démontrer l'irréalisme des hypothèses formulées par les théoriciens ; d'autres invoquent les modèles conçus par ces mêmes théoriciens pour légitimer des positions doctrinales. Pour dissiper les malentendus, sans doute convient-il de distinguer les différentes approches.

• **Sur le plan empirique,** un constat s'impose : le marché désigne une multiplicité de réalités. Le marché sert d'abord à désigner l'endroit où l'on se rend une fois par semaine, dans son village ou une grande ville, pour, selon le cas, s'approvisionner en légumes, fruits et fromages, ou vendre sa production. Ces marchés existent partout : dans les sociétés modernes et traditionnelles, dans les pays industrialisés ou en développement. Ils ne fonctionnent pas seulement à une échelle locale : certains de ces marchés ont une stature nationale (Rungis, en banlieue parisienne), voire internationale (la Foire internationale de Paris). Il y a ensuite le marché de l'automobile, de la lunette, etc. : des marchés qui se donnent à voir à travers des lieux de vente (les concessions, les

---

[*] Journaliste scientifique au magazine *Sciences Humaines*.
[**] *Sciences Humaines*, hors série n° 22, septembre/octobre 1998.

franchises, etc.), mais surtout l'agrégation de données statistiques (l'ensemble des ventes réalisées par les concessionnaires des différentes marques automobiles ou des opticiens, par exemple). De dimension nationale ou internationale, certains de ces marchés tendent à se mondialiser.

Enfin, il y a les marchés financiers ou des matières premières : bien qu'ils conservent comme les autres une inscription géographique (la Bourse, le marché de Chicago pour les céréales, etc.), ils sont aussi les plus virtuels (les transactions se font sans que l'acheteur voie la marchandise). Ces marchés sont les plus concernés par la globalisation.

Outre la localisation, un autre facteur de différenciation réside dans le degré d'intermédiation. Dans certains marchés, le client (ou le consommateur, l'acheteur, etc.) rencontre directement le producteur ; dans d'autres (la grande majorité), il n'a affaire qu'à un intermédiaire : un grossiste, un concessionnaire, un agent de change, etc.

On aborde là une évolution majeure de ces dernières années : la désintermédiation des marchés. Parmi les différents marchés décrits plus hauts, les premiers concernés ont été les marchés financiers à travers la désintermédiation bancaire (1). Inversement, le développement des grandes surfaces (supermarchés puis hypermarchés) a signifié l'introduction de nouveaux intermédiaires dans la chaîne qui relie les producteurs aux consommateurs.

Par-delà leurs spécificités, ces marchés présentent un dénominateur commun : ils contribuent à libérer les individus de la contrainte de produire eux-mêmes

tous les biens et les services dont ils ont besoin. Les transactions au moyen de l'instrument monétaire dispensent l'acheteur et le vendeur de tous les rites qui caractérisent la relation non marchande. Dans sa célèbre *Richesse des nations* (1776), Adam Smith évoque longuement cette dimension : il y voit le point de départ de la division du travail, qu'il considère comme la principale source de richesse d'une nation.

• **Sur le plan théorique,** la question centrale porte sur le fonctionnement du marché. En d'autres termes : sur la manière dont il parvient ou non à faire se rencontrer l'offre des producteurs et la demande des consommateurs autour d'un prix (ou d'un salaire dans le cas du marché du travail) qui satisfasse les uns (le consommateur ou l'employé) et les autres (le producteur ou l'employeur). Devant l'extrême diversité des formes de marché, les théoriciens ont été confrontés à l'alternative suivante : ou bien tenter de comprendre la réalité à travers des modèles fondés sur des hypothèses, ou bien prendre acte de cette diversité, en s'engageant dans une approche historique et comparative. La première solution correspond à la démarche des économistes classiques et néoclassiques ; elle est à l'origine de la conception du modèle de concurrence pure et parfaite. Dans cette perspective, le marché désigne la coordination de l'offre et de la demande par le prix ; la question du fonctionnement du marché amène à celle des conditions nécessaires à son équilibre (à cet égard, l'apport de Keynes consiste dans l'idée que la cause

---

1. Voir les mots clés en fin d'ouvrage.

Comment le prix assure la bonne marche...
du marché

Pour expliquer le fonctionnement d'un marché, les économistes mettent classiquement en avant le rôle du prix. Celui-ci permet d'équilibrer l'offre et la demande : lorsque la demande est supérieure à l'offre, les prix montent jusqu'au moment où la demande parvient au niveau de l'offre. Le renchérissement du produit attire de nouveaux producteurs dont la production fait baisser les prix. Voilà pour la théorie. La réalité est un peu plus complexe. Le prix constitue certes un élément prépondérant dans le fonctionnement des marchés. En témoigne, par exemple, la « guerre des prix » que se livrent les constructeurs sur le marché automobile, ou tout simplement l'obligation faite aux commerçants de les afficher. Reste que d'autres variables interviennent dans la décision d'achat. Il y a d'abord les motivations propres à chaque acheteur qui peuvent le conduire à acquérir un bien à un prix plus élevé. Il y a ensuite la nature de la relation entre le vendeur et l'acheteur : au client fidèle, le premier « fait un prix ». Il y a, enfin, les enjeux de la communication inscrite au cœur du rapport marchand. Cet aspect a été mis en évidence par des études anthropologiques de marchés africains. Le marché se révèle alors autre chose qu'un simple lieu de coordination par les prix : pour les habitants de villages reculés, il est un lieu où l'on prend des nouvelles des uns et des autres. Des biens qui, eux, n'ont pas de prix.

S.A.

du déséquilibre se situe du côté de la demande et non de l'offre).

La seconde solution correspond à l'approche des socio-économistes et des anthropologues. Dans cette perspective, le marché n'est pas considéré comme une donnée mais comme une construction sociale qui fonctionne grâce à des institutions (Etat, conventions, règles, contrats, etc.). Dès lors, il s'agit de mettre en évidence les conditions qui ont permis à tel ou tel marché de voir le jour.

A l'approche modélisatrice est traditionnellement reproché le caractère irréaliste des hypothèses (les agents, qu'il s'agisse d'entreprises ou d'individus, sont supposés parfaitement informés ; leurs choix sont cohérents par rapport à leurs préférences). C'est oublier la finalité de la démarche : simplifier la réalité pour permettre une formalisation mathématique. La critique adressée par les économistes *stricto sensu* à l'approche socio-économique consiste à en souligner le caractère hétérodoxe, autrement dit, non strictement économique.

Quoique souvent opposées, ces deux manières d'analyser le fonctionnement du marché ont permis chacune d'importantes avancées théoriques. Depuis le modèle de l'économie pure et parfaite, l'approche modélisatrice a permis de dégager l'existence d'autres modèles de marchés : des marchés monopolistiques ou oligopolistiques aux marchés contestables (2). L'approche socio-économique a, quant à elle, permis la formulation de diverses théories : la théorie de la régulation, la théorie institutionnaliste, etc.

• **Sur le plan doctrinal,** la question centrale a longtemps été de savoir si l'économie de marché était plus efficace que l'économie planifiée. Depuis la chute du système socialiste, elle est aujourd'hui de savoir si l'intervention de l'Etat est requise pour mieux articuler la logique marchande à la logique sociale. Dans cette perspective, on distingue, schématiquement, quatre courants : la tradition critique d'inspiration marxiste qui identifie le marché au capitalisme ; la tradition social-démocrate pour qui l'intervention de l'Etat est nécessaire afin de réguler l'activité économique ; la tradition libérale, confiante dans la capacité du marché à coordonner l'offre et la demande ; enfin, le courant ultralibéral favorable à un démantèlement des obstacles au libre fonctionnement du marché.

On assimile souvent le modèle de concurrence pure et parfaite aux positions ultralibérales. C'est oublier que les économistes qui ont fondé leur théorie sur ce modèle étaient loin de tous partager de telles positions. C'est le cas de Léon Walras (1834-1910). Bien que son modèle de l'équilibre général revient à montrer que le mécanisme de libre concurrence conduit l'économie à son optimum, il était favorable à la nationalisation de certaines ressources naturelles et au développement d'une économie sociale. Inversement, les tenants de l'ultralibéralisme (Friedman, Hayek, etc.) ne se réfèrent pas au modèle de la concurrence pure et parfaite. Autant d'exemples qui montrent que la démarche théorique ne préjuge en rien des positions doctrinales.

2. Voir les mots clés en fin d'ouvrage.

JEAN-FRANÇOIS DORTIER[*]

LE MARCHÉ FICTIF ET L'ÉCONOMIE RÉELLE[**]

D'un côté, un marché « pur », qui correspond aux modèles des théoriciens, de l'autre, la réalité des systèmes économiques, où les entorses au modèle sont la règle. Et si notre représentation de l'économie de marché était un mythe ?

L E MARCHÉ existe-t-il ? La question a quelque chose de saugrenu alors que s'étalent au grand jour devant nous vitrines des magasins, publicités, fluctuations des cours de la Bourse, entreprises en proie à la concurrence… S'interroger sur l'existence du marché touche même à la provocation face aux agriculteurs soumis aux contraintes du Gatt, ou face aux chômeurs qui consultent chaque jour les offres d'emploi sur le «marché du travail». Et pourtant…
Le fait que des millions de gens croient en Dieu et acceptent de vivre sous sa loi ne prouve en rien son existence. Le fait de voir le Soleil se lever le matin et se coucher le soir ne prouve pas qu'il tourne autour de la Terre. La physique nous a même convaincus du contraire…
Il est des évidences aveuglantes qu'il faut savoir interroger. Et si le marché était lui aussi une fiction ? En examinant comment les scientifiques – économistes, historiens, sociologues, anthropologues – abordent aujourd'hui la question, le doute est permis.
En effet, pour les besoins de l'analyse, les économistes libéraux ont construit un modèle «pur» du marché, où fonctionnent à merveille les lois de l'offre et de la demande, mais ce modèle n'existe que dans les manuels.
D'un autre point de vue, ceux qui cherchent à appréhender l'économie empiriquement découvrent que les relations marchandes sont autant bâties sur les règlements, les organisations, les insti-

---

* Rédacteur en chef du magazine *Sciences Humaines*.
** *Sciences Humaines*, hors série n° 3, novembre 1993.

tutions, les réseaux, les habitudes, que sur les mécanismes, les lois et les rouages décrits par la théorie.

Le modèle orthodoxe

Pour raisonner de façon rigoureuse sur les «lois du marché», les économistes d'inspiration libérale – dit néoclassiques (1) – ont dû construire un cadre d'analyse beaucoup plus sophistiqué mais de portée plus restreinte.

Selon le modèle de référence, il n'y a de vrai marché que dans la mesure où les conditions de la libre concurrence sont respectées et où le jeu de l'offre et de la demande d'un bien est équilibré (*voir l'encadré page suivante*).

Ce modèle de référence, appelé «marché de concurrence pure et parfaite», a été élaboré à la fin du siècle dernier par Léon Walras. Le projet de cet ingénieur français, soucieux de rigueur scientifique, était de faire de la science économique une véritable science positive, c'est-à-dire fondée sur les mathématiques et la démonstration rigoureuse. Pour parvenir à ses fins, L. Walras raisonne dans le cadre d'une économie «pure», qu'il distingue de l'économie «appliquée» et de l'économie «normative». L'économie «pure» autorise la construction d'un modèle abstrait, qui permet de raisonner rigoureusement sur les relations entre variables (prix, offre, demande…). Cette abstraction suppose bien sûr une distance par rapport à la réalité. Mais c'est une étape nécessaire de la recherche qui devrait permettre, dans un second temps, d'intégrer les paramètres réels, ceux de l'économie «appliquée». Le marché de «concurrence pure» des

économistes libéraux est d'abord une construction intellectuelle ayant fait l'objet de développements mathématiques très sophistiqués. Il repose sur des hypothèses extrêmement restrictives par rapport à la réalité. On a parlé à son propos d'«économie de tableau noir» (Ronald H. Coase).

Comment donc passer du modèle à la réalité ? Deux voies se présentent. La première consiste à complexifier le schéma de départ, à introduire des hypothèses nouvelles, tout en restant dans le cadre formel initial. Cette voie est empruntée aujourd'hui par une grande partie des recherches en microéconomie. Maurice Allais, Prix Nobel d'économie, s'est distingué dans ce domaine.

La seconde démarche consiste à abandonner le modèle théorique au profit d'une description des conditions concrètes dans lesquelles se réalisent les échanges.

Monopole, oligopole, monopsone

Dès lors, on abandonne les modèles pour découvrir des structures hybrides, mais réelles : marchés non concurrentiels, marchés «ouverts» ou «fermés», échange non marchand ; on découvre aussi que les notions de «capitalisme» de «concurrence» et de «marché» sont loin d'être équivalentes. Voyons quelques-unes de ces sous-espèces de marché très particulières.

L'absence de «libre concurrence» constitue la première entorse au modèle. Sur les marchés réels, on ne rencontre que rarement des offreurs et

---

1. Voir les mots clés en fin d'ouvrage.

Le modèle canonique du marché

Le modèle de référence du marché qu'utilisent les théoriciens de la microéconomie s'est construit en trois temps.

Adam Smith et la main invisible

La première formulation date de deux siècles. Elle est due à Adam Smith (1723-1790). Selon l'auteur de *La Richesse des nations*, le marché est d'abord synonyme d'échange. Le cordonnier a intérêt à acheter son pain au boulanger et ce dernier à lui acheter ses chaussures. De la division du travail, il résulte une plus grande efficacité d'ensemble et chacun a intérêt à y recourir. Pour A. Smith, offre et demande d'un bien s'équilibrent spontanément par le fait qu'une offre excédentaire est rapidement supprimée, puisqu'elle ne trouve pas de client. La loi du marché fonctionne donc comme une «main invisible», qui décide au mieux de la production et répartition des richesses en fonction de la préférence des acheteurs. Tel est le credo libéral. Cette vision du marché proposée par A. Smith reste cependant très intuitive. Elle ne procède ni d'une démonstration scientifique, ni d'une observation de l'économie anglaise de l'époque. A. Smith pense d'abord en philosophe *«devenu économiste par nécessité philosophique»* (1).

Léon Walras et l'économie «pure»

Un siècle plus tard, Léon Walras (1843-1910) tentera de donner une formulation mathématique au modèle du marché. Le projet de cet ingénieur est de *«prouver scientifiquement»* que le mécanisme des prix conduit à un *«équilibre général»*.

Pour parvenir à ses fins, L. Walras raisonne dans le cadre d'une *«économie pure»*, qu'il distingue de l'*«économie appliquée»* et de l'*«économie normative»*. L'économie «pure» autorise la construction d'un modèle abstrait, utile pour raisonner rigoureusement sur les relations entre variables (prix, offre, demande...). L. Walras invente donc un modèle du marché très simplifié, dit «pur et parfait». Ce marché pur correspond, dans l'esprit de L. Walras, à la Bourse ou à une foire aux bestiaux traditionnelle. Il est censé mettre en présence une pluralité d'offreurs et de demandeurs d'un bien. Chacun d'entre eux cherche à *«maximiser son utilité»* : le vendeur veut obtenir le meilleur prix, l'acheteur veut satisfaire ses besoins au moindre coût. Le prix est le mécanisme régulateur qui conduit un «équilibre général» entre offre et demande. Si la demande est plus forte que l'offre, les prix vont monter, si elle est plus faible, les prix vont baisser. La fixation des prix par la loi du marché est donc, selon L. Walras, le meilleur régulateur des attentes respectives des offreurs et demandeurs : «*On voit clairement à présent ce qu'est le mécanisme de la concurrence sur le marché ; c'est la solution pratique, par hausse et baisse des prix, du problème de l'échange dont nous avons fourni la solution théorique et mathématique.*» (2).

Le modèle Arrow-Debreu, ou l'orthodoxie néoclassique

La troisième étape de la construction du modèle «canonique» du marché date des années 30. Elle correspond à une reprise et à une sophistication du modèle de L. Walras. Elle a été réalisée notamment par Kenneth Arrow et Gérard Debreu (tous deux Prix Nobel d'économie). Aujourd'hui, le modèle «Arrow-Debreu» représente le modèle de référence de la microéconomie. Littéraires s'abstenir ! Le modèle se présente comme un système d'équations mathématiques dont la rigueur n'a d'égale que l'irréalité. Edmond Malinvaud, l'un des meilleurs représentants en France de cette école de pensée néoclassique, le reconnaît : «*Pris au pied de la lettre, le modèle est fort restrictif par rapport à une réalité beaucoup plus complexe. Sa puissance provient bien de ce qu'il retient quelques traits cruciaux de cette réalité ; mais on ne peut pas s'en tenir toujours à lui.*» (3)

1. P. Rosanvallon, *Le Libéralisme économique, histoire de l'idée de marché*, Seuil, 1989.
2. L. Walras, *Eléments d'économie théorique pure ou Théorie de la richesse sociale* (1874-1877).
3. E. Malinvaud, *Equilibre général dans les économies de marché*, Economica, 1993.

demandeurs «atomistiques» (c'est-à-dire des agents très nombreux et interchangeables). Le plus souvent, les marchés portent sur des réseaux très structurés d'offreurs et de demandeurs : monopoles, oligopoles, monopsones. Le monopole met ainsi en présence un seul vendeur face à une multiplicité d'acheteurs ; c'est le cas pour la vente d'électricité par EDF. L'oligopole désigne un nombre de vendeurs très réduit (comme sur les marchés de l'acier, du pétrole, de l'automobile, des pneus, etc.) Le monopsone est une structure de marché curieuse, où une multiplicité de vendeurs sont face à un seul acheteur ; c'est le cas de l'installation des poteaux électriques, qu'EDF fait réaliser par des entreprises privées, ou des plants de tabac, dont la Seita est en France l'acheteur unique. On parle de monopole bilatéral lorsque le marché met en présence un seul vendeur face à un seul acheteur ; c'est le cas, par exemple, lorsque l'Etat commande un nouvel avion militaire au seul constructeur national : l'entreprise Dassault. Le cas du monopole ou de l'oligopole atteste de l'existence d'un marché sans vraie concurrence. Du modèle à la réalité, la distance est grande.

D'autres hypothèses sur lesquelles repose le «marché pur» de L. Walras sont sujettes à caution. Par exemple, en économie réelle, la fluctuation du prix en fonction des offres et des demandes est rarement réalisée. Le prix des cigarettes, des automobiles ou de *Sciences Humaines* n'évolue pas en fonction de la demande. Si l'entreprise ne parvient pas à écouler ses stocks, elle diminue le plus souvent sa production plutôt que de réduire ses prix (2). En fait, hormis le fonctionnement de la Bourse, souvent pris comme le seul vrai modèle du marché, on sort pour la plupart des produits du cadre proposé par le schéma orthodoxe. La microéconomie peut formaliser de telles situations de «concurrence imparfaite», mais elle y parvient au prix de sophistications mathématiques périlleuses et déroutantes qui conduisent, selon Bernard Guerrien, à des impasses (3). En prenant encore plus de recul, la prise en compte de l'Etat, des institutions sociales et de leur histoire limite encore plus la portée du modèle de concurrence pure.

L'Etat régulateur

Dans la plupart des pays dits « capitalistes » – y compris dans les vitrines du libéralisme –, l'Etat a joué et joue encore un rôle économique de premier plan. Il intervient à plusieurs niveaux. Tout d'abord comme «régulateur», par le biais des politiques économiques et des interventions monétaires, comme «redistributeur» par le biais de l'Etat-providence (dépenses de santé, de pro-

tection sociale), comme «promoteur» de toutes les infrastructures matérielles et sociales (routes, justice, santé, éducation) nécessaires au fonctionnement de l'économie. Ce phénomène n'est pas nouveau ; dans toute l'histoire du capitalisme en Occident, *«Etat et marché se sont toujours épaulés»* (4). Comme le soulignait récemment l'économiste Nicolas H. Stern, même le déclin de l'interventionnisme dans les années 80, à travers les déréglementations et privatisations de nombreuses entreprises publiques dans toute l'Europe, *«n'implique pas que l'Etat soit réduit à un rôle anodin dans les affaires économiques et sociales d'un pays»* (5). En Europe, les dépenses publiques continuent à se situer entre le quart et la moitié de la production nationale. En France, les prélèvements obligatoires se maintiennent à un taux de 47 % du PIB. Au Japon et dans les «nouveaux pays industriels» (NPI) du Sud-Est asiatique, l'Etat a joué un rôle essentiel d'encadrement du marché dans la croissance des trente dernières années (6). Bref, on est loin du modèle de «concurrence pure et parfaite». L'existence d'une économie purement libérale ne serait donc qu'une vue de l'esprit ? Selon l'économiste anglais Charles Rowley, il serait

2. Selon la «théorie du déséquilibre» dont E. Malinvaud est en France l'un des principaux représentants, face à un déséquilibre entre offre et demande, les ajustements ne se font pas grâce aux prix (conception de L. Walras) mais par le biais des quantités échangées, les prix étant rigides à court terme.
3. B. Guerrien, *L'Economie néoclassique*, La Découverte, 1989.
4. A. Bienaymé, *Le Capitalisme adulte*, Puf, 1993.
5. N.H. Stern, *Le Rôle de l'Etat dans le développement économique*, Payot, 1992.
6. Voir F. Teulon, «Les figures du capitalisme», *Sciences Humaines*, n° 27, avril 1993.

« Économie de marché » et « capitalisme » sont-ils équivalents ?

« Le capitalisme est une notion de combat », disait François Perroux. Sans doute perçu comme trop idéologique, le terme a été quelque peu délaissé par les économistes. On lui préfère celui, plus neutre, d'*« économie de marché »*. Simple problème de terminologie ? Les deux notions seraient-elles équivalentes ? Rien n'est moins sûr. Le capitalisme ne se réduit pas à la propriété privée des moyens de production et à l'échange de marchandises. Si tel était le cas, le boulanger du quartier, le vendeur de bibelots sur une foire, ou encore le médecin seraient tous des capitalistes.

• Or, le capitalisme occidental, rebaptisé « économie de marché », est bâti d'autres fondements que la seule relation marchande. Le capitalisme suppose d'abord la recherche du profit et l'accumulation du capital. Sans cette accumulation du capital (c'est-à-dire de l'utilisation de profit investi dans le développement), l'économie resterait stagnante. On resterait dans l'univers de la petite production marchande traditionnelle, celle de l'artisanat ou de la boutique.

• Ensuite, le capitalisme n'est pas seulement une économie d'échange mais aussi une économie de production. Sa croissance a exigé la naissance de grandes entreprises, la mobilisation d'une force de travail, une division du travail (la rationalisation de la production, disait Max Weber), l'invention de nouvelles techniques. Sans la révolution industrielle du XIXe siècle, le capitalisme occidental en serait encore à la phase purement marchande et commerciale du XVIe siècle. Sans investissement de profits dans la production, l'économie devient purement spéculative. C'est d'ailleurs un des risques actuels des pays de l'Est de confondre spéculation et production. Les *« business men »* ne sont pas des entrepreneurs. La naissance d'une classe d'entrepreneurs capables de mobiliser du capital, d'investir dans des infrastructures de production locale est un des enjeux majeurs de la « transition » vers le capitalisme.

• Enfin, dans le capitalisme moderne le rôle d'encadrement et de stimulation par l'État reste fondamental. Les « économies de marché » sont plus justement des « économies mixtes ».

L'équation « capitalisme = économie de marché + production + accumulation + Etat » correspond plus justement à la réalité de nos sociétés. Simple querelle de mots ? Ils prennent toute leur importance quand il s'agit de tracer des stratégies de développement ou de transition dans les pays du tiers monde ou ceux de l'ex-communisme.

plus juste de ranger les économies occidentales contemporaines dans la catégorie des «économies mixtes» (7).

Une autre façon – inattendue – de relativiser le rôle d'un marché libre dans nos sociétés provient de ce constat : l'existence des entreprises comme «organisations». En effet, au sein même des entreprises, les fonctions internes (de production, commerciale, administrative, etc.) ne sont pas soumises entre elles aux règles du marché. Comment expliquer ce fait curieux : la mise «hors marché» de l'organisation de l'entreprise par les capitalistes eux-mêmes? Selon l'économiste américain R. Coase, chef de file de l'école dite «néo-institutionnaliste», les coûts de transactions seraient beaucoup trop importants s'il fallait que tous les services soient «privatisés» sous formes d'entreprises particulières ayant entre elles des relations de commerce. L'historien de l'économie Alfred Chandler expliquait d'ailleurs ainsi la naissance de la grande entreprise à la fin du siècle passé (8).

Des formes variées dans l'histoire

Mais si les coûts d'information et de transactions conduisent à adopter des modes d'organisation différents de ceux du marché, ne convient-il pas de porter un regard différent sur les échanges qui se présentent comme «marchands»? La règle, la confiance, l'organisation, les réseaux n'y seraient-ils pas aussi importants que les relations formelles décrites par le modèle néoclassique? Telle est l'optique adoptée aujourd'hui par les courants de la socio-économie et de

l'économie des conventions ou encore de l'économie des organisations (9).

L'histoire apporte également son éclairage sur la notion de marché. Bien avant l'époque des «sociétés marchandes», les échanges et le commerce furent prospères. Dans l'Antiquité, le commerce des épices, des métaux, des esclaves, des biens précieux est florissant. Faut-il en conclure que le «marché pur» des économistes classiques fut une caractéristique universelle des sociétés? Non, répondent les Weber, Schumpeter, Sombart, Polanyi, qui se sont tous consacrés à l'étude comparée des structures économiques. Au cours de l'histoire, les formes des marchés furent très variées. Pour Karl Polanyi, par exemple, c'est une profonde erreur de transposer les catégories économiques modernes sur le passé. L'auteur de *Trades and Market in Early Empire* (10) soutient que la plupart des marchés de l'Antiquité ne fonctionnaient pas selon le principe de la fluctuation des prix. Les commerçants babyloniens étaient des fonctionnaires ne tirant pas de bénéfices de leurs transactions ; les prix étaient fixés arbitrairement. K. Polanyi parle à ce propos de «marchés administrés». Dans son *Histoire économique*, vaste généalogie du capitalisme, Max Weber avait déjà décrit une foule de types de relations commerciales distincts

---

7. *The Mixt Economy*, 1982, cité par J.-D. Lafay et J. Lecaillon, *L'Economie mixte*, «Que sais-je?», Puf, 1992.
8. Voir J-M. Saussois «L'Invention de la grande entreprise», *L'Entreprise, une affaire de société*, PFNSP (collectif dir. par R. Sainsaulieu), 1990.
9. Voir dans cet ouvrage le texte de M. Lallement : «La construction sociale de l'échange».
10. *Les Systèmes économiques dans l'histoire et la théorie*, Larousse, 1974.

du commerce moderne. Il rappelle, par exemple, que les corporations marchandes au Moyen Age réglementaient l'accès au métier, limitaient la concurrence interne, bloquaient la différenciation entre eux, «*un maître ne devant pas s'élever au-dessus des autres*» (11).

Marché administré, marché non concurrentiel... : l'histoire elle aussi nous éloigne du modèle de l'économie pure et parfaite.

Quand le rêve s'impose à la réalité

L'observation empirique de l'économie réelle conduit donc à constater un fort clivage entre théorie et réalité : phénomènes de monopolisation, échanges non marchands, régulation étatique, marché non capitaliste, règles et organisation nichées au cœur du marché... Un botaniste de l'économie trouverait bien réducteur de s'en tenir à un plan anatomique unique pour rendre compte de toutes les formes d'échange. Il préférerait classer la diversité des échanges en familles, genres et espèces différents. Le marché «pur» ne serait donc qu'un mirage, une fiction, un rêve d'économiste ? C'est la thèse provocante soutenue par K. Polanyi. L'auteur de *La Grande Transformation* soutenait que l'histoire du capitalisme pouvait s'analyser comme la tentative d'imposer au monde réel un modèle créé de toutes pièces par les économistes libéraux. L'histoire récente du Gatt correspondrait bien à ce schéma : mettre en œuvre un dispositif de libéralisation progressive et systématique des échanges mondiaux, afin de répondre à la logique idéale du libre-échange. La privatisation et déréglementation des années 80, l'installation du marché dans les pays ex-soviétiques et dans ceux du tiers monde relèvent de la même logique. Dès lors, toute l'histoire du capitalisme moderne pourrait se résumer à un double processus : d'une part, une tentative sans cesse renouvelée d'imposer un modèle «utopique» à la réalité : d'autre part, la mise en place d'institutions destinées à l'encadrer, à le réguler, à corriger ses effets pervers. Sur le devant de la scène : le marché. Dans les coulisses : les institutions nécessaires au bon fonctionnement de la société.

---

11. M. Weber, *Histoire économique*, «Bibliothèque des sciences humaines», Gallimard, 1992.

DU TROC AU RÉSEAU : LES MARCHÉS DANS L'HISTOIRE

ENTRETIEN AVEC JEAN-MICHEL SERVET[*]

*Toutes les sociétés humaines ont pratiqué l'échange.
Mais les formes de cet échange ont infiniment varié au cours de l'histoire.*

Sciences Humaines : Vos recherches portent sur l'origine de la monnaie et le mécanisme des échanges dans les sociétés primitives. Dans ces sociétés archaïques, le marché est-il présent ? A-t-il toujours existé ?

Jean-Michel Servet : Au XVIIIe siècle, les économistes ont construit une fable selon laquelle l'échange marchand aurait existé depuis les premiers temps de l'humanité. Le troc primitif ne serait que l'embryon d'un échange marchand. Cela a conduit à assimiler, je crois à tort, toute forme d'échange de biens avec la notion de marché.

Partons d'un curieux exemple d'échange primitif appelé autrefois « troc muet » ou « échange silencieux » qui a donné lieu à d'abondants commentaires chez les économistes et ethnologues à la fin du XIXe siècle. L'« échange silencieux » est une institution que l'on retrouve dans de nombreuses régions du monde et qui se pratique de la façon suivante : un groupe d'hommes dépose dans un endroit désert, sur une plage ou sur une clairière, les produits qu'il souhaite échanger avec une autre tribu. Puis les hommes se retirent au loin en laissant leurs biens sur le sol. Survient alors un autre groupe qui, s'il la juge suffisante, prend « l'offrande » et dépose ses propres biens. Il se retire alors à son tour. Aux termes de quelques allers-retours, l'échange est réalisé sans que les hommes n'aient été en contact entre eux. Ce type de troc très particulier a été observé sous des formes diverses dans plusieurs régions du monde. Hérodote en parle à propos des rapports entre Maures et Noirs à l'ouest de Gibraltar. On le rencontrait il y a peu encore en Sibérie, chez les tribus Chuckchee dans leurs rapports avec les habitants d'Alaska. Les Negritos des Philippines pratiquaient la même technique d'échange avec les habitants chrétiens de la région. On la retrouve encore aux Indes, dans le Pacifique, en Indonésie, en Russie centrale, etc.

Or, dans cet exemple de l'échange silencieux, l'erreur est de

* Professeur de sciences économiques, directeur du Centre Walras, CNRS/ Université Lyon-2.

croire que nous serions en présence d'un «échange marchand primitif» visant à l'acquisition de biens utilitaires au meilleur prix.

Nous sommes plutôt dans le cadre d'une relation sociale très codifiée et visant avant tout l'établissement de liens sociaux. Dans ces transferts de biens, la relation sociale prime sur le contenu de l'échange. Le troc silencieux n'est qu'un cas très spécifique de l'échange qui, dans les sociétés primitives, peut prendre des formes très diverses. J'ai étudié au début des années 70 en Basse-Casamance, au sud du Sénégal, une forme d'échange particulière que l'on appelle «échange à volume égal» et qui semblerait être encore pratiquée en Guinée-Bissau chez les Flup, une population Diola. Dans cet «échange à volume égal», on donne, par exemple, un panier de riz contre le même volume d'arachide. A Buka Passage, en Nouvelle-Guinée, il y a un type d'échange similaire, dit «charge contre charge», dans lequel des femmes échangent entre elles les charges qu'elles portent sur le dos.

Dans ces deux formes d'échanges, il y a bien sûr une inégalité dans la valeur des produits. Les gens qui les pratiquent en sont d'ailleurs parfaitement conscients. Si vous leur faites remarquer que, dans l'échange, il n'y a pas équivalence comptable des marchandises, on vous répondra que c'est bien là une idée de «Toubab» (de Blanc), de vouloir obtenir une égalité en terme de temps de travail ou de la valeur des biens. Là encore, ce qui compte, c'est la relation sociale plus que la valeur respective des produits. Dans *Age de pierre, Age d'abondance* (1), Marshall Sahlins a donné de très nombreux exemples où l'échange primitif n'est pas déterminé par l'utilité des biens ou la détermination des prix mais par le maintien d'une relation sociale.

SH : Dire que *« la relation sociale prime sur l'utilité des biens »* peut s'entendre de deux façons : faut-il entendre par là que le but ultime de la relation est de nouer des contacts sociaux ? Ou faut-il comprendre que le but peut être utilitaire mais que le moyen (l'échange) passe par des règlements sociaux non marchands ?

J.-M.S. : Il y a les deux. D'une part, dans les échanges dits primitifs, l'échange ne porte que rarement sur des biens de première nécessité mais souvent sur des biens «symboliques» : objets précieux, ornements, etc. Maurice Godelier a montré, dans une très belle étude sur l'échange du sel en Nouvelle-

Guinée, que l'usage de ce sel est symbolique ; il est utilisé pour les cérémonies et non pour la consommation courante. Parfois l'échange a un rôle interne. Dans les groupes hiérarchisés, ce sont les dominants, ou « Big Men », qui contrôlent l'échange avec autrui et obtiennent ainsi des biens qui leur confèrent prestige et puissance.

SH : **Peut-on résumer cela en disant que ce sont les échanges qui sont universels mais pas le marché ?**

J.-M.S. : Exactement. Nous transposons nos propres conceptions sur les sociétés anciennes en appelant « marché » tout ce qui relève en fait d'une relation beaucoup plus générale : l'échange entre groupes. La plupart des sociétés dites « primitives » ont des contacts avec leurs voisins et entretiennent avec eux des relations. Les habitants des îles mélanésiennes, qui vivent pourtant à des centaines de kilomètres les uns des autres, entretiennent par exemple d'intenses relations.
Ces relations sont de différents types : transferts de biens, échange de femmes, relations guerrières, dons, etc. Il y a une pluralité de transferts de biens qui ne sont pas commandés par un strict échange marchand, réglé par le mécanisme des prix.

SH : **Ce regard anthropologique sur les relations d'échange peut-il être alors transposé pour observer nos propres sociétés ?**

J.-M.S. : Le marché, tel qu'il est conçu par la plupart des économistes, est une utopie. Au demeurant, même des théoriciens libéraux comme Léon Walras ou Friedrich von Hayek admettent que le marché pur est une « utopie pour l'avenir » et non ce qui se passe dans les échanges actuels. L'idée d'un échange où le prix des biens est fixé par le jeu de l'offre et de la demande ne correspond que rarement à la réalité. Plutôt que raisonner sur des modèles abstraits de marché censés refléter la réalité, il me semble plus fertile d'inverser la perspective et d'observer quels sont les déterminants réels de la formation des prix.
J'ai étudié récemment les conditions de formation des prix sur un produit très particulier : les conduites en fonte utilisées pour l'adduction d'eau. Le prix de ce produit, lui-même déterminé par l'offre et la demande, détermine-t-il le fait que l'on installe plutôt des tuyaux en plastique ou des tuyaux en fonte ductile ? Il est frappant de constater que le nombre de tuyaux en fonte installés en France est beaucoup plus important qu'à

l'étranger : en Italie, au Portugal, en Espagne, aux Pays-Bas, etc. Le coût de transport de ces tuyaux étant assez réduit, on est obligé de rendre compte de l'importance de leur implantation massive en France par d'autres raisons que le simple prix. On peut trouver des explications historiques comme une tradition française dans la fabrication de la fonte, et ce, depuis l'époque de Louis XIV. En fait, on constate surtout l'existence d'une grande société française qui utilise des réseaux d'influence, qui dépense des sommes importantes pour entretenir des relations avec les élus locaux, et «encourage» l'emploi de ces tuyaux... Bref, que le choix n'est pas déterminé par un élément central qui est le prix.

Produit par produit, on pourrait s'interroger sur les mécanismes de fixation des prix. Par exemple, dans le système boursier qui est souvent pris comme le modèle pur du marché, l'intervention des grands investisseurs institutionnels et des grandes banques centrales est un élément fondamental de régulation. En prenant en compte l'importance des réseaux d'influence, les mécanismes réels des échanges économiques apparaissent sous un tout nouveau jour.

SH : Quels sont les autres facteurs non directement économiques qui interviennent dans la fixation des prix ?

J.-M.S. : L'existence de réseaux de relations joue un rôle important dans les relations dites «marchandes». Or, la «confiance» est un des éléments essentiels qui cimentent un réseau de relations. Sans confiance, pas de commerce possible. Pour prendre un exemple moderne, les relations boursières se font par téléphone. Or, un tel système d'achat-vente suppose que chacun tienne parole et que la confiance règne. L'histoire du commerce et de la grande finance s'est souvent établie sur des bases ethniques et familiales parce que les gens se connaissaient et nouaient entre eux des relations de fidélité (*voir l'encadré page suivante*).

SH : Vous avez étudié particulièrement les origines de la monnaie. Peut-on aborder cette histoire de la monnaie sans la relier aux mécanismes du marché ?

J.-M.S. : Selon la vision traditionnelle, l'origine de la monnaie proviendrait du troc des sauvages. Ceux-ci, pour des raisons fonctionnelles, auraient adopté un instrument d'échange beaucoup plus pratique qui est l'équivalent monétaire. Mais les choses ne se sont pas passées ainsi.

Une forme d'échange primitif, la kula

La kula est pratiquée en Mélanésie, notamment par les habitants des îles Trobriands, au large de la Nouvelle-Guinée. Elle correspond à un système d'échanges cérémoniels de biens, sous forme de dons circulaires (« kula ») très codifiés. La kula se pratique ainsi : les habitants d'une île A partent en pirogue vers une île B amie. Ils emportent avec eux quelques cadeaux sans grande utilité ni grande valeur décorative, comme des brassards de coquillage. Arrivés sur l'île B, ils vont offrir ces présents. Les habitants de l'île B vont alors, en retour, offrir d'autres cadeaux symboliques. Cet échange signifie que de nouveaux liens se sont créés entre les tribus devenues amies. L'importance du cadeau détermine le prestige et la renommée du donateur. Elle crée aussi une relation de dépendance de celui qui reçoit à l'égard de son hôte, toujours plus généreux. Les habitants de l'île A vont alors continuer leur tournée dans d'autres îles de l'archipel. L'année suivante, ce sera une expédition de l'île B qui partira à son tour en visite chez ses voisins pour recevoir de nombreux dons cérémoniels de la part de ceux qui lui sont désormais obligés.

La kula, qui semble avoir été déjà pratiquée voilà un millier d'années, poursuit aujourd'hui son existence dans les îles mélanésiennes. Elle porte toujours sur des biens sans valeur marchande ni utilitaire.

La monnaie, partout où elle existe, est une norme sociale et joue le rôle d'unité de compte. Mais monnaie et marché ne sont pas consubstantiels. Par exemple, l'impôt, dans nos sociétés, est payé en monnaie et non en courgettes ou en cacahuètes ! Il relève pourtant d'une logique de prélèvement et redistribution, et non d'une relation marchande. Et la monnaie a existé dans des systèmes non marchands, comme les économies socialistes où elle servait d'unité de compte et d'intermédiaire sans que les prix soient fixés par le marché. Je ne comprends pas l'entêtement des économistes à vouloir assimiler monnaie et marché.

SH : Votre perspective conduit à construire une typologie des relations d'échange et des modes de circulation des biens, pour interpréter les logiques économiques.

J.-M.S. : C'est effectivement un travail à accomplir, dans la lignée des travaux de Max Weber, de Karl Polanyi ou des économistes dits «institutionnalistes» dynamisés aujourd'hui autour des concepts socio-économistes. K. Polanyi, par exemple, avait introduit une distinction entre commerce et marché. Durant l'Antiquité, avait existé un «commerce sans marché» dans les ports de commerce. Dans ce «commerce administré», les prix n'étaient pas fixés par le jeu de l'offre et de la demande comme dans le commerce de foire.

Ce travail entrepris par K. Polanyi doit être généralisé. Il s'agit de montrer qu'il existe une pluralité de types de relations au sein de la catégorie générale de l'échange. C'est là un grand programme de recherche où l'histoire, l'anthropologie, la sociologie apportent de nouveaux éclairages sur les relations économiques.

Propos recueillis par
JEAN-FRANÇOIS DORTIER
(*Sciences Humaines*, hors série n° 3, novembre 1993)

---

1. Traduction française : Gallimard, 1976.

MICHEL LALLEMENT*

LA CONSTRUCTION SOCIALE DE L'ÉCHANGE**

La logique du marché repose sur un socle historique, institutionnel, organisationnel, et même moral, que tout un courant de recherches met aujourd'hui en relief.

IMAGINE-T-ON un chasseur d'éléphants douter des caractéristiques physiques des pachydermes qu'il piste ? C'est pourtant ce qui arrive aujourd'hui à de nombreux économistes qui ne savent plus très bien quelle définition générique attribuer aux marchés dont ils traquent depuis longtemps les logiques de fonctionnement. Certes, un modèle théorique (celui de l'équilibre néoclassique) sert-il volontiers de repère (1). Mais presque tous les marchés concrets échappent, à un titre ou à un autre, aux canons de la définition originelle. Or, peut-on envisager sérieusement de nommer « éléphant » tout animal gris non doté de défenses, de trompe ou encore de larges oreilles battantes ? A ce compte, le chasseur ne risque-t-il pas de confondre l'éléphant et la souris ? Là encore, à force de distinguer entre différentes formes de marché (monétaire, à terme, interne du travail, etc.) et de reconnaître les irréductibles spécificités (ou imperfections selon les préférences) de ces dernières, la notion de marché et l'idée d'une loi du marché ont fini par perdre tout véritable sens scientifique (2).

* Sociologue, professeur à l'université de Rouen et chercheur au GRIS, auteur des *Gouvernances de l'emploi*, DDB, 1999.
** *Sciences Humaines*, hors série n° 3, novembre 1993.
1. Selon les principes fondateurs de l'analyse économique néoclassique, le marché est un processus optimal de répartition des ressources lorsque certaines conditions de concurrence parfaite sont respectées (atomisation des agents économiques, information parfaite sur la qualité des produits, flexibilité des prix, etc.).
2. R. Frydman, « Ambiguïté ou ambivalence de la notion de marché », *Cahiers d'économie politique*, n° 20-21, L'Harmattan, 1992, propose par exemple de distinguer le marché comme place concrète où se réalisent les

Ainsi, plutôt que de s'épuiser en vain à défendre les vertus d'un modèle idéal dont la réalité ne livrerait que les traits déformés, convient-il d'accepter l'irréductible pluralité des phénomènes marchands et de composer au mieux avec leur insertion dans l'histoire des hommes. Une telle posture ne vaut pas démission théorique pour autant. Comme l'illustrent les travaux attachés à l'institutionnalisme économique et à la sociologie économique contemporaine, il est possible de rendre raison des formes de la construction sociale des marchés. De cette démonstration participent, nous semble-t-il, deux propositions analytiques élémentaires : le marché ne peut être l'unique mode de socialisation des individus en société ; la régulation marchande exige ensuite une ouverture sur du « non économique » qui puisse garantir la pérennité des mécanismes de marché. Le marché est, par conséquent, une construction socio-historique dont il est possible de repérer l'émergence et la logique de fonctionnement.

Autrement dit, le champ des rapports économiques est travaillé par des logiques qui ne se réduisent pas au comportement d'un *homo œconomicus* rationnel ni à la simple rencontre vertueuse d'une offre et d'une demande. Du point de vue de la socio-économie, trois résultats semblent acquis à ce jour : tout d'abord, une théorie des marchés ne peut pas faire l'économie du détour historique ; en second lieu, le marché est une construction institutionnelle ; enfin, même contrôlée, la logique de marché ne peut empiéter sur tous les territoires : elle se heurte à certaines frontières que

dessinent, par exemple, la morale, la religion, l'imaginaire...

Histoire et régulation économique

Retraçant les grandes étapes dans l'évolution du capitalisme, les économistes français de la régulation ont, les premiers, mis en exergue les fonctionnements différenciés qui prévalent en matière de production et d'échanges marchands (3). Le point de départ des théoriciens de la régulation est une volonté délibérée de rejeter l'idée de lois économiques abstraites et atemporelles. Ces chercheurs considèrent que le capitalisme peut s'analyser à partir d'un ensemble de rapports sociaux fondamentaux (ou formes structurelles) : la monnaie, le rapport salarial (ensemble des conditions qui régissent l'usage et la reproduction de la force de travail), la concurrence, les formes de l'Etat et, enfin, les modalités d'adhésion d'un pays au régime international. Dans ce cadre problématique, Robert Boyer nomme « régulation » l'ensemble des mécanismes concourant à la reproduction d'ensemble du système économique et social compte tenu de l'état des formes structurelles en vigueur.

On parlera ainsi de « mode de régulation concurrentiel » pour désigner les procédures qui ont cours dans la seconde moitié du XIXᵉ siècle. A cette époque, la régulation se caractérise par

---

échanges, le marché comme objet générique de l'économie, le marché comme société et le marché comme mode transactionnel.

3. Pour une synthèse des premiers travaux fondateurs de l'école de la régulation, voir R. Boyer, *Théorie de la régulation : une analyse critique*, La Découverte, 1986.

une fixation souple des salaires et des prix, qui varient en fonction des conditions prévalant sur le marché du travail et des biens. La forte concurrence et l'importance des fluctuations économiques sont porteuses d'une instabilité de l'emploi et d'une faible augmentation des salaires. La régulation concurrentielle repose également sur une forme d'accumulation extensive : la valorisation des capitaux est assurée non par une modernisation des équipements mais par une extension du salariat ; on mise sur l'exploitation des hommes plutôt que sur le progrès technique. Ainsi, en France, la population active augmente-t-elle de près de moitié entre 1861 et 1926, au profit de l'industrie essentiellement. Peu d'investissements de modernisation et une faible croissance du salaire réel engendrent logiquement de faibles gains de productivité et une consommation ouvrière largement orientée vers les dépenses alimentaires.

Au début du XXe siècle, le taylorisme jette les bases d'un nouveau mode d'accumulation du capital : l'accumulation intensive. La modernisation des équipements et une croissance rapide et régulière de la productivité en sont les deux traits majeurs. Mais si les entreprises produisent mieux et plus, si le profit augmente, les salariés, eux, ne bénéficient pas de ces nouvelles conditions. La forme de relation salariale induite par le taylorisme définit en effet les conditions d'une production de masse mais sans apporter une quelconque solution à l'écoulement de cette production. La production croît mais sans pouvoir trouver de débouchés suf-

fisants puisque les salaires et la consommation stagnent. Ainsi définie, la crise de 1929 peut s'analyser comme expression d'une accumulation intensive (avec la mise en place du taylorisme) dans un cadre où la régulation reste encore concurrentielle.

Le blocage est levé dans l'entre-deux-guerres avec la lente mise en place d'un mode de régulation monopolistique. Celui-ci s'érige sur un ensemble de nouveaux piliers : force accrue des organisations syndicales de salariés (qui résistent aux fluctuations de salaires et d'emplois), cartellisation des grandes entreprises (qui résistent aux fluctuations de leurs prix de vente), développement de l'intervention étatique, indexation des salaires sur la productivité… Toutes ces modifications provoquent une rigidité des prix. La croissance rapide et régulière des salaires, qu'accompagne le développement du crédit, permet aux salariés d'accéder à un niveau de consommation supérieur. Se met ainsi en place, aux Etats-Unis et en Europe, un mode de régulation que les théoriciens de la régulation nomment «fordisme».

Ce fordisme est le résultat combiné d'une rationalisation du travail (mise en place du travail à la chaîne) et du développement d'une consommation de masse qui s'affirme à compter de la fin de la Seconde Guerre mondiale. Entré dans une crise dont nous sortons avec peine, ce modèle laisse aujourd'hui la place à un mode de production plus flexible (4).

---

4. Voir R. Boyer et J.-P. Durand, *L'Après-fordisme*, Syros/Alternatives, 1993.

Polanyi, ou l'économie « encastrée »

Père de la socio-économie, Karl Polanyi est un Juif hongrois, né à Budapest en 1886. Très tôt, il prend ses distances avec le libéralisme économique et le marxisme dont il récuse le déterminisme. Il s'exile en Grande-Bretagne en 1933 et rejoint après 1946 les Etats-Unis où il meurt en 1964.

La grande transformation

Dans *La Grande Transformation* (1944), K. Polanyi décrit *« l'ascension et la décadence de l'économie de marché »* des années 1830 aux années 1930. Cette période marque, selon lui, la tentative d'imposer un marché libre de la terre, du travail et de la monnaie. Cette tentative aurait cependant provoqué tant de tensions économiques et sociales qu'elle a imposé la réaction dirigiste après la crise des années 1930. Pour K. Polanyi, l'instauration d'un marché libre correspond à une période très courte de l'histoire économique à laquelle il a fallu rapidement mettre fin.

L'économie encastrée dans le social

Dans l'ouvrage collectif *Les Systèmes économiques dans l'histoire et dans la théorie* (Larousse, 1974), K. Polanyi veut montrer, par l'étude historique du commerce dans l'Antiquité (Mésopotamie, Empire du Dahomey, etc.), que les institutions du marché ne sont pas universelles.

Appliquer la notion moderne de marché au commerce antique relève, selon K. Polanyi, d'une *« inversion des perspectives »*. Durant l'Antiquité, le commerce est encore « encastré » dans le tissu social, politique et religieux. Les marchands babyloniens étaient des fonctionnaires et non des commerçants privés.

Portée et limites d'une thèse

La thèse de « l'encastrement » (*embeddedness*) est aujourd'hui reprise par de nombreux socio-économistes. Le chercheur américain Mark Granovetter (1) tempère cependant les assertions de K. Polanyi. Dans les sociétés où l'économie de marché ne s'est pas imposée, l'économique et le social ne sont pas aussi fortement connectés que le croit K. Polanyi. Ensuite, au cours du XIXᵉ siècle, le « désencastrement » a été beaucoup moins radical que ne le présuppose l'auteur de *La Grande Transformation*. Une approche socio-économique exige donc des lectures historiques et des interprétations plus fines.

---

1. « Economic Action and Social Structure : The Problem of Embeddedness », *American Journal of Sociology*, vol. 91, n° 3, novembre 1985.

Marché, organisation et institution

Les formes de la régulation marchande ont donc une histoire, mais cette histoire est incompréhensible en dehors des cadres organisationnels et institutionnels. Dans *La Grande Transformation*, écrite il y a un demi-siècle, Karl Polanyi avait tenté de montrer que les relations marchandes avaient toujours été « encastrées » dans l'organisation sociale et que l'économie ne pouvait fonctionner hors de ce cadre institutionnel (*voir l'encadré ci-contre*). Il avait ainsi ouvert la voie à tout un courant d'études portant sur les règles, les conventions, les normes, les organisations, les institutions, etc., c'est-à-dire l'ensemble des modes de coordination qui gouvernent les pratiques économiques.

En France, l'école des conventions est apparue avec la ferme intention de contribuer à la bonne intelligence de ces phénomènes. Contre l'impérialisme des lectures strictement marchandes, Olivier Favereau, par exemple, propose une analyse des phénomènes économiques qui combine marché et organisation (5). L'auteur distingue ainsi :

– les organisations de marché où l'organisation est au service du marché : c'est le cas des marchés financiers où la loi de l'offre et de la demande ne peut effectivement fonctionner que grâce à un support organisationnel. Sans une Bourse qui centralise les ordres d'achat et de vente et assure la cotation, il serait difficile d'avoir un marché des valeurs transparent et actif ;

– les marchés d'organisations : sur les marchés des produits, ne sont-ce pas des organisations (des entreprises en l'occurrence) qui s'affrontent ? Ici, la loi de l'offre et de la demande ne saurait s'appliquer dans la mesure où les prix sont loin de jouer, à eux seuls, le rôle de régulateur sur le marché. Comme l'a noté H. White – un des principaux promoteurs des analyses sociologiques des marchés –, parce que les produits qui y sont offerts sont de qualités différentes, un marché est donc moins le lieu d'un affrontement concurrentiel qu'*« une structure dans laquelle les entreprises tiennent chacune un rôle différencié et sont liées les unes aux autres en un système équilibré d'observations interactives »* (6).

Les organisations anti-marché constituent un dernier cas de figure dont les marchés internes du travail sont les prototypes. En effet, pour reprendre la définition classique de Peter B. Doeringer et de Michael J. Piore, un marché interne du travail est *« une unité administrative où la rémunération et l'allocation du travail sont gouvernées par un ensemble de règles et de procédures administratives »* (7). Dans ces unités, l'avancement à l'ancienneté, la rémunération en fonction de grilles de classification, etc. fixent le montant du salaire, non sur la base de la concurrence, mais à partir de règles négociées ou imposées. Cette articulation marché/hors marché

5. O. Favereau, « Marchés internes, marchés externes », *Revue économique*, n° 2, vol. 40, mars 1989. Pour une analyse également suggestive du marché en opposition à la foule et à la panique, voir J.-P. Dupuy, *La Panique*, Delagrange, Les Empêcheurs de penser en rond, 1991.
6. H. White, « Production Markets as Induced Role Structures », S. Leinhardt (ed.), *Sociological Methodology*, Jossey-Bass Publishers, 1981.
7. P.B. Doeringer et M.J. Piore, *International Labor Market and Manpower Analysis*, Sharpe, 1985.

a été bien mise en lumière également par les théoriciens français de l'effet sociétal (8). Moins attentifs aux organisations *stricto sensu* qu'aux articulations entre les grands systèmes (productif, éducatif, relations professionnelles) qui participent à la régulation économique, les sociologues et économistes de cette école ont inscrit leurs travaux sous le sceau d'un paradoxe qui avait été le point de départ de leur toute première réflexion : alors qu'en France l'encadrement est relativement plus important qu'en Allemagne, les écarts de salaires entre ouvriers non qualifiés et agents d'encadrement sont beaucoup plus forts qu'outre-Rhin.

Une telle situation déroge à la logique économique orthodoxe. Selon les «lois» traditionnelles du marché, la « rareté» de l'encadrement allemand devrait en effet avoir pour conséquence un salaire plus élevé. Le marché du travail échappe ici à ce théorème, et cela pour une raison simple : l'entreprise allemande est non seulement plus «égalitaire» mais l'intégration de l'industrie à la société est également plus forte en Allemagne. Le système éducatif allemand valorise en effet la formation professionnelle (système dual), canal par lequel transitent beaucoup plus de salariés qu'en France. La formation professionnelle est par ailleurs un moyen d'assurer une plus forte homogénéité des ouvriers qualifiés. Il en résulte une polyvalence aisée qui allège l'encadrement (qui a donc une tâche beaucoup moins prescriptive qu'en France) et facilite la coopération entre des salariés plus responsabilisés que leurs collègues français. De cela, on retiendra la leçon suivante : en tant que produit de l'histoire sociétale, le fonctionnement des marchés relève moins d'une logique universelle (celle de la concurrence parfaite) que d'une insertion dans un ensemble macroscopique donné.

Logique marchande et impératif moral

Reconnaître les limites de la régulation marchande, c'est souligner enfin que d'autres formes de régulation (éthiques, symboliques) sont non seulement possibles mais également souhaitables. Anitaï Etzioni, un des piliers du mouvement socio-économique apparu aux Etats-Unis à la fin des années 80, soutient en ce sens qu'il importe certainement de dissocier l'ordre de l'obligation morale de celui de l'action économique (9).

N'est-il pas en effet certains domaines où la logique marchande est obligée de s'effacer devant l'impératif moral ? *«Divers philosophes ont identifié de multiples domaines où les échanges paraissent ainsi "bloqués" comme ceux relevant du droit constitutionnel. Ainsi, les droits du premier amendement ne peuvent être ni vendus ni achetés et un contrat qui réduirait un homme à l'esclavage ne peut jamais être exécutoire. Enfin, le débat qui a récemment eu lieu à la Cour suprême*

---

8. M. Maurice, F. Sellier et J.-J. Silvestre, *Politique d'éducation et organisation industrielle en France et en Allemagne*, Puf, 1982.

9. A. Etzioni, *The Moral Dimension – Toward a New Economics*, The Free Press, Mac Millan, 1988. Voir également «Pour une science sociale déontologique », *La Revue du MAUSS*, n° 9, 3ᵉ trimestre 1990. L'ensemble de ce numéro de la revue du MAUSS est d'ailleurs consacré à la présentation et à la discussion des approches socio-économiques.

sur le caractère exécutoire ou non des contrats de "vente" de bébés conçus par des mères porteuses s'intègre assez clairement dans celui de la détermination de la limite dans laquelle le marché doit disparaître pour céder sa place aux échanges réglementés.» A. Etzioni remarque en second lieu que les analyses économiques néoclassiques sont aussi déterministes que certaines approches macro-sociales. *A priori*, les points de vue semblent pourtant opposés.

En sociologie, le structuro-fonctionnalisme de Talcott Parsons défend par exemple une vision «sursocialisée» de l'homme : celui-ci serait le jouet d'un ensemble de valeurs et de normes qui prédéterminerait son comportement. Les économistes néoclassiques, pour leur part, ignorent tout du poids de la socialisation. Pour eux, les valeurs ne sont que des contraintes immuables sur la base desquelles les acteurs opèrent leur calcul d'optimisation. Aussi l'action est-elle également prédéterminée par les structures de l'environnement : «*Ainsi*, écrit A. Etzioni (10), *selon la psychologie sociale utilitariste, un acteur qui se trouve confronté aux pressions d'intégration exercées par le groupe, pour qu'il donne son sang par exemple, fera un rapide calcul afin de déterminer si les coûts qu'il subirait en enfreignant ces attentes morales sont supérieurs aux bénéfices (qu'il obtiendrait en étant socialement intègre). La déontologie, quant à elle, admet que les valeurs peuvent par-*fois effectivement être envisagées sous cet angle, mais elle reconnaît également qu'à la suite du processus d'internalisation des valeurs les individus peuvent considérer le don du sang comme un geste utile de leur propre point de vue ou même comme une véritable obligation.»

Preuve que l'éthique est au moins aussi importante pour l'action et la vie sociales que la seule recherche d'intérêts individuels régulés par le marché.

Au total, et contre les attendus du sens commun de certains philosophes et économistes trop pressés de ranger commodément les sciences sociales au rayon du déterminisme le plus exécrable, A. Etzioni conclut que la structuration des préférences (par la socialisation, l'impact des modes de communication, l'insertion dans un réseau de connaissances, etc.) est la condition *sine qua non* à la production d'actes libres. On ne saurait donc analyser les formes de l'échange économiques en se contentant de poser les valeurs comme de simples données exogènes : il convient, au contraire, de rendre compte de leur dynamique historique, de cerner les interactions entre éthique et comportement économique et de convenir, en fin de compte, que la liberté ne court jamais de plus grand péril que lorsque le lien social s'est dissout au profit de la seule régulation marchande.

---

10. «Pour une science sociale déontologique», *op. cit.*

MICHEL LELART*

LES TONTINES

OU MILLE MANIÈRES DE FAIRE CAISSE COMMUNE**

La tontine, forme originale d'épargne et de crédit mutuel, se pratique entre amis ou collègues. Elle est devenue une source de financement essentielle de l'économie informelle des pays en voie de développement.

L A DÉCENNIE 70 a commencé avec le lancement, par le Bureau international du travail, du Programme mondial pour l'emploi. Les recherches qui ont suivi dans les pays en voie de développement ont mis l'accent sur l'importance du secteur informel, qui n'est pas simplement une voie de passage, un phénomène appelé à disparaître. Il a son dynamisme propre, il s'appuie sur une réelle volonté d'entreprendre, il crée des emplois, certes non recensés, et il se finance par lui-même. Car l'épargne informelle finance l'économie du même nom.

Cette épargne informelle était bien connue, notamment en Afrique. Mais elle ne fait l'objet d'une analyse scientifique que depuis quelques années. On connaissait certes des pratiques originales rencontrées ici ou là par quelques chercheurs, plus ethnologues qu'économistes, plus sociologues que financiers. Leurs travaux consistaient le plus souvent en des monographies, pleines d'intérêt certes, mais qui tenaient davantage de l'anecdote. Des recherches plus systématiques menées depuis quelques années font apparaître des pratiques dont la diversité, l'originalité et l'importance surprennent les spécialistes du développement.

La tontine a préexisté à l'usage de la monnaie. Dans les sociétés traditionnelles où la solidarité était très forte, les habitants d'un village se groupaient

---

* Directeur de recherche au CNRS, Institut orléanais de finance.
** *Sciences Humaines*, hors série n° 5, mai/juin 1994.

pour effectuer les travaux des champs. Ils travaillaient tous ensemble dans le champ de chacun, à tour de rôle. Ils réparaient le toit des maisons l'un après l'autre, au lendemain de la tempête. Et ils creusaient tous ensemble la tombe d'un défunt. Ces pratiques qui existaient autrefois en Occident se sont maintenues dans les pays en voie de développement. Et elles se sont adaptées quand la monnaie s'est répandue. On parle aujourd'hui de «tontines». Le mot est né en France au XVIIIe siècle. Un banquier napolitain, Tonti, a vendu à Louis XV une idée ingénieuse pour se procurer de l'argent. L'Etat émet des emprunts qu'il ne rembourse jamais – quelle aubaine ! –, mais il verse chaque année la totalité de l'intérêt correspondant à ceux des souscripteurs qui survivent… jusqu'à ce que le dernier décède. L'Etat est alors libéré de sa dette ! Souscrire à un tel emprunt permettait donc de s'assurer une rente pour la vie. La formule avait d'autant plus de succès que chacun espère toujours vivre plus longtemps que les autres, et bénéficier d'année en année d'un intérêt grandissant… Il y eut ainsi de nombreuses tontines en France, particulièrement pendant la Révolution (la tontine des sans-culottes !).

Tous débiteurs, tous créanciers

On ne sait toujours pas comment cette expression a survécu, puisqu'elle caractérise aujourd'hui des pratiques répandues dans bien des pays en voie de développement. Il s'agit pourtant de tout autre chose. Prenons un exemple très simple. Une douzaine de per-

sonnes se réunissent chaque mois et versent chacune une somme identique, par exemple l'équivalent de 100 francs. C'est la cotisation. 1 200 francs sont donc disponibles, que les douze participants vont «lever» à tour de rôle. Le premier est avantagé, puisqu'il va verser 100 francs et aussitôt recevoir 1 200 francs, qu'il remboursera pendant les onze mois suivants. Les autres le sont de moins en moins. Le dernier ne l'est pas du tout, puisqu'il a versé 100 francs chaque mois et doit attendre la fin de l'année pour récupérer la totalité de ses cotisations. Le cycle est alors terminé. Au total, les participants ont tous versé et récupéré 1 200 francs. Ils ont tous été, à des degrés divers, débiteurs ou créanciers les uns des autres. La tontine apparaît ainsi comme un mécanisme original d'épargne et de crédit qui, sur le plan financier, peut devenir rapidement complexe. Elle repose sur des relations très étroites entre les participants, qui ne se groupent que parce qu'ils se connaissent bien, dans le village, dans le quartier, au bureau… C'est pourquoi les défaillances sont rares : ne pas verser sa cotisation revient à s'exclure du groupe. Les membres se rencontrent souvent, ils discutent de leurs problèmes, comme de l'utilisation que va faire de son argent celui dont le tour arrive. A la fin du cycle, ils organisent parfois une petite fête, en décidant de continuer, éventuellement avec d'autres. Tous ensemble ils nomment un responsable qui est souvent le plus ancien, celui en lequel ils ont le plus confiance. Ils décident de l'affectation des tours de chacun. Ce peut être chaque fois celui qui en a le plus besoin. Quand plusieurs sont en concurrence, c'est le responsable qui décide. Les tours peuvent aussi être déterminés dès le départ. Ils peuvent être tirés au sort, chaque fois ou dès le début du cycle. Il arrive que certains préfèrent attendre les derniers tours : ils s'obligent à épargner, et ils trouvent là un prétexte pour ne pas répondre aux fréquentes sollicitations de la famille ou des amis.

Ces tontines ont été observées dans une quarantaine de pays africains, où elles ont de multiples appellations, selon les pays, les régions, les ethnies… L'esussu est très répandu au Bénin et au Nigeria, mais aussi dans les pays voisins avec le susu, l'asussu, l'osussu… On parle de l'ikub en Ethiopie, du wari moni en Côte d'Ivoire, du kélé en Guinée… Le likelemba est répandu dans toute l'Afrique centrale, au Zaïre comme au Zimbabwe, il devient parfois le chilemba, l'ibilemba… On ne compte plus les appellations locales, ni les pays concernés. Ces pratiques ont même gagné récemment la Mauritanie et le Maroc. Mais elles ne sont pas exclusivement africaines. On en trouve en Amérique latine. On en trouve surtout en Asie : les chitt en Inde et le cheetu au Sri Lanka ne sont pas autre chose, ni l'arisan en Indonésie, le paluwagan aux Philippines, le kutu en Malaisie, le kye en Corée ou le hui au Vietnam… Le Japon jusqu'au début du siècle a connu le ko, et les tontines largement répandues depuis des siècles en Chine sont toujours pratiquées partout où sont installées des minorités chinoises, à Paris comme ailleurs.

Un capital mobile et souple

Ces pratiques peuvent être un peu différentes d'un pays ou d'une région à l'autre, mais le principe est toujours le même : l'épargne et le crédit sont associés d'une façon à la fois étroite et éphémère. Les créances et les dettes des uns et des autres sont dénouées rapidement, il n'y a pas d'accumulation financière sur une longue période. Mais il y a une incitation certaine à l'épargne de la part d'une population qui s'abstient de consommer au jour le jour la totalité de son revenu. Et il y a une affectation d'une partie de cette épargne à des dépenses de consommation, d'une partie à des dépenses d'investissement. Le partage est difficile à établir, mais l'argent des tontines est largement employé à financer une activité productrice, dans le commerce, dans l'artisanat, dans la prestation de services, dans la micro-entreprise industrielle… partout où le principal souci est de disposer d'un peu d'argent pour financer la rotation des stocks ou l'achat d'un petit matériel rapidement amorti. Dans les pays en voie de développement, l'horizon est étroit. Les petites entreprises sont gérées moins en fonction de leurs résultats que du flux de liquidités qu'elles engendrent. Elles utilisent peu de capitaux fixes, c'est le capital circulant qui est le plus important et qui doit augmenter pour qu'elles tournent et s'étendent. Elles n'ont pas recours au crédit bancaire. C'est l'épargne du chef d'entreprise, de sa famille, de ses amis qui procure les quelques capitaux nécessaires. Cette épargne, à un moment ou à un autre, passe dans les tontines qui, de cette façon, contribuent au financement de l'entreprise informelle. C'est aussi pour cela qu'on parle de finance informelle. On ne dispose d'aucune information exhaustive puisque ces opérations se font sans intermédiaire et ne sont pas déclarées. Elles ne sont assorties d'aucun intérêt ; les créances ne rapportent rien, les dettes ne coûtent rien. La tontine n'a pas de personnalité juridique, et elle peut s'interrompre à la fin de chaque cycle. Il n'y a pas de conditions préétablies, pas de contrôle des autorités monétaires. Mais cet informel est parfaitement organisé. La mécanique, efficace, n'engendre guère de difficultés ; le système répond exactement aux besoins des uns et des autres. La raison en est toute simple : ces pratiques d'épargne et de crédit reposent sur des relations personnelles entre les participants, pour lesquels, en Afrique surtout, l'épargne est moins une opération effectuée par chacun dans le temps – on met de l'argent de côté pour soi et pour plus tard – qu'une opération effectuée avec des proches à un moment donné – on se retrouve ensemble et on se partage, l'espace de quelques mois, l'argent que l'on a. La finance informelle est de la finance personnalisée, et elle est de la finance sur mesure. Cette personnalisation extrême des relations entre les membres confère aux tontines une extraordinaire souplesse. C'est pourquoi des formes plus élaborées sont apparues ici et là.

Les tontines sont souvent couplées avec une caisse de secours, financée par une cotisation supplémentaire, qui permet de venir en aide aux participants dans le besoin. Ou avec une caisse de crédit qui permet d'accorder un prêt, avec

intérêt cette fois, à certains membres qui en ont besoin, voire à des non-membres. Les intérêts perçus sont partagés à la fin du cycle. De telles tontines, déjà largement répandues au Cameroun et au Nigeria, semblent se développer au Ghana et au Bénin… Les fonds disponibles sont parfois attribués à chaque tour par une procédure d'enchères. Le produit des enchères est ensuite réparti entre les participants, selon des formules diverses, parfois très sophistiquées.

En définitive, chaque participant paie ou perçoit un intérêt différent. Ces formules sont largement pratiquées dans les communautés chinoises, mais aussi par les Bamilékés au Cameroun. Elles commencent à l'être dans des pays voisins.

Les nouvelles formes de tontines

Les tontines peuvent être organisées par un gérant qui rassemble des partenaires qui ont besoin de crédit – ils seront les premiers servis – et d'autres qui souhaitent au contraire placer leurs liquidités – ils attendent plus longtemps leur tour. On rencontre en Inde ou en Amérique latine des gérants de plusieurs tontines dont c'est l'activité principale. Ils trouvent leur rémunération en s'attribuant les fonds dès le premier tour. La tontine devient une activité d'entreprise. Les pratiques financières informelles, de par leur souplesse, peuvent s'adapter bien plus facilement que les banques. Elles sont un terrain privilégié pour des innovations de tous genres qui renforcent peu à peu leur efficacité financière sans réduire brutalement leur efficacité sociale. Le succès d'une autre forme de

Au Bénin : une tontine mutuelle dans l'administration

Deux femmes, fonctionnaires des services du Trésor du Bénin, ont lancé avec leurs collègues, en 1977, une tontine qu'elles ont sans cesse renouvelée jusqu'en 1988. Vingt personnes, constituées en deux groupes de dix, ont versé chaque mois, dix fois de suite, 1 500 francs CFA chacune. Deux d'entre elles, une dans chaque groupe, ont « ramassé » à tour de rôle, de janvier à octobre, 15 000 francs CFA chacune. La tontine a grandi jusqu'en 1988 : les versements sont passés de 1 500 à 5 000 puis 10 000 francs ; le nombre des adhérents est passé progressivement de vingt à cent dix, constitués alors en onze groupes de dix… qui versaient chaque mois aux deux responsables 1 100 000 francs CFA.

En même temps, la tontine s'est perfectionnée : les adhérents ont pu souscrire une demi-part ou plusieurs parts, et ils ont pu récupérer leur mise d'un seul coup ou en plusieurs fois. Celui qui, par exemple, souscrivait trois parts, pouvait « ramasser » 150 000 francs le cinquième et le septième mois, ou 100 000 francs les quatrième, sixième et huitième mois.

L'ordre des levées était décidé par les responsables, avant même que la tontine ne commence, dès le mois de décembre précédent. Il n'était pas communiqué aux adhérents et n'était jamais modifié en cours d'année. Les responsables s'efforçaient de concilier les souhaits des uns et des autres. Mais elles-mêmes prenaient habituellement leur tour assez tôt, les membres les plus anciens prenaient plutôt les premiers tours, et ceux qui avaient souscrit un grand nombre de parts étaient davantage favorisés.

D'une année à l'autre, les adhérents ne restaient pas toujours les mêmes. En moyenne, les deux tiers des cotisants d'une année sont restés l'année suivante. S'ils n'étaient pas suffisants pour constituer un autre groupe de dix personnes, les candidats étaient inscrits sur une liste complémentaire. Ils versaient chacun 10 000 francs chaque mois et lorsque les responsables avaient reçu 100 000 francs, elles les remettaient à l'un ou à l'autre. Ce système ingénieux permettait de tester la capacité des nouveaux arrivés et procurait un volant de trésorerie pour faire face au retard éventuel d'un adhérent de la liste principale. En fait, il n'y eut pendant douze ans aucune défaillance. Mais la crise économique et le retard grandissant du règlement des salaires dans la fonction publique ont gêné le fonctionnement de la tontine qui n'a pas été poursuivie au-delà de 1988.

D'après Michel Lelart (dir.), *La Tontine*, John Libbey Eurotext, 1990.

tontines est à cet égard éloquent. Dans de nombreux pays africains, les habitants d'un village ou d'un quartier peuvent mettre leur argent en sécurité auprès d'une personne qui a toute leur confiance : un chef religieux, un ancien fonctionnaire, un commerçant qui gère bien ses affaires. Ce «garde monnaie» accepte des versements ponctuels, non réguliers, qu'il s'engage à rendre à la demande ou pour un usage convenu au préalable. Il ne verse pas d'intérêt sur ces dépôts, et il n'en perçoit pas malgré le service de sécurité qu'il rend de cette façon. Une enquête de grande envergure, effectuée au Niger en 1986, a révélé l'importance de ces pratiques que l'on rencontre dans beaucoup de pays voisins, de même qu'en Inde ou au Bangladesh.

Cette activité s'est peu à peu transformée. Aujourd'hui le garde monnaie n'attend plus chez lui, il va au-devant de ses clients, en parcourant les rues chaque jour ou en allant sur les marchés. A chacun des clients qui se propose de lui verser régulièrement une somme fixée, il remet une carte qui contient autant de cases que de versements prévus (le plus souvent 31 ou un multiple de 31). A chaque versement il coche une case. A la fin du mois, ou quand toutes les cases sont cochées, il rend les sommes reçues, en conservant pour lui un versement sur 31. C'est le prix du service de sécurité que le «tontinier» a rendu à chacun. C'est ainsi qu'on l'appelle, sans qu'on sache pourquoi, car on ne peut parler cette fois de tontine. Il n'y a pas d'association entre les clients du tontinier, ils ne sont pas débiteurs et créanciers les uns des autres, ils versent un intérêt, et

ils le versent tous. Le tontinier n'est pas un intermédiaire entre ses clients, il est lui-même le partenaire de toutes les opérations. Mais, comme dans les tontines, les flux d'argent sont dénoués rapidement, le trente et unième jour, ou le soixante-deuxième... Il arrive souvent que le tontinier rembourse avant l'échéance : il rembourse dix versements le quinzième jour, dix autres dix jours plus tard... il gère de cette façon la liquidité de ses clients. Comme dans les tontines, la confiance est primordiale... et elle doit l'être d'autant plus que le tontinier parfois rembourse plus qu'il n'a reçu : quinze versements dès le dixième jour, voire trente versements dès les premiers jours. Dans ce cas, il prête à certains clients l'argent des autres, il accorde des crédits à partir des dépôts qu'il a reçus, et il aide ses clients non plus seulement à gérer leurs liquidités, mais à étendre leur commerce ou à développer leurs affaires. Lui aussi doit avoir confiance en eux.

Les tontiniers, banquiers ambulants

Des enquêtes récentes ont révélé le rôle grandissant de ces banquiers ambulants au Bénin et au Togo, en rapport avec les difficultés qu'ont rencontrées les banques. L'expansion de leurs opérations n'est pas sans leur poser à eux aussi quelques problèmes. Le nombre plus élevé de leurs clients, le montant plus important des ressources collectées rendent la gestion plus difficile, et la concurrence plus sévère entre les tontiniers eux-mêmes. C'est pourquoi ils ont entrepris de s'organiser en constituant au Togo une mutuelle, au Bénin une association. Ils peuvent ainsi fixer les conditions de leur activité, mieux informer leur clientèle, garantir la sécurité des versements, faciliter la formation des nouveaux venus, et même instituer un mécanisme de refinancement. Les banquiers ambulants sont devenus un nouveau corps de métier reconnu légalement. Jamais une telle évolution n'aurait pu être imaginée il y a quelques années. La capacité d'adaptation des tontiniers comme celle des tontines est à peu près sans limites. La finance informelle n'est certainement pas optimale pour faire face aux besoins de financement des pays en voie de développement. Mais elle est la mieux adaptée au secteur informel qui, pour l'instant, est le vivier des vocations de jeunes entrepreneurs comme des créations d'emplois. Son évolution peut être une condition essentielle à la transformation des économies. Les cinquante années d'échec relatif que les banques ont connues, en Afrique notamment, laissent-elles ouvertes d'autres voies ?

A lire sur le sujet...

• M. Lelart (dir.), *La Tontine, pratique informelle d'épargne et de crédit dans les pays en voie de développement*, John Libbey Eurotext, « UREF », 1990.

• J.-L. Lespes (dir.), *Les Pratiques juridiques, économiques et sociales informelles*, Actes du colloque international de Nouakchott, Puf, « Université d'Orléans », 1991.

• J.-M. Servet (dir.), *Epargne informelle. Etudes comparées*, Presses universitaires de Lyon, 1994.

• G. Hénault et R. M'Rabet (dir. par), *L'Entrepreneuriat en Afrique francophone culture, financement et développement*, John Libbey Eurotext, « UREF », 1990.

• B. Ponson et J.-L. Schan (dir.), *L'Esprit d'entreprise : aspects managériaux dans le monde francophone*, John Libbey Eurotext, « UREF », 1993.

• P. Guillermé-Dieumégard, A. Henry et G.H. Tchente, *Tontines et Banques au Cameroun. Les principes de la Société des Amis*, Karthala, 1991.

• D. Aadams et D. Fitchett (dir. par), *La Finance informelle dans les pays à faible revenu*, Presses universitaires de Lyon, 1994.

On trouvera régulièrement des articles sur les tontines dans *Techniques Financières et Développement*, Epargne sans frontière (Paris) et dans *Savings and Development*, Finafrica (Milan).

Les Notes de recherche du réseau Entrepreneuriat de l'UREF sont souvent consacrées à l'épargne informelle. Coordinateur du Réseau : G. Henault : henault@admin.uottawa.ca

LES SEL : ÉCONOMIE SOLIDAIRE OU TRAVAIL CLANDESTIN ?

ENTRETIEN AVEC SMAÏN LAACHER*

Apparus dans les années 80, les systèmes d'échange local sont des associations où l'on échange des biens ou des services sans faire référence à une unité monétaire ou à l'idée de profit.

Sciences Humaines : **Qui adhère aux systèmes d'échange local (SEL) ?**

Smaïn Laacher : Il est aujourd'hui impossible de le dire avec précision. Les enquêtes que j'ai menées ne livrent sur ce point précis que des informations incomplètes. Par exemple, l'étude que nous avons réalisée en 1998 sur les 280 SEL officiellement répertoriés indique une prédominance des «salariés à plein temps».

Mais sur la centaine de SEL qui a renvoyé le questionnaire, seulement la moitié a répondu à la question concernant la catégorie socioprofessionnelle. Les personnes privées d'emploi forment une forte minorité. Mais celles-ci sont rarement dans des situations dramatiques, totalement désocialisées ou sans aucune ressource. Quand elles sont dans cette situation, elles sont accueillies par des associations caritatives ou spécialisées.

Mais l'un des aspects intéressants que notre enquête a mis au jour c'est la forte proportion de femmes dans les SEL français : 60 %. On sait que dans les organisations syndicales, les partis politiques et les associations, les femmes sont faiblement représentées dans les lieux de décisions et de pouvoir. C'est la configuration inverse dans les SEL. On peut schématiquement avancer une double raison à cette particularité sociologique. D'une part, ce sont des femmes ayant souvent fait des études supérieures et qui possèdent une expérience militante et/ou associative. D'autre part, le «coût d'entrée» dans un SEL est très réduit : le partage et la rotation des tâches et des responsabilités doivent être (en théorie) la règle.

Cette remarquable féminisation des SEL n'est pas un phénomène spécifiquement français ; c'est vrai, par exemple, pour l'Allemagne et l'Angleterre, et dans une certaine mesure, pour un pays comme l'Argentine.

* Sociologue, Centre d'étude des mouvements sociaux (EHESS), Institut d'administration des entreprises (université Paris-I).

SH : **Quelles sont les spécificités des SEL par rapport aux associations qui participent de l'économie solidaire ?**

S.L. : L'économie solidaire mobilise des instruments financiers classiques (crédit, banque, investissement, etc.) qu'elle tente de soumettre à des impératifs qui ne sont pas ceux du marché et de la rentabilité monétaire immédiate. Les finalités des projets de l'économie solidaire sont multiples : insertion sociale, création d'emplois, création de petites entreprises, travailler dans un esprit coopératif, etc. Par ailleurs ces pratiques s'appuient et sont encadrées par des règles juridiques connues et reconnues par tous, ces règles étant tout simplement celles qui régissent les activités économiques et commerciales ordinaires.

Avec les SEL, nous quittons l'impératif des politiques de l'emploi et de la création d'emplois pour l'impératif de l'échange équitable de biens, de services et de compétences. Ce qui fonde l'identité des SEL, pour dire les choses rapidement, c'est l'échange équitable à partir d'une monnaie locale non convertible soumise à la loi des besoins collectifs et non pas à la loi du profit monétaire. Cette redéfinition des termes de l'échange touche bien évidemment au pouvoir ou au monopole de création monétaire : dans les SEL, le pouvoir de création monétaire appartient à la communauté des adhérents. Ces impératifs politiques et économiques ne peuvent se déployer, être au centre de l'expérience collective, que si les adhérents tiennent et se maintiennent dans une critique permanente de la marchandisation des rapports sociaux. Ce n'est pas l'argent ou la monnaie en soi qui est condamnable (c'est-à-dire « sale », « impur », « pervers », etc.) c'est la monétarisation sans fin de toutes les relations, qu'elles soient publiques ou privées. De ce point de vue, je crois que cette expérience constitue un « matériau » sociologique particulièrement intéressant pour comprendre ce qui se joue, politiquement, quand des gens ordinaires ne croient plus ou n'adhèrent plus à ce qui fait « l'esprit » du capitalisme : flexibilité sans protection, auto-emploi, concurrence effrénée entre individus, sociétés, systèmes économiques, etc.

SH : **Que dites-vous à ceux qui assimilent les SEL au travail clandestin ?**

S.L. : En toute objectivité, on ne peut assimiler les SEL au « travail clandestin », on dirait aujourd'hui, selon la loi, au travail dissimulé. On ne peut mettre moralement et juridiquement sur le même plan la fraude qui lie une entreprise et ses sous-traitants avec une personne qui donne des cours de français sans les déclarer. Les effets en termes de prélèvements et de redistribution, mais aussi en termes d'ordre économique public, n'ont rien à voir selon qu'il s'agit de fraudes instituées comme mode de régulation économique ou de pratiques singulières envisagées seulement comme complément de revenus. De nombreuses études l'ont montré : les personnes qui se livrent à des travaux non déclarés pour subvenir à leurs besoins ou pour arrondir leurs fins de mois ne deviennent jamais riches, n'ont jamais accumulé de fortune. A sa manière, le « travail au noir » participe à la paix sociale. Par ailleurs, et sans entrer dans le détail, il existe des secteurs (la confection, le bâtiment, l'agriculture, la restauration, le tourisme, etc.), qui ont massivement recours au « travail dissimulé ».

Les employeurs qui transgressent les dispositions du code du travail sont rarement sanctionnés : en 1996 il y a eu 805 568 infractions constatées par l'inspection du Travail ; 19 551 d'entre elles ont fait l'objet de procès-verbaux transmis au parquet. Toujours pour la même année sur les 2 456 décisions de justice, le nombre de condamnations comportant une peine de prison ferme ou avec sursis a été de 515. Et les amendes prononcées sont en moyenne de 5 500 francs. Impuissance de l'Etat ou politique délibérée : indéniablement un peu des deux. Les sans-papiers en sont un exemple incontestable. Avec les SEL, nous sommes dans une configuration radicalement différente, sous tous les rapports : économique, politique, culturel et je dirais philosophique.

Dans leur grande majorité, les SEL sont organisés en association et, dans tous les SEL, l'argent ne régule pas les transactions, les comptes sont transparents, les débats sont publics, les décisions prises collectivement, le profit et l'accumulation sont bannis. Et même si cela ne se passe pas toujours ainsi dans la réalité, c'est bien cette volonté politique qui prédomine très largement. Dans le procès de Foix, il était reproché aux trois adhérents du SEL pyrénéen de s'être livrés à du « travail clandestin ». Ils ont d'abord été condamnés à 2 000 francs d'amende avec sursis, puis relaxés en appel. Ce qui est apparu tout au long de ce procès, c'est le relatif désarroi du tribunal devant cette forme inédite de solidarité, non pas privée, mais collective, c'est-à-dire organisée et politisée. Au centre des débats se trouvaient des questions sur les formes d'articulation entre solidarité nationale et solidarité locale, sur ce qui devait relever du bien commun, de la suprématie de l'intérêt général sur l'intérêt particulier, etc. Toutes choses que le «travail clandestin» n'évoque jamais.

Propos recueillis par
SYLVAIN ALLEMAND
(*Sciences Humaines*, n° 93, avril 1999)

Mécanismes et enjeux

CHAPITRE III

Nature et destin du capitalisme

« LE CAPITALISME VA MOURIR DE SA RÉUSSITE »

ENTRETIEN AVEC IMMANUEL WALLERSTEIN*

Historien et sociologue américain, Immanuel Wallerstein analyse le capitalisme comme un phénomène global : à la fois économique, politique et culturel. Selon lui, aujourd'hui ce système a atteint ses limites.

Sciences Humaines : **Vos travaux portent sur l'histoire des structures de l'économie capitaliste. Pouvez-vous expliquer ce qu'est pour vous « le capitalisme historique » ?**

* Historien et sociologue, directeur du centre Fernand Braudel pour l'étude des économies, des systèmes historiques et des civilisations à l'Université Binghamton (New York). Il a publié notamment The Age of Transition : Trajectory of the World System (avec Terence Hopkins), Z. Book, 1996 ; Le Système-monde du XVᵉ siècle à nos jours, 2 tomes, Flammarion, 1980, 1984.

Immanuel Wallerstein : Le capitalisme est apparu en Europe occidentale à partir du XVᵉ siècle sur les décombres du système féodal, incluant une large partie de l'Europe et une partie des Amériques qui venaient d'être découvertes. Dans ces lieux s'installe une division du travail productif avec des centres et des périphéries, des semi-périphéries. Au fur et à mesure qu'il se développe, le capitalisme s'étend hors de ses limites pour accaparer de nouvelles régions qui sont incluses dans le système de la division du travail. Cela jusqu'au milieu du XIXᵉ siècle, où la dernière région – l'Extrême-Orient – s'est retrouvée incorporée. Le capitalisme devient alors le système unique de la Terre. Ce « système-monde » a pour caractéristique d'être fondé sur la quête de l'accumulation illimitée du capital.

Un deuxième élément caractéristique est qu'au XVIᵉ siècle se forment des Etats souverains avec des frontières bien définies. Ces Etats sont inégaux en puissance mais ils produisent en fonction d'un marché mondial, c'est-à-dire d'un système interétatique. Pour moi, il n'existe pas « des » capitalismes propres à chaque pays (l'Allemagne, la France…) et définis par des frontières nationales. Il n'existe en fait qu'un seul capitalisme qui s'est formé au sein d'une économie-monde. Je rejette la thèse de l'internationalisation récente, car c'est l'essence même du capitalisme d'être international.

SH : **Mais ce système n'est pas statique ; d'après vous, il s'est installé par vagues successives…**

I.W. : Certes, car tout le jeu du capitalisme est d'installer des monopoles pour lutter contre la concurrence. Le marché est destructeur du profit ; comme le disaient les théoriciens du capitalisme, *« avec un bon marché, tout sera bon marché »*. Mythiquement, dans le marché parfait tel que le décrit Adam Smith, on ne peut pas faire de profit puisque la concurrence pousse les vendeurs à vendre toujours moins cher. Pour construire des monopoles, il faut l'aide des Etats ; contrairement à ce qu'ils disent, les capitalistes en ont un besoin fondamental.

Lorsqu'un monopole est détruit par la concurrence, il faut trouver de nouveaux produits (et c'est à ce moment que les capitalistes peuvent changer de zone géographique.) C'est la même chose pour les Etats qui assurent leur hégémonie sur la situation mondiale pendant une certaine période, jusqu'au déclin de ce pouvoir qui laisse la place à un autre. Le capitalisme n'est donc pas figé : il y a circulation continuelle au niveau des zones géographiques, des produits, des pouvoirs, etc. Mais dans tout cela, le système reste essentiellement le même, c'est simplement ceux qui en profitent qui changent. C'étaient les Hollandais au XVIIᵉ siècle, les Britanniques au XIXᵉ siècle, et les Américains au XXᵉ siècle. L'historien Fernand Braudel parle du déplacement des villes-monde pour évoquer ce processus continuel. Dans le domaine de la production, cela a été le textile et la sidérurgie, puis l'informatique…

SH : L'originalité de vos analyses de l'économie-monde est d'intégrer aussi bien les dimensions économiques que politiques, techniques et culturelles. Mais que pensez-vous des analyses traditionnelles qui scandent le développement du capitalisme selon des phases successives : capitalisme marchand, financier, industriel ?

I.W. : Je rejette les analyses fondées sur une conception par étapes de la croissance. Comme Braudel, je pense que les vrais capitalistes jouent sur tous les tableaux à la fois, et investissent leur argent dans un domaine ou dans l'autre en fonction des changements de conjoncture. C'est pourquoi je refuse de parler de révolution industrielle au XIXᵉ siècle, car à cette période la création des industries n'a pas été aussi importante qu'on le dit (il en existait déjà beaucoup avant). Si l'on veut parler d'un essor industriel significatif historiquement, il faut parler de la période 1945-1970.

La révolution industrielle est simplement une phase de nouvelles productions, une « phase A » d'un cycle de Kondratieff, parmi tous ceux qui ont eu lieu du XVIᵉ au XXᵉ siècle (*voir l'encadré ci-contre*).

Les cycles de Kondratieff

Nicolaï Dimitrievich Kondratieff, économiste russe, dirigea de 1920 à 1928 l'Institut de conjoncture de Moscou. Il disparut au goulag en 1930. Ses travaux ont mis en évidence l'existence de cycles longs (40 à 60 ans) dans l'histoire du capitalisme. Au cours de ces cycles, alternent une phase d'expansion (phase A) et une phase de récession (B). Depuis 1789, on aurait repéré 4 cycles complets. Les signes de reprise de la croissance observés actuellement dans certains pays pourraient inaugurer la phase A d'un nouveau cycle. L'existence de tels cycles est cependant aujourd'hui très discutée (1).

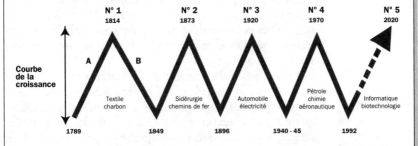

Graphique 1. Les cycles longs de l'économie mondiale

La courbe de cycle long, habituellement présentée sous la forme du graphique 1, pourrait laisser croire que les phases B sont des périodes de déclin de la production.

Il n'en est rien. Sur la période des deux derniers siècles, la croissance a été continue, bien que cyclique. Il faudrait donc représenter la courbe le long d'un axe ascendant, comme c'est le cas dans le graphique 2.

Graphique 2

---

1. P. Gilles, *Crises et cycles économiques*, Armand Colin, coll. «Cursus», 1996.

Si l'on veut définir des étapes dans ce qui est pour moi un système historique, il faut parler du XVIᵉ siècle – genèse du capitalisme –, quatre ou cinq siècles de fonctionnement normal et aujourd'hui, la crise.

SH : Quels sont alors les moteurs – et les obstacles – qui expliquent les déplacements successifs des «centres» de l'économie-monde?

I.W. : Pour les capitalistes, deux problèmes essentiels se posent à tout moment : les frais de transaction et les coûts de la force de travail. Lorsque l'on minimise les uns, on maximise les autres. Pour minimiser les coûts de transaction, il faut concentrer la localisation de la production et de toutes les activités, c'est donc une polarisation vers le centre. En revanche, pour diminuer les coûts de la force de travail, il faut aller vers les périphéries où, pour des raisons politiques et historiques, on trouve une main-d'œuvre moins chère. Il se crée alors une sorte de va-et-vient.

Dans les phases d'expansion de l'économie-monde (abondance de production, plein-emploi, etc.), il est payant de maintenir la production et de minimiser les coûts de transaction, quitte à augmenter un peu les salaires. Mais dans les périodes de stagnation ou de récession (phases B de Kondratieff), il importe de réduire les coûts de production, donc le coût du travail et c'est à ce moment que les usines se déplacent vers les régions de la périphérie.

Alors pourquoi le centre s'est-il trouvé pendant un moment plutôt à Londres qu'à Istanbul? Dès le XVIᵉ siècle, certaines régions avaient leurs spécialisations, et dans le processus capitaliste, l'échange inégal fait que les différences initiales relativement faibles s'accroissent et que le «décollage» est plus difficile pour ceux qui partent de plus bas.

SH : Vous ne pensez donc pas, comme l'a proposé Max Weber, que le protestantisme a favorisé le développement du capitalisme?

I.W. : Absolument pas. Avant l'Allemagne protestante, le capitalisme s'est développé dans l'Italie catholique des XVᵉ et XVIᵉ siècles… Aux Pays-Bas, les grands industriels étaient plutôt concentrés au sud (la Belgique actuelle) et étaient pour la plupart catholiques. Au XVIᵉ siècle, à cause de la guerre avec les Espagnols, ils ont émigré au nord et changé de religion précisément pour pouvoir poursuivre leurs activités capitalistes. On peut aussi citer l'exemple du confucianisme. Il y a quarante ans, on disait qu'il ne pourrait y avoir d'essor économique de l'Est asiatique à cause du confucianisme qui, selon les chercheurs weberiens, ne se prêtait pas à l'esprit capitaliste. Aujourd'hui, on prétend exactement le contraire ! Je pense que si le capitalisme avait pris son essor à Bagdad, on aurait expliqué que l'Islam était le meilleur appui du capitalisme… Je n'accorde donc pas beaucoup de crédit à ces thèses.

SH : Vous avancez donc que le capitalisme est en crise en cette fin de xxᵉ siècle. Pourtant, il y a cent cinquante ans déjà, les marxistes annonçaient la crise du capitalisme…

I.W. : Les marxistes considèrent que chaque «phase B» du cycle de Kondratieff est une crise du capitalisme. Pour moi, ces phases ne sont qu'un mécanisme du système pour qu'il reprenne son souffle. Je n'explique pas du tout la crise du capitalisme de cette manière, puisque je pense qu'il entre actuellement dans une phase de Kondratieff A et qu'il y a crise. Le problème du capitalisme, ce n'est pas ses faillites mais ses réussites. Il se tue en réussissant…

Sur le plan économique, à chaque phase A de reprise, on ne revient jamais exactement à la situation antérieure. Dans les phases B, les capitalistes se tournent vers la finance et la spéculation comme source de revenu. Un des moyens de sortie de crise est, comme l'avait souligné Schumpeter, l'innovation, c'est-à-dire la recherche de nouveaux produits de pointe, que l'on va pouvoir monopoliser. Mais cela ne suffit pas. Comme l'explique Keynes, il va falloir aussi créer une demande effective. Et pour cela, il faudra effectuer un transfert de plus-value à certaines couches de travailleurs qui, grâce à des salaires plus élevés, pourront être les acheteurs de ces nouveaux produits. Cela signifie que les capitalistes diminuent leurs profits.

Certes, dans l'absolu, il y a création de richesses. Mais avec l'augmentation de la population mondiale, on aboutit à une baisse relative. Et j'avance que pour compenser cette baisse relative, il faut toujours étendre géographiquement le système. Non pas pour trouver de nouveaux acheteurs (comme le proposent certaines analyses), mais avant tout pour trouver des producteurs à prix réduits.

SH : Quelles sont, selon vous, les causes de la crise ?

I.W. : Les ruraux ont été transférés dans des zones urbaines et industrielles, acceptant pendant un certain temps (cinquante ans environ) de travailler pour des salaires très réduits jusqu'à ce qu'ils se syndiquent, etc., et qu'il faille en trouver d'autres. Ce phénomène s'est produit d'abord dans les pays industriels occidentaux, puis il s'est étendu à toute la planète. Cela a engendré le phénomène de «déruralisation». La population rurale du monde est passée de 80 % à 50 % actuellement et l'on s'achemine vers un taux d'environ 20 %. Inévitablement, cela va provoquer une augmentation du salaire mondial moyen, entraînant une diminution du profit.

En outre, dans le système capitaliste, une large partie des coûts réels de la production n'est pas payée par les producteurs. Ce qu'on appelle «l'externalisation des coûts» fait que les capitalistes ont pour principe de ne pas payer la facture. Ce sont les Etats qui créent les infrastructures (routes, lignes téléphoniques, etc.), grâce la fiscalité, par exemple. Par ailleurs, les industriels peuvent provoquer des dégâts écologiques, et les Etats laissent faire… On arrive maintenant aux dernières limites possibles : toutes les forêts sont coupées, les rivières sont polluées. Alors que faire ? Une première possibilité est de supprimer les coûts externalisés, de faire nettoyer les rivières par ceux qui les polluent, de leur faire payer les infrastructures, mais dans ce cas, les capitalistes ne peuvent plus faire de profits.

Autre solution : les Etats continuent de payer, mais ils doivent prélever des impôts auprès des producteurs, et l'on revient au problème précédent. Ou bien ils s'adressent à la population, et là, de graves problèmes politiques vont se poser. Donc, on est dans une situation économique insoluble, puisqu'on est arrivé aux limites géographiques…

SH : Mais cette crise du capitalisme ne se résume pas uniquement à des causes économiques ?

I.W. : Un autre problème important est d'ordre politico-culturel. Il faut, pour l'expliquer, revenir à l'impact de la Révolution française, sur ce que j'appellerais la «géo-culture de l'économie-monde capitaliste». D'abord, la Révolution française et ce qui s'en est suivi (la période napoléonienne et le libéralisme) ont fait accepter les changements politiques comme une chose normale. Ensuite se pose le problème de la souveraineté. Au XVIe siècle, le souverain était le monarque. A partir du XIXe siècle, on a largement partagé la thèse du peuple souverain. Mais alors, il a fallu trouver des stratégies pour «contenir» ce que l'on a appelé «les classes dangereuses» (le prolétariat). Le conservatisme rejetait ces thèses comme hérétiques ; le libéralisme en acceptait la légitimité et l'idée de réformes nécessaires pour pouvoir garder le contrôle des affaires. Enfin, les radicaux, devenus ensuite les socialistes, voulaient accélérer les réformes et instaurer le contrôle populaire.

Les conservateurs et les radicaux ont progressivement abandonné leurs positions extrêmes, pour devenir des avatars du libéralisme. Au début du XXe siècle, tout le monde était devenu libéral, sous des formes plus ou moins conservatrices ou radicales. Mais cette conjonction a permis une réussite spectaculaire, celle de contenir la masse des prolétaires.

C'est à ce moment qu'ont émergé de nouvelles « classes dangereuses », celles des peuples du tiers-monde. Mouvements nationalistes en Chine, au Mexique, en Inde, etc. Les libéraux ont alors accordé de nouvelles concessions : l'autodétermination des peuples, et surtout après la Seconde Guerre mondiale, les aides au développement pour ces pays. La redistribution s'est alors étendue au monde entier.

SH : Comment intégrez-vous les expériences communistes dans cette configuration ?

I.W. : La révolution russe fait partie de cet ensemble. Lénine a voulu appliquer le programme des radicaux, mais il a cédé après quelques années. L'installation du communisme participe d'une vague de « mouvements antisystémiques », au même titre que les mouvements sociaux-démocrates ou que les mouvements de libération nationale. Tous ces mouvements sont des variations de l'aspiration à l'autodétermination des peuples et sont devenus la caution du système capitaliste. La construction socialiste est l'un des modèles de développement des pays sous-développés. Les mouvements antisystémiques ont prêché la patience en promettant de changer progressivement les choses et en vendant de l'espérance.

De 1945 à 1970, période de prospérité économique, les mouvements dits de gauche sont arrivés au pouvoir presque partout : extension du monde communiste, régimes sociaux-démocrates dans le monde occidental, mouvements de libération nationale dans le tiers-monde... La déception a été grande de voir que ces nouveaux régimes échouaient à construire un monde meilleur. C'est par cette perte des espérances que j'explique l'échec des mouvements antisystémiques des vingt dernières années. Mais en même temps, il faut bien se rendre compte que disparaît ainsi l'un des piliers psychologiques, sociaux, culturels, politiques du système-monde. Donc, si je réunis ces trois éléments, – déruralisation du monde, fin des possibilités d'externalisation des coûts, échec des mouvements antisystémiques qui permettaient de contenir les «classes dangereuses» –, alors on peut penser que le système se trouve en grande crise : précisément parce qu'il a si bien réussi, qu'il lui est désormais impossible de donner aux populations une explication valable à la polarisation des richesses et des statuts sociaux.

SH : Cette polarisation que vous évoquez signifie-t-elle qu'il y aurait une conscience de plus en plus grande et insupportable des inégalités ?

I.W. : Pendant cent cinquante ans, cette conscience était présente, mais c'est la perte des espérances qui la rend plus inquiétante. Historiquement, il y a eu une montée en puissance de l'Etat. Mais actuellement, le mouvement s'inverse, les gens ne croient plus en l'Etat. Ils privatisent la sécurité (en s'achetant des armes, par exemple), ils commencent à douter de la validité des impôts, de l'efficacité du vote…

Un autre élément de la crise se trouve dans la démocratisation. Au fur et à mesure que le capitalisme se généralise, les gens demandent trois choses à l'Etat : l'éducation, la santé et un minimum pour les revenus. Et continuellement, ils élèvent leur seuil d'exigence. Partout actuellement les Etats sont en crise. Pas seulement en France, mais aussi aux Etats-Unis, en Inde, etc. Nous arrivons donc dans une impasse, et il faudrait de plus soulever d'autres problèmes, comme celui des migrations, car d'importants mouvements de population vont encore avoir lieu…

Une longue période de désordre est donc à prévoir. Pour Ilya Prigogine, dans un système complexe, rien n'est déterminé : si l'on est près de l'équilibre, les grands efforts ont un petit impact, et loin de l'équilibre, les petits efforts ont un grand impact. C'est pourquoi on ne peut pour le moment absolument pas prévoir dans quel sens évolueront les choses et ce qui en sortira dans les cinquante années qui viennent…

Propos recueillis par
MARTINE FOURNIER
et JEAN-CLAUDE RUANO-BORBALAN
(*Sciences Humaines*, n° 71, avril 1997)

ROBERT BOYER*

LES CAPITALISMES À LA CROISÉE DES CHEMINS**

Capitalisme étatique à la française, anglo-saxon, rhénan ou social-démocrate : pour les économistes de l'approche régulationniste, il y a au moins quatre types de capitalisme. Aujourd'hui encore, les spécificités nationales sont encore trop fortes pour que l'on puisse envisager une convergence de ces modèles.

L OIN D'ÊTRE UN SYSTÈME parfaitement homogène, le capitalisme recouvre diverses configurations. Depuis l'éclatement en 1973 du régime international de Bretton Woods mis en place au lendemain de la Seconde Guerre mondiale, quatre grands types de capitalisme peuvent ainsi être distingués (*voir page suivante*). Chacun a des avantages et des inconvénients, qui peuvent être bénéfiques ou au contraire pénalisants selon le contexte.

• **Le modèle rhénan :** ce modèle, dont on peut concevoir que le microcorporatisme japonais soit une variante, repose sur un réseau dense d'institutions intermédiaires entre l'État central et les agents économiques individuels (associations professionnelles, syndicats, grandes entreprises, groupes financiers, etc.). Le principal avantage de ce capitalisme est d'être bâti sur une large polyvalence de la main-d'œuvre, atout précieux lorsque la concurrence par la qualité et le service se superpose à celle plus traditionnelle qui repose sur les coûts de production de biens produits en grande quantité. D'ailleurs, les deux sous-modèles allemand et nippon n'ont pas exactement la même configuration mais sont, en matière de formation des compétences, des équivalents fonctionnels (1).

* Economiste au CEPREMAP, directeur de recherche au CNRS et directeur d'études à l'EHESS. Il a publié notamment *L'Après-fordisme* (avec J.-P. Durand), Syros, 1998.
** *Sciences Humaines*, hors série n° 14, septembre/octobre 1996. Ce texte est une actualisation d'un extrait de la contribution de R. Boyer à l'ouvrage collectif *Les Capitalismes en Europe*, dirigé par C. Crouch et W. Streeck, La Découverte, 1996. Texte revu et complété par l'auteur, décembre 1999.
1. R. Boyer et J.-P. Durand, *op. cit.*

Les quatre principales formes de capitalisme

Modèles	Anglo-saxons	Rhénan	Etatique	Social-démocrate
Caractéristiques institutionnelles	- Décentralisation - Rôle du marché - Peu de médiations syndicales	- Rôle des corps intermédiaires et des règles méso-économiques - Médiation syndicale importante	- Rôle central de l'Etat - Syndicats multiples selon affiliation politique	- Accords tripartites (syndicats, patronat, Etat) - Rôle majeur d'un syndicat fort
Variables d'ajustement privilégiées en période de récession	- Réduction des effectifs - Variation du salaire moyen - Variabilité de la dispersion salariale - Mobilité régionale	- Transfert de l'emploi d'entreprise à entreprise - Polyvalence professionnelle - Ajustement sur les salaires - Innovation de produits	- Réduction des effectifs - Rigidité du salaire réel - Faible variation de la dispersion salariale - Chômage des jeunes	- Reconversion industrielle - Possibilité de flexibilité salariale - Très faible hiérarchie salariale - Formation et qualification
Avantages	- Réponse rapide aux récessions - Ajustement aux changements structurels	- Réaction à court terme : horaires et salaires - A long terme : productivité et innovation de produits	- Maintien d'un Etat-providence - Stimulation de la productivité	- Maintien de l'homogénéité salariale - Affirmation du principe de plein-emploi
Inconvénients	- Insuffisance de la formation et des investissements collectifs - Inégalités fortes ou/et croissantes - Possible inhibition du changement technique	- Thésaurisation de main-d'œuvre - Segmentation de fait du salariat (grandes entreprises/sous-traitance) - Limites dans les entreprises de main-d'œuvre	- Arbitrage en faveur des actifs titulaires d'un emploi - Emiettement de la relation salariale - Chômage des jeunes, réduction contrainte des taux d'activité	- Tensions sur le compromis capital-travail - Tensions sur les finances publiques - Conséquences défavorables de la faible hiérarchie salariale sur les incitations
Exemples	Etats-Unis, Canada, Grande-Bretagne	Allemagne, Japon	France, Italie	Suède, Autriche

• **Le modèle anglo-saxon :** il rassemble les capitalismes dans lesquels le marché joue un rôle déterminant par rapport aux autres formes de coordination. Sa force réside dans sa capacité à répondre rapidement à des aléas conjoncturels et à favoriser l'émergence de nouvelles industries. Cette capacité donnée à l'esprit d'innovation des entrepreneurs a pour contreparties une faiblesse des investissements collectifs, une tendance certaine à la persistance, voire à l'accroissement des inégalités et, dans certains cas, la perte de dynamisme de la productivité, faute d'un pouvoir syndical imposant des augmentations de salaire réel et un certain contrôle sur l'organisation du travail.

• **Le modèle social-démocrate :** il se caractérise par la tentative de combiner dynamisme technologique et lutte contre les inégalités sociales. Ce modèle a connu un indéniable succès durant près d'un demi-siècle en Suède et en Autriche. Mais son succès même suscite des tendances adverses tenant à une excessive homogénéisation des rémunérations, l'importance grandissante de l'emploi public, les tendances à l'inflation puis à la transnationalisation des grandes entreprises. Depuis le milieu des années 80, l'économie suédoise connaît une crise de ses institutions fondatrices, ce que n'enregistre toutefois pas l'Autriche, sans doute parce que les conditions externes et le détail de l'architecture institutionnelle sont différentes.

• **Le modèle étatique :** il met en œuvre de puissantes interventions étatiques dans le domaine du travail, de la concurrence, de l'insertion dans l'éco-

nomie internationale. Plus encore, c'est dans le budget de l'Etat et dans la couverture sociale que se cumulent tous les déséquilibres non seulement globaux, mais aussi sectoriels, voire locaux. Les pays de l'Europe du Sud et la France appartiennent à cette catégorie. Modèle très efficace de rattrapage des Etats-Unis, ce capitalisme montre ses limites lorsque les perspectives de croissance se font plus incertaines.

De tous les modèles, le quatrième est particulièrement mis à l'épreuve depuis deux décennies, ce qui peut soutenir l'intuition courante d'une progressive normalisation des capitalismes vers le modèle des pays anglo-saxons. Pourtant les évolutions ne sont pas aussi simples. En France, les références au modèle rhénan ont été plus fréquentes que celles au capitalisme de marché. Elles ont même inspiré quelques réformes concernant la formation professionnelle, ou encore le mariage des banques et des assurances pour constituer le moyen d'intervention dans la dynamisation et la restructuration industrielles (2). Le système japonais est perçu comme particulièrement difficile à mettre en œuvre compte tenu de ses spécificités culturelles, et les piètres performances de l'économie nippone, lors des années 90, ont sérieusement tempéré l'attrait de ce « modèle ». Le modèle rhénan était jusqu'à la fin des années 80 perçu comme plus proche et suscitait d'autant plus d'intérêt qu'il attribue à la formation le rôle clé dans

---

2. O. Pastré, *Les Nouveaux Piliers de la finance*, La Découverte, 1992 ; F. Morin et C. Dupuy, *Le Cœur financier européen*, Economica, 1993 ; M. Albert, *Capitalisme contre capitalisme*, Seuil, 1991.

la compétitivité. En outre, dans un premier temps, la réunification allemande soutient la croissance européenne, mais aussi française, au point qu'à la fin de 1991, les échanges commerciaux bilatéraux entre la France et l'Allemagne se rééquilibrent pour la première fois depuis près de vingt ans. Par ailleurs, à travers les traités de Maastricht puis d'Amsterdam, l'empreinte des conceptions et des institutions allemandes est d'ores et déjà présente dans la réforme des statuts de la Banque de France sur le modèle de la Bundesbank et plus encore les statuts de la Banque Centrale européenne. Mais ce changement institutionnel majeur intervient dans le contexte de la longue récession européenne des années 90, en partie liée aux difficultés de modernisation et d'assimilation des *Länder* de l'Est.

Une forme de capitalisme ne s'importe pas comme une marchandise

Constater la supériorité d'un mode d'organisation du capitalisme dans un contexte historique particulier ne signifie pas qu'il soit aisé d'importer, de copier ou encore d'adapter sa logique et ses institutions, tant elles sont spécifiques à une société et les produits d'une histoire particulière. La simple décalcomanie d'un système institutionnel, au demeurant parfaitement cohérent, peut précipiter des ajustements économiques défavorables dès lors que ce système ne correspond pas à l'héritage technologique, industriel et social du pays considéré. C'est une leçon qui est importante, y compris pour les pays de l'Ouest européen. Par exemple, à de

multiples reprises, Anglais et Français ont cherché à instituer une formation professionnelle calquée sur le modèle allemand… sans y parvenir jusqu'à présent.

De même, la constitution de puissants groupes financiers est une condition nécessaire, mais sans doute pas suffisante, pour susciter un regain industriel, puisque ce dernier dépend tout autant de la qualité de l'organisation et des dirigeants, de la solidité des relations industrielles et de leur aptitude à faire face à des changements technologiques incessants. On peut dès lors légitimement s'interroger sur les chances de succès d'une stratégie d'acclimatation du modèle rhénan dans une société française si marquée par l'étatisme. Certes, la stratégie de constitution de « cœurs financiers » est une condition d'existence d'un capitalisme organisé à l'allemande, mais cette condition est loin d'être suffisante.

Il faut en outre fonder la formation des compétences sur le jeu des négociations entre associations professionnelles, syndicats, autorités des *Länder* et ministères fédéraux. C'est une différence majeure par rapport au rôle déterminant de l'État en France : en dépit des réformes des dix dernières années, l'administration centrale continue de régir éducation et formation professionnelle, et l'on peut se demander si ce n'est pas l'un des obstacles à l'adhésion à un nouveau modèle productif centré sur la concurrence par la qualité. Si l'on se place dans le double espace des formes de la concurrence et de la production des compétences, il ressort que deux types de capitalisme seulement enregistrent une certaine stabilité au cours des trente dernières années : les modèles rhénan et anglo-saxon. Les autres modèles sont marqués par des évolutions parfois relativement rapides, comme en témoigne l'exemple de la Suède. Dans ce pays, les accords tripartites entre l'Etat, le patronat et les syndicats ont cédé la place à des accords décentralisés. Au Japon, les relations étroites entre banques, caractéristiques du modèle rhénan, sont mises à l'épreuve du fait de l'internationalisation de la finance.

La victoire par défaut du modèle anglo-saxon ?

Dès lors, la stratégie actuelle des élites françaises pourrait se heurter à un paradoxe : faute d'institutions suffisamment riches permettant l'adoption du modèle rhénan, le capitalisme anglo-saxon ne risque-t-il pas de l'emporter par défaut ? En effet, il est beaucoup plus aisé de laisser faire les marchés que d'en canaliser les évolutions, précisément à un moment où se multiplient les innovations financières et s'affirme la vigueur du contrôle qu'exercent les marchés sur la politique économique des Etats. Le moment choisi pour s'inspirer de certaines institutions allemandes est donc peu propice, dans la mesure où l'importance grandissante des marchés financiers favoriserait plutôt l'adoption des méthodes et des principes anglo-saxons. De plus, trois séries d'obstacles au moins, directement liés aux spécificités de toute architecture institutionnelle nationale, rendent particulièrement difficile une convergence des capitalismes de part et d'autre du Rhin : – d'abord, l'interdépendance des insti-

tutions économiques, qui fait la force et la stabilité du modèle rhénan, explique les obstacles structurels à son adoption par un pays qui ne dispose pas d'une configuration voisine : c'est une propriété très générale des modèles dans lesquels le point de fonctionnement de l'économie dépend du chemin suivi et elle s'applique tout particulièrement à la formation professionnelle ; – ensuite, il est malaisé de synchroniser les changements en matière de formes de la concurrence, rapport salarial et régime monétaire... en dehors des périodes de crise majeure ou de guerre (3) ; – enfin, l'analyse des débats français montre l'extrême difficulté que rencontre l'Etat à faire émerger les nouveaux compromis qui seraient nécessaires à l'adoption du modèle rhénan : les groupes sociaux et les entreprises s'expriment à partir de leur pouvoir de négociation défini dans l'ancien modèle fordiste... précisément centré sur l'Etat et le *statu quo* qui en résulte.

Innover à partir d'une forte tradition d'impulsion étatique

Il ne faut donc pas à toute force copier, dans ses moindres détails, un modèle réputé supérieur à une époque donnée (rhénan dans les années 80, anglo-saxon dans les années 90), mais il convient plutôt de pousser les avantages associés à la trajectoire sociopolitique propre à chaque pays. Tel est l'enseignement majeur de l'évolution des Etats-Unis, dont les années 90, avec la « nouvelle

3. J.-A. Chartres, « Le changement de mode de régulation. Apports et limites de la formalisation », R. Boyer et Y. Saillard (dir.), *Théorie de la régulation : l'Etat des savoirs*, La Découverte, 1995.

économie», ont montré que la «japo-nisation» n'était pas l'avenir. Pas plus que la «rhénanisation» n'a défini une stratégie pertinente pour la société française. La même prudence s'impose à propos de l'enthousiasme suscité, dans les années 90, par le capitalisme de marché.

Dans ces conditions, la multiplicité des moyens d'intervention étatique ne peut-elle pas se redéployer en vue d'obtenir l'équivalent fonctionnel de ce que réalisent les institutions anglo-saxonnes ou rhénanes ? Pour faire image, le corps des ingénieurs des télécommunications qui imposa le Minitel n'est-il pas l'équivalent des pionniers de la Sillicon Valley, ou encore des grands groupes japonais de l'électronique ? Il y a ainsi une influence particulière des trajectoires nationales.

Le précédent du fordisme est éclairant à ce titre puisque l'on aurait pu croire que l'importance des méthodes de production américaine et du style de vie propre à ce pays allait de pair avec un recours affirmé à une logique marchande. C'est au contraire la tradition d'intervention étatique qui, en France, a permis le rattrapage correspondant, grâce à une application et à une adaptation au contexte français.

En conséquence, le capitalisme français a été modernisé grâce à l'adoption d'un fordisme impulsé par l'Etat et hautement institutionnalisé, donc ne passant pas par une logique de marché de type américain. Cette spécificité se manifeste tant par l'ampleur du secteur public (que des opérations de privatisation peuvent réduire) que par l'omniprésence de l'Etat, y compris dans les

arrangements privés et plus généralement les formes institutionnelles, tradition qu'il est encore plus difficile de surmonter. *Mutatis mutandis*, il est légitime de se demander si le même phénomène d'hybridation n'est pas susceptible de se reproduire. Dans la recherche de solutions alternatives, qu'elles soient anglo-saxonnes ou rhénanes, nul ne doute qu'en France, l'impulsion de l'Etat demeure essentielle… faute d'ailleurs de partenaires sociaux autonomes, dynamiques et négociant des compromis indépendamment de son intervention. Le recours à l'Etat est en effet la façon traditionnelle de résoudre les conflits et de faire émerger d'éventuelles innovations institutionnelles. En France, même les stratégies de «retour au marché» sont imposées par l'Etat, sans qu'un groupe puissant d'entrepreneurs porte cette stratégie. Autant d'éléments qui laissent anticiper le maintien de fortes spécificités du capitalisme français.

Certaines faiblesses sont aussi des forces

Lors des crises structurelles, la confiance mise dans les institutions nationales se trouve fortement ébranlée, de sorte que les élites se mettent souvent à rechercher des solutions venues d'ailleurs, tant est grand le désarroi à propos des capacités d'adaptation des formes d'organisation héritées du passé… quitte à sous-estimer les multiples obstacles à une transposition pure et simple d'institutions étrangères. Par contraste, d'autres cherchent dans un mythique âge d'or (les années de croissance d'après-guerre), les sources d'une stratégie alternative

Innovation et performances économiques

Une étude s'est récemment attachée à expliciter une typologie des relations entre innovation et performances économiques à travers une analyse de données portant sur douze pays de l'OCDE, étudiés à partir de plus de 180 variables caractéristiques (1). D'un côté, les profils observés entre la science, la technologie et l'industrie rapprochent la France des pays anglo-saxons dans lesquels le changement technique s'appuie sur une forte orientation scientifique et sur des programmes plus ou moins liés à l'Etat (dans les domaines aérospatial, pharmaceutique, des sciences de la vie). Par opposition, Japon et Allemagne ont une orientation plus technologique, une spécialisation dans les biens d'équipement et des recherches actives en sciences de la nature. D'un autre côté, les performances macroéconomiques se distribuent selon une configuration différente dans laquelle France, Allemagne, Pays-Bas et Italie combinent restructuration productive et recherche de l'efficacité avec la persistance du chômage et une faible croissance.

Pour leur part, les pays anglo-saxons manifestent de plus grandes inégalités mais un niveau d'emploi plus élevé, alors que pays nordiques et Japon partageaient jusqu'en 1990 un modèle de croissance vertueuse combinant efficacité, relatif plein-emploi et faibles inégalités. La décennie 90 a marqué une rupture majeure pour ces pays.

---

1. B. Amable, R. Bane et R. Boyer, *La Grande Transformation de l'économie française*, Economica, 1995.

(une politique de relance d'inspiration keynésienne) ; ils ignorent en cela la nouveauté du contexte et la relative irréversibilité de certaines évolutions. Il est peut-être une méthode pour éviter ce dilemme : admettre que le neuf se construit aussi par recombinaison de formes anciennes afin de résoudre les grands défis du moment. La tradition n'est souvent que le résultat, oublié, de l'innovation d'avant-hier. C'est aussi le terreau de l'innovation de demain. L'art en la matière serait de convertir les limites de l'organisation antérieure en autant d'atouts en faveur de leur recomposition en une architecture adéquate au contexte de l'époque.

Sur quels aspects précisément pourrait s'effectuer cette recomposition ? L'analyse qui suit se veut plus suggestive que démonstrative et se borne à donner quelques exemples parmi d'autres.

• **Le rapport salarial** : la persistance d'une forte opposition entre travail manuel et intellectuel, entre les tâches nobles et les autres est souvent dénoncée comme l'une des tares de la société française (4). Ce trait a très probablement influencé défavorablement la compétitivité depuis deux décennies. Pourtant, si dans le paradigme productif en voie d'émergence, le travail de production s'intellectualise plus que par le passé, alors l'accent mis sur l'éducation générale peut devenir une force. Encore faudrait-il que les entreprises adaptent en conséquence leur organisation et la relation qu'elles proposent aux salariés. Cette complémentarité s'est affirmée au Japon, mais n'est pas aisée à faire émerger en France (5). De la même façon, la faiblesse et la division syndicale rendent problématique la négociation d'un compromis national renouvelant celui du fordisme, mais c'est aussi le terreau à partir duquel se sont déployées les stratégies de ressources humaines des grandes entreprises, alors qu'une fraction de plus en plus large de l'opinion reconnaissait la légitimité de l'entreprise, phénomène nouveau pour la France. Pour sa part, l'Etat, en encourageant les formules de partage des profits, n'a-t-il pas favorisé l'émergence d'un microcorporatisme qui rappelle par certains traits le capitalisme nippon?

• **Les formes de la concurrence :** la construction européenne remet clairement en cause les politiques industrielles à la française, précisément au moment où s'affirme la compétitivité de firmes qui ont longtemps bénéficié de commandes publiques en matière de télécommunications, de trains à grande vitesse, de grandes infrastructures. Néanmoins, n'est-ce pas le succès puis l'érosion de la politique de soutien de

« champions nationaux » qui ont suscité, dans les années 90, la stratégie complémentaire de constitution des « cœurs financiers » pour piloter une recomposition industrielle qui dépasse aujourd'hui les frontières nationales ? De même, le renouvellement des dirigeants des PME et l'essor des secteurs des nouvelles technologies ne sont-ils pas susceptibles de redresser l'évolution défavorable qu'avait encore accentuée la logique fordienne des années 60 ? (6)

• **Le régime monétaire et financier :** les nouveaux instruments financiers et la globalisation des marchés ont considérablement déstabilisé la politique monétaire traditionnelle qui pendant longtemps a eu recours à un contrôle strict du crédit. D'un autre côté, même si l'on exclut l'espoir fugitif de faire de Paris une place financière internationale majeure, la dureté des contraintes financières et l'adoption d'une politique de franc fort ont fini par généraliser l'impératif de compétitivité au secteur de l'industrie manufacturière et des services internationalement échangés : l'emploi s'en trouve parfois réduit mais ces secteurs sont relativement performants. Il suffit, par exemple, d'observer la trajectoire britannique (dépréciation de la livre, diminution du chômage) pour cerner l'intérêt, mais aussi les limites, de la stratégie française.

4. P. d'Iribarne, *La Logique de l'honneur. Gestion des entreprises et traditions nationales*, Seuil, 1992.
5. G. Hatchuel, « Les grands courants d'opinion et de perceptions en France de la fin des années 70 au début des années 90 », J.-B. de Foucault (dir.), *La France et l'Europe d'ici 2010*, La Documentation française, 1993.
6. C. Lane, « Industrial reorganization in Europe : Patterns of convergence and divergence in Germany, France and Britain », *Works, Employment and Society*, vol. 5, n° 4, 1991.

• **L'Etat :** même devenu libéral, il continue à jouer un rôle déterminant, y compris en matière de politique d'innovation et de fourniture des bases d'une compétitivité «structurelle», c'est-à-dire basée sur la qualité de l'éducation, les infrastructures et la stabilité de l'ordre sociopolitique. Ce trait est finalement assez général puisqu'on observait dans les années 80 et 90 un regain de ce type de politique industrielle. Mais on peut déplorer que le capitalisme français soit l'un des rares à ne pas avoir encore bénéficié d'une réforme fiscale de grande ampleur, alors que les déséquilibres récurrents du financement de la couverture sociale n'ont pas encore alimenté une redéfinition d'ensemble du système de solidarité et d'assurance. Pourtant, le régime présidentiel de la Ve République donne à l'exécutif un pouvoir dont peu de gouvernements des autres pays disposent : c'est un facteur *a priori* favorable à une réforme par le haut des institutions économiques de ce pays et conforme aux traditions françaises. Mais l'impératif démocratique n'y trouve pas nécessairement son compte. D'où, par contrecoup, la multiplication des protestations, voire une explosion sociale comme ce fut le cas en décembre 1995, et la généralisation de phases de cohabitation, marquées par un subtil cheminement entre *statu quo* et réformes.

• **L'insertion internationale :** la situation française n'est pas aussi catastrophique qu'auraient pu le laisser augurer les tendances du début des années 80. Certes, le poids de la France dans la production mondiale s'est réduit, surtout d'ailleurs du fait du dynamisme des nouveaux pays industriels, mais le commerce extérieur s'est rééquilibré, il est vrai à un niveau de croissance beaucoup plus faible que par le passé et grâce au maintien d'une modération salariale sur plus d'une décennie. Au milieu des années 90, la France enregistre même un excédent commercial significatif. On pourrait y voir l'aboutissement d'un long processus historique initié dès 1958. Il ne faut pas oublier que, dans le passé, les échanges de la France se sont redéployés de l'empire colonial vers l'Europe, en un mouvement qui a surpris par sa rapidité (7). Il est un dernier facteur de relatif optimisme : la construction européenne qui en se renforçant conduit chacune des économies nationales ou régionales à se spécialiser afin d'assurer des complémentarités par l'échange. Enfin, à la fin des années 90, les performances françaises se sont redressées et soutiennent la comparaison avec l'Allemagne… sans adoption d'un modèle rhénan !

Quelles recompositions ?

Pour les années à venir, quatre scénarios sont envisageables.

• **1er scénario :** un retour à un fordisme étatique marginalement transformé. Cette trajectoire a déjà été suivie entre les deux chocs pétroliers et est encore portée par certains acteurs, même si la pertinence de cette stratégie devient de plus en plus problématique. Dans ce scénario, les compromis institutionnels antérieurs conclus entre les partenaires

---

7. J. Marseille, *Empire colonial et colonisation française*, Albin Michel, 1984.

sociaux continuent à être défendus par les groupes sociaux les mieux placés... quitte à ce que la perte de compétitivité se traduise par un déclin relatif, voire absolu, de la position internationale du capitalisme français. Selon une autre variante de ce même scénario, si une crise majeure de la construction européenne survenait, la probabilité s'accroîtrait de la poursuite d'un capitalisme à impulsion étatique, marqué par une modernisation pour sûr technologique et peut-être sociale, bien que ce volet s'avère beaucoup plus difficile.

• **2ᵉ scénario :** une lente transition vers un capitalisme rhénan. Sa probabilité est *a priori* très faible si l'on en juge à l'aune des précédents historiques. Les développements antérieurs ont déjà souligné les difficultés d'une telle transition : il pourrait être concevable que le secteur nationalisé se recompose en un cœur financier opérant au niveau de l'Europe et maintenant un minimum de cohérence et de perspectives à moyen terme. Mais il serait beaucoup plus difficile de construire des relations industrielles à l'allemande, car cela supposerait un regain de dynamisme tout à fait exceptionnel des associations patronales comme des syndicats salariés, dont les deux dernières décennies donnent peu d'exemples.

• **3ᵉ scénario :** la transformation d'un capitalisme d'Etat en un autre. Les linéaments de ce scénario ont été explorés par certaines des analyses qui précèdent. Si de nouveaux principes d'organisation s'affirment, assurant une compétitivité par la qualité, le service et l'innovation, et pas seulement les prix, pourquoi l'administration économique ne piloterait-elle pas cette transformation, comme ce fut le cas lors de précédents épisodes historiques ? En effet, le capitalisme français se caractérise par une myriade de compromis institutionnalisés coûteux. Résultat : il se modernise traditionnellement plus aisément en période de croissance qu'en période de crise.

Cependant, la probabilité d'un tel *happy end* devient de plus en plus problématique au fur et à mesure que l'internationalisation et la poursuite de l'intégration européenne induisent une perte d'autonomie pour certains attributs de l'Etat-nation.

• **4ᵉ scénario :** la fin de l'exception française et la convergence, *nolens volens*, vers un capitalisme de marché. Un tel scénario dériverait de l'échec des stratégies que supposent les trois scénarios précédents. On peut certes avoir quelques doutes concernant une théorie de la convergence qui postulerait que la globalisation implique à terme l'érosion de toute spécificité nationale et la ressemblance croissante de tous les capitalismes avec le capitalisme anglo-saxon. Pourtant, on est frappé par certains parallélismes des trajectoires française et américaine, au-delà même des programmes politiques : regain de vigueur des idéologies du marché, primauté de la logique des firmes au détriment de la solidarité, croissance des inégalités sous la contrainte d'un chômage élevé... Certes, cette évolution est moins accentuée en France qu'outre-Atlantique. Elle marquerait sinon une rupture majeure par rapport aux idéaux qui firent la cohésion de la société française (Liberté, Egalité, Fraternité). En outre, les institutions et les idéologies politiques françaises sont loin d'avoir les caractéristiques d'outre-Atlantique.

L'avenir se chargera de déjouer ces pronostics, tout comme, dans l'entre-deux-guerres, les contemporains furent incapables dans leur majorité d'anticiper le miracle de la modernisation fordiste de l'après Seconde Guerre mondiale. L'optimiste soulignera que jamais le capitalisme français ne s'est trouvé bloqué très longtemps… sans que survienne une crise politique, une guerre, et par voie de conséquence d'ambitieuses réformes. Le pessimiste répondra à juste titre que jamais l'histoire ne se répète si ce n'est en bégayant et que les conditions nouvelles des années 90 invalident les pronostics valables pour une configuration de l'autonomie des capitalismes nationaux, largement dépassée.

A lire sur le sujet…

• R. Boyer et Y. Saillard (dir.), *Théorie de la régulation : l'Etat des savoirs*, La Découverte, 1995.

• C. Crouch et W. Streeck (dir.), *Les Capitalismes en Europe*, La Découverte, 1996.

• R. Boyer et R. Hollingsworth, *Contemporary Capitalism : The embeddedness of institutions*, Cambridge University Press, 1997.

• R. Boyer et J.-P. Durand, *L'Après-fordisme*, Syros/La Découverte, édition refondue 1998.

• R. Boyer et T. Yamada (éds), *The Japanese Capitalism in Crisis*, Routledge, 2000.

En tout état de cause, une certaine érosion du particularisme français est en cours, mais il serait imprudent d'en conclure à la convergence complète et définitive vers un modèle unique, ne serait-ce que parce que la période à venir sera probablement marquée par la compétition et très probablement par la coexistence entre des capitalismes durablement différenciés.

La diversité des capitalismes : l'approche régulationniste

La transition des pays de l'Est vers l'économie de marché a fait prendre conscience aux théoriciens de leur difficulté à répondre précisément à la question pourtant fondatrice : qu'est-ce que le capitalisme ?

Pour avoir privilégié l'unicité du capitalisme, les économistes ont paru désarçonnés par la variété des formes que revêt la transition vers l'économie de marché dans les pays de l'Est. La comparaison des systèmes économiques soviétique et occidentaux avait, il est vrai, convaincu certains analystes d'une tendance à la convergence. D'un côté, les économies libérales enregistraient des interventions croissantes de l'Etat, y compris dans le domaine de la planification des décisions stratégiques. D'un autre côté, les économies centralement planifiées mettaient en œuvre des réformes visant à introduire plus de flexibilité grâce à un plus grand recours aux mécanismes du marché. L'effondrement des sociétés de type soviétique a démenti cette hypothèse d'une uniformisation progressive des divers systèmes économiques.

C'est dans ce contexte que les travaux de chercheurs n'appartenant pas *stricto sensu* à la profession des économistes reprennent tout leur intérêt. Ceux, par exemple, d'Andrew Shonfield, spécialiste anglais des relations internationales et qui fut l'un des premiers à montrer, dans les années 60, la variabilité des capitalismes dans le temps et l'espace (1). Son but était de comprendre dans quelle mesure la croissance remarquable observée après 1945 dérivait de changements majeurs dans les relations entre Etat et marché. Dans le même temps, il soulignait combien les institutions de base du capitalisme différaient entre la France et la Grande-Bretagne, l'Allemagne ou encore les Etats-Unis.

A la réflexion, il est assez paradoxal que ces idées émanent surtout de spécialistes des relations internationales, de politologues et de dirigeants d'entreprises, trop rarement d'économistes (2). Pour sa part, la théorie de la régulation (3) s'est précisément constituée pour rendre compte de la variabilité dans le temps et l'espace des formes de capitalisme : il n'existe pas un mais de multiples régimes d'accumulation, en fonction du résultat des conflits politiques et des processus d'institutionnalisation qui émergent en particulier des grandes crises structurelles (4). En un sens, ces recherches visent à faire l'analyse des conséquences économiques des compromis institutionnalisés dont les politologues et historiens montrent l'émergence. C'est donc une approche interdisciplinaire, indispensable en vue d'une caractérisation des capitalismes.

Le point de départ n'est autre que la théorie marxiste des modes de production : le capitalisme se définit par la conjonction de deux principes d'organisation économique. Un rapport marchand, de type horizontal, organise les relations d'échanges entre agents économiques, alors que le rapport capital/travail, de type vertical, codifie une soumission des salariés à une logique d'entreprise.

En théorie, il n'existe pas qu'une seule façon d'organiser ces deux rapports fondamentaux, mais une certaine variété. D'une part, les rapports marchands peuvent avoir une plus ou moins grande extension selon les marchés : marché de biens, marché du travail, marché du crédit... Dans ces marchés, la concurrence peut intervenir entre une multitude de producteurs et de demandeurs ou au contraire mettre en jeu la domination d'un petit nombre d'agents, soit offreurs, soit demandeurs. C'est une première source très importante de différenciation des capitalismes : l'extension et la nature des rapports marchands. D'autre part, une variété au moins équivalente régit les formes du rapport capital/travail, selon la nature des principes de division du travail (monde d'ouvriers professionnels, division taylorienne des tâches, ou encore marché interne propre à la grande entreprise, etc.), les modalités de rémunération des salariés (fixée sur des marchés locaux, des marchés professionnels ou à l'issue de négociations collectives à divers niveaux, sectoriels comme nationaux) et la reconnaissance plus ou moins complète de droits collectifs à travers la couverture sociale... Voilà pourquoi, d'un strict point de vue théorique, peuvent coexister... ou se succéder dans l'histoire divers capitalismes.

Mais la lecture régulationniste pousse l'analyse en spécifiant quelques-unes des raisons de la diversité des capitalismes nationaux et de leur évolution au cours du temps. L'institutionnalisation d'une forme du rapport marchand et d'un type du rapport salarial ne résulte pas de la seule sélection en fonction de critères d'efficience économique. Les recherches historiques sur de longues périodes suggèrent que ce processus intervient en réaction à des crises structurelles d'un régime antérieur, qu'il mobilise de façon essentielle les luttes politiques et sociales et que, par ailleurs, les guerres ont souvent joué un rôle important dans la synchronisation et la légitimation des changements apportés à un ordre économique antérieurement réputé immuable. Voilà la raison pour laquelle on peut parler à juste titre de capitalismes nationaux, au moins pour les pays dont l'industrialisation est ancienne.

Mais aucun régime économique n'est susceptible de se reproduire à l'identique sur la longue période, contrairement à ce que postulent la plupart des théories économiques contemporaines obsédées par l'hypothèse d'anticipations rationnelles d'agents optimisant leurs décisions sur l'horizon complet de leur cycle de vie dans un environnement stationnaire. Un ensemble de formes institutionnelles peut d'abord impulser un mode de régulation initialement viable et à peu près cohérent. Mais au fur et à mesure que se succèdent les cycles économiques, apparaissent diverses sources de déstabilisation. Des conflits sociaux, relayés par le pouvoir politique, peuvent remettre en cause des institutions clés, alors même qu'émergent en général de nouvelles formes pour les déséquilibres économiques. Par exemple, une inflation cumulative a été associée à la croissance de l'après-guerre, ce qui n'a pas manqué à terme de déstabiliser le régime monétaire international et national. Alors, peut s'ouvrir un nouvel épisode de crise structurelle au sens précis de ce terme : les ajustements économiques induits par le mode de régulation déstabilisent les formes institutionnelles qui en sont la base.

R. BOYER

---

1. A. Schonfield, *Le Capitalisme d'aujourd'hui : l'Etat et l'entreprise*, Gallimard, 1967.
2. On soulignera quelques exceptions : D. Soskice, B. Rowthom, M. Aoki...
3. M. Aglietta, *Régulation et Crises du capitalisme*, Calmann-Lévy, 1982.
4. R. Boyer, *La Théorie de la régulation : une analyse critique*, La Découverte, 1986.

JEAN-FRANÇOIS DORTIER*

L'ESSOR DE L'INDUSTRIALISATION EN OCCIDENT

À PROPOS DU LIVRE DE PATRICK VERLEY
L'ÉCHELLE DU MONDE**

Patrick Verley montre comment l'essor de la demande, l'émergence d'un modèle de consommation, et l'invention de circuits de distribution et de commerce ont constitué les moteurs de la révolution industrielle.

S'IL EST VRAI que nous sommes en train de vivre une troisième révolution industrielle (fondée sur la micro-informatique, le multimédia et la mondialisation des marchés), il n'est pas inutile de se pencher sur les ressorts de la première, sur ses causes et sur sa dynamique globale. C'est ce que nous propose Patrick Verley, spécialiste d'histoire économique et déjà auteur d'un ouvrage de référence sur la question (1) avec cette magistrale étude sur «l'industrialisation de l'Occident».

De la première révolution industrielle, on retient souvent quelques symboles clés : la machine à vapeur et le chemin de fer, l'exploitation forcenée des prolétaires dans les mines ou les grandes usines de textiles, le luxe et l'appât du gain de la bourgeoisie conquérante. En fait, l'industrialisation suppose une transformation globale de l'économie et de la société : les innovations techniques se sont accompagnées de la création de nouveaux marchés intérieurs, de la croissance du commerce mondial, de l'apparition d'une couche sociale d'entrepreneurs et d'ingénieurs, de la mobilisation de capitaux, de l'apparition de nouvelles sources d'énergies, d'une révolution des transports, de la diffusion de nouveaux modèles de consommation.

---

* Rédacteur en chef du magazine *Sciences Humaines*.
** Présentation du livre de P. Verley, *L'Echelle du monde*, Gallimard, 1997, parue dans *Sciences Humaines*, n° 81, mars 1998.
1. *La Révolution industrielle*, ouvrage paru en 1992, mais aujourd'hui entièrement refondu dans une nouvelle édition (Folio Gallimard, 1997).

Tous ces facteurs sont imbriqués, mais sont-ils les ressorts profonds de cette révolution ? C'est là une des premières grandes questions posées aux historiens.

Dans une première partie, P. Verley propose une synthèse d'un siècle d'études sur le sujet. Les innovations techniques (machine à vapeur, chemin de fer, métier à tisser, etc.) ont été considérées par de nombreux auteurs comme le moteur de l'industrialisation. D'autres ont insisté sur le rôle des structures de production : l'invention du capitalisme industriel, l'exploitation des salariés dans les grandes fabriques. Certains, comme Paul Bairoch, ont souligné l'importance de la révolution agricole comme condition préalable au décollage industriel. D'autres, enfin, ont mis tour à tour en avant l'importance de l'essor démographique, des nouvelles structures politiques et idéologiques et du rôle stimulant du marché.

Après un siècle d'historiographie, note cependant P. Verley, il n'est pas aisé de s'accorder sur une vue d'ensemble du processus. D'où viennent ces divergences d'interprétation ? Il y a plusieurs raisons à cela. D'abord, chaque auteur se focalise sur un aspect de la réalité (la technique, la dynamique du marché, tel secteur de production) et, comme c'est souvent le cas, a tendance à survaloriser l'impact de son objet d'étude au détriment d'autres facteurs. Ensuite, on voit bien que *les différents auteurs ne posent pas la même question*. Certains s'interrogent sur les moteurs du changement, d'autres sur les conditions préalables du démarrage (révolution agricole, démographique ou culturelle) ;

certains encore centrent leur travail sur un cas national particulier ou une étape précise de la révolution. Enfin, il est certain que les interprétations des historiens sont *« conditionnées par les visions théoriques et les problèmes de leur temps »*. Toujours est-il que *« l'accumulation des travaux n'est pas parvenue à dégager aujourd'hui un consensus sur ce thème, ni même une direction unique dans laquelle les connaissances pourraient se sédimenter »*.

Pour tempérer ce constat désabusé, remarquons pourtant que la plupart des interprétations ne sont, au fond, pas exclusives. Seule la radicalisation d'une thèse conduit à des oppositions irréductibles. Beaucoup d'auteurs admettent aujourd'hui l'existence d'un processus en chaîne. Des phases différentes se succèdent : certains facteurs, prépondérants à un moment, perdent de leur importance alors que d'autres émergent et deviennent déterminants, entretenant ainsi leur propre dynamique. Par exemple, on peut repérer en Grande-Bretagne deux phases successives de l'industrialisation. La première est une phase de croissance (période 1800-1830) qui est fondée sur la division du travail et la conquête d'un marché intérieur (2). Un autre régime de croissance a pris ensuite le relais, fondé sur les innovations techniques. Ces deux phases qui se suivent (en se chevauchant largement) ne sont donc pas

---

2. Cette croissance est dite « smithienne » en référence à Adam Smith, qui analyse effectivement la croissance comme un phénomène lié à la division du travail (de la division du travail dans la fabrique au commerce entre nations) et non de la technique (qui tient peu de place dans son œuvre).

mues par la même logique : l'une est produite par la demande croissante (qui stimule l'innovation et l'essor des centres de production), l'autre est propulsée à son tour par l'offre de production et la baisse des coûts.

Ainsi, le cas du « ratage » hollandais est intéressant. Au XVIIIe siècle, la Hollande est en avance sur les autres pays d'Europe et dispose de nombreux atouts pour s'engager dans la voie de l'industrialisation. En effet, elle possède un grand centre financier, la confiance des négociants due à sa tolérance politique, une main-d'œuvre qualifiée, des savoir-faire techniques, des réseaux commerciaux, du combustible à bon marché (tourbe). Elle possède enfin une production de qualité dans plusieurs secteurs clés : tuileries, brasserie, teintures, draperies, porcelaine de Delft, textiles. Pourtant, l'économie hollandaise va perdre de son dynamisme dès le début du XIXe siècle. Pourquoi ? L'auteur souligne une raison majeure, déjà relevée par Fernand Braudel : l'absence de marché intérieur suffisamment puissant et la restriction des marchés extérieurs due aux guerres et bouleversements politiques.

Les exemples anglais et hollandais illustrent bien, selon P. Verley, le rôle essentiel joué par la demande dans l'industrialisation. Ce facteur est selon lui trop négligé par les explications traditionnelles qui mettent en effet l'accent sur le rôle de l'offre : techniques, capitaux, main-d'œuvre, entrepreneurs.

L'auteur va s'attacher dans la suite de son étude à décrire cet aspect méconnu de l'industrialisation. Dès la fin du XVIIe siècle, et donc bien avant le décollage technologique, on constate en Grande-Bretagne une augmentation de la consommation de biens manufacturés – vêtements, ameublement, alimentation – qui s'étend dans les larges couches de populations. Quels sont les éléments déterminants de cette nouvelle consommation ? Plusieurs types de produits jouent un rôle stimulant. Les produits de luxe pour les classes aisées sont des marqueurs sociaux qui traduisent, dans les familles aristocratiques, une consommation ostentatoire. Les ventes des produits « féminins », de type savons, ustensiles de cuisine, gants, bonneterie, soieries, augmentent de façon considérable.

Dans les classes intermédiaires se développe une consommation de produits imitant les produits de luxe : soie mélangée, orfèvrerie d'argent plaqué, bijouterie en faux, etc. Ce mécanisme d'émulation sociale est l'un des ressorts puissants de l'extension des marchés. Témoin : l'industrie des indiennes (toiles de coton légères imprimées par impression) servant à la confection des jabots, des manchettes et autres accessoires raffinés, connaît un succès foudroyant. « *La production des indiennes, premier produit industriel de consommation de masse dont le marché dépasse le cadre national, donne naissance, dans toute l'Europe, à de nombreuses entreprises importantes pour l'époque, qui emploient souvent entre cent et mille ouvriers et qui, de surcroît, s'organisent et fonctionnent de manière similaire.* » Elle est un point de départ de l'industrialisation dans le textile, la branche industrielle la plus importante durant la majeure partie du XIXe siècle.

Les classes populaires n'accèdent à la consommation industrielle que grâce à l'augmentation des revenus des ménages liée à l'entrée des femmes et des enfants sur le marché du travail. Cela permet un gonflement de la consommation populaire des produits industriels : ustensiles de cuisines, outils de bricolage ou de couture, de tissus et parfois de chaussures.

L'extension du marché intérieur, la diffusion de nouveaux produits et de nouveaux modèles de consommation n'auraient pas été possibles sans le développement des moyens de transport et l'invention de nouveaux circuits de distribution. Contrairement à une idée reçue, le chemin de fer n'a été ni une condition indispensable, ni le moteur principal de l'industrialisation pendant la première phase (3). C'est par route et par bateaux, dont les réseaux se multiplient, que se fait l'essentiel du commerce. Les nouvelles structures commerciales se mettent en place avec des grands négociants, des grossistes, mais surtout une véritable révolution du commerce de détail. Alors que le marché, le colportage, les foires deviennent un lieu de diffusion de nouveaux produits de consommation, apparaissent enfin les premiers grands magasins. Le Bon Marché est fondé en 1852 et La Samaritaine en 1869. Un autre élément de la croissance des marchés résidera enfin dans l'exportation des marchandises.

Finalement, quelle conclusion tirer de cette leçon d'histoire ? L'auteur a certes voulu revaloriser le rôle stimulant de la demande sur l'offre mais sans jamais prétendre en faire un nouveau *deus ex machina*. Une fois les conditions initiales réunies, la révolution industrielle s'est lancée dans une dynamique de croissance largement auto-entretenue où offre et demande vont tour à tour jouer un rôle déterminant, dans un processus cyclique, non dépourvu de heurts, de distorsions, d'emballements et de ralentissements.

---

3. Comme l'ont montré les travaux de R.W. Fogel, l'un des tenants de la New Economic History.

JEAN-FRANÇOIS DORTIER[*]

LES RESSORTS CACHÉS DE LA NOUVELLE ÉCONOMIE[**]

Le boom que connaît l'économie américaine depuis dix ans doit-il vraiment être attribué aux nouvelles technologies ? C'est ce que contestent nombre de spécialistes, qui trouvent bien d'autres raisons au nouveau cycle de la croissance américaine.

L'EXPRESSION nouvelle économie est apparue pour la première fois aux Etats-Unis en décembre 1996, sur la couverture de *Business Week*. Le magazine consacrait alors un dossier au boom de l'économie américaine. Tout commençait par un constat : une croissance impétueuse depuis le début des années 90, une inflation maîtrisée, une progression boursière vertigineuse, des créations d'emplois par millions et un chômage qui chute. La cause de tout cela ? L'ordinateur et Internet évidemment ! Les nouvelles technologies seraient le moteur d'une troisième révolution (post)industrielle, source du dynamisme économique actuel.

Depuis, la formule a fait mouche. La nouvelle économie a fait les gros titres des revues économiques ; rapports officiels, colloques, articles, sites web lui sont consacrés. Au-delà des chiffres et des constats, la nouvelle économie est devenu une idée-force, un slogan. Elle a ses symboles (Amazon.com, Yahoo, l'indice Nasdaq) son vocabulaire (*start-up, e-commerce, e-business*), ses hauts lieux (la Silicon Valley), sa mythologie (le petit Linux qui défie le géant Microsoft, la mégafusion AOL-Times Warner), ses gourous et ses détracteurs.

Tenants du New Age contre traditionalistes

Si le dynamisme de l'économie américaine depuis dix ans maintenant n'est

---

[*] Rédacteur en chef du magazine Sciences Humaines.
[**] *Sciences Humaines*, hors série n° 28, mars/avril/mai 2000.

contesté par personne, reste que les interprétations sur les causes profondes suscitent bien des débats. Deux thèses s'affrontent à ce propos.

Pour les tenants de la thèse dite du New Age – du Nouvel Age de l'économie (1) –, une révolution industrielle est en cours aux Etats-Unis. Elle s'appuie sur l'ordinateur, les logiciels et Internet (les NTIC, ou nouvelles technologies de l'information et des communications). Les NTIC généreraient d'énormes gains de productivité, diminuant les coûts d'organisation et de transport, ouvrant de nouveaux marchés. Le secteur de l'édition en est le témoin. Les transmissions de textes ou d'images se font désormais en ligne, de l'auteur à l'éditeur, puis à l'imprimeur. Des sociétés comme Amazon.com vendent des livres en ligne aux quatre coins de la planète, la promotion est assurée par le réseau… De la production à la distribution et au marketing, tout change.

Les promoteurs de la *new economy* parlent de «nouveau paradigme» à propos de la révolution managériale et de la révolution industrielle. Car elle changerait les lois mêmes de l'économie. L'information et l'immatériel seraient la nouvelle source de richesse de cette économie numérique. Comme l'affirme Manuel Castells, «*l'ère informationnelle repose sur la technologie de la production de savoir, et (…) la principale source de productivité, c'est le savoir*» (2).

Mais la thèse du New Age n'est pas partagée par tous. Certains économistes, tenants de la thèse «traditionnelle», avancent des interprétations plus conjoncturelles pour expliquer la dynamique de la croissance américaine. Tout d'abord, on a fait remarquer que cette phase de croissance n'est, quant à elle, pas si exceptionnelle. Le cycle actuel est comparable à celui des années 60 aux Etats-Unis – marquées par une croissance forte, une faible inflation et peu de chômage (3).

• Les nouvelles technologies ne seraient que pour une faible part dans la dynamique actuelle. Selon les calculs les plus optimistes, leur part est évaluée au mieux à un tiers de la croissance des grands pays industriels (4).

• De plus, contrairement à ce que déclarent les tenants de la *new economy*, la productivité du travail semble avoir peu augmenté sous l'effet des nouvelles technologies. C'est le fameux paradoxe de Solow : tout se passe comme si des millions d'ordinateurs installés dans les bureaux n'avaient pratiquement pas augmenté la performance des entreprises (*voir l'encadré page suivante*) !

• Dernier argument : la miraculeuse absence d'inflation – habituellement, l'inflation grimpe avec la croissance de l'économie et la baisse du chômage – pourrait s'expliquer par bien des raisons, qui n'ont rien à voir avec la magie de la nouvelle économie (5). Tout d'abord, le coût du travail a faiblement augmenté depuis dix ans, du fait de la faiblesse des revendications salariales, de la réduction des coûts non salariaux

1. Le Nouvel Age de l'économie n'a rien à voir avec le mouvement culturel et spirituel du New Age.
2. *Croissance*, septembre 1999.
3. M. Wolf, « Not so new economy », *Financial Times*, 4 août 1999.
4. H. Passeron, C. de Perthuis et R. Marti, « Quel impact sur la croissance française ? », *Problèmes économiques*, n° 2642, décembre 1999.
5. A. Brender et F. Pisani, *Le Nouvel Age de l'économie américaine*, Economica, 1999.

Le paradoxe de Solow

Dès 1987, le Prix Nobel Robert Solow, dans une déclaration au *New York Times Book Review*, constatait que *« l'âge de l'ordinateur est arrivé partout, sauf dans les statistiques de la productivité »*. En effet, alors que la diffusion des technologies dans les entreprises aurait dû accroître la productivité du travail, les indices de productivité stagnaient. Depuis, l'évolution a été assez faible : de 1992 à 1995, la productivité a augmenté seulement de 1 % aux Etats-Unis, et de 2,1 % l'an de 1996 à 1998 (elle était de 3 % dans les années 60). Une révolution technologique qui n'améliore pas le rendement du travail, voilà un mystère...

On explique aujourd'hui ce paradoxe par plusieurs arguments. Certains contestent simplement les instruments de mesure officiels ; pour d'autres, les NTIC ont initialement une faible productivité (à cause d'effets d'apprentissage, de coûts d'organisation) ; d'autres encore soulignent que le paradoxe de Solow date de 1987 et que, depuis, la productivité a beaucoup augmenté.

Les appréciations globales sont cependant à nuancer, tant les différences de productivité sont énormes selon les branches. Dans certains domaines, comme les transports ou les banques, les gains de productivité sont très importants. Dans le commerce de détail, en revanche, ils sont faibles.

On comprend pourquoi : l'ordinateur et Internet peuvent et ont révolutionné le travail dans la gestion des billets de train ou d'un compte bancaire. Pour le marchand de légumes, ils n'ont eu qu'un faible impact. Et comme le secteur du commerce de détail emploie beaucoup de main-d'œuvre, cela fait baisser la moyenne globale.

J.-F.D.

(assurances maladies) et du développement des *stock-options* (largement distribuées aux Etats-Unis et qui se substituent en partie aux augmentations de salaire). La concurrence exacerbée entre les entreprises et l'essor des chaînes de hard discount contribuent aussi à freiner les prix. Enfin, la politique monétaire anti-inflationniste menée par la Fed (Banque fédérale) ou la baisse du prix des matières premières sont autant de facteurs conjoncturels favorables à la croissance et à l'absence d'inflation.

Des mutations combinées

Alors, New Age de l'économie ou cycle de croissance traditionnel ? La difficulté à penser le phénomène tient au fait que plusieurs transformations – technologiques, managériales, économiques, sociales – se sont combinées durant les années 90 aux Etats-Unis.

Tout d'abord, même si les NTIC n'ont eu qu'un faible impact sur la productivité, cela ne veut pas dire qu'elles n'ont pas eu un fort impact sur le dynamisme économique dans son ensemble. En matière de technologie, il faut toujours distinguer les innovations qui portent sur les processus de production et les innovations de produits. L'ordinateur ou Internet sont à la fois tant des outils de production, des produits de consommation que des moyens de communication. À ce titre, ils agissent à plusieurs niveaux.

Il y a les branches directement productrices de NTIC (téléphonie, informatique et électronique, services informatiques). Elles représentent 10 % de l'économie américaine (6). Il y a les branches qui intègrent les NTIC dans leurs dispositifs de production : tous les secteurs sont touchés, de la banque à l'agriculture (40 % des salariés travaillent en France avec un ordinateur, 46 % aux Etats-Unis). Il y a ensuite les branches qui intègrent des NTIC dans leurs produits (électroménager, automobile, aéronautique, banques). Il y a les secteurs où se développe le commerce électronique (de la vente de voyages à la pornographie).

Enfin, n'oublions pas aussi que les NTIC ne se réduisent pas à l'ordinateur et Internet : ce sont aussi les jeux vidéo, le téléphone mobile, les CD-Roms et les DVD, la télévision par câble et par satellite. Reste que les spécialistes ont du mal à mesurer l'impact global de ces NTIC sur la croissance et l'emploi (7). Accompagnant cette «troisième révolution industrielle» des NTIC, le capitalisme américain a connu par ailleurs d'autres transformations notables. En matière managériale : la *corporate governance* marque la prise du pouvoir par les actionnaires au détriment des managers, avec les vagues de fusion-acquisi-

tion d'entreprises et le phénomène des *start-up*. Puis il y a la globalisation financière (qui a drainé beaucoup de capitaux vers les entrepreneurs), la conquête des marchés émergents (en Asie et Amérique latine). Autant de facteurs qui ont remué l'économie américaine et impulsé des mutations profondes.

Tout cela s'inscrit sur un fond sociologique, particulier à l'Amérique, qui favorise l'innovation. Le dynamisme entrepreneurial progresse de façon continue (530 000 créations d'entreprises en 1980, 800 000 en 1997) favorisé par un dispositif d'aide à l'innovation : du capital-risque sous toutes ses formes (*partnerships, small business investment companies, business angels*) au rôle de la recherche-développement (2,6 % du PIB aux Etats-Unis (8), un budget assuré à 70 % par la recherche privée), en passant par les relations étroites entre universités et entreprises. Technologies, management, structures économiques, conjoncture... les facteurs sont nombreux qui permettent d'expliquer la croissance actuelle aux Etats-Unis. Une chose est sûre : que l'on croit aux vertus de la nouvelle économie ou que l'on souligne la complexité des processus, il est clair que depuis 1990, le capitalisme est entré dans une nouvelle période.

---

6. H. Baudchon, «Une troisième révolution industrielle aux Etats-Unis ? », *Problèmes économiques*, n° 2642, décembre 1999.
7. P. Petit (dir.), *L'Economie de l'information. Les enseignements des théories économiques*, La Découverte, 1998 ; E. Brousseau et A Rallet, *Technologie de l'information. Organisation et performances économiques*, Commissariat général du plan, 1999.
8. 2,3 % en France ; 1,7 % en Grande-Bretagne ; 1,1 % en Italie.

Croissance et développement

Dominique Guellec[*]

CROISSANCE MONDIALE : LES NOUVELLES PERSPECTIVES[**]

D'où vient la croissance ? Est-elle durable ? Pourquoi est-elle forte dans tel pays, faible dans tel autre ? Quelles sont les dynamiques à l'œuvre à l'échelle mondiale ? Des théories récentes apportent de nouveaux éléments de réponse.

E N L'ESPACE d'un peu moins de deux siècles, la production par habitant a été multipliée par 14 dans les pays occidentaux. Cette forte progression correspond à un taux de croissance annuelle de la production par tête de 1,3 %.

Imaginons que ce taux ne fût que de 1 %, soit un taux à peine inférieur à la réalité. Le résultat aurait été le suivant : aujourd'hui, dans les pays occidentaux, le niveau de vie moyen serait inférieur de moitié à ce qu'il est en réalité. Ainsi, une faible variation du taux annuel de croissance se traduit dans le long terme par des écarts énormes de niveau de vie. Cela montre le caractère fondamental des questions liées à la croissance économique.

Pour les économistes, la croissance désigne le processus par lequel la production par tête de biens et de services augmente au cours du temps. Ainsi définie, la croissance n'en est pas moins restée longtemps une énigme. D'où vient en effet la croissance ? Quels en sont les facteurs explicatifs ? Pourquoi des écarts existent-ils d'un pays à l'autre ? D'une époque à l'autre ? Ces interrogations sont anciennes et ont inspiré de nombreuses théories (*voir l'encadré page suivante*).

La compréhension du phénomène de croissance a connu de nouvelles avan-

---

* Administrateur de l'INSEE. Cependant, les analyses présentées ici n'engagent en aucun cas l'Insee. Il est l'auteur de *Economie de l'innovation*, La Découverte, 1999 et des *Nouvelles Théories de la croissance*, avec P. Ralle, La Découverte, 1995.
** *Sciences Humaines*, n° 56, décembre 1995.

Nouvelles théories de la croissance

Pour ces nouvelles théories, la croissance résulte de quatre facteurs qui interagissent. En investissant dans de nouveaux équipements (capital physique), une firme contribue directement à la croissance (augmentation de la production). Mais l'investissement induit aussi à terme une augmentation du capital technique (à travers le progrès technique) et du capital humain (grâce à l'élévation du niveau de qualification général de la population). Les investissements consentis par la collectivité (l'Etat en l'occurrence) agissent quant à eux directement sur le capital public et indirectement sur le capital humain (amélioration du niveau de scolarisation et de l'état sanitaire général) et le capital technique (renforcement de la quantité de connaissances disponibles).

Les autres théories

• Les théories classiques

Dès le XVIIIᵉ siècle, Adam Smith (1723-1790), considéré comme le père fondateur de la pensée classique, identifie de multiples causes à l'augmentation de la «richesse des nations» (ce qu'aujourd'hui nous appelons croissance) : outre l'accroissement des moyens de production mis à la disposition des travailleurs, A. Smith met en avant la division du travail et la spécialisation qu'elle implique, le développement des échanges, etc. Mais à sa suite et jusqu'à une période récente, ces facteurs sont considérés comme «exogènes», c'est-à-dire indépendants les uns des autres et extérieurs à la logique des agents économiques. Seule l'accumulation du capital était prise en considération par les représentants de la théorie économique classique, plus attachés à définir les conditions d'équilibre de leur modèle que celles d'une croissance auto-entretenue.

• Le modèle postkeynésien de Roy Harrod et Ersey D. Domar

Formulé dans les années 40, à la suite des travaux de Keynes, le résultat de ce modèle tient en une formule : $g = s/k$ où g est le taux de croissance, s le taux d'épargne et k le taux d'investissement en capital. Cela signifie que la croissance est en relation directe avec l'investissement en capital des entreprises et que cet investissement dépend lui-même de l'épargne des ménages (en effet, pour investir, il faut que de l'épargne ait été dégagée). La conclusion pratique de ce modèle est que l'Etat peut agir sur le niveau de croissance en encourageant l'épargne.

• La théorie hétérodoxe de Joseph A. Schumpeter (1883-1950)
Les nouvelles théories de la croissance lui doivent beaucoup : ses principaux travaux datent des années 30 et 40 et mettent l'accent sur l'innovation comme facteur explicatif de la croissance et du développement économique à long terme.

Pour Schumpeter, *« la croissance économique n'est pas un phénomène autonome qui puisse être analysé de façon satisfaisante en termes purement économiques seulement »* (voir l'article sur Joseph Schumpeter page 35).

• Le modèle néoclassique de Robert Solow (1956)
Il se situe dans le cadre du modèle du marché de Léon Walras. Le but du modèle est de montrer qu'il peut exister une croissance stable et « équilibrée » (c'est-à-dire sans surchauffe, ni oscillation) lorsqu'il y a une juste répartition entre le capital (K) et le travail (L), les deux facteurs de production. L'évolution de la relation entre travail et capital est définie par une fonction, dite fonction Cobb-Douglas.

Dans une première formulation, le modèle de R. Solow ne prend pas en compte le progrès technique. Par la suite, il sera intégré comme une donnée « exogène » et défini comme « facteur résiduel ». Ces travaux vaudront à leur auteur le prix Nobel d'économie en 1987.

• La théorie de la régulation et la croissance « fordiste »
Pour les théoriciens de la régulation (Michel Aglietta, Robert Boyer), la longue phase de croissance qui va de l'après-guerre au milieu des années 70 repose sur un couple production de masse/consommation de masse.

La production de masse se fonde sur une organisation du travail « fordiste » : une organisation scientifique du travail inspirée du taylorisme et des chaînes de montage. Le tout permet une standardisation de la production et par conséquent des gains de productivité importants.

La consommation de masse se traduit par la création de débouchés pour de nouveaux produits et s'accompagne d'une élévation des revenus. Celle-ci est elle-même liée à des relations professionnelles (rapport salarial) basées sur la négociation collective et à l'instauration d'un Etat-providence (*Welfare State*) en charge de la redistribution des revenus.

JEAN-FRANÇOIS DORTIER

cées au cours des années 80 grâce à de multiples recherches théoriques.

Les nouvelles théories

Ce qu'il est convenu d'appeler les «nouvelles théories de la croissance» prend désormais en compte des facteurs qui étaient auparavant soit ignorés, soit considérés comme des facteurs «exogènes», c'est-à-dire extérieurs à la logique économique. Pour les nouvelles théories, la croissance est un phénomène auto-entretenu par accumulation de quatre facteurs principaux : le capital physique, la technologie, le capital humain, le capital public. Le rythme d'accumulation de ces variables dépend de choix économiques. C'est pourquoi on parle également de théories de la croissance endogène.

• **Le capital physique** : c'est l'équipement dans lequel investit une entreprise pour la production de biens ou de services. Cette source est connue des théories traditionnelles. L'économiste Paul Romer en a cependant renouvelé l'analyse. En 1986, il propose un modèle qui repose sur les phénomènes d'«externalité» entre les firmes : en investissant dans de nouveaux équipements, une firme se donne les moyens d'accroître sa propre production mais également celles des autres firmes, concurrentes ou non. L'explication de ce phénomène réside dans le fait que l'investissement dans de nouvelles technologies est le point de départ à de nouveaux apprentissages par la pratique. Parmi les formes d'apprentissage, citons : l'amélioration des équipements en place, les travaux d'ingénierie (agencement des technologies existantes), l'augmentation de la compétence des travailleurs... Or, ce savoir ne peut être approprié par la firme qui le produit. Il se diffuse inévitablement aux autres firmes. L'investissement a un double effet : il agit directement sur la croissance et indirectement sur le progrès technique.

• **La technologie** : si la connaissance est un bien public, difficilement appropriable, il n'en est pas de même de la technologie. Les entreprises peuvent en effet capter une partie de la rente associée à l'innovation en s'octroyant un monopole, même temporaire, sur l'usage de celle-ci. Pour cela, les entreprises peuvent exercer un monopole légal en déposant un brevet. Mais les firmes innovantes peuvent également mettre à profit le retard de leurs concurrents pour procéder à de nouvelles innovations, constituer un réseau de vente, exploiter les retombées médiatiques pour conforter leur réputation, etc.

Ainsi, les investissements en recherche et développement ont un double effet. D'abord, ils sont à l'origine de biens et de procédés nouveaux, et par conséquent sources de revenus pour les innovateurs. Ensuite, ils sont pourvoyeurs d'idées qui serviront de point de départ à des innovations ultérieures. Celles-ci, en revanche, sont des biens publics, d'accès ouvert, permettant à des firmes autres que l'innovateur initial de faire progresser la technique. C'est l'accumulation de ces connaissances nouvelles, issues de connaissances anciennes et de la recherche, qui fait progresser la technologie, et donc la productivité.

• **Le capital humain** : il a été mis en évidence par deux économistes de l'Ecole de Chicago, Theodor Schultz et Gary

Becker, et est au centre des études menées par Robert E. Lucas, Prix Nobel d'économie 1995. Il désigne l'ensemble des capacités apprises par les individus et qui accroissent leur efficacité productive. Chaque individu est en effet « propriétaire » d'un certain nombre de compétences, qu'il valorise en les vendant sur le marché du travail. Cette vision n'épuise certes pas l'analyse des processus de détermination du salaire individuel sur le marché du travail, mais elle est très puissante lorsqu'il s'agit d'analyser des processus plus globaux et de long terme. Dans ce schéma, l'éducation est un investissement dont l'individu attend un certain retour. Il est alors naturel de souligner que la tendance, plus que séculaire dans les pays occidentaux, à un allongement de la durée moyenne de la scolarité est une cause non négligeable de la croissance.

• **Le capital public :** il correspond aux infrastructures de communication et de transports. Elles sont au cœur du modèle élaboré par l'économiste américain Robert J. Barro. En théorie, le capital public n'est qu'une forme de capital physique. Historiquement, il résulte des investissements opérés par l'Etat et les collectivités locales. Le capital public comprend donc également les investissements dans les secteurs de l'éducation et de la recherche.

En mettant en avant le capital public, les nouvelles théories de la croissance soulignent les imperfections du marché. Outre l'existence de situations de monopole, ces imperfections tiennent aux problèmes d'appropriation de l'innovation. Du fait de l'existence d'externalités entre les firmes, une innovation

comme il a été déjà dit se diffuse d'une façon ou d'une autre. La moindre rentabilité de l'innovation qui en résulte dissuade l'agent économique d'investir dans la recherche et développement. Dans ce contexte, il pourra incomber à l'Etat de créer des structures institutionnelles qui soutiennent la rentabilité des investissements privés et de subventionner les activités insuffisamment rentables pour les agents économiques et pourtant indispensables à la société. Cette réhabilitation (même prudente et conditionnelle) de l'action publique dans les nouvelles théories a soulevé des polémiques aux connotations souvent idéologiques parmi les économistes.

Bien que plus réalistes que les théories traditionnelles, les nouvelles théories de la croissance n'en demeurent pas moins des… théories. Leur interprétation induit une vision harmonieuse, pacifiée, de la croissance. C'est seulement à un niveau élevé d'abstraction, c'est-à-dire loin « *du bruit et de la fureur de l'histoire* » qu'elle trouve une parfaite cohérence. Mais même à ce niveau, les nouvelles théories de la croissance contribuent à éclairer les dynamiques à l'œuvre au niveau mondial et sur le long terme. Parmi ces dynamiques, trois d'entre elles devraient participer de manière décisive au maintien durable de la croissance.

Les NPI, nouvelles locomotives de la croissance

La première dynamique est l'entrée sur la scène économique mondiale de nouveaux acteurs qui n'y étaient jusqu'à présent que des figurants. La Chine, l'Indonésie, bientôt l'Inde suivent la

Thaïlande, elle-même derrière Hong Kong, Singapour, Taïwan et la Corée. L'Amérique latine se joint au processus, l'Europe de l'Est aussi, et même certains pays d'Afrique sous l'impulsion de la nouvelle Afrique du Sud, dont les investissements à l'étranger sont appelés à se développer. Le poids des Nouveaux Pays Industrialisés (NPI) d'Asie du Sud-Est dans l'activité mondiale devient significatif, il sera bientôt prédominant. Selon la Banque mondiale, les pays de l'OCDE pèsent en 1995 pour 56 % de la production mondiale. Leur part sera inférieure à 50 % en l'an 2000, et passera sous la barre des 40 % avant 2020. Le mécanisme à la base de ce développement est le « rattrapage » technologique. Les pays du Sud bénéficient de l'existence d'un stock mondial de technologies incomparablement plus grand que celui dont disposaient leurs prédécesseurs. Cela explique la rapidité de leur développement. Il a fallu quatre-vingts ans à l'Angleterre pour doubler sa production par tête au XIXe siècle, cela n'a pris que dix ans à la Chine dans les années 80. Les chaînes de production automobiles montées dans ce pays, si elles n'ont pas le degré d'automatisation de celles en place dans les pays développés, ne sont cependant pas loin derrière. Ce même processus de rattrapage a été à l'œuvre dans l'après-guerre pour les pays européens, dont le modèle était alors les Etats-Unis. Par les investissements américains à l'étranger, les missions d'ingénieurs européens aux Etats-Unis, la diffusion des machines *made in USA*, un transfert s'est alors opéré, grâce auquel les niveaux de productivité sont aujour-

d'hui similaires des deux côtés de l'Atlantique. C'est le même avenir qui s'annonce à plus ou moins long terme pour les pays du Sud. Certains ont d'ores et déjà comblé une grande partie de leur retard : le revenu par tête en Corée est plus élevé qu'au Portugal, sans parler de Singapour et de Hong Kong qui soutiennent la comparaison avec les plus avancés des pays de l'OCDE.

Le développement du Sud est souvent présenté comme un danger pour les économies occidentales, car ces pays chasseraient les pays dits développés de la plupart des segments productifs grâce à des coûts salariaux très bas. Nul doute que l'adaptation requise des économies occidentales sera profonde et douloureuse, et qu'elle a déjà commencé. En témoignent les délocalisations et les restructurations industrielles. Somme toute, les conséquences positives l'emportent sur le long terme. D'abord, il y a un élargissement des débouchés pour les produits des pays occidentaux, à condition de choisir les bons secteurs. Ce sont les secteurs adaptés à leur niveau technologique, qui est durablement supérieur à celui de la Chine, par exemple.

Les exportations de la France vers la zone « Asie en développement rapide » ont crû de 20 % en 1994, puis de 50 % (en rythme annuel) sur les cinq premiers mois de 1995 (les exportations totales de la France ont dans le même temps crû de 10 et 14 % respectivement). Le solde mensuel moyen de la France avec ces pays était négatif de 750 millions de francs en 1993, puis de 190 millions en 1994 : il est positif de 1,55 milliard sur les cinq premiers mois de l'année 1995. Il n'est pas nécessaire d'extrapoler une telle tendance (ce serait d'ailleurs hasardeux) pour en percevoir la signification : des producteurs plus actifs sont aussi des clients plus riches. L'ouverture des marchés ne peut avoir qu'un effet positif sur la recherche et l'innovation. Car plus un marché est grand, plus la demande en technologie croît. Le coût unitaire de fabrication s'en trouve réduit. De plus, un nombre accru de pays va se livrer à des activités de recherche. Or, la quantité de recherche agit directement sur le taux de croissance de l'économie. Une augmentation des efforts de recherche à l'échelle mondiale bénéficiera à tous les agents économiques, y compris ceux qui n'ont pas intensifié leur propre effort.

L'internationalisation des économies

Une deuxième dynamique à l'œuvre dans l'économie mondiale est l'intégration croissante des économies nationales. Elle se manifeste par l'expansion du commerce international, traditionnellement deux fois plus rapide que celle de la production. Les accords de l'Uruguay Round conclus en décembre 1994 prolongent le cadre institutionnel de cette expansion : diminution des droits de douane, protection de la propriété industrielle. Sa seconde manifestation est la constitution d'un nombre croissant de zones économiques intégrées regroupant elles-mêmes de plus en plus de pays : l'Union européenne, l'Alena (Amérique du Nord et progressivement du Sud), le Mercosur (cône sud de l'Amérique latine), l'Asean (Asie du Sud-Est)… L'analyse économique

traditionnelle souligne les avantages de l'internationalisation en termes d'une plus grande spécialisation de chaque pays dans les activités qu'il accomplit avec la plus grande efficience, c'est-à-dire ses «avantages comparatifs». Les nouvelles théories y ajoutent les gains dynamiques liés aux rendements d'échelle croissants, qui opèrent de la même façon que décrite précédemment pour le développement du Sud. Une plus grande ouverture des économies est plus ou moins équivalente à une expansion de la taille de chacune, car elle donne à chacune accès à des biens et services qu'elle ne produit pas.

La troisième tendance concerne la dynamique de l'innovation technologique. Les vingt dernières années ont connu le développement impressionnant des technologies de l'information, c'est-à-dire des technologies qui traitent, communiquent et stockent l'information. Internet et le multimédia en sont les rejetons les plus récents. La «loi de Moore», vérifiée sur les trente dernières années, stipule que la puissance de traitement des processeurs double tous les dix-huit mois environ. Et il n'y a aucun signe d'essoufflement à l'horizon, même si le processus ne saurait se poursuivre indéfiniment ! Dans le même temps, les firmes des pays développés ont fortement accru leurs dépenses en recherche et développement. De moins de 1,5 % du PIB au début des années 70 dans l'ensemble des pays de l'OCDE, elles sont passées à plus de 2,5 % aujourd'hui. Les raisons tiennent pour une part à l'évolution de la demande : les consommateurs (individus et entreprises) sont maintenant plus exigeants sur la qualité des produits, sur leur adaptation à leurs besoins spécifiques et sur l'intégration dans les produits des techniques les plus récentes.

La recherche a pleinement bénéficié de l'expansion des techniques de l'information et de la baisse de leur coût relatif. Sa rentabilité s'en trouve accrue : selon les analyses économétriques, les activités de recherche ont un rendement deux fois supérieur à celui des investissements en capital physique. Toutefois, l'usage du multimédia est plus répandu encore dans les laboratoires que dans les usines. Une part non négligeable des gains de productivité associés aux nouvelles technologies est donc encore devant nous. En effet, comme le montre le précédent historique de l'électrification, l'intégration par le système productif de technologies radicalement nouvelles requiert des adaptations en profondeur, qui concernent les technologies complémentaires, les qualifications des travailleurs, l'organisation des firmes, le cadre institutionnel des marchés. Tout cela prend du temps et conditionne la réalisation du potentiel technique.

Parallèlement au changement technique, on assiste à une augmentation du niveau de qualification des travailleurs. Cette tendance n'a rien de nouveau, elle est constitutive du progrès technique. Si celui-ci, historiquement, a de façon répétée réduit la demande de certaines qualifications, il a au total accru le niveau de compétence moyen requis. Il faut des hommes plus qualifiés pour maîtriser des processus techniques et économiques plus complexes. L'objectif fixé en France de 80 % de bacheliers par classe d'âge manifeste l'implication des pouvoirs publics dans ce processus. L'investissement dans le système éducatif est aujourd'hui plus encore qu'hier une condition de la croissance des nations.

Un pour tous, tous pour un ?

De grands espoirs de productivité sont donc à l'horizon : développement des pays du Sud, intégration internationale, informatique, éducation. Il reste cependant que la réalité exhibe aussi des traits largement moins souriants. Il y a tout d'abord les difficultés inhérentes aux périodes de transition des pays en développement vers l'économie de marché : la stabilisation politique, condition *sine qua non* du développement, est loin d'être assurée dans nombre de pays ; le chômage endémique sévit en Europe sans que des solutions opérationnelles ne soient en vue. Et puis il y a des problèmes de long terme, qui renvoient à des phénomènes de structure vraisemblablement inséparables de ceux qui engendrent la croissance même. Citons-en trois, sachant que la liste est loin d'être exhaustive : l'environnement, victime directe de la croissance ; l'accroissement des inégalités sociales, voire de la misère, dans les pays du Nord ; et les déficits publics qui, par la pression qu'ils exercent sur les taux d'intérêt, compromettent le financement de l'investissement. La capacité des sociétés à faire face à ces problèmes comptera pour beaucoup dans la trajectoire que suivra leur économie.

Sylvain Allemand[*]

LES ÉTAPES DE LA CROISSANCE ÉCONOMIQUE

SELON WALT WHITMAN ROSTOW[**]

Selon la théorie des étapes de la croissance économique, une société devrait passer par différentes phases, toujours les mêmes. Dans la réalité, les choses sont beaucoup plus complexes. Ce que W. Rostow lui-même était le premier à reconnaître.

POUR FAIRE VOLER son avion, un pilote doit passer par plusieurs étapes : faire tourner le moteur puis prendre de la vitesse ; une fois le décollage effectué, il prendra de l'altitude. Mais pour y parvenir, encore a-t-il fallu que les hommes se soient joué des lois de la gravitation universelle. Et s'il en allait de même pour qu'une économie atteigne un rythme soutenu de croissance ?

A moins qu'elle ne doive évoluer, à l'image d'un être humain devant passer successivement par plusieurs stades : enfance, préadolescence, maturité, force de l'âge... Sans doute est-ce dans cette double analogie, jamais explicitée mais toujours présente, qu'il faut chercher l'une des clés du rapide succès que rencontra la théorie des étapes de la crois-

sance, bien au-delà de la communauté des historiens et des économistes.

D'après cette théorie, élaborée dans les années 50, le développement des sociétés s'effectue en effet selon différentes étapes, toujours les mêmes, qui évoquent peu ou prou le décollage d'un avion ou les stades d'évolution d'un être humain : une période de transition, le démarrage proprement dit, la marche vers la maturité, enfin, la société de consommation de masse, étant entendu que le stade initial correspond à ce que Whitman Rostow désigne par « sociétés traditionnelles ». Non que celles-ci soient totalement immuables : comme

_____

* Journaliste scientifique au magazine _Sciences Humaines_.
** _Sciences Humaines_, n° 90, janvier 1999.

le reconnaît W. Rostow, leur histoire est jalonnée de transformations et d'innovations techniques. Mais l'accroissement de production rendu possible par ces dernières reste marginal.

La phase de transition voit apparaître les conditions préalables au démarrage : les prémices de la science moderne se diffusent, l'Etat s'édifie peu à peu, de nouveaux hommes animés de l'«esprit d'entreprise» apparaissent, le commerce intérieur et international s'élargit. Historiquement, les premiers pays à avoir connu cette phase sont situés en Europe occidentale. Sur le plan des connaissances, cette phase de transition coïncide avec la révolution newtonienne. L'étape suivante correspond au décollage proprement dit (*take-off*) et non à un simple démarrage, comme le suggère la traduction française. L'économie tire pleinement profit de l'application de la physique newtonienne et de la diffusion des sciences modernes. «*Les facteurs de progrès économique qui, jusqu'ici, n'ont agi que sporadiquement et avec une efficacité restreinte, élargissent leur action et en viennent à dominer la société.*» Les chemins de fer jouent un rôle déterminant. Historiquement, cette phase est atteinte dès le XIXᵉ siècle par la Grande-Bretagne, à l'occasion de la Révolution industrielle.

Une fois le décollage effectué, l'économie poursuit sa «marche vers la maturité», soit une longue période de progrès soutenu. Les premières industries (charbonnages, sidérurgie, industries mécaniques lourdes) sont relayées par de nouveaux secteurs industriels (chimie, électricité…). Cette phase de maturité est atteinte par la Grande-Bre-

tagne, l'Allemagne et les Etats-Unis dès la fin du XIXᵉ siècle, soit environ une soixantaine d'années après le début du décollage.

La société de consommation de masse marque une nouvelle ère. Peu à peu, les productions de biens durables et de services deviennent les principaux secteurs de l'économie. Les Etats-Unis sont les premiers à y accéder à partir de l'entre-deux-guerres. Dès les années 40-50, une large majorité de ménages américains est équipée en réfrigérateurs (69 % en 1946), en automobile (54 % en 1948), en télévision (86 % en 1956). Des taux d'équipement que la Grande-Bretagne et les autres pays industrialisés n'atteindront que quelques décennies plus tard.

Rostow *versus* Marx

En admettant qu'une telle théorie ne soit pas une lecture par trop réductrice de l'histoire des pays développés, ne condamne-t-elle pas les pays en développement, récemment décolonisés, à un destin préétabli ? Indéniablement, la théorie des étapes de la croissance est… «*une conception arbitraire et limitée de l'histoire moderne; et on ne peut dire non plus qu'elle soit exacte dans l'absolu*». L'auteur de ces propos peu amènes est W. Rostow lui-même, qui prit soin de prévenir le lecteur dès l'introduction de son ouvrage du caractère délibérément simplificateur de sa théorie (1).

Les étapes de la croissance sont imaginées à partir de l'observation minutieuse de l'évolution historique des pre-

---

1. Des propos que les détracteurs de Rostow rappellent en note de bas de page, quand ils n'omettent pas tout simplement de les signaler.

Théoricien et conseiller

Né en 1916, Walt Whitman Rostow arborait la double casquette de professeur d'université (à Harvard) et de conseiller auprès de responsables politiques (à commencer par le président Kennedy). Parus dans les années 30 et 40, ses premiers travaux relèvent de l'histoire économique : ils portent sur la grande dépression des années 20, l'histoire de l'économie britannique, le commerce...

Avant la publication de sa célèbre théorie, W. Rostow est par ailleurs déjà reconnu comme un spécialiste des processus de la croissance économique (il fait paraître des analyses sur ce sujet dès le début des années 50). C'est à ce titre qu'il est convié par l'université de Cambridge à donner une série de conférences durant l'automne 1958. Mais c'est la théorie des étapes de la croissance qui lui vaut une célébrité immédiate. Les propositions qu'il y formule en matière de désarmement retiennent particulièrement l'attention du gouvernement. En 1961, il entre au département d'Etat avant d'être nommé conseiller pour les Affaires étrangères. Il fut un partisan de la coexistence pacifique avec l'URSS.

Bibliographie

En français :
• *La Théorie des étapes de la croissance*, Economica, 1997. Traduit pour la première fois en 1962, aux Editions du Seuil.
• *L'Ultimatum de l'an 2000. Chances de survie de l'économie mondiale*, Economica, 1981.

En anglais :
Outre de nombreux articles, W. Rostow a publié plusieurs livres. Signalons :
• *Essays on the British Economy of the Nineteenth Century*, 1948.
• *Politics and the Stages of Growth*, 1971.
• *Why the Poor Get Richer and the Rich Slow Down : Essays in the Marshallian Long Period*, 1980.

miers pays industrialisés : les Etats d'Europe occidentale, les Etats-Unis et le Japon. Rien n'indique que les pays en développement au moment où W. Rostow écrit son livre connaissent une évolution selon des étapes identiques. Et ce pour une raison aisée à comprendre : à la différence des pays développés, ils peuvent brûler des étapes en accédant directement aux innovations techniques. Ce qui ne procure pas que des avantages. Pour eux, tout se passe comme s'il s'agissait toujours de faire décoller un avion mais avec une piste de décollage qui ne cesse de rétrécir. Pour bien comprendre les véritables intentions de W. Rostow, sans doute convient-il de replacer ses *Etapes de la croissance économique* dans leur contexte. Paru en 1960, l'ouvrage reprend pour l'essentiel ses conférences données au cours de l'automne 1958 à l'université de Cambridge. Si le mur de Berlin n'est pas encore érigé (il le sera l'année suivante), la guerre froide, elle, est bien installée. La course à l'armement vient d'ailleurs de franchir une étape nouvelle avec le lancement réussi par l'URSS de Spoutnik, le premier satellite jamais lancé par les hommes dans l'espace. Plus fort encore que le décollage d'un avion… Par ce succès, l'URSS ne vient-elle pas d'administrer la preuve de sa supériorité technologique et de sa capacité à dépasser les vieilles sociétés capitalistes ?

L'objectif que s'assigne W. Rostow est de prouver le contraire. Le titre de l'édition anglaise indique d'ailleurs clairement qu'il s'agit d'un *«non-communist manifesto»* (un manifeste non communiste). Dans la perspective de la théorie des étapes de la croissance, la situation de la Russie soviétique s'apparente ni plus ni moins à une marche vers la maturité. Avec une certaine prémonition, W. Rostow souligne l'inéluctable aspiration de la société russe à la société de consommation et y voit un motif d'espoir.

Sur le plan théorique, *Les Etapes de la croissance économique* se veulent un démenti au matérialisme historique et à l'interprétation déterministe de l'histoire qu'il sous-tendrait. A la différence de la théorie marxiste, la théorie des étapes de la croissance est, précise encore dès l'introduction W. Rostow, *«destinée, en fait, à illustrer non seulement les carac-*

téristiques uniformes de la modernisation des sociétés, mais aussi, et au même degré, ce que l'évolution de chaque nation a d'unique».

De fait, W. Rostow n'a de cesse de souligner les spécificités des trajectoires nationales. Plutôt qu'un passage obligé, chaque étape correspond à un champ de possibles. La poursuite du développement comme ses modalités dépendent des conditions matérielles, mais aussi de la volonté des individus qui composent une société. En insistant sur ce point, W. Rostow entend souligner le primat du politique sur l'économie.

Si, par ailleurs, le processus de développement présente des traits communs, il présente aussi des différences dues au décalage dans le temps des phases de décollage. Comme le suggère W. Rostow, rien n'empêche les pays sous-développés de connaître ces étapes, mais dans un contexte sensiblement différent. Toute la question est de savoir si les élites qui ont contribué à l'accession à l'indépendance de leur pays sauront relever les défis liés à la marche vers la maturité, et non être tentées de se détourner de cette tâche en engageant leur pays dans des conflits. Une interrogation qui reste d'actualité… Pas plus que W. Rostow ne croit en un processus irréversible, identique pour toutes les sociétés, il ne considère la société de consommation comme l'aboutissement ultime du développement d'une société et donc, comme une fin de l'histoire. Rien n'empêche le processus de croissance de se poursuivre vers une autre étape. Mais au moment où paraît l'ouvrage, il est encore trop tôt pour en dessiner les contours. C'est

Les étapes de la croissance économique : l'exemple de l'Angleterre

Chaque société se développerait donc de la même façon que l'Angleterre, seules les dates de démarrage des étapes comme leur durée varient d'une société à l'autre. Dans l'optique de Rostow, l'avance technique d'un ou plusieurs pays peut aussi bien profiter aux autres pays moins avancés et leur permettre de brûler des étapes, que rendre plus brutal, et donc problématique, leur développement.

pourquoi W. Rostow se borne à quelques conjectures, pas toujours heureuses… Observant une remontée de la natalité outre-Atlantique, il avance l'hypothèse de l'avènement d'une nouvelle étape caractérisée par le regain durable de la natalité.

Critiques et postérité
Ouvertement « non communiste » mais aussi « non marxiste », c'est du courant critique que l'œuvre de W. Rostow recevra les objections les plus radicales, à travers notamment la théorie de la dépendance. Elaborée dans les années 70 avec les travaux de Samir Amin et André-Gunder Frank, cette théorie souligne l'existence de rapports de subordination des pays du Sud aux pays du Nord. Dans cette perspective, le décollage des pays en développement est illusoire (2).

2. A.G. Frank, *Le Développement du sous-développement. L'Amérique latine*, Maspero, 1970.

Les changements intervenus au cours des années 80-90 à l'échelle de l'économie mondiale sont certes venus altérer la portée des critiques de la théorie de la dépendance. Outre la transition des pays d'Europe de l'Est vers l'économie de marché, l'émergence des nouveaux pays industrialisés atteste de la capacité de pays anciennement colonisés de bénéficier du processus que les pays occidentaux ont connu quelques siècles plus tôt.

Mais ce changement de contexte ne signifie pas pour autant une réhabilitation pleine et entière de W. Rostow et de sa théorie. Car depuis la théorie de la dépendance, les théories relatives au développement ont connu d'autres... développements. Lesquels mettent en évidence la vision partielle de W. Rostow. Si ce dernier ne manque pas d'évoquer les disparités régionales au sein d'un même pays, c'est en référence au cadre national qu'il raisonne pour l'essentiel. Les étapes de la croissance qu'il décrit sont celles de pays et non de régions ou de territoires locaux. Or, maints travaux ont mis en évidence les possibilités d'un développement régional ou local. Dans cette perspective, la question n'est plus tant de savoir comment un pays décolle, mais pourquoi telle région « gagne » tandis que telle autre perd ou régresse au sein d'un même territoire national. Elle est aussi de savoir comment, dans une économie mondialisée, des espaces locaux ou métropolitains s'insèrent dans des réseaux se jouant des frontières nationales.

Pas plus qu'il ne s'attarde sur les disparités territoriales, W. Rostow n'envisage sérieusement un accroissement des inégalités au sein d'un même pays ni les phénomènes d'exclusion qui peuvent se manifester à un stade avancé de développement. Tout au plus annonçait-il, dix ans avant un célèbre éditorialiste français, les risques pour les peuples des sociétés de consommation de masse d'être gagnés progressivement par l'ennui...

Quiconque souhaite saisir les ressorts du développement et de la croissance dans toute leur complexité tire pourtant un indéniable profit de la lecture de cette théorie professée il y a quarante ans. A la condition peut-être de la considérer pour ce qu'elle est dans la déjà longue histoire des théories du développement : une étape.

JEAN-FRANÇOIS DORTIER*

QUAND L'HISTOIRE BOUSCULE LES DOCTRINES**

En matière de développement, les idéologies n'ont pas résisté à l'épreuve de l'histoire. L'idée se répand que la dynamique de modernisation est le produit de facteurs divers : Etat, marché, culture, technique, démographie, action locale, solidarité internationale...

« *L*ORSQUE *j'entends parler de développement, je sors mon mouchoir.*» Tel pourrait être le propos du spectateur – engagé ou non – devant les images et analyses qui nous sont habituellement données des pays à la périphérie du monde industrialisé : famine en Somalie, enfants brésiliens abandonnés, Indiens Yanomami exterminés par la maladie et chassés de leur territoire, épidémies du Sida en Afrique, inondations au Bangladesh, bidonvilles de Calcutta, etc.

Comble de découragement, il semblerait que les politiques engagées en faveur du développement depuis quarante ans conduisent à plus d'effets pervers que de bienfaits : crises financières, étranglement par la dette, aide internationale détournée, déracinement et clochardisation des paysans, déculturation, politiques d'ajustements structurels qui provoquent chômage et révoltes de la faim. Si l'on rajoute à cela, pour faire bonne mesure, les conflits ethniques, les corruptions, les catastrophes naturelles, il ne manquerait pas de raison de désespérer et de baisser les bras.

En fait, quarante ans après le début de la première décennie de développement engagé par l'ONU, un bilan objectif des tendances est possible. L'histoire a parlé et tous les modèles de développement ont été passés au crible. Parmi les spécialistes un certain accord semble même se dégager sur l'analyse critique des poli-

---

* Rédacteur en chef du magazine *Sciences Humaines*.
** *Sciences Humaines*, n° 23, décembre 1992. Texte revu et complété par l'auteur, décembre 1999.

tiques menées. Une nouvelle représentation globale de l'état des PVD et des stratégies de développement s'en dégage.

Le développement en marche

Contrairement aux idées reçues, depuis la Seconde Guerre mondiale la croissance des pays en voie de développement a été plus forte que celle des pays industrialisés (2,5 % de croissance annuelle par habitant pour les pays industrialisés et 3,1 % pour les pays du Sud). Globalement la production par habitant a quadruplé. Cette évolution est d'autant plus remarquable que la croissance démographique a été très rapide durant cette période (1). Si depuis le début des années 80, le taux de croissance a fléchi, la cause en est le ralentissement général de l'économie mondiale et non un blocage spécifique des pays du Sud (2).

La croissance économique ne serait-elle qu'un mauvais indicateur ? Le rapport mondial sur le développement indique que l'espérance de vie dans les PVD a crû de dix-sept ans entre 1960 et 1990. Durant la même période, la ration alimentaire par tête a augmenté de 20 % ; le taux de mortalité infantile a été réduit de moitié ; l'alphabétisation s'est accrue de 40 % (3). Comme le souligne Mahbub Ul Haq, conseiller spécial aux Nations unies : *« En fait, les pays en développement ont réalisé en trente ans le même progrès humain qu'il avait fallu presque un siècle aux pays industrialisés pour accomplir. »* (4)

Cette évolution globale cache, bien sûr, de grandes disparités. D'un côté, il y a le club des Nouveaux Pays Industrialisés (NPI) ou « marchés émergents »,

comme les dragons d'Asie (Corée du Sud, Singapour, Hongkong, Taïwan), le Brésil, le Mexique ou encore l'Inde. A l'autre pôle, le groupe des « Pays les moins avancés » (PMA), selon la pudique formule de l'ONU, rassemble les Etats au comble de la misère (Guinée, Afghanistan, Niger, Mali). Entre ces deux extrêmes, il y a d'énormes différences de situation. L'Algérie fait figure de PVD par rapport à l'Italie mais appartient au clan des pays industrialisés au regard du Niger. Au sein des PVD, il faut distinguer plusieurs groupes : les pays en voie de modernisation (Algérie, Pérou…) qui connaissent certes de graves déséquilibres (chômage, manque de logements, inflation, explosion urbaine), mais ne sont pas menacés par la malnutrition ou les épidémies, et les pays les moins avancés qui n'ont pas connu de *take off* (démarrage de l'industrialisation) comme le Tchad ou l'Ethiopie (5).

De plus, la différence de trajectoire et de niveau de développement est désormais énorme entre les ex-pays du tiers-monde : l'Afrique noire n'a pas connu de véritable décollage au cours des années 80-90, l'Asie est entrée dans le même temps dans le club des pays industrialisés ; l'Amérique latine a subi,

---

1. Pour un bilan global de l'évolution des PVD, voir S. Brunel, *Tiers-monde, controverses et réalités*, Economica, 1987.
2. Rapport mondial sur le développement humain, PNUD, 1992.
3. *Idem.*
4. Cité dans Club de Rome, *Question de survie. La révolution mondiale a commencé*, Calmann-Lévy, 1991.
5. Voir aussi le classement proposé par M. Beaud, « Devenir des tiers-mondes et dynamiques mondiales », dans M. Vernières (dir.), *L'Avenir des tiers-mondes*, Puf, 1991.

Du développement aux « marchés émergents »

• En quelques années, les mots « développement » et « tiers-monde » ont quasiment disparu, laissant place à celui de « marchés émergents ».

La notion a fait son entrée au début des années 90 dans les organismes internationaux et les milieux bancaires. Les marchés émergents désignent, dans une optique purement marchande, les régions qui laissent espérer aux investisseurs de larges profits... La Chine, l'Inde, le Brésil, les pays de l'Est. Ce sont des régions qui ont connu, dans les années 90, une croissance économique rapide, avec constitution d'une classe moyenne, qui entre de plain-pied dans la consommation de masse et offre des espoirs de constituer de nouveaux marchés pour les investisseurs occidentaux. Le terme de marché émergent est donc purement et crûment comptable.

Mais il indique aussi une réalité profonde de la période. Certains pays, que l'on considérait il y a peu comme des PVD (pays en voie de développement) sont entrés à vitesse rapide dans le cercle des pays industrialisés. Et, contrairement à une idée reçue, ce développement n'a pas profité qu'à une petite minorité. *« Entre 1975 et 1995, l'Asie émergente a vu la part de sa population vivant en dessous du seuil de pauvreté passer, de plus de 60 % à moins de 20 %. »* (1)

• La rapidité de ce développement cache bien sûr des contradictions. La crise financière de 1997 a rappelé la fragilité des économies et les risques d'une spéculation financière à outrance sur les marchés nouvellement créés. En Indonésie, le taux de chômage est passé d'un seul coup de 3 à 20 % de la population active, et ce pays s'est vu incapable de continuer à acheter des médicaments à l'étranger, du fait de la dévaluation. La Corée du Sud, qui faisait figure de modèle, a connu la plus forte crise de toute la région.

Et puis l'anarchie du développement conduit à s'interroger sur la possibilité d'un « développement durable » qui concilie croissance économique et développement social et écologique plus équilibré (2).

---

1. J.-F. Dufour, *Les Marchés émergents*, Armand Colin, 1999.
2. Voir le texte de S. Allemand, « Développement durable et sciences sociales », dans cet ouvrage.

durant les années 80, un reflux économique puis est maintenant repartie ; les ex-pays du bloc de l'Est se divisent en deux mondes distincts, celui des pays dont la « transition » est en marche (Pologne, Hongrie, Slovénie…) et ceux qui ne parviennent pas à enclencher une dynamique durable (Russie et pays d'Asie centrale).

Au sein de zones et de sous-continents, il faut ensuite distinguer les dynamiques régionales qui peuvent beaucoup varier. Dans les pays industrialisés, la problématique des zones rurales désertifiées et des « exclus » des zones urbaines rejoint celle des PVD. Des actions similaires sont d'ailleurs engagées en Afrique et dans les régions rurales françaises en vue de stimuler une dynamique locale. La problématique nouvelle du « développement régional » en est le témoin (6).

Il n'y a donc pas, d'un côté, les pays en voie de développement et, de l'autre, les pays industrialisés, mais partout des zones développées et d'autres en voie de développement ou de marginalisation. Processus infini, le développement se mesure à l'aune de la place tenue dans la compétition internationale. D'une certaine façon, tout Etat, toute région qui faiblissent dans cette course sont condamnés à régresser et à devenir à leur tour « sous-développés ».

Attrait et limites du développement local

Le « développement local », appelé aussi « développement par le bas » (*bottom up change*), « auto développement » ou encore « développement endogène » est apparu depuis le début des années 80

comme la voie de substitution face aux carences des politiques globales. Elle semblait, en effet, posséder plusieurs atouts :

– c'est David contre Goliath. Le développement local joue la carte du petit contre le grand. Moins ambitieux mais plus concret, car n'étant pas issu d'une sphère extérieure, il ne connaît pas les mirages des grands projets. « *Small is Beautiful* » ;

– réactivant le slogan maoïste « *Compter sur ses propres forces* », la voie de l'auto-développement met en avant le principe du *self help* ou *self reliance* (aide-toi toi-même). Mais attention, le développement local n'est pas l'autarcie ; il fait intervenir des apports extérieurs : technologies importées, subventions, ouverture au marché national ou mondial. Sa principale vertu est de susciter l'action sur le terrain, d'encourager la mobilisation des hommes ;

– laboratoire d'initiatives différentes et « alternatives », il ravive l'espoir (mythique ?) d'une troisième voie entre l'Etat et le marché grâce aux coopératives, associations, entreprises alternatives et solidarités locales ;

– enfin, il respecterait les spécificités culturelles d'une région, s'appuierait sur ses ressources propres, son identité et ses solidarités locales. Contre le déracinement de l'économie mondiale, il donne vie au slogan « *Vivre et travailler au pays* ».

Paré de tant de vertus, le développement local fait figure de « *nouveau paradigme pour lutter contre la pauvreté* ».

---

6. Voir à ce sujet : B. Pecqueur, *Le Développement local*, Syros Alternatives, 1992.

Mais «*l'auto-développement peut-il être un contrepoids efficace aux macroprogrammes économiques ?*», s'interroge Koenraad Verhagen, secrétaire général de la CIDSE (7). En réalité, le développement par le bas ne pourra jamais contrebalancer ou s'extraire des contraintes de l'économie mondiale. Au demeurant, il ne le recherche pas. Le *self help* fait intervenir des administrations territoriales, des aides d'associations (ONG au Sud, association de réinsertion au Nord), des agents de développement.

Selon Bernard Pecqueur «*la solution endogène ne sera jamais ni un modèle, ni une simple mode*» (8) parce qu'elle s'appuie sur une vérité incontournable : les approches globales ne réduiront jamais à néant la diversité et les capacités d'initiative (ou de résistance) locales. Riche de promesse, la dynamique locale ne couve pas une nouvelle orthodoxie. Tout le monde admet aujourd'hui avec les théoriciens de la régulation que le développement résulte «*d'une dialectique du local et du global*».

Le rôle du facteur humain

La prise en compte de la dynamique régionale a conduit les experts à centrer leur réflexion autour du rôle central des acteurs de la modernisation. Jusque-là dominées par des questions de structures ou de stratégies globales (marché international, dette, stratégies industrielles, transferts de technologies), les théories du développement ont négligé le rôle du facteur humain. La grande découverte récente, c'est le rôle des acteurs, la nécessaire mobilisation des populations concernées.

Sans l'émergence d'une classe d'entrepreneurs locaux, tous les programmes d'ajustements structurels seront vains, affirme aujourd'hui la Banque mondiale. On se penche donc sur les conditions d'émergence de cette classe d'entrepreneurs et sur les modèles de management autochtones. Beaucoup de recherches sont actuellement centrées sur le cas africain (9). Quelles leçons en tire-t-on ? D'abord que l'éclosion des nouveaux entrepreneurs suppose plusieurs conditions : une formation adéquate, l'arrêt de la fuite des cerveaux, le déclin des bureaucraties qui entravent la création d'entreprises, l'attention apportée aux initiatives locales, les capacités de mobilisation d'une épargne locale, etc. Ensuite sont mis en évidence les rapports entre culture et développement qui deviennent à leur tour un objet central d'analyse. Le «facteur humain», serait donc – au Nord comme au Sud – une des clés de la croissance.

La fin des orthodoxies et des modèles unilatéraux

La troisième grande leçon de l'histoire de ce XXe siècle concerne l'effondrement de tous les modèles doctrinaux de développement. D'abord la voie «socialiste» vers le développement, fondée sur la collectivisation des moyens de production, a fait faillite. Ensuite, l'hy-

---

7. Coopération internationale pour le développement et la solidarité. Institution qui assure la coordination de 14 associations catholiques européennes et nord-américaines pour leur programme de développement.
8. *Op. cit.*
9. Voir O. Vallée, *Les Entrepreneurs africains*, Syros Alternatives, 1992 ; «Anthropologie de l'entreprise», *Cahiers d'étude africaine*, n° 124, 1991.

pothèse d'une « troisième voie » alternative entre capitalisme et socialisme n'a jamais vu le jour. Ces illusions successives annoncent-elles le triomphe de l'économie de marché comme seul modèle réaliste et rationnel ?

Y compris dans la sphère communiste, de la Hongrie à la Chine, la libéralisation des marchés a eu le vent en poupe ces deux dernières décennies. L'analyse attentive des stratégies empruntées par les NPI récuse pourtant la vision libérale orthodoxe. Le cas de la Corée du Sud fait l'objet d'une attention particulière par le caractère exceptionnel de sa réussite et le fait qu'il bouleverse tous les modèles d'école.

La réussite économique de ce petit pays force l'admiration quand on connaît son histoire. Le pays fut partagé en deux après la guerre. Le Nord devint zone communiste, la Corée du Sud fut intégrée dans la zone occidentale sous la protection américaine. Rarement l'histoire offre de tels cas expérimentaux où un pays est séparé en deux parties prenant des voies divergentes (10). Le partage de la Corée fut largement en faveur du Nord communiste où étaient concentrées 80 % de l'industrie et des ressources minérales. La guerre de Corée de 1950 à 1953 ravagea le pays et fit 500 000 morts. Pourtant, à partir des années 60, le Sud connaît un redressement extraordinaire. En trois décennies, il devient un des NPI les plus prospères. De 1960 à 1990, le PNB a été multiplié par 10, soit 9 % de croissance annuelle ! Une industrie florissante qui exporte aujourd'hui magnétoscopes, automobiles, électronique (la Corée est l'un des seuls pays au monde à construire des microprocesseurs avec le Japon et les Etats-Unis). Le marché intérieur n'a pas été négligé. Certes, il y a un revers de médaille : les 55 heures de travail hebdomadaire, l'absence de libertés politiques, la dette importante, etc. Mais la Corée est loin d'être un « pays atelier » fondé sur la seule surexploitation des salariés. Tous les indicateurs sociaux : revenu par habitant (3 600 dollars), taux de scolarisation (94 % dans le supérieur), espérance de vie (69 ans) la rapproche de la zone des pays « développés ».

Les secrets du « miracle coréen »

Les libéraux retiendront que la voie coréenne fut celle du capitalisme fondé sur le marché libre et l'ouverture à l'extérieur. Les « étatistes » auront aussi de solides arguments : en Corée, l'Etat est très interventionniste, il *« planifie, finance, légifère »* (11), sans être producteur direct. Les chantres de l'autodéveloppement peuvent se prévaloir d'une politique volontariste de substitution d'importations. Les partisans des réformes agricoles soutiendront avec raison que la Corée a adopté *« un des rares programmes de réforme agraire mené à son terme dans le monde »* dès les années cinquante (12). En fait, la Corée a emprunté à tous les modèles sans en adopter vraiment un exclusivement. Là est son secret.

---

10. La deuxième moitié du xxᵉ siècle a vu quelques cas cliniques similaires, où un pays est séparé en deux camps, capitaliste et communiste : l'Allemagne (RFA et RDA), la Chine (République populaire et Taïwan), la Corée, sans oublier le Yémen.
11. A. Zantman, *Le Tiers-monde, Les stratégies de développement à l'épreuve des faits*, Hatier, 1990.
12. *Idem.*

La démonstration pourrait être la même pour les pays africains qui s'en sortent le mieux comme la Côte-d'Ivoire ou le Cameroun. Depuis la fin de la guerre, on peut dire que toutes les stratégies de croissance possibles ont été pensées et testées : de l'Etat au tout marché, de l'industrie motrice à la réforme agraire, de la spécialisation des exportations à la substitution des importations.

La principale conclusion est la faillite des modèles unilatéraux. Sur le marché des théories du développement, tous les modèles doctrinaux reposaient sur un critère dominant : le rôle du marché, celui de l'Etat, celui de l'industrie industrialisant, celui du développement autocentré, etc. Les expériences réussies résultent d'une combinaison de facteurs et non d'un modèle unique.

L'ouverture
vers la complexité

Tous les «paradigmes idéaux» du développement se sont désormais effondrés, les «voies royales» ne font plus recette. Les experts sont aujourd'hui plus circonspects et prudents. «*Les économistes du développement ont appris à relativi-* *ser les outils qui sont les leurs*», conclut Elsa Assidon dans sa récente synthèse des théories économiques du développement (13). On constate une tendance vers une approche plus complexe qui intègre l'apport et les limites de chaque modèle. Après avoir prôné des politiques très libérales, le FMI insiste maintenant sur le rôle des dynamiques locales et la nécessité de «*repenser le rôle de l'Etat*». Les théoriciens de la dépendance admettent leurs erreurs. On sait que l'Etat ne peut rien sans le marché, que le marché n'existe pas sans entrepreneurs, que l'émergence d'une classe d'entrepreneurs suppose une dynamique locale et une culture adéquate, que les entrepreneurs ne peuvent rien sans une aide de l'Etat. Le rejet des dogmatismes est assez général. L'idée se répand que la dynamique de modernisation est le produit conjugué de plusieurs dimensions : l'Etat et le marché, la contrainte internationale et l'action locale, la culture et la technologie, l'implication des populations et la solidarité internationale.

13. *Les Théories économiques du développement*, La Découverte, 2000.

Qu'est-ce que le développement?

Le terme de développement remonte aux années 50. Dans l'optique de ses promoteurs, il désigne le processus de passage des sociétés traditionnelles vers l'industrialisation. Lorsqu'en 1961, l'ONU déclara que les années 60 seraient *« la décennie du développement »*, on pensait alors qu'une dizaine d'années suffirait pour que la plupart des « pays en voie de développement » comblent « leur retard » La croissance de la production (PIB par habitant) est la mesure habituellement retenue pour mesurer le niveau de développement. Synonyme de « modernisation » ou « d'industrialisation », le développement économique est toujours marqué par des transformations sociales significatives :
– le passage de l'économie rurale à l'économie urbaine avec exode rural, déclin du nombre d'agriculteurs, urbanisation, salarisation ;
– la scolarisation et ses conséquences : déclin des cultures orales, essor d'une culture techno-scientifique ;
– la transition démographique est une phase d'évolution de la population caractéristique des PVD. La baisse de la mortalité due aux politiques de santé conduit dans un premier temps à une croissance démographique importante. Puis l'augmentation des niveaux de vie et/ou les politiques de limitation des naissances rétablissent l'équilibre entre mortalité et natalité.

Le modèle évolutionniste de Rostow qui postule le passage des sociétés traditionnelles aux sociétés de consommation de masse en cinq étapes (dont une phase de *take off* « décollage ») est discuté. Est-il universel? Quelles en sont les étapes? Le sens de l'évolution est-il toujours le même?

L'indicateur de développement humain (IDH),
une nouvelle mesure du développement
Depuis 1990, le Programme des Nations unies pour le Développement publie chaque année une nouvelle mesure du développement, l'IDH, fondé sur une moyenne de trois indicateurs : l'espérance de vie, le niveau d'alphabétisation des adultes et le niveau de revenu par tête.

Ce nouvel indicateur veut prendre en compte des dimensions sociales et humaines que le seul PIB par habitant ne suffit pas à refléter. Il faut cependant constater que le classement n'est pas fondamentalement différent. Il y a bien corrélation entre richesse d'un pays et son niveau de développement humain.

Classement des 10 pays les plus développés selon l'IDH				
Rang selon le développement humain	Pays	Espérance de vie à la naissance	Taux brut de scolarisation (en %)	PIB par habitant (en dollars)
1	Canada	79,0	99	22 480
2	Norvège	78,1	95	24 450
3	Etats-Unis	76,7	94	29 010
4	Japon	80,0	85	24 070
5	Belgique	77,2	100	22 750
6	Suède	78,5	100	19 790
7	Australie	78,2	100	20 210
8	Pays-Bas	77,9	98	21 110
9	Islande	79,0	87	22 497
10	Royaume-Uni	77,2	100	20 730
Les 10 pays les moins développés selon l'IDH				
165	Centrafrique	44,9	26	1 330
166	Mali	53,3	25	740
167	Erythrée	50,8	27	820
168	Guinée-Bissau	45,0	34	861
169	Mozambique	45,2	25	630
170	Burundi	42,4	23	630
171	Burkina Faso	44,4	20	1 010
172	Éthiopie	43,3	24	510
173	Niger	48,5	15	850
174	Sierra Leone	37,2	30	410
	Monde	66,7	63	6 332

Chiffres 1997, source : PNUD.

POINTS DE REPÈRE
LES MODÈLES DE DÉVELOPPEMENT À L'ÉPREUVE

A défaut de réussite, les experts du développement ne manquent pas d'idées, de modèles et de théories. Il existe en Europe pas moins de 540 laboratoires et instituts de recherche uniquement centrés sur le développement! Chaque année, il se publie dans le monde plus de 1 000 livres et articles sur la question! Il n'a donc jamais manqué de bons conseils sur l'art et la manière d'engager un processus de décollage économique durable.

La pensée économique sur le développement se structure autour de quelques grands clivages : marché ou Etat?, agriculture ou industrie?, développement autocentré ou extraverti?, croissance équilibrée ou désarticulée? Chaque grand choix stratégique comporte plusieurs sous-options. Ainsi entre l'Etat et le marché – grand dilemme du siècle –, il existe de nombreuses variantes intermédiaires :
– marché «sélectif» par promotion des exportations et limitation des importations (Mexique des années 60/70) ou libéralisation totale (Chili de 73 à 85);
– interventionnisme étatique par nationalisations (Algérie depuis l'indépendance) ou incitation et encadrement du secteur privé (stratégies des pays asiatiques).

Les *surveys* (survols) de la littérature sur l'économie du développement sont très théoriques ; bien peu se risquent à confronter les modèles à l'expérience acquise. Pourtant l'histoire a parlé. Parmi l'arsenal des théories proposées, laquelle fallait-il suivre? Réponse : aucune. Les pays qui s'en sont le mieux sortis (Corée du Sud en Asie, Côte-d'Ivoire en Afrique, Mexique en Amérique latine) ont puisé dans tous les arsenaux sans se soucier des modèles doctrinaux. En revanche, tous les Etats qui ont appliqué des modèles purs l'ont cher payé (Chine, Algérie, Tanzanie). Moralité, il faut puiser dans toutes les théories et n'en retenir aucune de façon exclusive. D'où la modestie actuelle des théoriciens.

DE L'HISTOIRE

APPROCHES ET THÈSES DOMINANTES	STRATÉGIES ET APPLICATIONS	POINTS FORTS (+) POINTS FAIBLES (–)
• **Approche libérale** **A. Smith** : *Richesse des nations* par les vertus du libre marché **D. Ricardo** : la loi des avantages comparatifs (spécialisation sur le marché mondial) **W.W. Rostow** : étapes universelles de croissance	– inspire les politiques d'ajustement structurel du FMI, du GATT – politique de « laisser-faire » – ouverture des frontières – pas d'interventionnisme étatique	(+) favorise l'essor des entrepreneurs (+) appelle les investissements extérieurs (+) favorise les transferts de technologie (–) dépendance aux cours mondiaux (–) pas de soutien au marché intérieur (–) accroît les inégalités
• **Approche développementaliste** – dualisme = opposition des secteurs traditionnel et moderne (**A. Lewis**) – déséquilibre sectoriel (**A.O. Hirschman**) – cercle vicieux de la pauvreté (**R. Nurske**)	– développement nécessairement « désarticulé » – intervention pour stimuler des pôles de croissance. Pratiquer des politiques de filières. Casser les goulots d'étranglement	(+) encourage l'essor industriel (–) décourage le développement agricole
• **Approche structuraliste** **R. Prebish** (Cepal : Commission économique pour l'Amérique latine) **C. Furtado** : Ecole de la dépendance **F. Perroux** : effets de domination entre centre et périphérie	– politique de substitution d'importation – forte intervention publique	(+) encourage l'essor de certaines filières (–) freine la productivité
• **Approche néomarxiste** **G. Franck, S. Amin** : critique de l'impérialisme et des multinationales **A. Emmanuel** : théorie de l'échange inégal	– nécessité du « découplage » de l'économie mondiale et développement endogène – nationalisation de la production – planification – réforme agraire	(+) indépendance nationale (–) bureaucratisation (–) tue l'initiative (–) accroît le retard et diminue la productivité
• **Approche de l'auto-développement** – s'appuie sur les acteurs locaux – la gouvernance (relations politiques et solidarités locales)	– actions concertées des administrations locales, agents de développement, ONG, et populations locales – nombreuses « recherches-action » – formation des populations	(+) encourage la mobilisation locale, la prise en charge par les acteurs (+) s'appuie sur les ressources réelles (–) reste à petite échelle (–) ne peut agir sur les dynamiques globales

LA LOGIQUE DES RÉGIONS QUI GAGNENT

Entretien avec Alain Lipietz*

Une des grandes découvertes récentes des théories du développement concerne la dynamique régionale. Pourquoi, à contrainte extérieure et ressources identiques, certaines régions du monde gagnent-elles et d'autres pas ?

Sciences Humaines : Le développement économique est la plupart du temps envisagé sous l'angle national ou international. Depuis peu, émerge une réflexion sur les dynamiques régionales à travers la question des technopoles/mégalopoles et celle des régions en difficultés.

Alain Lipietz : Effectivement, dans les réflexions autour du développement, il y a une espèce d'alternative. D'un côté, certains pensent que ce qui advient d'une région (que ce soit une région du monde ou d'un pays) est déterminé par les structures économiques globales. D'autres pensent que le développement d'une région dépend essentiellement de sa capacité à se prendre en charge et à savoir utiliser ses atouts (ressources, matières premières, etc.). Dans le premier cas, on dira que la hiérarchie internationale (mondiale/nationale) détermine le développement des différentes régions. C'est une position déterministe et assez fataliste comme l'est, par exemple, la théorie de la dépendance.

La seconde hypothèse est culpabilisatrice pour les régions qui perdent mais potentiellement très optimiste, car elle suppose que rien n'empêche que toutes les régions «gagnent» dès lors qu'elles prennent chacune en charge leur destin. Dans cette optique, s'il y a des pays où le capitalisme marche, ce serait grâce à la capacité de mobilisation de l'élite locale, de la classe entrepreneuriale autochtone, de l'intelligence des syndicats qui ont été capables de négocier. La théorie de la régulation, en insistant sur l'importance des compromis institutionnalisés, fut à l'origine d'une critique de la théorie de dépendance. S'il y a de «nouveaux pays industrialisés» qui surgissent, c'est bien parce qu'il s'est passé là des choses nouvelles et pas seulement pour des raisons qui touchent à l'impérialisme. Je pense que les deux thèses ont quelque chose de vrai et la faiblesse de l'une est la force de l'autre. Penser le développement exige une indépassable dialectique du local et du global.

Dans notre livre (1), nous avons voulu avec Georges Benko,

* Directeur de recherche au CNRS, membre du comité de rédaction de la revue Society and Space. Il a publié notamment : La Société en sablier, La Découverte, 1996 ; Les Régions qui gagnent (avec Georges Benko), Puf, 1992 ; un prolongement à cet ouvrage est paru en 2000 sous le titre La Richesse des régions, Puf.

qui est géographe, porter à la connaissance du public français tout un débat sur les nouvelles formes spatiales de développement capitaliste, sans rentrer dans la question du jugement moral que l'on peut porter sur ces formes de développement. Il y a des régions qui marchent, d'autres qui ne marchent pas, et cela quelle que soit la conjoncture internationale. Reste à comprendre pourquoi. L'objet du livre correspond à un débat qui existe entre ceux qui disent qu'une région gagne parce qu'elle se prend en main et ceux qui disent qu'une région gagne ou perd à cause du capitalisme mondial. Nous voulons montrer que tout cela est plus compliqué, qu'il y a des réseaux interrégionaux, que la politique locale compte aussi, etc.

SH : Comment définissez-vous une « région qui gagne » ?, et d'abord une région ?

A.L. : Il n'y a pas de définition formelle absolue mais un problème de pertinence du regard. Par exemple, la zone de l'OCDE (nord-ouest du monde) forme une région par rapport au reste de la planète. Le nord de l'Italie forme également une région au sein de l'Europe mais elle se subdivise en sous-régions aux caractéristiques particulières.

Il me semble pourtant que deux versions de la région sont à distinguer. Dans un premier cas, on appellera région un espace où existe une certaine homogénéité dans les rapports sociaux, dans le modèle de développement, dans les modes de régulation. C'est une première définition objective de la région.

La seconde version désigne le cas où la région existe comme une « personnalité » qui a pris conscience d'elle-même. Toutes les régions n'ont pas cette propriété, n'ont pas les mêmes capacités à exister. Par exemple, le Limousin est moins évocateur que la Bretagne qui a une identité propre. Cette version subjective est liée aux réseaux. Les réseaux, c'est l'habitude qu'ont les entrepreneurs à discuter ensemble ; l'habitude des syndicats à ne pas se comporter uniquement comme des syndicats d'exploités mais comme ceux des travailleurs du cru ; la capacité des municipalités à intégrer l'intérêt collectif, l'image de la région, etc.

SH : Peut-on citer une ou deux régions qui ont développé une dynamique nouvelle, notamment en Europe ?

A.L. : Il y a aujourd'hui deux types de régions qui sont dynamiques. D'une part, les mégalopoles où la richesse s'accumule presque naturellement, par l'effet mécanique de leur taille. Ce sont des centres d'attraction quasi spontanés. C'est le cas pour Los Angeles où s'est réalisé un district industriel de l'électronique (Orange County) du même type que la Silicon Valley, mais qui n'a pas été voulu. C'est Londres, c'est Paris. Ce phénomène de «mégalopolisation» n'a rien à voir avec celui de la région qui gagne par la mobilisation de ses propres ressources humaines.

Il y a, d'autre part, en effet, des régions plus petites qui ont été capables de se mobiliser. Silicon Valley est un bon exemple de réussite. Ce sont bien les acteurs locaux qui en discutant, en coopérant, ont fait le succès de cette région. En France, il y a peu de réussites de ce genre : Cholet, la vallée de l'Arve, le sud-ouest de la grande mégalopole parisienne. Seul ce deuxième cas représente effectivement le succès par mobilisation des ressources régionales locales.

Il ne faut donc pas le confondre avec le phénomène «mégalopolitain». L'Ile-de-France, par exemple, est en fait un conglomérat d'intérêts, de départements, de municipalités, d'administrations qui se tirent dans les pattes. Il n'y a pas de solidarité francilienne pour résoudre collectivement les problèmes.

SH : Vous qualifiez d'«orthodoxe» la position qui consiste aujourd'hui à considérer qu'une région se développe par ses propres moyens.

A.L. : Effectivement, il y a une grande «orthodoxie» aujourd'hui qui dit que seules gagneront les grandes régions urbaines. Et si elles ne gagnent pas, ce sera de leur faute. Mais derrière cette orthodoxie, on peut distinguer deux réalités :

1) les tenants de la mégalopole qui soutiennent qu'il faut accumuler la richesse au maximum dans une région servant de levier : c'est l'orthodoxie francilienne (Ile-de-France), c'est Los Angeles, c'est New York, c'est Londres ;

2) il y a ensuite le courant que l'on peut appeler italien et sud-allemand. Il constate que les régions s'organisent en mobilisant leurs ressources humaines pour que la région gagne. C'est le cas pour Munich, pour Modène en Italie, c'est ce qui s'est passé pour la Savoie et l'organisation des Jeux olympiques d'hiver. La lutte de Michel Barnier pour la Savoie contre Paris (qui voulait organiser les Jeux olympiques d'été), c'est un peu la lutte des deux modèles : mégalopole contre région mobilisée localement.

SH : **Vous insistez beaucoup sur cette capacité de mobilisation humaine. Il faut cependant que la région dispose de ressources avant de les valoriser ?**

A.L. : Il y a un seuil minimal en deçà duquel il devient extrêmement difficile de s'en tirer. Par exemple, en Afrique saharienne le surpâturage et plusieurs siècles de domination patriarcale, auxquels s'ajoute la colonisation, sont d'énormes obstacles au développement. Autre exemple : le Limousin. On ne peut pas dire aux paysans du coin de faire de la pluriactivité, car il n'y a rien dans les villes qui serve de support à cette pluriactivité.

On peut toujours se mobiliser mais si les structures héritées du passé, combinées avec les tendances générales de l'économie, jouent contre vous, on ne pourra pas faire grand-chose. Il y a pourtant des places à prendre et c'est là que les stratégies sociales de mobilisation du territoire vont jouer. En ce qui concerne la mégalopolisation, on joue sur l'acquis grâce à la richesse déjà accumulée. Cela ne demande pas une grande stratégie. C'est le type de région qui gagne dans les pays de tradition libérale mais cette stratégie n'est pas basée sur la mobilisation des richesses humaines. A terme, ce sont des régions qui gagnent dans des pays qui perdent, comme les Etats-Unis ou la Grande-Bretagne, qui déploient cette logique. En France, à force de concentrer tout en Ile-de-France, on en arrive à vider les villes de province, alors qu'elles permettraient à l'ensemble national de gagner dans la compétition européenne. Strasbourg, notamment, a du mal à rester capitale européenne à force d'être littéralement « déshabillée » par Paris.

Ce sont les effets négatifs de l'absence de mobilisation territoriale sur l'ensemble du pays et le libéralisme économique qui aboutissent à une mégalopolisation d'un seul point du pays et à un abandon des autres villes. Cela se retrouve dans les mégalopoles du Sud comme Mexico.

On constate que, dans ces régions de mégalopolisation, il n'y a pas de loyauté à long terme ni entre capital et travail, ni entre les entreprises. Les patrons ne pensent qu'à licencier dès qu'il y a retournement de conjoncture et n'hésitent pas à rompre leurs contrats avec leurs sous-traitants pour trouver moins cher ailleurs dans une autre région ou bien à l'étranger. Donc il ne peut pas se créer de réseaux stables de petites entreprises prospères autour de grandes entreprises. A l'inverse, en Italie du Nord, en Bavière, au Japon, il y a une grande stabilité de relations entre l'ensemble des entreprises et la population des salariés et une fidélité des entreprises entre elles (on sous-traite toujours avec les mêmes). Ce sont des régions qui gagnent en mobilisant leurs propres ressources et tout le monde y trouve son intérêt.

SH : Pour les régions qui gagnent, quelle est la nature de cette mobilisation ? A quoi correspond-elle sur le plan des rapports sociaux ?

A.L. : Les Anglo-Saxons emploient le terme de *governance* (gouvernance) pour désigner un type particulier de gestion politique locale. Il correspond à plusieurs dimensions. L'existence d'une culture de solidarité locale est un premier élément. La capacité à mettre en œuvre une politique volontaire de formation professionnelle ou de recherche est également un point important. Le concept de gouvernance désigne ainsi la mobilisation des ressources humaines qui s'inscrit dans les institutions. Celles-ci doivent formaliser les compromis entre patronat et salariés. Ainsi à Modène, en Italie, les ouvriers quittent souvent leur patron pour travailler dans une entreprise concurrente qui les payera mieux, mais restent dans la ville. Modène est une ville conflictuelle mais pour des raisons très anciennes ; s'articulant souvent autour de vieilles traditions familiales locales, il existe une solidarité locale et une forte mobilisation. Ce qui permet la mobilisation, c'est l'existence d'institutions et d'un projet. C'est l'existence d'entrepreneurs territoriaux qui ont été capables de proposer un projet pour leur ville. Cela nous ramène à Gramsci, penseur italien du début du siècle, qui s'est penché sur la question du *Mezzogiorno* italien. Ce que nous appelons gouvernance, c'est la capacité de réguler un système territorial. Cela correspond à ce que lui appelle la société civile (les syndicats, l'Eglise, les leaders d'opinion, les journaux, etc.) : tout ce qui est en dessous de la grande politique et qui n'est pas le marché. La gouvernance, c'est une sorte d'appareil d'Etat diffus qui sert d'armature à la société.

SH : Cette conception d'un modèle régional de régulation ne rejoint-elle pas une tendance que l'on trouve dans plusieurs sciences sociales et qui souligne qu'au sein d'un même modèle général du capitalisme il existe des sous-systèmes locaux de régulation ? Certains disent même une « culture locale ».

A.L. : Bien sûr, mais reste alors à regarder très précisément ce qui a permis à une région de gagner ; voire ce qu'il faudrait faire pour se rapprocher précisément de ces conditions.

Bien sûr tout le monde ne s'en sort pas. Dans notre livre, il y a un article de Bernard Ganne qui montre comment la grande période de croissance de la France gaulliste a tué la plupart des systèmes de gouvernance locaux. Si on fait le tour de France, on voit que les systèmes locaux sont pratiquement tous morts. Cela est dû à une volonté du gouvernement gaulliste de casser les élites locales, mais celles-ci portent aussi une part de responsabilité. Elles étaient malthusiennes et se servaient de l'Etat pour se protéger de la concurrence internationale. Quand la France a pris le parti de s'ouvrir, tout ce type de gouvernance s'est effondré.

A Toulouse par exemple, malgré l'aide de l'Etat et l'installation de l'Aérospatiale, on disait il y a encore quinze ans qu'on ne pouvait rien faire pour lancer une dynamique locale. Aujourd'hui, la mayonnaise a pris et on voit se dégager une élite toulousaine, un esprit toulousain, des alternatives toulousaines, une capacité de mobiliser toutes les ressources de Toulouse pour en faire une région qui compte à l'échelle française et européenne.

Il est difficile de savoir comment la mayonnaise prend, mais on peut essayer de montrer les éléments qui la constituent. Dans chaque cas particulier, il y a des proportions différentes, mais les ingrédients sont communs.

SH : L'intérêt du livre et du programme de recherche qui le sous-tend est d'associer à l'échelle internationale des géographes, des économistes, des sociologues qui s'interrogent sur la façon de dégager ces éléments pertinents qui doivent intervenir dans une dynamique.

A.L. : Effectivement, l'intérêt de cette recherche est d'être à la fois internationale et interdisciplinaire. On ne peut pas se contenter de faire de l'économie pour expliquer ce genre de choses. Il faut signaler de surcroît que cette question n'est pas seulement académique. C'est une question qui s'adresse à tous les citoyens. L'ambition de ce genre de réflexion est de trouver des issues concrètes aux problèmes de développement.

Propos recueillis par
JEAN-FRANÇOIS DORTIER
(*Sciences Humaines*, n° 23, décembre 1992)

---

1. *Les Régions qui gagnent*, Puf, 1992.

Les nouveaux pôles régionaux

Depuis une quinzaine d'années, ce que l'on appelle «la crise» cache une reconversion profonde de l'espace économique. Dans les pays développés, les vieux districts industriels entrent en déclin pour laisser place à de nouveaux pôles de développement. Au Royaume-Uni, les vieux districts de Manchester ou Liverpool sont supplantés par le dynamisme du pays de Galles et de l'Ecosse. Une «troisième Italie» (région formée par la Toscane, les Marches, l'Ombrie) vient concurrencer l'Italie du Nord comme principale zone d'activités. Les Länder du sud de l'Allemagne (Bade-Wurtemberg, Bavière, Hesse) contrastent de vitalité au regard du Bassin de la Ruhr entré en sommeil. Aux Etats-Unis, alors que l'on avait cru que la Californie avait définitivement détrôné la Côte Est grâce aux brillants succès de la Silicon Valley, on voit aujourd'hui se réveiller des Etats de la Nouvelle-Angleterre (Etats du nord-est des Etats-Unis) ou celui du Michigan.
En France, les régions phares de la sidérurgie - comme la Lorraine ou le Centre (Saint-Etienne, Le Creusot) sombrent au détriment de nouvelles zones en pleine vitalité : le triangle Nantes/Rennes/Angers au sud-est de Paris, la région Rhône-Alpes, Toulouse, Montpellier, Strasbourg.

Les décolleteurs de la vallée de l'Arve
D'anciens pôles industriels ont manifesté pourtant une étonnante capacité de renouvellement. La vallée de l'Arve en Haute-Savoie, la région de Cholet en Vendée sont souvent citées en exemple par les experts du développement local. Voici comment Bernard Pecqueur décrit la reconversion industrielle de la vallée de l'Arve en Haute-Savoie (1) :

«Cette vallée de Haute-Savoie présente un cas particulier en France mais se rapproche des systèmes observés dans l'Europe du Sud. On y trouve une culture professionnelle qui imprègne l'ensemble de la société locale. L'industrie horlogère introduite au début du XVIIIᵉ siècle a créé localement une tradition dans la mécanique de précision. Le décolletage s'inscrit dans cette tradition. Dans les années 1880, César Vuarchex, tourneur sur métaux et entrepreneur audacieux, se lance dans la fabrique de vis et de pièces pour l'industrie. L'entreprise grandit et prospère, et, bientôt, ce nouveau métier va gagner tous les industriels de la vallée. Le décolletage consiste à usiner des barres métalliques à partir d'un tour. Vis et boulons sont les premières productions de la profession (...).

L'activité industrielle va se développer rapidement après la Seconde Guerre mondiale. En 1939, le décolletage occupe plus de 2 000 personnes réparties dans 16 communes. En 1954, on compte, dans les trois principales communes (Cluzes, Scionzier, Marnay), 65 entreprises de plus de 10 salariés et un total de 2 700 personnes employées. Enfin, en 1986, on dénombre 500 entreprises de plus de 10 salariés et 50 de plus de 50 salariés.

La densité d'entreprises est exceptionnelle. La plus grande partie de l'activité s'étend sur un rayon d'action de 6 kilomètres et représente 60 % du décolletage en France. Les relations de réseau entre les chefs d'entreprise sont anciennes et très fortes. On peut parler d'une culture industrielle. Ces relations sont renforcées par la mise en place de nombreuses structures dont les acteurs se sont eux-mêmes dotés. On retiendra, en particulier, la prise en charge locale de la formation continue. A l'initiative du patronat local se crée en 1972 l'Association de formation dans l'industrie de décolletage (AFIDEC). Par ailleurs, le Centre technique du décolletage (CTDEC) est une structure centrale qui collecte et diffuse les évolutions techniques et participe à la promotion de l'activité de la profession en France et à l'étranger.»

---

1. B. Pecqueur, *Le Développement local*, Syros Alternatives, 1992.

GEORGES BENKO*

LES THÉORIES DU DÉVELOPPEMENT LOCAL**

D'un côté, des régions en perte de vitesse ou confrontées aux restructurations ; de l'autre, des exemples de réussite : la Silicon Valley, la « Troisième Italie », le Bade Wurtenberg... Pourquoi certaines régions « gagnent-elles » et d'autres non ?

L ES ANNÉES 70 ont vu apparaître de nouveaux pôles régionaux dont l'essor se prêtait difficilement à une interprétation par les théories classiques. Selon elles, le développement s'inscrit dans une dynamique mondiale ou s'explique par des facteurs généraux : technologie, organisation et stratégie industrielles, etc. ; structuralisme global (qui, lui, peut sans doute rendre compte du déclin des régions) ; théorie des « étapes du développement » ; dépendantisme (1).

Les premiers travaux sur les régions en plein essor devaient au contraire mettre en avant des analyses territorialisées de l'innovation et de l'organisation économique et sociale. Selon eux, le succès et la croissance de régions industrielles seraient essentiellement dus à leur dyna-

mique interne. Depuis, au cours des années 80 et 90, l'ensemble des sciences sociales et économiques s'intéresse aux questions liées au territoire : développement et déclin des villes et des régions, globalisation, localisation et déplacement des activités économiques, concurrence entre les régions, les nations et les grands espaces. De nouvelles analyses émergent ; les unes portent sur les institutions, d'autres sont centrées sur l'organisation industrielle et le rôle des transactions ou insistent sur les changements technologiques. Schématiquement, on peut distinguer six grandes

* Géographe, université Paris-I Panthéon-Sorbonne.
** *Sciences Humaines*, hors série n° 8, février/mars 1995. Texte revu et complété par l'auteur, décembre 1999.
1. Voir les mots clés en fin d'ouvrage.

catégories de recherches et, dans un second temps, rendre compte des débats sur l'articulation local/global.

Les recherches sur les districts industriels

Menées dans les années 70 par des économistes italiens (Giacomo Becattini, Arnaldo Bagnasco, Carlo Trigilia et Sebastiano Brusco), les premières recherches ont pour cadre la « Troisième Italie », c'est-à-dire principalement l'Italie centrale (Toscane, Vénétie, etc.). En insistant sur le caractère socialement endogène du développement (la « construction sociale du marché »), elles analysent le type d'organisation industrielle de ces régions.

Celui-ci se présente comme un mélange de concurrence-émulation-coopération au sein d'un système de petites et moyennes entreprises très spécialisées. Le mode de fonctionnement de ce milieu productif a conduit à réintroduire un vieux concept : le « district industriel » (2) décrit en 1900 par l'économiste anglais Alfred Marshall. Un district industriel repose sur une coordination, par le marché et par une réciprocité fondée sur la proximité géographique, d'une division sociale du travail. Autrement dit, une division de la production non pas au sein d'une même entreprise mais entre les petites firmes d'un même territoire, chacune étant spécialisée dans un segment du processus productif.

En 1984, Michael J. Piore et Charles Sabel ont interprété les succès des districts industriels comme un cas particulier dans une tendance beaucoup plus générale. Ils avancèrent l'idée selon laquelle à la production de masse fordiste, rigidement structurée, allait succéder un régime fondé sur la « *spécialisation flexible* » (3), dont la forme spatiale serait le district, comme le circuit de branche était une forme spatiale de déploiement du fordisme. Cette nouvelle bifurcation industrielle rendait en effet toute sa place à la professionnalité de la main-d'œuvre, d'une part, à l'innovation décentralisée et à la coordination entre les firmes, d'autre part : deux caractères de l'atmosphère sociale du district industriel.

L'approche par les « coûts de transactions »

Parallèlement, et en interaction avec ces multiples influences, des recherches sont menées en France sur ces « systèmes industriels localisés » par une équipe grenobloise sous l'impulsion de Claude Courlet et Bernard Pecqueur, tandis que Jean-Pierre Gilly et ses collaborateurs travaillent, à Toulouse, sur l'aspect territorial de l'industrialisation et de l'innovation.

Un deuxième courant de recherches est issu de l'Ecole californienne de géographie économique, représentée essentiellement par Allen J. Scott, Michael Storper et Richard Walker. Ceux-ci arrivaient à de semblables conclusions mais sur une base un peu différente. Impressionnés par la croissance de leur Etat et tout particulièrement de Los Angeles, ils s'intéressaient d'abord à des métropoles, voire des mégapoles, dans lesquelles ils reconnurent ultérieurement

---

2. Voir les mots clés en fin d'ouvrage.
3. *Idem.*

des patchworks de districts. Ensuite, ils s'appuyèrent essentiellement sur les analyses « institutionnalistes » (4) de Ronald Coase et Oliver Williamson relatives à la dynamique de la division du travail et aux effets externes d'agglomération.

On vit ainsi émerger un « paradigme Coase-Williamson-Scott », selon lequel l'organisation industrielle arbitrerait entre les coûts d'organisation internes à la firme et les coûts de transaction entre firmes. Autrement dit, une firme peut avoir intérêt à sous-traiter une partie de sa production si les coûts de transactions (engendrés par les transports, les communications, la transmission des instructions, etc.) sont inférieurs aux coûts engendrés par une production en interne. Or, l'agglomération de firmes en un même lieu minimise les coûts de transaction. Alors que la concentration caractéristique des grandes entreprises permettait d'envisager des économies d'échelle, les économies réalisées grâce à la proximité des entreprises permettent de privilégier la flexibilité du système productif. Les systèmes spatiaux fordistes (intégrés verticalement) sont donc appelés, selon A.J. Scott, à s'effacer devant les agglomérations d'entreprises à la recherche de coûts de transaction minimaux. De leur côté, M. Storper et R. Walker, en 1989, proposaient un modèle d'émergence de pôles de croissance surgis de presque rien en Californie.

Une forme spécifique des districts fut étudiée par les économistes, géographes et sociologues, sous le nom de « technopoles ». Celles-ci peuvent être créées aussi bien par une politique industrielle volontariste (c'est le cas au Japon, en Allemagne ou en France) ou constituer une étape de transition vers une accumulation flexible (c'est le cas de la célèbre Silicon Valley ou de l'Orange County, en Californie). Parmi les principaux travaux entrepris sur la question au cours des années 90, on peut citer ceux de Georges Benko, d'Allen J. Scott, et de Manuel Castells et Peter Hall.

Ainsi, du plus petit district italien aux mégapoles mondiales, la « spécialisation flexible » impulserait non seulement le retour des usines et des bureaux vers les zones urbaines, mais encore la reprise de la croissance quantitative des métropoles. La future hiérarchie des villes et régions urbaines mondiales résulterait de la stratégie interne de ces districts ou amas de districts.

Le milieu innovateur

Une autre approche considère le territoire lui-même comme « milieu innovateur ». Initiée par Philippe Aydalot, elle vise à déterminer les conditions extérieures nécessaires à la naissance de l'entreprise et à l'adoption de l'innovation. Les chercheurs dans ce domaine considèrent que l'entreprise ne préexiste pas aux milieux locaux, mais qu'elle est sécrétée par eux. Ils cherchent à théoriser les différentes formes d'interdépendances qui se tissent dans le territoire et interviennent dans le développement technologique, en incorporant des éléments très variés. Les études récentes recoupent les travaux menés dans le domaine de la théorie de l'organisation industrielle, et les analyses des districts

---

4. *Idem.*

industriels de l'autre. C'est le cas notamment des études de Denis Maillat et Jean-Claude Perrin. Elles rejoignent de plus en plus explicitement les approches évolutionnistes, selon lesquelles l'émergence et la diffusion de l'innovation procéderaient par modifications successives au sein d'un système. Faisant le chemin inverse, les évolutionnistes ont mis de plus en plus l'accent sur le « milieu », et donc sur le territoire propice à l'innovation. C'est le cas de Giovanni Dosi et de Roberta Salvatore.

Le postfordisme et ses territoires

Face à ces travaux qui tous prétendaient théoriser la forme du « postfordisme » (5), d'autres chercheurs mettaient en évidence l'extrême variété des territoires. Ils procédaient selon une approche régulationniste (6), c'est-à-dire en privilégiant l'analyse des mécanismes grâce auxquels les rapports entre agents économiques mais aussi institutions (syndicats, patronat…) sont régulés. En systématisant cette approche, Danièle Leborgne et Alain Lipietz soulignèrent ainsi plusieurs points :
– tous les territoires ne s'orientent pas vers une « flexibilité » du contrat salarial. Certains privilégient l'implication négociée des salariés et leur qualification (c'est le cas en particulier du Bade Wurtenberg, en Allemagne du Sud) ;
– la tendance à la « désintégration verticale » (ou décentralisation) des processus de production est en effet générale, mais il existe des formes très diversifiées de coopération et de hiérarchie entre les entreprises ;
– dans les territoires où les rapports

entre capital et travail (ou entreprises et main-d'œuvre) sont les plus flexibles, les relations marchandes peuvent revêtir un caractère « brutal » entre les firmes elles-mêmes ; inversement, là où prévaut la « fidélité » entre capital et travail, des formes de partenariat entre les entreprises peuvent se manifester ;
– la diversité des évolutions suivies par les territoires résulte des stratégies « défensives » ou « offensives » de leurs élites.
Les remarques de D. Leborgne et A. Lipietz sur la variété des formes de relations interentreprises relativisaient fortement le modèle du « district marshallien » régulé par la combinaison des rapports marchands et d'une « atmosphère » de réciprocité entre les firmes. Economistes, géographes et ingénieurs allaient donc se pencher plus attentivement sur les formes d'organisation des relations entre unités de production et sur leur déploiement spatial. Dès lors, la forme traditionnelle et hiérarchisée de circuit de branche et la forme purement marchande du district « à la Coase-Williamson-Scott » (les fameuses agglomérations d'entreprises) n'apparaissent plus que comme deux formes extrêmes et caricaturales. Deux notions allaient être privilégiées : le réseau, d'une part ; la gouvernance, d'autre part.
Le « réseau » est la dimension spatiale d'une forme de régulation des rapports entre unités productives. En travaillant sur les systèmes de grandes entreprises et la hiérarchisation territoriale de la production, Pierre Veltz montre ainsi,

---

5. Voir les mots clés en fin d'ouvrage.
6. *Idem.*

à partir de l'exemple de l'industrie aéronautique française et son district toulousain, que la logique de l'externalisation (qui consiste à confier une partie de la production à un ou plusieurs sous-traitants) ne se justifie pas par les seules contraintes de la concurrence. L'organisation hiérarchisée se transforme en une organisation en réseau, construite autour des notions de partenariat, de relations contractuelles, de flexibilité, de coopération interfirmes. Autant de termes qui apparaissent dans les analyses des districts et des milieux.

Introduite par M. Storper et Bennet Harrison, la « gouvernance » désigne quant à elle le mode de régulation des rapports au sein d'un réseau. Elle repose en général sur la combinaison de différentes formes : hiérarchie, sous-traitance, partenariat, « atmosphère », agences publiques ou parapubliques. M. Storper et B. Harrison ont montré la grande variété des modes de gouvernance, en travaillant l'un dans l'ouest des Etats-Unis (la « Sun-Belt »), l'autre dans l'est (la « Rust-Belt ») : selon les cas, la même organisation industrielle en réseau de firmes spécialisées peut ressembler à un district industriel italien ou à une sorte d'oligopole quasi intégré, autrement dit, un marché dominé par un petit nombre de firmes concurrentes, mais (à la différence de l'oligopole au sens strict) engagées dans un même processus productif.

Gouvernance, conventions, institutions

Dans un cas comme dans l'autre, l'analyse spatiale de la notion de gouvernance comme forme d'organisation interentreprises va au-delà des relations proprement marchandes. Cette extension du concept à tout système de relations humaines inscrit dans un territoire a donné lieu à une autre catégorie de travaux.

Robert Salais et M. Storper, par exemple, analysent dans un certain nombre de pays (la France, les Etats-Unis, l'Italie) les conventions qui permettent aux acteurs économiques de se comprendre, de coordonner leurs actions, de définir leur champ d'intervention. Elles donnent lieu à des ententes plus ou moins implicites (normes de qualité qui fixent les critères de fabrication d'un produit, normes de confiance, etc.). Il résulte de la pluralité des conventions une multitude de modes de production possibles. Une telle vision rompt avec la représentation des théories classiques selon laquelle l'organisation industrielle des pays résulterait d'une même rationalité économique. Chaque région ou territoire dispose en fait, selon R. Salais et M. Storper, de sa propre identité économique. En France, elle se caractérise par le rôle de l'Etat ; en Italie, par le dynamisme des PME et d'artisans fortement soudés dans une communauté locale ; aux Etats-Unis, par celui des petites industries de haute technologie, reposant sur un groupe d'entreprises innovantes et la flexibilité de la main-d'œuvre.

Ainsi émerge une acception large du concept de gouvernance : l'ensemble des modes de régulation entre le pur marché et l'Etat, c'est-à-dire ce que Gramsci appelait « société civile » : les institutions locales, les municipalités, les élites…

Le local et le global

Une fois reconnue l'identité écono-mique des territoires régionaux et *a for-tiori* nationaux (du fait de l'existence d'une société civile et de l'Etat), se posait la question de la régulation des rapports réciproques entre ces terri-toires. Selon Jacques Mistral, le rôle homogénéisateur du marché mondial se heurte à l'existence de modes de régulation propres aux Etats-nations ou aux économies nationales. Dans ce contexte, les réseaux et les firmes trans-nationales, les rapports de pouvoir monétaire et les règles d'ajustement apparaissent comme les seules formes de régulation entre les ensembles sépa-rés par des frontières nationales.

Analysant plus particulièrement les rap-ports Nord-Sud, où une véritable divi-sion du travail au sein de processus de production fordistes uniques tendait pourtant à s'établir, A. Lipietz abondait dans le même sens : il y a bien une «économie-monde» mais elle n'est pas une force causale, les firmes multina-tionales ne sont pas non plus les créa-trices de la «nouvelle division interna-tionale du travail». Celle-ci est plutôt une configuration, une rencontre fai-blement régulée de trajectoires natio-nales, parmi lesquelles seules certaines présentent une forte dépendance au contexte global (d'où leurs noms de «taylorisation primitive», de «fordisme périphérique», etc.).

Le débat fit ainsi rage chez les géo-graphes, sociologues, économistes régio-naux, entre deux versions du débat contemporain : ceux qui privilégiaient la structuration du local et ceux qui pri-vilégiaient les contraintes du global, en soulignant le poids des oligopoles (citons Flavia Martinelli et Erika Schoenberger) et des mégapoles domi-nantes (Pierre Veltz).

Il faut admettre toutefois que derrière ce débat local/global se cache une cer-taine incapacité des chercheurs à iden-tifier les traits du «postfordisme». Le poids de l'hypothèse de spécialisation flexible, notamment chez les chercheurs américains, a conduit à privilégier l'hy-pothèse de l'adhésion plus ou moins forte des territoires à une aire straté-gique unique. Les doutes des Français (R. Boyer, D. Leborgne, A. Lipietz, G. Benko entre autres) vis-à-vis de l'uni-cité du postfordisme élargissaient cependant le débat en introduisant la question de la coexistence de modèles locaux très différents au sein d'une aire globale unique. Ainsi, la fécondité des différentes approches de l'espace laisse pour le moment plus de questions ou-vertes que de réponses, d'autant que «l'espace» (ou la région) est par nature terrain d'interdisciplinarité.

Il conviendra toutefois de développer la question de l'emboîtement des espaces. Entre la résurgence du local comme condition de la compétitivité et de la régulation sociale, et la globalisation comme espace de l'économie voire de la culture, l'approche régulationniste permet une conception profondément renouvelée des relations internationales : notamment sur l'influence des modes de régulation internationaux sur la sélection des procédés technologiques, la macro-économie des accords continentaux (CEE, Alena, etc.), la coexistence de modèles de développement différents dans la même aire de libre-échange.

Enfin, la réflexion sur le développement local ou régional ne permet pas d'éluder une question essentielle : comment peut-on réconcilier, y compris dans les régions qui gagnent, efficacité économique et justice sociale ?

La « nouvelle économie géographique »

Le grand élan créatif de la géographie socio-économique dominante dans les années 80 semble essoufflé dans les années 90. Après avoir indéfiniment décliné les thèses du postfordisme et le « modèle des districts », ces théories deviennent sclérosées.

Mais le débat scientifique ayant horreur du vide, le champ laissé vacant fut occupé par un revenant : il s'agit pour l'essentiel de la réincarnation de la « science régionale » lancée il y a cinquante ans par Walter Isard, William Alonso et leurs collègues, mais croisée et pimentée par la nouvelle théorie du commerce international, sous la baguette de Paul Krugman. On revoit le rôle de l'histoire dans l'organisation économique (comme disait P. Krugman) *« l'histoire compte »*, le rôle des externalités, les transports, la question des rendements croissants autour de la production, etc. Tout simplement on explique l'agglomération et la dispersion des activités économiques. Les travaux de Gilles Duranton, Masahisa Fujita, Françoise Maurel, Jacques-François Thisse, en témoignent.

Enfin des économistes du courant dominant s'occupent des régions ! Soyons justes : ils ne reprennent pas telle quelle la science régionale de W. Isard. Ils recueillent au passage une bonne partie de la critique de Kaldor contre la théorie de l'équilibre pur et parfait, sans épaisseur et sans devenir. Ils récupèrent l'héritage marshallien (les « économies externes de proximité ou d'agglomération »). Surtout, ils couplent l'économie régionale avec une théorie du commerce, cherchent à comprendre pourquoi une région devient, par effet cumulatif sur une trajectoire au début arbitraire, plus compétitive qu'une autre. Bref, ils reconstruisent, sur la base d'une théorie économique néoclassique amendée par les effets externes de Marshall, la théorie structuraliste des rapports centre-périphérie, ce que les théoriciens des districts industriels avaient oublié de faire.

Il est vraisemblable que ce regain d'intérêt pour l'espace ou le territoire a été stimulé par l'intégration des économies nationales à l'intérieur de blocs commerciaux (et politiques dans certains cas), tels que l'Union européenne, Mercosur ou Alena. L'intégration des marchés faisant disparaître les barrières économiques entre les nations, les frontières nationales ne suffisent plus pour définir les unités d'analyse adéquates. L'économie géographique et la théorie du commerce international se focalisent ainsi davantage aujourd'hui sur la formation des villes et des districts industriels, sur la spécialisation de la production au niveau urbain ou régional et sur les échanges entre villes et régions. On peut illustrer cet intérêt croissant par les travaux récents d'A. Scott et de P. Veltz, ou encore de P. Krugman.

L'un des grands débats dans la dernière décennie du siècle se situe autour de la mondialisation. Ce phénomène, même s'il n'est pas vraiment nouveau dans l'histoire économique, suscite de nombreuses controverses. C'est une problématique géographique par définition. Nous sommes passés au cours du dernier quart du XX\(^e\) siècle d'un système économique international à un système économique «global». Il s'agit d'une mutation géopolitique majeure des conditions de production, de compétition et d'interdépendance. Le vieux régime international était caractérisé par la souveraineté des Etats qui définissaient, entre autres, leurs politiques monétaires et douanières. Celui qui lui succède est un ordre global diffus où les relations entre les Etats s'estompent, dans une certaine mesure, au profit de connexions entre des économies régionales éloignées, reliées entre elles par des échanges complexes faits de compétition et de collaboration.

Certes, le temps des nations n'est pas fini, les Etats jouent toujours un rôle crucial dans beaucoup de domaines, mais, pris entre échelons local et global, leur place dans l'économie s'est redéfinie. On assiste, d'une part, à un mouvement «vers le haut» : celui de l'internationalisation de l'activité économique dans un monde de plus en plus dépourvu de frontières, au point que certains n'hésitent pas à avancer l'hypothèse d'une prochaine disparition de l'Etat souverain classique fondé sur la notion de territoire. On a, d'autre part, un glissement «vers le bas» : on souligne l'intensification de la croissance économique d'un certain nombre de régions, reconnues comme les moteurs de la prospérité mondiale, qui donne

lieu à une recomposition de la hiérarchie des espaces productifs. Globalisation ne signifie donc pas homogénéisation de l'espace mondial mais, au contraire, différenciation et spécialisation.

Les nouvelles théories de la croissance ont également contribué au progrès de l'économie géographique. L'idée que la croissance est localisée et dépend de facteurs propres à certains sites est à l'origine de nombreuses contributions empiriques récentes qui apportent un éclairage nouveau sur les mécanismes de la croissance.

Parallèlement, quelques chercheurs français (Bernard Pecqueur, Yannick Lung, Jean-Benoît Zimmermann, Jean-Pierre Gilly, Alain Rallet entre autres) organisent et orientent leurs travaux autours de la notion de «proximité», mais dans un autre esprit que P. Krugman, qui travaille aussi sur les externalités et sur l'agglomération. La proximité est définie en trois dimensions : la proximité géographique (espace géoéconomique, mais aussi proximité fonctionnelle), la proximité organisationnelle (l'expression de la séparation économique entre les agents, les individus, les organisations, etc., qui peut être appréhendée au plan technologique, industriel ou financier), et la proximité territoriale, qui est l'interaction des deux premières formes de proximité. Cette école de pensée nommée «école française d'économie de proximités» renouvelle l'économie industrielle régionale, dans la suite logique des travaux de la nouvelle géographie socio-économique des années 80 sur les milieux innovateurs, systèmes industriels localisés, districts industriels. Notons également que le terme de proximité est souvent évoqué depuis quelques années dans la recherche urbaine. La ville est l'expression par excellence d'une proximité organisée dans le but d'optimiser les interactions humaines. Un ouvrage dirigé par Jean-Marie Huriot (7) analyse les différentes facettes de cette question aussi bien au niveau théorique et méthodologique qu'empirique.

Cette «nouvelle économie géographique» (ou la science régionale renouvelée) des années 90 utilise mieux les théories économiques modernes. Agglomérations, localisations, externalités et les mécanismes économiques qui les expliquent sont de nouveau au premier plan au tournant du siècle.

---

7. J.-M. Huriot (éd.), *La Ville ou la proximité organisée*, Anthropos/Economica, 1998.

A lire sur le sujet...

• G. Benko, *La Dynamique spatiale de l'économie contemporaine*, Editions de l'Espace européen, 1990.

• G. Benko et A. Lipietz, *Les Régions qui gagnent*, Puf, 1992.

• G. Benko, *La Science régionale*, Puf, 1998.

• G. Benko et A. Lipietz (éds), *La Richesse des régions*, Puf, 2000.

• I. Geneau de Lamarlière et J.-F. Staszak, *Géographie économique*, Bréal, 2000.

• P. Krugman, *Geography and Trade*, MIT Press, 1991.

• P. Krugman, *Development, Geography and Economic Theory*, MIT Press, 1995.

• P. Krugman, *The Self-Organizing Economy*, Blackwell, 1996, version française : *L'Economie auto-organisatrice*, De Boeck, 1998.

• P. Krugman, *La mondialisation n'est pas coupable*, La Découverte, 1998.

• A. Lipietz, *Choisir l'audace*, La Découverte, 1989.

• A.J. Scott, *Les Régions et l'économie mondiale. La nouvelle géopolitique globale de la production et de la compétition économique*, L'Harmattan, 2000.

Les principales théories du développement local

I. Les approches territoriales

Les districts industriels

Les districts industriels ont été étudiés à partir des années 70 par des économistes italiens : Giacomo Becattini, Arnaldo Bagnasco, Carlo Triglia, Sebastiano Brusco, etc. Leurs travaux s'articulent autour du concept défini par Alfred Marshall, économiste anglais, et ont porté sur ses systèmes de PME d'Italie centrale (entre Rome et la plaine du Pô). Parmi leurs apports théoriques : le caractère socialement endogène du développement... Ces travaux ont été prolongés, dans les années 80, par ceux de Michael J. Piore et Charles F. Sabel (selon lesquels le district industriel est un cas particulier de district) ; en France, par Claude Courlet et Bernard Pecqueur ainsi que par Jean-Pierre Gilly (respectivement à Grenoble et à Toulouse).

A lire...
- G. Becattini, « Le District industriel : milieu créatif », *Espaces et Sociétés*, 1991 ;
- A. Bagnasco et C. Trigilia. « La Construction sociale du marché », *Le Défi de la troisième Italie*, Ed. de l'ENS-Cachan, 1988, 1993 ;
- M.-J. Piore et C.-F. Sabel, *Les Chemins de la prospérité*, Hachette, 1989 ;
- C. Courlet et B. Pecqueur, « les Systèmes industrialisés en France... » in G. Benko et A. Lipietz, *Les Régions qui gagnent*, Puf, 1992.

Les métropoles et mégapoles

Les dynamiques territoriales propres aux métropoles ou mégapoles ont été étudiées dans les années 80 par des géographes économistes américains Allen J. Scott, Michael Storper, Richard Walker... Leurs travaux s'appuient en particulier sur la théorie des coûts de transaction (de Coase et Williamson) et portent sur les agglomérations et les pôles de croissance californiens (Los Angeles...). Parmi les apports théoriques : le paradigme « Coase-Williamson-Scott » (effets d'agglomération, accumulation flexible et désintégration verticale). D'autres chercheurs ont porté leur attention sur le cas des technopôles au Japon, en Allemagne, en France ou aux Etats-Unis (Silicon Valley, Orange County...) : Georges Benko, Allen J. Scott, Manuel Castells et Peter Hall, etc.

A lire...
- O.E. Williamson, *Les Institutions de l'économie*, InterEditions, 1984 ;
- G. Benko, *Géographie des technopôles*, Masson, 1991.

Milieux innovateurs

Les milieux innovateurs ont été étudiés dans les années 80 par Philippe Aydalot. Les travaux les plus récents sont ceux de Denis Maillat et Jean-Claude Perrin. Ils s'inspirent de la théorie évolutionniste de l'innovation. Parmi les cas étudiés : les milieux innovateurs de l'Arc Jurassien suisse où domine l'industrie horlogère.

A lire...
• P. Aydalot, *Milieux innovateurs en Europe*, Gremi, 1986 ;
• D. Maillat et coll., *Réseaux d'innovation et milieux innovateurs : un pari pour le développement régional*, EDES, 1993.

II. Les approches d'inspiration régulationniste

Des relations capital/travail

Danièle Leborgne et Alain Lipietz ont mis en évidence la diversité des formes de relations interentreprises et des rapports entre entreprises et main-d'œuvre. Ainsi, ils relativisent le modèle du district industriel qui privilégie, lui, la flexibilité de la gestion de cette dernière au détriment de l'effort de formation et de qualification.

A lire...
• D. Leborgne et A. Lipietz, « Idées fausses et questions ouvertes de l'après-fordisme », *Espaces et sociétés*, n° 66/67, 1991.

Des réseaux

Les réseaux constitués d'entreprises situées dans différents territoires ont été étudiés, en France, par Pierre Veltz, à partir de l'exemple de l'industrie aéronautique française. Un bon réseau de transports et de communications peut compenser la perte de certains avantages tirés de la localisation dans une agglomération.

A lire...
• P. Veltz, « Nouveaux modèles d'organisation de la production et tendances de l'économie territoriale », *La Dynamique spatiale de l'économie contemporaine*, Editions de l'Espace Européen, 1990 ;
• P. Veltz, « Hiérarchies et réseaux dans l'organisation de la production et du territoire », in G. Benko et A. Lipietz, *Les Régions qui gagnent*, Puf, 1992.

De la gouvernance

Les travaux sur la gouvernance (les modes de régulation des rapports interentreprises) ont été initiés par deux Américains,

Michael Storper et Bennett Harrison. L'apport théorique de ces travaux consiste dans l'idée que les formes de gouvernance sont variées et vont au-delà des relations marchandes. La forme d'organisation interentreprises peut s'inscrire dans un rapport de hiérarchie ou une coopération partenariale.

A lire...
• M. Storper et B. Harrison, « Flexibilité, hiérarchie et développement régional », in G. Benko et A. Lipietz, *Les Régions qui gagnent*, Puf, 1992.

Economie de proximités

Cette approche met en valeur les proximités géographiques et organisationnelles à travers des institutions et de l'apprentis-sage collectif. Il ne s'agit pas de postuler le local, comme tend à le faire l'analyse en terme de milieu, mais de le déduire. Le territoire est un construit des pratiques et des représentations des agents économiques, mais il doit être aussi le résultat d'une démarche analytique et non son présupposé. La « proximité » est un des moyens de théoriser le territoire.

A lire...
• « Economie de proximités », *Revue d'économie régionale et urbaine*, n° 3 (numéro spécial), 1993.

SYLVAIN ALLEMAND[*]

DÉVELOPPEMENT DURABLE ET SCIENCES SOCIALES[**]

Forgée dans le cadre de grandes organisations internationales, la notion de développement durable s'est rapidement diffusée dans les sciences sociales. Ce faisant, elle a relancé d'intenses débats sur les rapports entre société, économie et environnement.

COMMENT RENOUER avec la croissance de façon à faire reculer les inégalités et la pauvreté sans détériorer l'environnement légué aux générations futures ? Telle est, en substance, la question en forme de dilemme que l'Assemblée générale des Nations unies a soumise en 1983 à Gro Harlem Brundtland, alors Premier ministre norvégien, en lui confiant la présidence d'une Commission mondiale sur l'environnement et le développement composée de spécialistes et d'anciens hauts fonctionnaires de l'ONU.

Remise quatre ans plus tard, au terme d'une succession d'audiences à travers le monde et d'un inventaire des problèmes susceptibles de menacer la planète, la réponse (1) tint en deux mots : *sustainable development* (soit développement durable ou, selon les traductions : soutenable, ou encore viable…) Depuis, la formule a connu un succès sans précédent, reléguant au second plan la notion d'éco-développement apparue dans les années 70. Les organisations internationales (l'OCDE, l'Unesco…) l'adoptèrent sur le champ, de même que les consultants et les développeurs en quête de financements internationaux… Parallèlement, de nombreux Etats se dotèrent de commissions ou de forums destinés à dégager des solutions concrètes et à faciliter la coopération entre les pays. Une Com-

---

[*] Journaliste scientifique au magazine *Sciences Humaines*.
[**] *Sciences Humaines*, n° 92, mars 1999.
1. *Notre avenir à tous* (*Our Common Future*), Commission mondiale sur l'environnement et le développement, Montréal, Editions du Fleuve, 1989 (2ᵉ édition).

mission française du développement durable vit ainsi le jour en 1996, sous l'égide du ministère de l'Environnement. Déclinée, cette notion a inspiré les thèmes de la «politique urbaine durable», d'«habitat durable», de «tourisme durable», etc. Pourquoi un tel succès ?

Du rapport
à la Conférence de Rio

Les experts des organisations internationales n'avaient pas attendu le rapport Brundtland pour user de la notion de développement durable. Dès 1980, une étude menée sous les auspices de l'UICN (Union internationale pour la conservation de la nature) se penche sur la *«conservation des ressources vivantes en vue d'un développement durable»*.

L'idée même de soutenabilité est encore plus ancienne. Dans son *Essai sur le principe de la population* (1798), Malthus s'inquiète déjà de la «soutenabilité» de l'environnement au regard du renouvellement des espèces. De fait, la référence à Malthus n'est pas totalement absente dans le rapport Brundtland, qui considère que *«le développement soutenable n'est possible que si l'évolution démographique s'accorde avec le potentiel productif de l'écosystème»*.

Quoi qu'il en soit, c'est le rapport Brundtland et ses prolongements immédiats (le Sommet de la Terre en 1992 à Rio) qui contribuèrent à populariser la notion de développement durable aussi bien auprès des grandes organisations internationales, des ONG, des développeurs, qu'au sein de la communauté scientifique.

Victime de son succès, la formule n'a

pas manqué de susciter d'innombrables tentatives de définition. Dès 1989, on en recensait une soixantaine (2). Au sens du rapport Brundtland, *«le développement soutenable est un développement qui répond aux besoins du présent sans compromettre la capacité des générations futures de répondre aux leurs»*.

L'idée d'envisager ensemble le développement et l'environnement n'est pas nouvelle non plus. Elle est formulée pour la première fois dans le célèbre rapport de Dennis Meadows *(The Limits to Growth)* publié par le Club de Rome, en 1972, à travers la notion d'éco-développement.

La rupture introduite par le rapport Brundtland est ailleurs : dans la tentative de concilier croissance et environnement. Selon le rapport Meadows, la solution à l'utilisation intensive des ressources épuisables réside dans la limitation de la croissance quelle qu'elle soit : démographique ou économique (thème de la croissance zéro).

Si le rapport Brundtland s'inquiète de la croissance démographique, il n'exclut pas la poursuite de la croissance économique. Même si, dans l'esprit de ses auteurs, c'est une croissance qualitative plus que quantitative qu'il s'agit de privilégier. Aussi parle-t-on parfois de croissance durable ou soutenable : c'est le cas de rapports de l'OCDE, de l'Union européenne, du Commissariat général du plan français ou encore du traité de Maastricht...

Il est vrai que le contexte social et économique des pays développés a changé :

---

2. D'après J. Pezzey cité dans J.-M. Harribey, *Le Développement soutenable*, Economica, 1998.

nombre de pays développés sont désormais confrontés à un chômage de masse combiné à un ralentissement de ladite croissance. Dans le même temps, l'idée que les pays en développement ont également droit à la croissance a fait son chemin.

La notion de développement soutenable implique certes des limites en matière de croissance. Mais, précise le rapport, «*il ne s'agit* (pas) *de limites absolues mais celles qu'impose l'état actuel de nos techniques et de l'organisation sociale, ainsi que de la capacité de la biosphère de supporter les effets de l'activité humaine*». Rien n'empêche, poursuit le rapport, «*d'améliorer nos techniques et notre organisation sociale de manière à ouvrir la voie à une nouvelle ère de croissance économique*».

Organisé à Rio en 1992, soit vingt ans après la première conférence internationale sur l'environnement (Conférence de Stockholm), le Sommet de la Terre officialisa en quelque sorte l'usage de la notion. Jusqu'à la tenue du second Sommet de la Terre (New York, 1997), une succession de conférences internationales (sur le développement social, les changements climatiques, la ville, etc.) contribuèrent à sa diffusion.

L'apport des sciences sociales

Bien qu'elle ait été élaborée dans le cadre de grandes organisations internationales, la notion de développement durable n'a pas laissé indifférente la communauté scientifique. Faut-il le rappeler ? De nombreux chercheurs et universitaires ont participé et continuent de participer aux programmes lancés par les organisations internationales ainsi qu'aux conférences organisées à la suite du premier Sommet de la Terre. Ce faisant, ils contribuent à la diffusion de cette notion dans leurs disciplines respectives en même temps qu'à la promotion d'une démarche interdisciplinaire, jugée plus adaptée à l'approche globale sous-tendue par le projet de développement durable. Cette diffusion ne se fait pas sans quelques réticences. Au sein de la littérature scientifique relativement abondante consacrée au développement durable, on peut d'ailleurs distinguer schématiquement les commentaires critiques, d'une part, et les travaux qui se proposent de donner un contenu concret au développement durable, d'autre part.

Plusieurs auteurs n'ont pas manqué d'exprimer leurs doutes quant à la pertinence de la notion de développement durable. Dans un ouvrage consacré à l'histoire du développement, l'anthropologue Gilbert Rist en souligne l'ambiguïté. «*D'un côté, elle revient à préconiser un volume de production qui soit supportable pour l'écosystème et qui, de ce fait, puisse être envisagé dans la longue durée. De l'autre, elle est une invitation à faire durer le développement, c'est-à-dire la croissance : développement durable signifie alors que le développement doit avancer à un rythme plus soutenu, jusqu'à devenir irréversible car ce dont souffrent les pays du Sud, c'est d'un "développement non durable" ou encore à éclipses, constamment remis en question par des politiques éphémères.*» (3)

3. G. Rist, *Le Développement. Histoire d'une croyance occidentale*, Presses de Sciences-po, 1996.

De fait, selon qu'on qualifie le développement de soutenable ou de durable, on ne privilégie pas le même objectif. Parler de développement soutenable, c'est souligner d'abord la nécessité d'un niveau de production «supportable» pour l'environnement. Parler de développement durable, c'est mettre davantage l'accent sur la durée et la nécessité de réunir les conditions pour rendre la croissance pérenne, étant entendu que le retard des pays en développement est imputable au caractère irrégulier de la croissance. Comme le développement tout court, le développement durable participe, toujours selon G. Rist, d'une croyance. La définition qu'en donne le rapport *«présuppose l'existence d'un sujet collectif (le "genre humain") doué de réflexion et de volonté, mais qu'il est impossible d'identifier clairement».* Même constat pour la notion de besoin. *«On prétend que "le présent" a des "besoins" auxquels il faut répondre sans empêcher les générations suivantes de satisfaire les leurs. Mais comment identifier ces fameux "besoins"?»* Les problèmes rencontrés par les pays développés et les pays en développement ne sont pas de même nature. Les premiers sont davantage concernés par des risques d'épuisement des ressources tandis que les seconds le sont par les problèmes de surexploitation des ressources.

Dans *Les Limites de la planète*, le démographe Hervé Le Bras voit quant à lui dans le développement durable l'expression d'une *«biologisation de l'économie politique»* (4). Dérivé des sciences naturelles et plus précisément des débats sur la notion de population

limite, le principe de soutenabilité induit en effet une analogie implicite entre la nature et la société avec toutes les implications idéologiques qu'il peut en résulter. En l'occurrence : une tendance à placer les espèces animales sur un pied d'égalité avec l'espèce humaine. D'autres auteurs ont contesté l'idée sous-jacente au développement durable, à savoir la possibilité même d'une croissance illimitée. A une conception quantitative du développement, ils opposent une conception qualitative. C'est le cas, par exemple, de l'économiste Michel Beaud qui considère que le développement soutenable doit être un *«développement humain sans croissance»* (5). D'autres encore opposent au développement durable des conceptions de développement plus proches des réalités humaines, sociales, économiques, et mettent en avant le développement local (ou régional). Le niveau local leur paraît le niveau le plus pertinent pour mobiliser l'ensemble des acteurs, qu'il s'agisse des collectivités locales, des entreprises ou des citoyens, et pour atteindre un objectif global. Au regard de ce développement local, le développement durable apparaît à leurs yeux comme un concept à la mode, et donc… jetable (6).

Donner du sens au développement durable

Malgré ces objections, d'autres chercheurs et universitaires s'efforcent de donner corps au développement durable

4. H. Le Bras, *Les Limites de la planète*, Flammarion, 1996.
5. Revue *Tiers Monde*, janvier/mars 1994.
6. G. Benko, *La Science régionale*, Puf, 1998.

en appliquant le principe de soutenabilité à des domaines précis. Deux champs d'application ont été jusqu'à présent privilégiés : la ville, d'une part, le tourisme, d'autre part.

Aujourd'hui, plus de la moitié de la population mondiale vit dans les villes. Dans les pays du Sud, l'afflux vers les métropoles se poursuit à un rythme rapide, en accélérant la dégradation des conditions de vie et l'accroissement des inégalités. Ces constats ont très tôt conduit à envisager la mise en œuvre d'un développement durable à l'échelle des villes et principalement des grandes métropoles des pays du Sud.

En quelques années, une abondante littérature a déjà été consacrée au thème du « développement social urbain durable » ou du « management urbain durable ». Citons les travaux d'Ignacy Sachs sur la valorisation culturelle des villes, ou ceux de Mario Polese et de Richard Stren sur le management urbain durable (7).

De nombreux autres spécialistes de la ville ou des politiques urbaines participent aux côtés d'architectes et d'urbanistes à des programmes visant à améliorer les conditions de la gestion des grandes villes. Créé en 1985, le réseau international et interdisciplinaire d'universitaires et de chercheurs Prelude (Programme de recherche et de liaison universitaires pour le développement) poursuit à l'échelle des villes des recherches-actions en « codéveloppement urbain durable et viable », fondées sur la mobilisation de l'ensemble des acteurs sociaux.

Parmi les programmes lancés à l'initiative des grandes organisations interna-tionales, on peut signaler le programme Most (*Management of social transformations*). Initié par l'Unesco, il réunit des spécialistes de différents horizons disciplinaires. À partir d'une étude comparative de villes partenaires (Montréal, Toronto, Le Cap, Genève…), cette équipe de recherche a dégagé les axes à privilégier pour *« satisfaire aux besoins des populations urbaines actuelles sans compromettre la qualité de vie des générations futures »* et définir ainsi *« un développement urbain social durable pour les villes du XXIe siècle »*. Ces axes consistent à définir une nouvelle gestion territoriale mobilisant davantage les différents acteurs de la ville (thème de la gouvernance), à développer les services publics ainsi que des transports de qualité, à mener des politiques d'emploi tenant compte du potentiel des systèmes de production.

L'originalité d'une telle approche réside dans la volonté de dépasser la distinction classique entre villes du Nord (pays développés) et celles du Sud. *« Que ce soit dans les pays de vieille urbanisation, avec leurs quartiers bourgeois et leurs ghettos, ou dans les villes du tiers-monde, avec leurs bidonvilles de misère et leurs centres de prestige, la même question se pose,* explique le géographe Antoine Bailly : *comment rendre ces villes plus humaines tout en conservant leur diversité culturelle ? »*

Parallèlement, d'autres auteurs, à l'image du géographe Jean-Paul Ferrier, pour-

---

7. M. Polese et R. Stren, *Understanding the New Sociocultural Dynamic of Cities*, colloque Most-Unesco, 1995 ; I. Sachs, *Transition Strategies towards the 21st Century*, 1993, Interest Publications. Voir l'entretien page 217.

suivent une réflexion sur les possibilités d'une «habitation durable» (8).

Vers un tourisme durable ?

En dehors de la ville, des politiques urbaines ou de l'habitat, le tourisme est très vite apparu comme un autre domaine d'application du principe de soutenabilité.

Dès 1992, l'Organisation mondiale du tourisme (OMT) fit sienne la notion de tourisme durable. Outre la mise en place d'un réseau d'experts en tourisme durable (Ecotrans), l'Union européenne a de son côté initié de nombreux projets pilotes auxquels participent des chercheurs aux côtés d'autres acteurs : consultants, industrie touristique, collectivités locales. Citons la création de chaînes d'hôtels écologiques, la publication de manuels de formation à la gestion environnementale…

De leur côté, chercheurs et universitaires ont reconnu «*officiellement* (le tourisme durable) *comme un objet scientifique*» (9). Dès 1994, le groupe de travail réunissant les géographes du tourisme au sein de l'Union géographique internationale choisit le thème de la «*géographie du développement durable*».

L'idée d'articuler de nouvelles pratiques touristiques à la protection de l'environnement est certes antérieure au rapport Brundtland. Elle s'exprime dès les années 80 à travers l'émergence de l'écotourisme. En France, la loi dite Loi Montagne, adoptée en 1985, tente déjà de concilier le développement touristique et la protection de l'environnement.

En outre, dès cette époque, différents travaux théoriques appliquent le concept de capacité de charge ou de cycle de vie au lieu touristique. Le guide de développement touristique durable publié en 1993 par l'OMT à l'attention des aménageurs locaux se réfère d'ailleurs à ces travaux.

Le tourisme durable n'en marque pas moins un tournant, d'une part, en élargissant la réflexion à l'ensemble des pays (qu'ils soient développés ou en développement) et des milieux (qu'ils soient naturels, ruraux ou urbains), d'autre part, en prenant en compte les acteurs de l'industrie touristique, comme les chaînes hôtelières par exemple.

Bien d'autres enjeux ont été revisités à l'aune des principes du développement durable. C'est ainsi qu'est apparu le thème de l'agriculture durable tandis que des débats s'organisent sur le thème «Emploi et développement durable».

A ces différentes tentatives de donner un sens concret au développement durable, il faut encore ajouter celles visant à élaborer un «indicateur de revenu national soutenable», une sorte de PIB vert, même si ces tentatives se heurtent à la difficulté d'évaluer monétairement les dommages causés à l'environnement.

Un nouveau paradigme ?

Parallèlement à ces débats sur les moyens d'inscrire le développement durable dans la réalité, l'introduction de la problématique du développement durable dans les sciences sociales a

---

8. J.-P. Ferrier, *Contrat géographique ou l'habitation durable des territoires*, Payot, 1998.
9. F. Desprest, *Enquête sur le tourisme de masse. L'écologie face au territoire*, Belin, 1997.

donné lieu à de nombreuses tentatives de modélisation. Lesquelles ont contribué à promouvoir au sein des sciences sociales d'autres approches, à commencer par l'approche systémique. En soulignant l'interdépendance des dimensions économiques, sociales et environnementales, le projet de développement durable amène en effet à considérer les activités humaines en relation avec l'écosystème ou la biosphère. A ce chapitre, on peut mentionner les contributions de l'économiste Nicholas Georgescu-Roegen, considéré à tort ou à raison comme l'un des pionniers dans la modélisation du développement durable (10). Ses modèles écologico-économiques conçoivent l'activité humaine en rapport avec les grands cycles naturels. Ils établissent que l'activité économique est «*un sous-système du système terrestre*». A ce titre, elle serait vouée, en vertu de la seconde loi de la thermodynamique (loi de l'entropie) (11), à une tendance à la dégradation continue.

A la suite de N. Georgescu-Roegen, d'autres auteurs ont insisté sur cette dimension systémique pour mieux souligner le caractère non soutenable de la croissance économique ou, au contraire, envisager des perspectives de rechange. Quelle que soit la position adoptée, les projets de développement durable paraissent indissociables d'une approche systémique des enjeux économiques, sociaux et environnementaux. Si une telle approche n'a pas attendu le rapport Brundtland pour être mise en pratique dans les sciences sociales, la thématique du développement durable concourt à sa banalisa-

tion. En soulignant la nécessité d'articuler les dimensions sociales, environnementales, sociales et économiques, le développement durable incline également à une approche pluridisciplinaire. Cette pluridisciplinarité est inscrite de fait dans la composition des équipes de recherches qui participent aux programmes des organisations internationales. La nécessité d'une telle approche est régulièrement soulignée, même si elle n'est pas dénuée d'excès. Dans *Les Limites de la planète*, déjà cité, H. Le Bras met en garde contre les risques que fait encourir la diffusion des concepts des sciences naturelles dans les sciences sociales.

Reste que, sur le plan disciplinaire, les débats autour du développement durable ont eu aussi pour résultat de susciter de nouveaux courants de recherche ou à tout le moins de leur donner un regain d'actualité.

C'est le cas, par exemple, pour l'écologie industrielle, un courant de recherche apparu dans les années 70-80 et qui connaît déjà des applications concrètes. L'objectif de ces dernières n'est pas de contraindre les industries à limiter leurs déchets mais de les convaincre de travailler ensemble pour exploiter au mieux de leurs intérêts leurs déchets ou de les mettre à disposition des autres industries ou de la collectivité. Un premier bilan exhaustif des expériences menées et des acquis théoriques en a été proposé dans un livre récent par le

---

10. N. Georgescu-Roegen, *La Décroissance : entropie-écologie-économie*, Sang de la Terre, 1995.
11. Selon cette loi, l'énergie disponible dans un système clos tend à se transformer en chaleur non réutilisable.

journaliste, biologiste et philosophe suisse Suren Erkman (12). Comme l'indique le sous-titre, il y voit un moyen de « *mettre en pratique le développement durable dans une société hyperindustrielle* ».

De toutes les sciences sociales, sans doute est-ce la science économique qui a été la plus sollicitée pour répondre aux défis théoriques soulevés par le développement durable. Pour l'auteur de *L'Economie et le Vivant* (13), René Passet, le développement durable pose en effet au moins trois défis aux économistes : le défi de la « multidimensionnalité » (l'activité économique qu'ils étudient ne peut être envisagée indépendamment des autres composantes de la biosphère, la sphère socioculturelle et la sphère naturelle) ; le défi de la longue durée (l'activité a des conséquences sur le long terme qu'il convient de prendre en compte) ; enfin, le défi de l'éthique (il ne s'agit plus de se demander « comment produire plus ? », mais « pourquoi ? »).

Les économistes n'ont certes pas attendu l'émergence du développement durable pour se pencher sur les questions relatives aux coûts de la pollution et de la dépollution. Mais, indéniablement, les préoccupations autour du développement durable ont contribué à relancer et à renouveler les débats théoriques en donnant un regain d'actualité à des courants en émergence comme l'économie de l'environnement (14) ou, en opposition à celle-ci, à l'économie écologique (15).

On le voit : par-delà leurs enjeux proprement sociaux et politiques, les débats autour du développement durable ont des prolongements dans le champ des sciences sociales. De là à parler de nouveau paradigme, il n'y a qu'un pas qu'il faut, de l'avis de maints experts, se garder de franchir. Quand bien même il ne serait qu'un effet de mode, les développements théoriques auxquels il a donné lieu ont, eux, quelque chance d'être durables.

---

12. S. Erkman, *Vers une écologie industrielle. Comment mettre en pratique le développement durable dans une société hyperindustrielle*, Editions Charles-Léopold Mayer, 1998.
13. R. Passet, *L'Economie et le Vivant*, Economica, 1996 (2ᵉ édition).
14. Pour une synthèse, voir P. Bontems et G. Rotillon, *Economie de l'environnement*, La Découverte, coll. « Repères », 1998.
15. Pour un aperçu voir J.-M. Harribey, *Le Développement soutenable, op. cit.*

VERS L'ÉCO-SOCIO-ÉCONOMIE

ENTRETIEN AVEC IGNACY SACHS[*]

Sciences Humaines : Dans les années 70, on parlait d'éco-développement. Aujourd'hui, on parle de développement durable. Que traduit ce changement de terme ?

Ignacy Sachs : Ce qu'on appelle développement durable s'inscrit dans la continuation des débats autour de l'éco-développement. Ceux qui opposent ces deux concepts s'attachent à des nuances qui n'ont guère d'intérêt. Ce qui importe, c'est de s'accorder sur le contenu, en l'occurrence l'harmonisation des objectifs sociaux, écologiques, économiques, mais aussi éthiques. Qu'on appelle ce projet éco-développement ou développement durable, soutenable ou viable, importe peu.

SH : Que dites-vous à ceux qui n'y voient qu'un vœu pieux ?

I.S. : Quand on observe les modifications intervenues dans les institutions internationales et les politiques suivies par les gouvernements depuis la Conférence des Nations unies à Stockholm en 1972, il est difficile de prétendre que rien n'a été fait. Depuis 1992, il est vrai que les avancées ont été plus lentes. Certains ont même considéré que la conférence d'étape de 1997 n'aurait pas dû s'appeler «Rio + 5» (autrement dit cinq ans après le premier Sommet de la Terre) mais «Rio – 5». L'éco-développement subit le contrecoup de la détérioration récente des rapports Nord-Sud.

SH : Parmi les expériences qui sont actuellement menées dans cette optique, pouvez-vous en citer une qui vous paraisse exemplaire ?

I.S. : De nombreuses expériences sont menées à travers le monde depuis plusieurs années dans l'esprit de l'éco-développement. Ces expériences sont variées : elles vont du recyclage et de la gestion des déchets à l'économie d'énergie, de l'eau… en passant par la définition d'une nouvelle gestion urbaine, la mise en place de moyens de transport. On peut citer l'exemple du programme de réaménagement des transports en commun de la ville de Curitiba, la capitale de l'Etat de Parana au Brésil. Beaucoup y ont vu une solution aux problèmes de transport d'une ville comme New York.
Cela dit, l'éco-développement n'est pas un modèle de développement, c'est une méthode qui consiste à formuler dans

* Directeur d'études à l'EHESS. Il est l'un des artisans de la Conférence de Stockholm de 1972, et du concept d'éco-développement ; Il a publié L'Eco-développement, Syros, 1998.

des contextes concrets des propositions concrètes. Elle s'applique au développement aussi bien local et régional que national et planétaire. Elle vise à dégager les questions qu'il convient de se poser en tenant compte du contexte social, culturel, institutionnel... Aussi n'est-il pas concevable d'ériger une expérience en cours en modèle universel.

SH : Quel a été l'impact des débats autour du développement durable sur les sciences sociales ?

I.S. : Ils ont permis de réintroduire la problématique du rapport entre les phénomènes étudiés par les sciences sociales, d'une part, et les phénomènes physiques et biologiques, d'autre part. En cela, l'éco-développement marque une rupture par rapport aux courants de pensée économique fondés sur une vision mécaniste de la réalité. Cette articulation entre société et environnement s'est traduite par une plus grande interdisciplinarité, non seulement à l'intérieur des sciences sociales, mais aussi entre celles-ci et les sciences de la nature. C'est pourquoi j'encourage, pour ma part, l'émergence d'une éco-socio-économie comme champ de recherches.

SH : De quoi s'agit-il ?

I.S. : Comme son nom l'indique, l'éco-socio-économie entend faire converger l'écologie et la socio-économie. Ce concept est dû à un économiste suisse d'origine allemande, William Kapp, un pionnier dans la réflexion sur les coûts sociaux et écologiques de la croissance économique. Avec l'éco-socio-économie, il s'agit d'aller bien au-delà du projet de l'économie écologique, qui tente d'intégrer les préoccupations environnementales dans l'économie néoclassique.

Propos recueillis par
Sylvain Allemand
(*Sciences Humaines*, n° 92, mars 1999)

Emploi

JACQUES FREYSSINET*

CHÔMAGE**

L'AFFRONTEMENT DES MODÈLES

Traditionnellement, deux modèles s'affrontent dans l'explication du chômage. Pour les uns, il provient des rigidités qui pèsent sur le marché du travail, pour d'autres il est dû aux insuffisances de la croissance. Face à la persistance du chômage de masse, des théories récentes ont tenté d'affiner ces modèles, voire de les intégrer.

L A GRAVITÉ des problèmes sociaux suscités par le chômage au cours des deux dernières décennies a alimenté nombre de recherches en économie (1). L'accumulation des études n'a pas réduit les affrontements théoriques, mais elle a cependant permis d'approfondir les analyses concurrentes.

Aux sources du chômage : trois modèles

Jusqu'à la rupture de croissance intervenue au milieu des années 70, trois approches théoriques se confrontaient pour rendre compte du chômage : néoclassique, marxiste et keynésienne.
Pour l'analyse néoclassique, le marché du travail assure l'équilibre de l'offre et de la demande, dès lors que sont respectées les conditions de la concurrence pure et parfaite (2). Pour les entreprises, plus le salaire est élevé, plus leur demande de salariés diminue. L'offre de travail des ménages augmente en fonction du salaire (3). Dans ces conditions, l'intersection entre les courbes d'offre

* Professeur à l'université de Paris-I, directeur de l'Institut de recherches économiques et sociales (IRES). Il a publié notamment *Le Chômage*, La Découverte, 1998.
** *Sciences Humaines*, hors série n° 22, septembre/octobre 1998.
1. Il existe par ailleurs des contributions qui mettent l'accent sur les dimensions sociologiques ou culturelles de la genèse et de la persistance du chômage.
2. Atomicité de l'offre et de la demande (vendeur et acheteur n'exercent aucune influence sur le prix), information parfaite, homogénéité et mobilité du travail, indifférence à l'égard du coéchangiste (absence de discrimination), indépendance des fonctions de profit des entreprises et des fonctions d'utilité des ménages.
3. On suppose que, dans l'arbitrage consommation-loisirs, les ménages accordent plus d'importance à l'accroissement de leurs revenus qu'à celui de leurs loisirs.

et de demande détermine les niveaux d'équilibre du salaire et de l'emploi. A l'équilibre, il ne peut donc y avoir de chômage. Ou plutôt, il ne peut exister qu'un « chômage volontaire » : celui de personnes n'acceptant pas de travailler pour le taux de salaire d'équilibre. Dans ce cadre, comment expliquer le « chômage involontaire » (celui de travailleurs acceptant le salaire du marché mais ne trouvant pas d'emploi) ? Tout simplement par le fait que les conditions de la concurrence pure et parfaite ne sont pas respectées.

L'analyse du chômage proposée par les marxistes est toute différente. L'explication est centrée sur le processus d'accumulation du capital qui commande le niveau d'emploi. La mise en valeur du capital suppose une pression permanente sur les salaires. Cette pression est notamment assurée par la présence d'une « armée de réserve industrielle » : les chômeurs et travailleurs précaires installés à la marge du marché du travail. Cette réserve est constamment réalimentée par les formes de la croissance capitaliste : destruction des activités précapitalistes, abaissement du taux de salaire qui impose le travail des femmes et des enfants, mécanisation qui supprime des emplois. Elle est périodiquement amplifiée par les crises cycliques de l'accumulation.

La troisième analyse traditionnelle du chômage est celle proposée par Keynes. Elle s'oppose à la conception néoclassique de l'équilibre du marché du travail. Il n'existe aucune raison pour que le niveau d'activité assure automatiquement le plein emploi. La situation la plus courante serait même celle « d'équilibre

de sous-emploi » où la machine économique tourne sans employer tous les travailleurs disponibles. Seule l'intervention publique qui stimule l'activité en agissant sur la demande solvable permet de garantir la réalisation du plein-emploi. Telles étaient donc, jusqu'au début des années 70, les interprétations dominantes du chômage.

Mais l'apparition d'un chômage massif dans les économies capitalistes a conduit, au cours des vingt dernières années, à un réexamen des analyses. Ce réexamen s'est opéré dans deux directions : d'une part, l'analyse néoclassique qui s'est enrichie en tenant en compte des imperfections de la concurrence (4), d'autre part, les analyses hétérodoxes telles que la théorie de la régulation, qui explique le passage d'une phase de quasi plein-emploi à une phase de chômage persistant à partir d'une périodisation des modes d'accumulation du capital.

Les imperfections du marché du travail

Les économistes néoclassiques ont fourni un effort considérable pour expliquer par quels mécanismes les imperfections de la concurrence pouvaient engendrer un chômage durable. Et ce, tout en conservant le fondement central de leur méthode : l'explication des phénomènes économiques sur la base des comportements d'agents économiques rationnels – la maximisation du profit (pour l'entreprise) ou de

---

4. Pour un panorama d'ensemble, voir A. Perrot, *Les Nouvelles Théories du marché du travail*, La Découverte, 1995.

l'utilité (pour les ménages). Toute une gamme de modèles explicatifs ont été proposés – théorie du *job search*, du salaire d'efficience, des contrats implicites, des *insiders/outsiders* – qui se distinguent selon les types d'imperfections de la concurrence qu'ils privilégient.

• **Job search.** La théorie du *job search* (recherche d'emploi), développée aux Etats-Unis dans les années 70, est née de l'abandon de l'hypothèse d'information parfaite. Celui qui cherche un emploi ne dispose que d'une information partielle sur les postes de travail accessibles. Il est donc rationnel qu'il passe du temps à la recherche d'informations sur les emplois les plus avantageux ou qu'il renonce à explorer certaines pistes parce que cette recherche lui est coûteuse (5). Le chômage est alors le résultat d'un choix : nous sommes ici en présence d'un chômage volontaire et rationnel. Cette interprétation peut expliquer en partie certains retards ou freins dans la recherche d'emploi (pour des chômeurs indemnisés, par exemple) mais elle peut difficilement rendre compte d'un chômage de masse.

D'autres courants théoriques se sont donc attachés à montrer dans quelles conditions la rationalité microéconomique peut engendrer un chômage dit «involontaire».

• **Salaire d'efficience.** La théorie du salaire d'efficience part d'une situation dite «d'asymétrie d'information». L'idée de base est que certains employeurs acceptent de payer l'employé à un salaire supérieur au salaire d'équilibre. Pourquoi ? Pour attirer les meilleurs travailleurs ou pour stimuler leur effort. Le contrôle systématique du travail effectué entraînant un coût excessif, l'entreprise accepte en fait de payer une sorte de prime de fidélité et d'encouragement. Si l'ensemble des entreprises s'aligne sur ce comportement, le salaire de marché est supérieur au salaire d'équilibre et engendre un chômage involontaire et durable car il rompt les conditions d'équilibre du marché du travail.

• **Insiders/outsiders.** La théorie des *insiders/outsiders* s'appuie sur la prise en compte de l'imparfaite mobilité du travail. Dans les entreprises, on sait qu'il n'y a pas de concurrence directe entre les salariés en poste (les *insiders*) et les chômeurs ou travailleurs précaires (les *outsiders*) qui pourraient prendre leur place – à un salaire inférieur par exemple. Les seuls coûts de *turn-over* (coûts de licenciement, de recrutement et d'adaptation au poste de travail) suffiraient à dissuader les entreprises de recruter un *outsider* même s'il est disposé à accepter un salaire inférieur à celui des *insiders*. Dès lors, ces derniers peuvent par différents moyens, notamment l'action syndicale, amplifier les coûts de *turn-over* et maintenir des taux de salaire supérieurs à ceux qui assureraient l'équilibre du marché du travail. Il en résulte un chômage involontaire durable.

• **Négociation collective.** Une famille de modèles, apparue dans les années 80, a pris en compte le poids des syndicats et de la négociation collective dans la

---

5. Les entreprises peuvent avoir le même comportement et laisser des postes vacants pendant la durée de recherche d'un meilleur candidat.

Existe-t-il un « chômage d'équilibre » ?

Le chômage d'équilibre désigne, pour les économistes, une situation où l'économie fonctionne (et est donc en équilibre) avec un taux de chômage stable. La notion de chômage d'équilibre ne veut pas dire que ce chômage est incompressible. Ce terme est utile pour indiquer qu'il existe une composante structurelle du chômage qui n'est donc pas liée à une fluctuation sur court terme de l'économie.
Les courants d'inspiration keynésienne et néoclassique proposent deux interprétations.

Le dilemme inflation-chômage

La première analyse s'appuie sur l'existence des « courbes de Phillips », du nom de l'économiste néo-zélandais A.W. Phillips qui a mis en évidence cette relation pour le Royaume-Uni. Historiquement, on constate que les taux de croissance des salaires nominaux sont plus élevés quand le taux de chômage est bas. Pour les keynésiens, l'interprétation de ce phénomène se résume ainsi : un taux de chômage faible met les salariés en position favorable pour obtenir des hausses de salaire.
Mais les employeurs répercutent les hausses de salaire sur leurs prix. Ainsi est déclenchée une boucle inflationniste : les salariés réagiront à la hausse des prix (qui correspond à une baisse de leur pouvoir d'achat) en revendiquant une nouvelle hausse des salaires, etc. Un faible taux de chômage entraîne donc des salaires plus élevés, qui conduisent à une augmentation des prix, et donc à l'inflation... Inversement, une hausse du chômage conduira à une baisse de l'inflation. Le système économique est donc soumis à un dilemme : chômage ou inflation ?
Pour tenter d'arbitrer entre les deux sans provoquer ni excès de chômage, ni excès d'inflation, les économistes tentent de déterminer un « juste » taux de chômage qui n'accélère pas l'inflation. C'est le NAIRU ou *Non Accelerating Inflation Rate of Unemployment*; son niveau est fonction des caractéristiques de chaque économie (degré d'indexation des salaires sur les prix, productivité du travail, etc.). Une conséquence importante en découle : une politique de relance n'a d'effets positifs durables que si le taux de chômage est supérieur au NAIRU. Dans le cas contraire, elle provoquera de l'inflation. Et lorsque la priorité est donnée à la lutte contre l'inflation, des taux de chômage élevés peuvent en résulter.

Fixation des prix et des salaires

Les nouvelles théories néoclassiques ont une définition différente du chômage d'équilibre. Dans un marché du travail de

concurrence monopolistique (1), la détermination de l'emploi résulte de la confrontation de deux mécanismes :
– le montant des salaires résulte de la négociation collective ; le syndicat et les salariés essaient de maximiser les salaires ;
– les firmes essayant de maximiser leurs profits, le niveau d'emploi qu'elles fixent sera d'autant plus faible que le coût salarial est plus élevé.

L'intersection de ces deux courbes définit un taux de salaire et un niveau d'emploi donné. Le chômage résulte donc d'un niveau excessif du salaire réel. Mais dans ce contexte de concurrence imparfaite (puisque les salaires ne sont pas fixés par le jeu de l'offre et de la demande mais par le jeu de la négociation collective), le chômage involontaire ne peut pas être éliminé.

Différentes hypothèses ont été proposées pour expliquer le maintien durable de ces taux de salaire : contrats implicites, salaires d'efficience, etc. ; leur conclusion commune est qu'il existe un taux de chômage nécessaire pour équilibrer le conflit de répartition entre employeurs et salariés. La réduction du taux de chômage d'équilibre passe principalement par des politiques visant à instaurer les mécanismes concurrentiels de détermination des prix et des salaires.

---

1. On parle de concurrence monopolistique quand il n'y a que quelques offreurs présents sur le marché.

---

détermination des salaires. Le syndicat défend l'intérêt de ses membres, c'est-à-dire soit leur taux de salaire, soit une combinaison taux de salaire/niveau d'emploi. Plus le rapport des forces est favorable aux syndicats, plus le taux de salaire s'écarte du niveau d'équilibre et engendre, de ce fait, un chômage involontaire.

Job search, salaire d'efficience, *insiders/outsiders*, négociation collective, etc., l'enseignement central commun à toutes ces approches d'inspiration néoclassique est que le chômage est provoqué par l'existence de taux de salaires trop élevés, fixés dans des conditions telles que l'employeur n'a pas intérêt, ou n'a pas les moyens, de les baisser pour profiter des réserves de chômeurs disponibles. Ces analyses sont centrées sur les conditions d'équilibre du seul marché du travail. Dans ces modèles, on ne prend pas en compte le rôle des salaires dans la détermination de la demande et donc du niveau général de l'activité (6).

L'analyse proposée par les théoriciens

---

6. Cette analyse est renvoyée à la compétence des modèles d'équilibre général (qui tentent de prendre en compte, en théorie néoclassique, l'interdépendance entre tous les marchés).

de la régulation est d'une tout autre nature (7). Pour eux, les économies capitalistes ont connu, dans les années 50-73, une phase exceptionnelle de leur histoire. Cette phase d'accumulation est qualifiée de « fordiste ». La croissance rapide et soutenue durant cette période résulte de la généralisation d'un modèle de production et de consommation de masse qui engendre des gains élevés de productivité. Ceux-ci rendent possibles tout à la fois la rentabilité des investissements et la croissance du salaire. Ainsi, le circuit trouve sa cohérence au voisinage du plein-emploi. À partir des années 70, ce modèle est cependant entré en crise. Elle se manifeste par deux caractéristiques principales :

– d'une part, la croissance de la production et de la productivité s'est fortement ralentie ; elle est devenue plus cyclique ;

– d'autre part, l'internationalisation croissante a fait perdre leur efficacité aux régulations nationales qui étaient centrales dans la phase antérieure (crise des politiques économiques keynésiennes).

Désormais dominées par des objectifs de compétitivité, les politiques économiques nationales compriment les coûts salariaux et les dépenses publiques, deux composantes majeures de la demande solvable. Chaque économie nationale cherchant à accroître ses parts de marchés contribue à freiner la croissance globale. Dans ce contexte, la recherche de la rentabilité va l'emporter sur l'accroissement de la production. Pour sauvegarder l'emploi local, on contribue ainsi à la réduction de l'emploi global.

Une tentative de synthèse : la théorie du déséquilibre

Depuis vingt ans, le débat sur les origines du chômage se poursuit donc entre deux types de thèses :

– celles qui privilégient l'insuffisance de la demande globale : ce sont les thèses keynésiennes (politiques économiques restrictives qui freinent la croissance) ;

– celles qui privilégient les rigidités qui pèsent sur l'offre (c'est-à-dire les entreprises) : ce sont les modèles d'inspiration néoclassique pour lesquels l'insuffisante rentabilité de la production est provoquée par la rigidité du marché du travail.

La « théorie du déséquilibre », proposée notamment par Edmond Malinvaud (8), intègre ces deux mécanismes : ceux liés aux rigidités qui pèsent sur l'offre, ceux liés aux insuffisances de la demande. Elle adopte aussi l'hypothèse d'une rigidité des prix (y compris du salaire) en courte période de telle sorte qu'ils ne s'adaptent pas assez vite pour assurer l'équilibre de l'offre et de la demande sur les différents marchés. Dès lors, apparaissent des déséquilibres entre quantités offertes et demandées qui peuvent être sources de deux types de chômage :

– un chômage dit « keynésien » et qui résulte de l'insuffisance de la demande ;

– un chômage dit « classique » qui naît des rigidités qui entravent le libre marché du travail.

L'enjeu de la politique économique est

---

7. R. Boyer et Y. Saillard, *Théorie de la régulation, l'état des savoirs*, La Découverte, 1995.
8. E. Malinvaud, *Essai sur la théorie du chômage*, Calmann-Lévy, 1983.

central : dans le premier cas, il faut réactiver la demande, dans le second, il faut accroître la rentabilité des entreprises (9). La bataille fait rage entre économistes pour diagnostiquer le caractère principalement keynésien ou classique du chômage contemporain. On le comprend, l'enjeu de ces analyses n'est pas purement académique ; il conditionne aussi les choix de politique économique.

---

9. Selon le célèbre théorème : les profits d'aujourd'hui sont les investissements de demain ; les investissements de demain sont les emplois d'après-demain.

JEAN-HERVÉ LORENZI*

TECHNIQUE ET EMPLOI :
*DES RELATIONS COMPLEXES***

Suppression ou création d'emplois ? L'impact de la technique ne se réduit pas à une simple relation de cause à effet. A long terme, des emplois sont créés si une mutation du système social (normes de consommation, partage du travail, politique économique) accompagne l'apparition de nouveaux « systèmes techniques ».

TOUT AU LONG DES SIÈCLES, que de peurs et de rejets suscités par le progrès technique ! De l'empereur Tibère à Montesquieu, de Colbert aux Luddistes – les partisans de la destruction des machines –, ce n'est qu'un seul refus, celui de la suppression des emplois qu'entraîne la substitution d'une machine à des bras. La peur du progrès technique n'a décidément pas d'âge.

C'est ainsi Colbert qui répond à l'inventeur d'une machine de la manière suivante : *« Je cherche le moyen d'occuper le peuple suivant ses facultés afin de le faire vivre doucement de son travail et non celui de ravir au peuple le peu d'occupations qu'il possède. Portez votre invention ailleurs ! »* Jusqu'en 1684, les machines étaient ainsi interdites en France. Mais le rejet se poursuit au XVIIIᵉ siècle. Faut-il rappeler que les métiers de Vaucanson ont été brisés en 1744, que John Kay, l'inventeur de la « navette volante », fut chassé de nombreuses villes anglaises avant de venir se réfugier en France ? De même, les machines baptisées *Jenny* qui se substituaient aux rouets furent-elles détruites. Dans son fameux ouvrage *La Machine et le Chômage* (1), Alfred Sauvy rappelle qu'en Angleterre la peine de mort fut décrétée en 1812 contre les briseurs de machines. Joseph-Marie Jacquard, l'inventeur du métier du même nom,

---

* Professeur à l'université de Paris-Dauphine. Auteur, avec J. Bourlès, du *Choc du progrès technique*, Economica, 1995.
** *Sciences Humaines*, n° 59, mars 1996.
1. A. Sauvy, *La Machine et le Chômage*, Dunod, 1980.

fut menacé de noyade tout au long du XIXᵉ siècle et fut l'objet d'une lutte permanente.

Mais l'opposition la plus forte fut celle des canuts qui, en 1831, soulevèrent une insurrection : ces 2 000 ouvriers lyonnais attaquèrent une usine de Saint-Etienne pour briser les machines. Cette révolte fut suivie à Lyon d'une autre révolte tout aussi violente, ralliée au cri de : *« Vivre en travaillant ou mourir en combattant.* » D'ailleurs, très significatif est le fort soutien de l'opinion publique à la classe ouvrière contre les machines tout au long du XIXᵉ siècle.

Ce que disent
les théories

Face au progrès technique, la plupart des théories s'accordent au moins sur un point : à court terme, le progrès technique est effectivement destructeur d'emploi. Peut-il d'ailleurs en être autrement ? La conception d'une nouvelle machine n'a pas d'autre finalité que celle de lui confier une tâche effectuée jusqu'ici par un ou plusieurs ouvriers. Mais ces mêmes théories (exceptée l'analyse marxiste) s'accordent également à considérer qu'à long terme le progrès technique peut favoriser la création de nouveaux emplois.

Comment le progrès technique parvient-il à être ainsi créateur d'emploi ? Dans quelle mesure ces créations compensent-elles les pertes initiales ? Les chocs occasionnés par l'arrivée de nouveaux produits ou de nouveaux processus de production rendent-ils nécessaire la mise en place de politiques d'ajustement ? C'est sur ces différentes questions que divergent les théories qui se sont

succédé depuis maintenant deux siècles.

L'Ecole classique. Les économistes de l'Ecole classique sont les premiers à avoir fortement clarifié le débat sur la relation progrès technique/emploi, en introduisant la notion de « mécanisme compensateur ». Avant même *La Richesse des nations* de Adam Smith, l'économiste anglais J. Steuart avait bien montré que si la mécanisation engendrait un chômage temporaire, ce même chômage était dans le long terme compensé par les nouvelles embauches rendues nécessaires pour fabriquer les machines et répondre à la forte demande en biens bon marché produits à l'aide de ces machines. Le discours de J. Steuart, dont il faut rappeler qu'il fut le premier véritable zélateur de l'introduction des machines, comporte quand même des nuances. C'est le devoir de l'homme public, nous dit-il, non pas de décourager le changement, mais *« d'empêcher que les innovations touchent les intérêts de la communauté à travers leurs effets naturels et immédiats ».* Ces nuances apportées, l'approche classique va pouvoir se développer. Dans son ouvrage déjà cité, A. Sauvy rappelle les trois arguments des Classiques en faveur du progrès technique :

– premièrement, il faut des ouvriers pour produire des machines ;

– deuxièmement, il y a extension du marché, et la consommation du produit ainsi fabriqué dans des conditions plus efficaces s'accroît parce qu'il y a baisse des prix ;

– troisièmement, il y a apparition de nouvelles activités répondant à de nouveaux besoins. Ces arguments ne manqueront pas de se heurter aux propositions avancées par A. Smith lui-même : la production est limitée par l'offre de capital, et l'introduction d'innovations techniques l'est par l'extension du marché. De là découlent tous les éléments du débat, que l'on retrouvera tout au long du XIXe siècle. N'y a-t-il pas un risque de voir l'introduction des nouvelles technologies entraîner une surproduction générale des biens ? Le développement de l'industrie des machines ne peut-il créer les conditions de cette surproduction ? La machine, qui dans un premier temps remplace le travailleur, ne va-t-elle pas être un obstacle à sa réembauche tout simplement parce que la demande est insuffisante ? Autant de questions qui conduiront Karl Marx et les théoriciens de l'école néoclassique à opposer une autre interprétation de la relation progrès technique/emploi.

L'analyse marxiste. K. Marx va fonder toute sa réflexion sur un postulat : le travailleur et la machine sont fondamentalement en lutte l'un contre l'autre. Toute théorie optimiste de la mécanisation n'attire donc que sarcasmes de la part de l'auteur du *Capital*, à commencer par la théorie de la compensation.

Les néoclassiques. Pour eux, le déséquilibre que crée le progrès technique sur le marché de l'emploi est résolu grâce au mécanisme de prix. Ce que l'économiste anglais Alfred Marshall résumera dans les termes suivants : «*La somme nette de tous les biens produits détermine le niveau des prix de la demande pour ces biens et donc le nombre de producteurs qui vont les fabriquer.*» Les néoclassiques ne font ainsi que reprendre la fameuse loi des débouchés formulée par l'économiste français Jean-Baptiste Say au XVIIIe siècle. Selon cette loi, «*l'offre crée sa propre demande*» : l'accroissement de la production crée des richesses et donne lieu à une distribution supplémentaire de revenu ; l'augmentation du niveau de la demande qui en résulte ouvre de nouveaux débouchés qui permettent de résorber le surcroît d'offre en biens. Résultat : si les mécanismes de marché fonctionnent bien, il n'y a aucun risque de surproduction durable et généralisée. Cette vision néoclassique devait à son tour susciter diverses critiques. Certains ont en effet fait observer que la rigidité des salaires empêche de parvenir à l'équilibre tel que l'envisagent les néoclassiques et donc à une réabsorption complète du chômage technologique (2). Mais c'est principalement des keynésiens que viendront les critiques les plus importantes.

Les keynésiens. Dans sa célèbre *Théorie générale*, John M. Keynes n'aborde pas explicitement la question du progrès technique ni, *a fortiori*, son impact sur l'emploi. Il l'évoque en revanche à travers sa critique de l'idée d'un équilibre naturel. Selon lui, en effet, la diminution des salaires envisagée par les néoclassiques pour assurer le retour à l'équilibre sur le marché de l'emploi ne fait qu'aggraver le chômage : la baisse des salaires entraîne une baisse de la demande effective qui, à son tour, s'accompagne d'une baisse de la production et donc d'un chômage complémentaire. La poursuite des investissements effec-

---

2. Cette critique a été formulée dans les années 30 par l'économiste A.H. Hansen.

tués par les entreprises ne fait qu'aggraver les risques de surproduction et donc de chômage. Et Keynes de suggérer en conséquence de confier à l'Etat *«une responsabilité sans cesse croissante dans l'organisation directe de l'investissement»*. **L'analyse de Joseph A. Schumpeter.** Elle marque une rupture avec les théories précédentes. L'économiste autrichien J. Schumpeter est le premier à observer, sur la base des cycles longs mis au jour par le Russe Nicholas Kondratieff, que les périodes d'expansion correspondent à de forts progrès techniques et qu'inversement les périodes de récession se caractérisent par l'absence d'innovations décisives. Ce caractère irrégulier du progrès technique tient à la manière dont se diffuse l'innovation (3).

Celle-ci s'effectue en effet par grappes. Une innovation majeure appelle d'autres innovations : l'invention de l'automobile implique, outre la naissance d'une nouvelle industrie, la construction de routes, l'essor de l'industrie pétrochimique, etc.

Ainsi, les relations progrès technique/emploi ont nourri la réflexion économique depuis plus de deux siècles. Inlassablement, on s'est interrogé sur le rôle positif que peut avoir l'introduction de nouvelles techniques. Comme l'on a constaté qu'invariablement les premiers effets de l'introduction de machines étaient de supprimer des emplois, on a fini par avancer subtilement l'idée qu'à court terme les effets étaient négatifs, mais qu'à long terme, bien au contraire, le progrès technique favorisait le retour au plein emploi. Autant dire que le problème reste alors entier.

Une nouvelle approche : les systèmes techniques

Pour comprendre les relations tumultueuses entre le progrès technique et l'emploi, il importe de remettre les innovations techniques dans leur contexte historique, et de bien connaître ce que fut depuis deux siècles, et ce qu'est aujourd'hui le déroulement de ces périodes exceptionnelles où s'épanouissent les innovations techniques. En premier lieu, l'étude de l'histoire de ces deux derniers siècles permet de constater que le rythme d'apparition des innovations techniques n'est pas constant. Ce fait a bien été mis en évidence par J.A. Schumpeter, comme on vient de le voir. Mais l'analyse schumpetérienne tend à mettre l'accent sur les innovations techniques majeures en considérant que les secteurs d'activités économiques sont indépendants les uns des autres. Or, plus on avance et plus l'interdépendance entre les techniques devient forte, plus l'émergence de nouvelles techniques dans les secteurs dominants a un effet d'entraînement sur les autres. Les approches partielles ou sectorielles ne sont plus possibles : seule une approche globale permet de rendre compte de l'impact des innovations techniques sur l'emploi comme sur les autres plans de la vie sociale. Les analyses les plus récentes qui s'intéressent à la relation progrès technique/emploi en sont ainsi venues à privilégier la notion de système technique sur celle d'innovation. Un système technique désigne un ensemble cohérent et organisé de techniques mettant en œuvre matières pre-

---

3. Voir l'article sur J. Schumpeter, page 35.

mières, énergie et information. Cette définition emprunte beaucoup aux travaux de l'historien Bertrand Gille (4). L'histoire économique des pays industrialisés est remplie de ces moments privilégiés où les innovations s'accumulent, se renforcent l'une l'autre, et créent de véritables révolutions industrielles permettant d'accoucher d'un nouveau système technique. Pour qu'un nouveau système technique se constitue, il faut qu'un équilibre entre les ensembles techniques interdépendants se soit établi, c'est-à-dire que les évolutions dans les ensembles techniques pris individuellement se soient stabilisées, et que leurs liaisons elles-mêmes aient trouvé leur cohérence. La notion de «système technique» rend compte de cette dynamique qui s'appuie sur une succession d'innovations, reliées entre elles et qui agissent sur le système productif de base. Cette évolution naît donc au départ de l'apparition d'une ou de quelques innovations majeures, qui vont bouleverser l'ensemble des processus de production puis des systèmes de consommation.

Prenons un exemple : la machine à vapeur que chacun associe à la première révolution industrielle. La fin du XVIIIᵉ siècle est, en effet, une période de mutations profondes : techniques, scientifiques, économiques, sociales et politiques. C'est la première période où est observée – dans notre civilisation – une telle rapidité dans la croissance de tous les indicateurs socio-économiques : démographie, production, investissement, etc. Il s'agit d'une réelle rupture avec un passé qui, s'il donnait lieu à de nombreux développements et progrès dans tous les domaines, n'a jamais connu

de bouleversements aussi rapides. La machine à vapeur est le symbole du système technique de la fin du XVIIIᵉ siècle. Elle permet d'élargir la gamme de produits à consommer en même temps qu'elle révolutionne les procédés de fabrication par l'économie d'énergie humaine qu'elle induit. La machine à vapeur va ainsi lever un des obstacles qui empêchaient de valoriser des mécanismes et des techniques dont les rendements étaient limités jusqu'alors, aidée en cela par les progrès de la sidérurgie : la fourniture d'énergie délocalisée et maîtrisable. Partout où l'on peut se procurer de la houille à un prix raisonnable, on va pouvoir installer une machine à vapeur.

L'historien Paul Mantoux le rappelle : «*En Angleterre où la houille abonde, où ses usagers à la fin du XVIIIᵉ siècle étaient déjà multiples, où un réseau de voies navigables créé tout exprès permettait de la transporter partout à peu de frais, c'était le pays tout entier qui devenait une terre privilégiée propre entre toutes à la croissance des industries.*» (5)

C'est donc en restituant la machine à vapeur dans un environnement que l'on peut voir apparaître un système technique cohérent. Le monde industrialisé a connu, à plusieurs reprises au cours des deux derniers siècles, ce type de restructuration économique autour d'un nouveau système technique. Et c'est dans le cadre de ces moments historiques que l'on peut comprendre la relation technologie-emploi. En effet,

---

4. B. Gille, *Histoire des techniques*, Gallimard, La Pléiade, 1978.
5. P. Mantoux, *La Révolution industrielle au XVIIIᵉ siècle*, Génin/Litec, 1959-1973.

toutes ces révolutions, créatrices d'un nouveau système technique, ont également un déroulement qui, sans être immuable, impose des règles similaires. Dans un premier temps, à court terme, le progrès technique modifie essentiellement les processus de production et a donc un impact très négatif sur le volume de l'emploi global. A long terme, la société parvient à rééquilibrer le marché du travail en faisant évoluer les règles de l'organisation du travail. Enfin, la croissance redémarre en bouleversant désormais les formes mêmes de la consommation et en ouvrant de nouveaux marchés.

Un scénario similaire se reproduira-t-il avec l'émergence du nouveau système technique organisé autour des nouvelles technologies de l'information (ordinateur, télécommunications, etc.) ?

Eléments d'une nouvelle politique économique

L'émergence des nouvelles technologies de l'information (informatique, robotique, télécommunications, etc.) a modifié en profondeur les processus de production, depuis les années 70, dans la plupart des pays industrialisés. Cette transformation s'accompagne de la diffusion de nouveaux biens (magnétoscopes, ordinateurs, etc.) et de services liés à l'industrie du loisir. Mais ces derniers suffisent-ils à maintenir la croissance et un retour au plein-emploi ? La consommation de ces nouveaux biens et services suppose une disponibilité accrue des consommateurs. La réduction du temps de travail joue donc un rôle essentiel : elle favorise le développement des nouvelles formes de consom-

mation et donc la croissance. Mais se pose alors la question de la compensation salariale associée à cette réduction du temps de travail. Le niveau de revenu des consommateurs doit rester compatible à la fois avec un niveau satisfaisant de la demande globale et avec le maintien de la compétitivité.

On le voit, l'adaptation de la société aux différents effets de la «révolution informatique» amène à réévaluer le rôle de la politique économique. Celle-ci ne se réduit pas seulement à la politique monétaire ou budgétaire. Des décisions collectives peuvent contribuer à réduire le laps de temps qui s'écoule entre les effets (négatifs) à court terme et les effets (positifs) à long terme.

Diverses propositions ont d'ores et déjà été faites pour lutter contre le chômage technologique. Il s'est agi soit de baisse du coût du travail non qualifié, soit de mieux utiliser les ressources budgétaires affectées aux prestations-chômage, ou encore d'utiliser les ressources dégagées par la croissance plutôt vers l'emploi que vers l'accroissement des revenus. Les modèles théoriques les plus récents ont permis de tester l'efficacité de certaines de ces propositions (6). Il semble qu'à l'heure de la nouvelle révolution technologique à laquelle nous assistons, la réduction de la durée du temps de travail soit la seule mesure à la hauteur du problème. L'histoire ne nous enseigne-t-elle pas d'ailleurs que de toute façon elle n'a eu de cesse de s'imposer progressivement aux pays industrialisés ?

---

6. J.-H. Lorenzi et J. Bourlès : *Le Choc du progrès technique*, Economica, 1995.

DANIEL MERCURE*

LES FORMES
DE LA FLEXIBILITÉ**

Les pratiques de flexibilité sur le marché de l'emploi et l'organisation de la production tendent à transformer le travail de manière significative. Sociologues et économistes n'en concluent pas pour autant à une rupture complète avec le système de production fordiste.

DEPUIS LES ANNÉES 80, la notion de flexibilité est au cœur des discours et des pratiques des grandes entreprises, en France comme dans la plupart des pays industrialisés. Pour les uns, la flexibilité permet une plus grande capacité d'adaptation aux fluctuations du marché et à la diversification de la demande de biens et de services. Pour les autres, la flexibilité signifie d'abord davantage de licenciements collectifs, de sous-traitance, de polyvalence en même temps qu'une fragmentation des statuts d'emploi.
En réalité, le débat sur la flexibilité n'est pas nouveau. De tout temps, la notion même de flexibilité a été l'un des maîtres mots du libéralisme. Dans cette perspective, la flexibilité déborde le cadre de l'organisation du travail et sou-

lève la question de la conception globale de la société. Dès les années 30, les tenants du libéralisme classique reprochaient au *New Deal*, appliqué aux Etats-Unis par Roosevelt afin d'endiguer la crise, de véhiculer une conception trop rigide de la société. A partir des années 70, les ultralibéraux ont également fait leur cette notion. Au sens ultralibéral, le terme flexibilité signifie mettre la société à l'abri du politique. Ce discours trouve ses origines au sein de l'école d'économie autrichienne, en particulier chez Ludwig von Mises et

* Professeur titulaire en sociologie à l'Université Laval de Québec. A publié récemment *Les Entreprises et l'emploi*, Publications du Québec, 1997 ; *Culture et gestion en Algérie*, L'Harmattan, 1997 ; *Le Travail déraciné*, Boréal, 1996.
** *Sciences Humaines*, n° 78, décembre 1997.

Friedrich von Hayek (1). Après avoir inspiré, dans les années 70-80, les politiques économiques en Grande-Bretagne (le thatchérisme) et aux Etats-Unis (le reaganisme), ce courant de pensée a encore ses adeptes. Aujourd'hui, certains s'emploient à prouver la validité sociale d'une idéologie fondée sur le retour au laisser-faire intégral en faisant de la flexibilité et de la «liberté des marchés» les points nodaux de leurs analyses (2).

Dans les années 70, les syndicats s'approprièrent à leur tour la notion de flexibilité. En guise d'illustration, les syndicats allemands et américains firent de la souplesse des horaires de travail un enjeu important de leurs négociations. De même, les syndicats français, qui furent souvent à l'avant-garde des luttes ouvrières quant à la défense de l'intégrité du métier, eurent recours à la notion de flexibilité sous diverses appellations. Avant tout, il s'agissait de lutter contre les effets négatifs du taylorisme (3).

Quatre formes de flexibilité

En sciences sociales, la flexibilité a inspiré un important champ de recherches, axé sur l'étude des modes d'organisation du travail. De ce point de vue, il n'y a pas qu'une forme de flexibilité mais bien plusieurs, suivant que l'on considère le rapport salarial, les procédés techniques mis en œuvre, le recours à la polyvalence, et, enfin la nature du contrat de travail. Soit quatre formes principales de flexibilité : la flexibilité financière, la flexibilité technique, la flexibilité fonctionnelle et la flexibilité numérique (4).

• **La flexibilité financière** désigne l'ensemble de pratiques visant à ajuster les coûts d'investissement et la masse salariale aux variations du marché. De façon générale, les grandes entreprises essaient de limiter leurs coûts d'investissement par le biais de la sous-traitance, par l'établissement de nouvelles modalités de régulation des stocks et par un plus grand étalement de leurs approvisionnements. Toutefois, c'est la flexibilité salariale qui compose l'axe central de la flexibilité financière. L'objectif poursuivi est de faire en sorte que la masse salariale tienne davantage compte du niveau d'activité et de l'évolution du marché du travail. Dans ce but, les employeurs tentent d'assouplir les dispositions légales en matière de salaire minimal, remettent en cause les principes de parité salariale et d'indexation des salaires, et s'emploient à réduire les coûts non salariaux. Dans cette même optique, ils privilégient la révision permanente des salaires, la rémunération à multiples paliers et l'ajustement de la masse salariale aux performances de l'entreprise. Ces pratiques créent une forte différenciation salariale entre les diverses catégories de travailleurs, par exemple entre les travailleurs autonomes (de plus en plus nombreux en raison de l'essor des pratiques de sous-traitance) et les salariés

---

1. L. von Mises, *L'Action humaine*, Puf, 1985 ; F. von Hayek, *Droit, législation et liberté*, Puf, 1980.
2. M. Rothbard, *L'Ethique de la liberté*, Belles Lettres, 1991 ; D. Friedman, *Vers une société sans Etat*, Belles Lettres, 1992.
3. Voir les mots clés en fin d'ouvrage.
4. On trouvera la première élaboration théorique des principales formes de flexibilité dans J. Atkinson et N. Meager, *Changing Working Patterns*, Nedo, 1986.

des grandes entreprises. Aux Etats-Unis, au Canada et en Grande-Bretagne, plusieurs employeurs ont même introduit une double échelle salariale modulée, dans la plupart des cas, selon la date d'entrée en fonction de l'employé. Ce sont souvent les jeunes travailleurs qui font les frais de telles pratiques.

• **La flexibilité technique** se caractérise par l'introduction de techniques de production facilement adaptables en vue de modifier rapidement la ligne de production et de fabriquer une plus grande variété de produits, surtout dans les branches liées de près à la consommation de masse. La poursuite d'un tel objectif engendre des méthodes de production inédites, lesquelles visent à dépasser les limites des chaînes de production traditionnelles par l'installation d'équipements polyvalents et automatisés qui permettent la fabrication en petites séries et l'adaptation des produits aux variations de la demande. Le cas de l'industrie automobile, en particulier le modèle japonais de production en flux tendus, représente la meilleure illustration de cette forme de flexibilité (5). L'adoption de technologies flexibles assure à la fois l'intégration des diverses composantes de la production et la gestion optimale des stocks. En outre, les technologies flexibles commandent des qualifications élargies de la part des travailleurs et une plus grande mobilisation de leurs savoirs et de leurs savoir-faire.

• **La flexibilité fonctionnelle** relève de politiques de gestion visant une polyvalence accrue dans l'activité de travail. Ce type de flexibilité nécessite de la part des travailleurs un ensemble d'aptitudes afin de maîtriser les différents aspects de la ligne de production. Aussi l'organisation du travail s'avère-t-elle davantage fondée sur l'autonomie responsable, selon des modalités qui contribuent à faire éclater les frontières, d'une part, entre les métiers et, d'autre part, entre le travail direct et les tâches afférentes, par exemple l'entretien des machines. Ce mode d'organisation du travail tend à augmenter la polyvalence du personnel et la mobilité interne, de même que le travail en équipe et l'entraide entre les métiers. Un phénomène de cette nature pose l'épineuse question des nouvelles formes de qualification du travail.

• **La flexibilité numérique,** qui constitue un enjeu plus récent, se singularise par l'ajustement des formes d'emploi et du volume de main-d'œuvre aux fluctuations du marché. Pour ce faire, les employeurs renégocient souvent les contrats de travail comprenant des garanties d'emploi. En effet, les grandes entreprises font de plus en plus appel au travail à temps partiel, au travail temporaire ou encore à forfait, et ont davantage recours à un ensemble de pratiques de sous-traitance. Il en résulte une augmentation du nombre des emplois atypiques. Pour les travailleurs, cette situation signifie qu'ils ne peuvent plus escompter poursuivre toute leur carrière dans une même entreprise, comme ce fut souvent le cas pour les générations d'après-guerre. Les nouvelles formes d'emploi qui découlent

---

5. Voir B. Coriat, *L'Atelier et le Robot*, Christian Bourgois, 1990.

des politiques de flexibilité numérique soulèvent la question de l'avenir du salariat comme forme dominante d'intégration sociale (6).

De toute évidence, les pratiques de flexibilité varient selon les entreprises, les branches et les pays. C'est pourquoi certains chercheurs vont jusqu'à contester la validité scientifique d'une telle notion en soulignant sa polysémie. Néanmoins, la plupart des sociologues et économistes reconnaissent que des pratiques de ce genre transforment de manière significative le travail dans nos sociétés. Sans nier l'ampleur du phénomène, certains remettent en question l'efficacité des pratiques qui la sous-tendent. De fait, il n'est pas prouvé qu'une plus grande flexibilité du marché du travail produit une croissance globale de la productivité et de l'emploi (7). D'autres chercheurs mettent plutôt en relief les contradictions entre les diverses formes de flexibilité (8). En guise d'illustration, la flexibilité numérique, parce qu'elle induit un taux de roulement de la main-d'œuvre trop élevé et qu'elle diminue l'adhésion des travailleurs aux objectifs de l'entreprise, peut très bien être un obstacle à la flexibilité fonctionnelle. Par-delà le débat sur l'efficacité des formes de flexibilité, c'est la question de la remise en cause du mode de production fordiste qui est posée. Dans le vocabulaire sociologique, le mode de production fordiste désigne trois ordres de réalité : d'abord, un système de production qui se distingue par la fabrication en série de biens standardisés à l'aide de longues chaînes d'assemblage alimentées par des travailleurs peu qualifiés ; ensuite,

un rapport salarial fondé sur un contrat de travail à long terme, la présence de garanties d'emploi et la progression des salaires au rythme des gains de productivité ; enfin, un régime d'accumulation de la richesse qui se caractérise par la croissance du pouvoir d'achat des salariés et l'existence de mécanismes sociaux et étatiques de redistribution de la richesse.

Les modèles en émergence
C'est un système semblable de régulation de la société qui a favorisé la croissance économique des pays industrialisés depuis la période d'après-guerre, durant ce qu'il est convenu d'appeler « les Trente Glorieuses ». Les effets induits par les nouvelles pratiques de flexibilité posent le problème de l'avenir de ce mode de production fordiste, en particulier en ce qui concerne la configuration d'entreprise et les modèles de travail en voie d'émergence. Sur ce point, les avis des chercheurs divergent. Au moins cinq thèses principales peuvent être dégagées.
• **La thèse de la continuité.** La première thèse, illustrée par les Australiens Richard Badham et John Mathews, avance que les transformations actuelles sont substantielles, mais peu innova-

6. R. Castel, *Les Métamorphoses de la question sociale*, Fayard, 1995. Voir aussi J. Rifkin, *La Fin du travail*, La Découverte, 1996.
7. Dans son ouvrage *La Flexibilité du travail en Europe* (La Découverte, 1986), R. Boyer présente une série d'études qui remettent en question une telle orthodoxie. Voir aussi J. Le Dem et D. Szpiro, « Crise et politiques économiques dans les grandes économies industrielles », *Critiques de l'économie politique*, n° 26-27, 1984.
8. N. Gilbert, R. Burrows et A. Pollert, *Fordism and Flexibility*, St Martin's Press, 1992.

trices quant au contenu du travail. Elles sont effectivement caractérisées par la résurgence, sous des formes de gestion nouvelles, des anciennes pratiques de division du travail. Les partisans de cette thèse insistent donc davantage sur les faits de continuité. Selon eux, si on assiste bien à de nouvelles formes de participation et de mobilisation des travailleurs (réduction du nombre de niveaux hiérarchiques, travail en équipe, groupes de diagnostic, cercles de qualité, etc.), ces changements ne remettent pas fondamentalement en question les principes de base du taylorisme. A l'appui de cette thèse, des chercheurs constatent que le taylorisme inspire encore le mode d'organisation du travail dans les grands secteurs d'activités, y compris dans les branches des services (9).

• **La théorie du dualisme du marché du travail.** Une deuxième thèse, soutenue par l'Américain Paul Osterman, met davantage l'accent sur la flexibilité numérique et fonctionnelle. D'une part, nous constatons un recul du rapport salarial fordiste ; celui-ci est désormais réservé à certains fragments de la main-d'œuvre qui constituent un noyau primaire d'emploi. D'autre part, la progression de formes d'emploi atypiques dans un marché dit secondaire assure aux grandes entreprises une régulation flexible d'une partie de leurs travailleurs. Il s'ensuit un marché dual de l'emploi basé sur un salariat à deux vitesses à la source de nouvelles inégalités sociales (10). Pour les salariés qui œuvrent dans les grandes entreprises et qui bénéficient d'un emploi régulier, les exigences de polyvalence sont de plus

en plus élevées en même temps que s'accroît l'intensité du travail. Par ailleurs, la quête de flexibilité fonctionnelle modifie les formes traditionnelles de négociation entre partenaires sociaux, sans pour autant rejeter complètement le principe d'une convention collective de base. De façon générale, le nouveau compromis salarial repose toujours sur un contrat de travail à long terme selon la logique fordiste, mais l'étendue d'une telle formule paraît souvent limitée par une plus grande individualisation des rapports de travail, notamment par l'instauration de nouvelles modalités de flexibilité salariale. La dynamique que nous venons d'esquisser a évidemment pour effet de placer les syndicats dans une position défensive.

• **Spécialisation souple.** La troisième thèse est avancée par Michael Piore et Charles Sabel. Surtout axée sur les flexibilités technique et fonctionnelle, elle prétend que, dans certaines branches, nous assistons à une remise en question majeure à la fois des anciennes structures de production en série et des modèles traditionnels d'organisation du travail. Pour les adeptes de cette thèse, de nombreux milieux de travail se caractérisent par le passage de la production de masse à la « spécialisation souple » (11). Ce changement s'explique par l'arrivée d'équipements flexibles, lesquels requièrent des travailleurs de plus en plus qualifiés. Il en résulte des modi-

---

9. R. Badham et J. Mathews, « The New Production Systems Debate », *Labour & Industry*, 1989, n° 2. Voir aussi, D. Linhart, *Le Torticolis de l'autruche*, Seuil, 1991.
10. P. Osterman, *Internal Labor Market*, MIT Press, 1984.
11. M. Piore et C. Sabel, *Les Chemins de la prospérité*, Hachette, 1989.

fications profondes dans le modèle d'organisation du travail, par exemple l'intégration des fonctions en entreprise et la « reprofessionnalisation » du travail (12). Conformément à ce scénario, l'image emblématique du travailleur de demain serait celle d'un ouvrier professionnel hautement qualifié et doté de plusieurs aptitudes, telles que la polyvalence et le sens de l'autonomie et des responsabilités. D'aucuns soutiennent que la somme des changements décrits ci-dessus annonce le passage d'un modèle de production fordiste à un modèle postfordiste.

• **L'impartition flexible**. La quatrième thèse est issue de nos travaux. Elle met en évidence le développement rapide et simultané des quatre grandes formes de flexibilité déjà examinées tout en insistant sur l'essor des pratiques d'externalisation du travail (impartition), spécialement celles qui ont trait aux nouvelles formes de sous-traitance développées depuis quelques années. Nous pouvons qualifier d'impartition flexible cette dynamique d'ensemble surtout répandue en Amérique du Nord (13). L'impartition flexible s'avère la cause, entre autres, d'une forte détérioration des conditions d'emploi et de rémunération d'une large fraction de la main-d'œuvre. En effet, en raison de l'importance grandissante des pratiques d'impartition qui accompagnent la quête de flexibilité, plusieurs catégories d'employés se voient dans l'obligation de trouver un nouvel emploi. Certains travailleurs dénichent parmi les sous-traitants un emploi moins rémunérateur et peu protégé. D'autres tentent de créer leur microentreprise et se lancent dans la course aux contrats. En Amérique du Nord, les syndicats n'ont plus guère le choix : ils s'efforcent de protéger l'emploi, parfois au prix de fortes concessions au chapitre des salaires et surtout de l'organisation du travail. Effectivement, ils ne luttent plus contre le travail en miettes, selon la formule proposée par Georges Friedmann, mais contre les miettes de travail. Bien sûr, l'un des effets les plus visibles de l'impartition flexible est de modifier la nature du lien social entre les travailleurs et les entreprises. L'impartition flexible peut être vue comme le jalon d'une nouvelle orientation sociale de type néolibéral.

• **La théorie de la régulation**. La dernière thèse est directement inspirée de la théorie de la régulation développée dès les années 70 par Michel Aglietta et Robert Boyer. Cette thèse insiste plutôt sur la restructuration de l'ensemble du mode de régulation fordiste de nos sociétés. Suivant cette approche, les changements en cours révèlent une métamorphose non seulement du système de production, mais aussi de la totalité du rapport salarial fordiste traditionnel. La progression des salaires tend à être ajustée au rythme des gains de productivité réels plutôt qu'au rythme de l'inflation. Il en découle une modification majeure du mode de vie des salariés et conséquemment des normes de consommation. Par la force des choses, de tels changements ont des effets sur toute la

---

12. H. Kern et M. Shumann, *La Fin de la division du travail*, MSH, 1989.
13. D. Mercure, *Le Travail déraciné*, Boréal, 1996 ; *Les Entreprises et l'emploi*, Publications du Québec, 1997 ; « Les mutations contemporaines du travail : du fordisme à l'impartition flexible », dans *Laval théologique et philosophique*, numéro spécial, vol. 56, février 2000.

dynamique économique d'une société, y compris sur les mécanismes sociaux et étatiques de redistribution de la richesse (14). D'après cette interprétation, les nouvelles pratiques de flexibilité constituent un indicateur puissant d'une véritable mutation de société.

En résumé, le débat sur la flexibilité déborde largement la question des nouvelles formes d'organisation du travail dans les grandes entreprises. Par-delà la flexibilité, ce débat soulève la question du rapport salarial et, par voie de conséquence, celle du lien social. Cependant, s'il apparaît clair que l'introduction des différents types de flexibilité décrits précédemment modifie les formes d'emploi et les conditions de travail héritées du modèle fordiste, nous n'en connaissons pas les effets sur une longue durée. Les spécialistes restent encore divisés quant à la nature du modèle de croissance qui semble se dessiner sous nos yeux. D'autant plus que leurs analyses doivent désormais prendre en compte l'interdépendance croissante des économies plutôt que de se limiter au seul cadre national.

---

14. Voir R. Boyer, *La Théorie de la régulation. Une analyse critique*, La Découverte, 1987 ; M. Aglietta, *Régulation et crise du capitalisme*, Calmann-Lévy, 1976.

Laurence Bancel-Charensol, Jean-Claude Delaunay, Muriel Jougleux[*]

UNE SOCIÉTÉ DE SERVICES[**]

COMMENT GÉRER DES BIENS INVISIBLES ?

Communication, santé, éducation, transports, finances, tourisme... les services représentent aujourd'hui 70 % des emplois. A la différence du produit matériel, le service est intangible : on ne peut ni le voir, ni le toucher, ni le stocker. Dès lors, comment mesurer sa qualité, sa valeur ? Comment gérer des biens invisibles ?

COMME EN TÉMOIGNENT les archives et la littérature, les services ne sont pas une invention du XXᵉ siècle. Ils ont toujours accompagné les activités agricoles et industrielles, à quelque époque que ce soit, pour transporter, pour prêter, pour combattre et pour prier, ou pour agrémenter la vie des plus riches. Dans les faits comme par étymologie, les services sont nés dans la servitude il y a fort longtemps.

Un fait s'impose cependant. A l'aube du XXIᵉ siècle, les services comptent pour environ 70 % de l'emploi ou de la valeur ajoutée des sociétés développées, alors que, à la fin du siècle passé, ils n'en représentaient que 30 %. En cent ans, la proportion des actifs travaillant, d'une part dans l'agriculture et l'indus-

trie, d'autre part dans les services, s'est inversée. Aujourd'hui, l'emploi agricole représente 5 % du total, et celui de l'industrie 25 %. Les services font le reste. Cette évolution quantitative signifie que l'on est passé en quelques décennies d'une société de l'effort physique et du travail direct sur la matière, principalement agricole, à une société de l'effort mental et de la charge nerveuse, où l'information tient une grande place. Cette croissance est à ce point prononcée qu'elle s'apparente à une rupture. Cela explique le concept de société postindustrielle, inventé voici vingt-cinq ans par le sociologue Daniel Bell. Essayons,

---

* Laboratoire GREGESE/OEP, université de Marne-la-Vallée.
** *Sciences Humaines*, n° 91, février 1999.

en tout cas, de comprendre à très grands traits la société développée contemporaine et ses exigences, avant d'analyser ce que sont les services à travers l'observation des pratiques des prestataires et des attentes des clients ou usagers.

C'est dans la première moitié du XXᵉ siècle que l'attention fut dirigée sur les services, par l'intermédiaire de la notion de «secteur tertiaire», avancée pour la première fois par Allan G.B. Fisher en 1935. Reprise par Colin Clark, puis par Jean Fourastié, elle servit à désigner un phénomène nouveau : l'envahissement de l'économie par un ensemble hétérogène d'activités, rassemblant globalement ce que l'on nomme aujourd'hui les services (commerce, transports, administration, éducation, etc.). Le caractère résiduel de la notion – le secteur tertiaire rassemble tout ce qui n'est pas du secteur primaire (agricole) ou secondaire (industriel) – la rendait cependant impropre à un usage scientifique.

Les éléments d'explication de cette croissance sont multiples. Tout d'abord, l'usage de services, permis par des objets de plus en plus performants, apparaît comme leur prolongement normal : l'existence de l'automobile suppose des réseaux de commercialisation, des modes de financement, de la publicité, des cours de conduite, une police de la circulation, etc. Mais les services ne sont pas seulement la suite naturelle des objets. Ils en sont aussi l'accompagnement. Pour produire et consommer des objets de plus en plus compliqués, il faut des services de plus en plus nombreux et de niveau intellectuel souvent élevé. De ce fait, les sociétés contemporaines se sont sans cesse enrichies en infrastructures et en connaissances. Le nombre des relations entre les agents s'est accru. Les opérations que ces agents engagent sont de plus en plus coûteuses, de plus en plus étendues dans l'espace, de plus en plus liées dans le temps par le crédit. On peut dire, avec Orio Giarini, que les services sont le moyen, pour les sociétés, de gérer leur complexité. Ces activités sont autant nécessaires au fonctionnement social que le sont les vêtements pour un individu. Leur étude spécifique apparaît comme une exigence de l'analyse des sociétés contemporaines et de la compréhension de leur devenir.

Un produit intangible, mais pas immatériel

La montée des services a conduit à des interrogations sur les acteurs. Ces derniers sont à l'origine du développement d'une offre à la fois plus étendue et plus variée, à destination des ménages ou des entreprises. Le management des entreprises de services, incluant principalement le marketing des services, s'est progressivement constitué, à partir des années 70 aux Etats-Unis et plus tardivement en France, autour de la question des spécificités du produit service et de ses implications en termes managériaux. Il a contribué à cerner les caractéristiques principales des activités de services. Au-delà de la diversité des organisations prestataires (entreprises, administrations, associations, professions libérales), deux caractéristiques sont classiquement distinguées : l'intangibilité du service, et la simultanéité de sa production et de sa consommation.

• Le service est intangible dans la mesure où il ne peut pas être touché : l'enseignement, l'acte médical, le crédit financier, le transport, le conseil... ne sont pas des produits physiques. Cette intangibilité ne signifie pas cependant l'absence de supports matériels à la prestation, tels que les moyens de production (avion dans le transport aérien) ou la cible du service (véhicule réparé par le garagiste).

• La simultanéité de la production et de la consommation, mise en avant dès 1803 par Jean-Baptiste Say dans son *Traité d'économie politique*, traduit le fait que la consommation du service se fait en même temps qu'une partie plus ou moins importante de sa production : c'est le cas, par exemple, de l'enseignement, du transport aérien ou de la location immobilière.

Ces deux caractéristiques fondent la spécificité du produit service par rapport au bien matériel, même si, dans la réalité, de nombreux produits sont des combinaisons, à des degrés divers, de biens et de services. Dans une optique managériale, elles ont des répercussions importantes, qui s'articulent toutes autour de la présence du client dans la production.

Le client, cible et ressource de la production de services

L'élément majeur du management des services est l'existence du client dans le système : l'usager fournit l'information nécessaire à la conception et à la production du service, et il coopère en prenant en charge certaines activités de production (réservation de transport sur Minitel, manipulation des produits dans un hypermarché). Sans sa participation, un grand nombre d'activités de services n'ont pas lieu. Le client a deux statuts non exclusifs l'un de l'autre : il peut être cible ou ressource.

• Il est une cible du système de production dans la mesure où le service élaboré par le prestataire amène à sa transformation physique, intellectuelle, psychologique : soins médicaux, enseignement, activités de conseil, loisirs, transport de passagers. Toutes les activités de services ne prennent cependant pas en charge des transformations sur des cibles humaines : certaines traitent directement des transformations sur des cibles matérielles (service après-vente) ou immatérielles (production, stockage, diffusion d'informations).

• Le client est une ressource du système de production dans la mesure où il intervient, de manières et à des degrés différents, pour produire le service. La définition des activités nécessaires à la production incorpore *de facto* celles qui lui sont confiées. Certaines études le voient même comme un «employé partiel» de l'entreprise de services. C'est une spécificité remarquable du management des services, même si l'on trouve des exemples de production industrielle associant le client à la conception et à la production du bien. Dans les services, cette coproduction, quand elle existe, est quotidienne et récurrente. Elle conditionne la réalisation et les performances du service. Le délai d'obtention s'allonge si le client ne comprend pas les informations demandées, ou est confronté à un système de production nouveau et complexe. La qualité se dégrade pour le client en cause, mais aussi éventuellement pour les usagers présents simultanément dans le système de production du service. Qui n'a pas fait l'expérience de ce genre de situation dans une gare SNCF, aux caisses d'un hypermarché ou dans une salle de cours? Les connaissances, l'expérience, l'histoire personnelle du client affectent directement les performances du système de production.

Ces deux caractéristiques – l'intangibilité et la coproduction – rendent problématique l'appréciation de la qualité d'un service. Comment le client peut-il juger avant l'achat des caractéristiques d'un bien intangible comme un enseignement ou un conseil informatique? Il est donc confronté à une incertitude de fait sur ce qu'il obtiendra finalement. Du point de vue du prestataire, l'intangibilité du service rend complexe l'identification des attentes des clients (qualité de conception). Le prestataire est par ailleurs confronté à la difficulté de reproduire le service à l'identique au cours du temps : ce produit est hétérogène, car même si la fonction marketing a établi précisément ses spécifications, sa production peut varier d'un client à l'autre, ou d'un jour sur l'autre pour le même client. La production est soumise à des aléas, liés notamment au profil des usagers et aux compétences du personnel en contact (qualité de production). Enfin, la qualité du service est une qualité en temps réel, dans la mesure où les produits ne sont pas stockables. Ce phénomène confronte depuis longtemps les entreprises de services à des productions en juste-à-temps. Elles utilisent des techniques de gestion de capacités permettant un ajustement de l'offre et de la demande, en veillant à préserver

la qualité pour le client et l'utilisation optimale des ressources par l'entreprise (rendez-vous, réservations, tarification différenciée, informations, *yield management*).

La coproduction explique que la relation entre l'entreprise et le client soit un facteur clé de performance. Elle recouvre la relation ponctuelle qui se noue lors de la prestation. Cette relation entre le personnel en contact et le client constitue ce que Richard Normann appelle le «moment de vérité», l'instant où le service se concrétise effectivement et où sont mobilisées compétences du personnel en contact, «compétences» du client et performances du système de production en général. Elle renvoie également à la relation s'instaurant plus généralement entre le prestataire et le client, qui s'inscrit dans une durée plus large, de manière éventuellement continue, et où se construit une connaissance réciproque des besoins et des compétences du client et du prestataire. La coproduction implique donc de s'interroger sur les systèmes de gestion des ressources humaines, sur les compétences des salariés opérationnels et de l'encadrement, sur tout ce qui est susceptible de favoriser la relation de service. Elle soulève par ailleurs la question de la gestion du client, élément à part entière du système de production : l'information, la formation, la fidélisation de l'usager, la prise en compte de ses réactions lors d'innovations organisationnelles ou techniques du système de production, etc., en sont des axes importants.

La relation de service n'est cependant pas, comme on a parfois tendance à le croire, le seul facteur de performance, dans la mesure où cette coproduction est plus ou moins intense, et où la performance de la production en *back office* – c'est-à-dire hors de la présence du client – conditionne très largement la relation. La production de services suppose aussi la standardisation de certains processus en *back office* et l'amélioration de processus industriels, dans la mesure où ils traitent de transformations physiques d'objets matériels (processus de réparation et de transport des objets confiés aux entreprises de service après-vente, mise en œuvre de réseaux). Elle suppose aussi de réfléchir aux liens existant entre *back office* et *front office* – personnel en contact avec le client – afin que la coproduction ne soit pas du seul ressort du *front office*, mais soit intégrée dans l'organisation même du système de production.

Nouvelles technologies et production de services

L'ensemble de ces problèmes managériaux est à replacer dans un cadre plus large d'évolution des services et de leurs modes de production. Les nouvelles technologies de l'information et de la communication sont un exemple de ces mutations. En transformant les modes de gestion de l'information dans les entreprises, elles induisent des changements de l'offre et des systèmes de production. Elles permettent tout d'abord l'offre de nouveaux services (télésurveillance, radioguidage) et l'élargissement de la gamme des services offerts par les entreprises (réservation à distance, banque à domicile). Ces services sont offerts en complément de services

existants. Ils ne se substituent pas à l'offre traditionnelle.

Ces nouvelles technologies transforment ensuite les systèmes d'information sur – et à l'intention de – la clientèle : elles rendent possible l'existence de systèmes d'information interactifs à destination des clients sur les services offerts, mis à jour en temps réel et accessibles en permanence. Corrélativement, elles permettent la mise en œuvre de systèmes sophistiqués d'information sur la clientèle (informations sur les expériences passées de l'usager avec le service, évaluation de la qualité de la cible et de la ressource client) qui accroissent la réactivité de l'offre aux évolutions des caractéristiques de la demande globale, ainsi que le degré de personnalisation du service.

Ces nouveaux modes de gestion de l'information, en transformant les caractéristiques des ressources informationnelles disponibles, conduisent au bouleversement des processus de production. Ils permettent de réduire les coûts, modifient les relations entre les entreprises et leurs partenaires (échange informatisé de données) et induisent de nouveaux processus de production plus ou moins transparents pour les clients. Ils améliorent la performance des processus de production en *front* comme en *back office*, et la qualité du lien entre *front* et *back office*, en permettant de détecter plus rapidement les évolutions de la demande et d'éventuels dysfonctionnements dans le système de production. Enfin, ces nouveaux services et processus peuvent se traduire par la modification des conditions d'accès et de participation du client, en tant que ressource, à la production du service. Cependant, ces technologies posent aux organisations de nouveaux problèmes managériaux d'organisation du travail, de modification des compétences des personnels, de formation du client. Elles soulèvent aussi des questions d'ordre éthique, comme celle des conditions de protection de la vie privée des individus dans un contexte de mise en commun et d'enrichissement mutuel de vastes bases de données constituées par les entreprises.

Faut-il déduire des spécificités des services que management et économie des services se développent selon une logique d'opposition avec la sphère industrielle ? Si la réponse a été positive au début de la constitution du champ du management des services, elle est aujourd'hui beaucoup plus nuancée. Sans tomber dans une position inverse où « tout serait dans tout », on peut dire aujourd'hui que des études s'ancrant sur les spécificités des services permettent d'enrichir une réflexion classiquement limitée à la sphère de production des biens matériels.

Il en est ainsi, par exemple, de la notion de coproduction : étendue à l'industrie, elle permet de rendre compte d'évolutions dans la conception et la production de biens matériels qui se traduisent par une association plus étroite des clients et des fournisseurs. Elle renouvelle également la conception de la vente de biens matériels : considérée comme un service de mise à disposition et non comme la simple fourniture d'un bien, la vente suppose une réflexion sur les usages du produit par le client. A travers des échanges client-vendeur,

les besoins et attentes de l'usager sont codéterminés afin d'identifier le produit le plus adéquat, ainsi qu'un besoin éventuel de formation à son utilisation ou de maintenance… Au-delà, cette nouvelle approche de la vente génère un suivi de l'usage du bien, afin de repérer l'éventualité de son remplacement. Ces transformations font évoluer les compétences de la force de vente vers une maîtrise accrue des caractéristiques techniques de l'objet et des dimensions de la coproduction. Les systèmes de motivation doivent être adaptés afin de prendre en compte la qualité de l'usage du bien par le client, et non uniquement le nombre de produits vendus. Ce dialogue permet par ailleurs de fournir des informations fines, utilisables lors des étapes de conception et de production des biens, en associant, par exemple, la force de vente à ces différentes étapes.

A lire sur le sujet

- L. Bancel-Charensol, J.-C. Delaunay et M. Jougleux, *Les Services dans l'économie française*, Armand Colin, coll. « Synthèses », 1999.
- L. Bancel-Charensol et M. Jougleux, « Vers une analyse des systèmes de production de services », *Revue française de gestion*, n° 113, 1997.
- J. de Bandt et J. Gadrey (dir.), *Relation de service, marchés de service*, CNRS Editions, 1994.
- J.-C. Delaunay et J. Gadrey, *Les Enjeux de la société de service*, Presses de la Fondation nationale des sciences politiques, 1987.
- P. Eiglier et E. Langeard, *Servuction, le marketing des services*, MacGraw Hill, 1987.
- J. Gadrey, *L'Economie des services*, La Découverte, 1996.
- O. Giarini et W. Stahel, *Les Limites du certain : affronter les risques dans une nouvelle économie de service*, Presses polytechniques et universitaires romandes, 1990.
- R. Normann, *Le Management des services, théorie du moment de vérité*, InterEditions, 1994.

CHAPITRE VI

Les mondes de la finance

Henri Bourguinat*

LA FINANCE MONDIALE, ÉQUILIBRE ET TURBULENCE**

La finance mondiale a connu, depuis une décennie, une ascension extraordinaire et forme aujourd'hui une sphère autonome et unifiée, ayant ses lois et sa dynamique propres. Quelles sont les conséquences économiques de ce relatif découplage entre sphère financière et économie réelle ? Quels risques fait-il porter sur la stabilité de l'économie mondiale ?

DEPUIS LE DÉBUT des années 80, la finance internationale est entrée dans une nouvelle ère. Les secousses brutales comme le krach de 1987, les grandes manœuvres spéculatives, l'apparition de nouveaux produits financiers, les délits d'initiés… alimentent désormais périodiquement l'actualité et traduisent en fait une mutation gigantesque. Cette mutation peut se résumer d'un seul mot : la «globalisation financière». Par globalisation, on entend que le marché s'organise – et doit être traité – comme un tout et exploité comme tel par les opérateurs, du fait de la mise en communication croissante des marchés financiers et de la sophistication croissante de l'ingénierie financière.
Traditionnellement, le domaine de la finance internationale regroupe toutes les opérations de mouvements de capitaux (prêts, actions, obligations) et de devises… Ces opérations se réalisent sur les grandes places boursières et entre grandes banques. Il y a quelques années, le champ de ce qu'on appelait les «relations financières internationales» s'organisait donc, pour l'essentiel, autour des problèmes de balance des paiements, c'est-à-dire sur les mouvements de capitaux et de marchandises entre Etats. Or, depuis la fin des années 70, l'extraordinaire montée des

* Professeur à l'université de Bordeaux-I, directeur du LARE (Laboratoire d'analyse et de recherche économique, CNRS). A publié notamment *Finance internationale*, Puf, 1999 (4e édition).
** *Sciences Humaines*, hors série n° 3, novembre 1993. Texte revu et complété par l'auteur, décembre 1999.

transferts financiers d'origine internationale invite à modifier l'angle d'approche. La finance mondiale est désormais autre chose qu'un sous-produit des comptes extérieurs des Etats. Progressivement, au cours des années 80, s'est effectuée une gigantesque transition vers un système mondial. Celui-ci est constitué du réseau de plus en plus dense d'opérations de crédits, de spéculation, de transferts de fonds, qui transcendent les frontières nationales et au-dessus desquelles s'organise d'emblée un véritable mégamarché financier mondial.

Mille milliards de dollars par jour

C'est cette croissance gigantesque du montant des transactions, c'est-à-dire la démultiplication des transferts internationaux, qu'on désigne d'abord du terme de globalisation financière. Sur les grandes places mondiales s'échangent chaque jour plus de mille milliards de dollars, soit, par rapport aux opérations commerciales portant sur des marchandises, un rapport de 1 à 40 (contre 1 à 8 en 1982) (1). En France même, l'ensemble des transactions boursières, qui représentait 6 % du PIB en 1982, est passé à 66 % en 1989 (2). Cette gigantesque dilatation de la finance mondiale s'est réalisée autour de nouveaux produits, de nouvelles règles du jeu… elle constitue désormais une nouvelle sphère d'activité, ayant ses lois et ses acteurs propres.

La règle des trois D

La globalisation financière est le résultat de l'unification d'un marché qui forme aujourd'hui une totalité intégrée. Cette unification s'est réalisée par un triple mouvement, que l'on peut appeler la règle des trois D : « décloisonnement », « déréglementation », « désintermédiation ».

Le « décloisonnement des marchés », c'est l'abolition des frontières entre marchés jusque-là différents et séparés : ouverture des marchés nationaux bien sûr, mais aussi, à l'intérieur de ceux-ci, éclatement des compartiments existants : marché monétaire (3), marché des changes (4), marché des capitaux à terme, etc. Désormais, celui qui investit (ou emprunte) recherche le meilleur rendement, non seulement en passant systématiquement d'une devise à l'autre, mais aussi en passant d'un procédé de couverture à l'autre (de l'action (5) à l'option (6), de l'option au *Future* (7), etc.) En définitive, ces marchés particuliers (change, *Futures*, options, etc.) sont devenus de simples sous-parties d'un marché financier global, lui même devenu mondial.

Cette déspécialisation des activités s'est produite aux Etats-Unis, par la remise en question de la distinction entre banques commerciales et *Investment Banks* spécialisées dans le placement des valeurs mobilières. En France, ce fut la création du Matif (8), des billets de trésorerie (9), des certificats de

---

1. En 1999, cette somme, y compris les opérations afférentes aux marchés dérivés, s'élevait à 2 000 milliards de dollars par jour.
2. Ce chiffre est passé ensuite à 89 % du PIB, en 1990, et à 143 % pour l'année 1996.
3. Voir les mots clés en fin d'ouvrage.
4. *Idem.*
5. *Idem.*
6. *Idem.*
7. *Idem.*
8. *Idem.*
9. *Idem.*

dépôts, en un mot toute la révolution de la finance directe.

Une « déréglementation » a accompagné le décloisonnement des marchés. La vague de libéralisation des mouvements de capitaux est née aux Etats-Unis pour ensuite gagner, à des degrés divers, les autres marchés. Ce fut la suppression du contrôle des changes par la Grande-Bretagne en 1979, puis l'ouverture partielle du marché financier japonais en 1983-1984, la libération enfin des mouvements de capitaux en Europe, exigée par l'Acte unique. La mobilité des capitaux s'en est trouvée accélérée ; mobilité non seulement géographique, mais également interne (substituabilité) qui permet de passer aisément d'un type de placement à un autre grâce à la prolifération de nouveaux instruments financiers : facilités d'émission, facilités à options multiples (MOFS), contrats de fixation de taux d'intérêt (FRA), options, *Swaps, Futures*, etc.

Swapper,
ou échanger ses dettes

Le *Swap* est un exemple significatif de ces innovations financières destinées à faciliter la circulation entre marchés. Il s'agit d'un échange de dette entre deux sociétés permettant à chacune de bénéficier des meilleures conditions de prêt sur un marché donné.

Prenons l'exemple d'un *swap* de devises : une société américaine a besoin de francs suisses pour une de ses filiales. Elle emprunte d'abord des dollars aux Etats-Unis, à des conditions avantageuses parce qu'elle est connue et bénéficie d'une bonne notation. Elle peut alors « swaper » (c'est-à-dire troquer)

son emprunt avec une société suisse qui, inversement, recherche des dollars, mais obtient plus facilement et à meilleur prix des francs suisses sur son propre marché.

La « désintermédiation par titrisation » est le troisième volet de la globalisation financière. Cette technique a permis de réintroduire dans le circuit financier de nombreuses dettes douteuses ou sans grand avenir, comme les crédits aux pays en voie de développement.

Ces crédits accordés largement durant les années 70 – la fameuse « dette du tiers-monde » – entravaient la capacité des banques à accorder de nouveaux prêts. La titrisation permet aujourd'hui à un établissement de crédit de soulager son bilan : elle consiste à diviser de grosses créances en petites fractions, qui sont autant de titres négociables sur des marchés secondaires.

La titrisation se fit en plusieurs étapes. En France, elle fut introduite en décembre 1988 par le gouvernement Bérégovoy. A l'échelle internationale, l'émission de titres a été rendue possible par l'invention de nouvelles techniques financières aux noms exotiques : RUF (*Resolving Underwriting Facilities*), NIF (*Notes Issuances Facilities*), MOF (*Multiple Option Facilities*), CATs, TIGRs, STRIPS, CARDs, etc.

Le village global
de la finance

On peut dire que l'intégration financière, marquée par les trois D (décloisonnement, déréglementation, désintermédiation), est caractérisée par une double unité de temps – elle fonctionne vingt-quatre heures sur vingt-quatre – et de lieu – les places sont de plus en plus interconnectées – et aboutit bien à un véritable mégamarché financier mondial. Les anciens marchés spécifiques (Bourse, change, options, etc.) deviennent des compartiments du marché global. Ce marché mondial des fonds prêtables possède une autre propriété inédite : grâce à l'électronique et aux ordinateurs, il fonctionne pratiquement en temps réel et toute information « publique » y est diffusée presque immédiatement d'une extrémité à l'autre. En ce sens, on peut parler, à l'image de ce que prévoyait Marshall McLuhan pour la diffusion de l'information orale, d'un « village global » de la finance ; on y retrouve *« l'interdépendance nouvelle qu'impose l'électronique qui recrée le monde à l'image du village global [...] Nous allons connaître une phase [...] caractéristique des tam-tams tribaux d'interdépendance totale et de coexistence forcée. »* (*La Galaxie Gutenberg*).

Quelles sont les conséquences de cette mondialisation de la finance ? N'est-elle pas simultanément porteuse d'efficacité et de lourdes menaces et perversions, comme la spéculation effrénée, la déconnexion d'avec la sphère de l'économie réelle, l'instabilité et les risques de turbulence ? Nul ne peut mesurer tous les effets d'une telle globalisation, par nature dynamique et complexe, avec certitude. On peut cependant s'essayer à un jugement plus circonstancié des tendances en cours.

La finance souvent déconnectée de la production

Tout d'abord, il ne faut pas oublier les aspects globalement favorables, pour chaque pays, du développement de la finance internationale. Il permet en effet l'accès à de nouveaux gisements d'épargne. En France, par exemple, dès 1987, grâce aux billets de trésorerie, aux certificats de dépôt ou au Matif, les grandes entreprises trouvaient près de 70 % de leurs ressources directement sur le marché. Un moment remise en cause par le krach de 1987, la tendance s'est confirmée ensuite à un niveau néanmoins légèrement inférieur. Aux Etats-Unis, la déréglementation financière a incontestablement joué un rôle très actif dans plusieurs opérations de fusion-acquisition (*mergers*).

Bien sûr, ce développement des opérations a donné lieu à de nombreux effets pervers comme l'essor des délits d'initiés (Boesky aux Etats-Unis, affaires Pechiney et Société Générale en France), et à l'extraordinaire mouvement de faillites des Caisses d'épargne (*Saving Loans*) américaines.

Le premier grand problème posé semble être celui de la déconnexion de la sphère financière d'avec la sphère productive (marchandises et investissements productifs). Le monde de la finance ne serait plus couplé directement avec celui de la production et des marchandises ; la théorie économique n'admet guère qu'un tel découplage puisse être durable (10). Cependant, l'observation des faits invite à être plus prudent. Comment oublier qu'avant le krach de 1987 l'investissement productif en France n'avait pratiquement pas

---

10. Voir une présentation plus détaillée dans H. Bourguinat, « Autonomie de la sphère financière et risque de pertes de contrôle périodique », *Penser l'argent*, Le Monde Editions, 1992.

augmenté, alors que le cours des actions françaises avait quasi triplé ?

Une des conséquences de cette déconnexion est l'essor de la spéculation. La plupart des placements boursiers ne visent plus l'investissement productif. Cela tient notamment au fait qu'il est possible d'obtenir plus rapidement des bénéfices sur les marchés en jouant sur l'instabilité des taux de change, des taux d'intérêt, des variations des devises, plutôt qu'en maintenant des investissements sur le long terme. Telle est la nature de la spéculation.

L'envol du nombre d'opérations, le découplage entre sphère financière et sphère réelle font-ils peser sur l'ensemble du système un risque d'instabilité globale ? Les exemples récents de « turbulences » sont assez fréquents : « grande peur » boursière du 17 octobre 1987, mini krach du 13 octobre 1989, krach de la Bourse japonaise de janvier à mars 1990 (l'indice Nikkei chute de 38 710 à 28 002), sans parler du « trou noir » inexpliqué de Wall Street du lundi 23 juillet 1990 (ce jour-là, dans la matinée, le Dow Jones perdit 208 points en une heure, ce qui correspond à une amplitude de krach, avant de remonter à un niveau plus raisonnable), choc de la crise du Golfe (à Paris, on perd 22 %, à New York, 11 %). Le système semble à la merci de brutales déflagrations.

Plusieurs mécanismes semblent favoriser l'instabilité : l'étroite imbrication des marchés, leur sensibilité aux informations, leur flexibilité conduisent à des effets de contagion et d'anticipation qui aboutissent à l'existence d'un « risque systémique global » nettement accru.

Par « risque systémique », on entend le risque lié au système lui-même et qui, par conséquent, ne peut pas être diversifié ; de ce fait, il ne peut non plus être assuré.

Des répercussions en chaîne

Le premier facteur de risque tient à la double instabilité des taux de change et des taux d'intérêt. En guise de protection contre les risques liés aux fluctuations de ces taux, il n'est pas rare, sur le marché international, qu'une opération donne lieu à plusieurs – quatre, cinq, parfois une dizaine – opérations dérivées, induites par la première. Mais de cette arborescence peuvent naître, en cas de crise, des « effets de contagion » qui se manifestent à travers deux canaux principaux : une « contagion horizontale » et une « contagion verticale ». La contagion horizontale est due à l'interconnexion des places. Le simple fait que chaque Bourse soit influencée par les informations communes à tous les marchés, combiné avec le recouvrement des heures d'ouverture des grandes Bourses, revêt une importance considérable. Les réactions des agents d'une place jugée directrice (New York ou Tokyo), instantanément répercutées sur une autre place financière, sont plus importantes que les propres cours d'équilibre de cette dernière et sont susceptibles d'accentuer, voire de renverser, son orientation propre. Un processus en chaîne, tantôt explosif, tantôt amorti, sera à même d'agir à l'échelle mondiale. La vitesse de transmission de l'information et, éventuellement, ce que l'on pourrait appeler « l'auto-intoxication » du marché seront telles qu'on se rapprochera d'une situation de concours de beauté à la Keynes : selon un exemple théorique du célèbre économiste, chacun forme son jugement non en fonction de ses propres critères, mais en supputant ceux des autres.

La contagion verticale entre marchés est aussi un élément aggravant de ces propagations en série ; non seulement, comme il est traditionnel en cas de crise financière, les bruits et rumeurs se propagent, mais il existe maintenant une sorte d'«onde de médiatisation», liée à la diffusion instantanée de l'information. Et l'intégration verticale des marchés est de plus en plus poussée : marchés monétaires et marchés financiers sont rendus étroitement interdépendants par les taux d'intérêt et les taux de change. L'exemple des programmes automatiques (*program trading*) a été souvent cité à l'occasion des différents accidents du marché, tant lors du krach boursier de 1987 que de la chute de 1989 ou du «trou noir» de juillet 1990. On sait que ces programmes, construits sur la base de programmes experts (intelligence artificielle), permettent de déclencher automatiquement des ordres d'achat ou de vente en fonction de l'indice des cours. L'influence des programmes automatiques a donné la limitation de leur utilisation et la mise en place de «coupe-circuits» (*circuit breakers*) prévoyant, au-delà de certains seuils de variation des indices, la suspension momentanée des cotations et des programmes automatiques (une baisse de 30 points sur le Dow Jones entraîne quinze minutes d'interruption ; une chute de 75 points, trente minutes). En raison des nouvelles imputations

intervenues à l'occasion des soubresauts du marché en 1990, de nouveaux moyens d'encadrer les programmes automatiques ont été encore envisagés.

Déréglementation, mais tentatives de contrôle

Reste que la question de la turbulence du marché de la finance mondiale n'est pas résolue, ni dans les faits, ni en théorie. Pour tenter d'endiguer ces risques nouveaux, les autorités monétaires se sont attachées à mettre en place des dispositifs de régulation et de contrôle.

D'une part, les contrôles prudentiels sur les banques ont été renforcés. Par «contrôles prudentiels», on entend les règles visant à limiter les possibilités d'engagement excessif des banques. En France, plusieurs séries de mesures ont été prises pour limiter les prêts des banques en fonction de leurs fonds propres. En mars 1991, la Commission des communautés européennes a précisé et durci les conditions à respecter pour protéger les banques vis-à-vis d'elles-mêmes ; la nouvelle directive leur enjoint d'éviter tout grand risque en faisant en sorte que tout crédit vis-à-vis d'un client particulier ne dépasse pas 25 % de ses fonds propres. De plus, les grands risques cumulés ne devront pas excéder 8 % de ces mêmes fonds propres. Au niveau international, le ratio Cooke (du nom du sous-gouverneur de la Banque d'Angleterre) négocié au sein de la BRI est, depuis 1993, la pièce maîtresse du contrôle prudentiel des banques ayant une activité internationale (11). Le ratio Cooke renforce

---

11. Voir les mots clés en fin d'ouvrage.

les règles plus anciennes, comme celle de prêteur en dernier ressort, où la banque centrale d'un pays d'accueil doit garantir la liquidité des filiales bancaires et celles du pays de la maison mère leur solvabilité.

Cette attention donnée au contrôle prudentiel à l'échelle internationale tend bien à montrer que les autorités monétaires sont attentives aux risques d'insolvabilité que peut porter en germe la nouvelle finance internationale. Elles démontrent que les transactions internationales, bien que déréglementées, ne sont pas totalement libres, mais en partie encadrées.

Ces limites aux transactions suffiront-elles à éviter les turbulences de la finance mondiale? Rien ne permet de l'assurer. Après plusieurs krachs et accidents boursiers et, ici ou là, plusieurs faillites graves (Caisses d'épargne américaines, faillites de Drexel, de Burnham et Lambert, de la BCCI), il apparaît que la finance fait de plus en plus alterner des plages plus ou moins longues de stabilité avec des périodes, brèves mais sévères, de baisse généralisée. Le problème de la stabilité ou de la turbulence de la finance internationale reste ouvert.

A lire sur le sujet

• H. Bourguinat, *Finance internationale*, Puf, 4ᵉ éd., 1999.

• O. Dollfus, «La planète géofinancière. Les nouveaux nouveaux mondes», *Sciences Humaines*, hors série n° 1, février 1993.

• F. Teulon, *Vocabulaire monétaire et financier*, Puf, 1995.

• J.-Y. Carfantan, *Les Finances du monde*, Seuil, «Points», 1989.

• A. Cartapanis, «Marchés financiers internationaux», *Encyclopédie économique*, t. II, Economica, 1990.

Les gouvernements face aux marchés financiers

Le 25 octobre 1995, Jacques Chirac rencontre, à Bonn, le chancelier Helmut Kohl. A cette occasion, le premier annonce que *« nous serons prêts pour les échéances monétaires internationales »* avant d'ajouter : *« La France remplira les critères. »* Le véritable destinataire de ces propos n'est pas le Français moyen mais... les « marchés ». Ces derniers ne tardent pas à faire connaître leur réponse : le franc, quelque peu chahuté au cours de ces dernières semaines, reprend plus d'un centime sur le mark. Traduction : les marchés accueillaient favorablement la décision des autorités françaises de combattre les déficits publics afin de satisfaire aux critères de convergence (1) et leur volonté de poursuivre la politique de rigueur prônée par... les marchés.

Les marchés, qui sont-ils vraiment ? Il s'agit pour l'essentiel des investisseurs institutionnels en charge de la gestion de capitaux (les pensions des futurs retraités, l'épargne des ménages, la trésorerie des entreprises, etc.), c'est-à-dire principalement les fonds de pensions et les fonds communs de placements (OPCVM), mais aussi les compagnies d'assurance, les grandes entreprises... A eux seuls, les cent premiers fonds de pension américains et leurs cent homologues européens et japonais contrôlaient, en 1991, 8 000 milliards de dollars, à comparer aux quelque 500 à 600 milliards de dollars de réserves officielles détenues par les banques centrales de ces mêmes pays. Qu'une simple fraction des capitaux détenus par les Fonds de pensions se porte sur une monnaie au détriment d'une autre, et c'est l'ensemble du Système monétaire européen qui est déstabilisé comme au cours de l'été 1993.

Mais nul besoin de disposer d'une masse importante de capitaux pour peser de tout son poids dans la finance internationale. Les marchés à terme permettent aux opérateurs de se porter acquéreur d'actifs représentant plusieurs dizaines de fois leur dépôt de garantie. C'est l'effet de levier bien connu des financiers et dont les fameux *Hedge Funds* ont su ces dernières années tirer le meilleur profit. Tous ces différents acteurs n'ont désormais plus qu'un objectif en tête : spéculer !

La spéculation n'est pas un phénomène nouveau, mais son champ d'action s'est considérablement élargi à la faveur de trois évolutions majeures intervenues au cours de ces vingt dernières années : la déréglementation des mouvements de capitaux consentie par les Etats eux-mêmes à partir du milieu des années 80 ; le développement de l'ingénierie financière avec l'apparition de produits dérivés toujours plus élaborés (*swaps*, options de devises, *futures* sur indices...) ; enfin, les progrès des télécommunications et de l'informatique qui permettent d'effectuer désormais des transactions en temps réel tout en en réduisant le coût. En vingt-cinq ans, le coût d'un message téléphonique de cinq minutes entre New York et Londres a diminué de 93 %. Ces trois évolutions concourent à ce qu'il est convenu d'appeler la globalisation financière. Grâce à elle, les Etats disposent de ressources supplémentaires pour financer leurs déficits publics. De fait, la proportion des investisseurs étrangers parmi les détenteurs de bons du Trésor émis par un Etat a fortement crû au cours de ces dernières années. Fin 1992, 38 % de la dette publique française était ainsi placée auprès de non-résidents.

Seulement, les capitaux étrangers peuvent repartir aussi vite qu'ils sont arrivés comme la crise mexicaine de décembre 1994 en a administré la preuve. Cette volatilité des capitaux n'est pas dépourvue de rationalité. Elle tient à l'anticipation par les opérateurs des perspectives de rémunération de leurs placements. Cette anticipation se fonde sur l'évolution des principaux indicateurs d'une économie : les taux d'intérêt, les taux de change, l'inflation, les dépenses des ménages, les investissements des entreprises... Conséquence : un gouvernement peut difficilement prendre une décision susceptible d'agir sur un ou plusieurs de ces indicateurs sans prendre en compte les éventuelles réactions des marchés. Dès lors que ces derniers ne la valident pas, une politique économique peut aboutir à des effets contraires à ceux escomptés par le gouvernement.

Dans ce contexte, un seul mot d'ordre dicte la conduite des gouvernements : être crédible ! Dans un ouvrage consacré tout spécialement à la « tyrannie des marchés », l'économiste Henri Bourguinat invite à un peu plus d'optimisme (2) : même si la pression des marchés est indéniable, les gouvernements disposent encore de marges de manœuvre notamment en matière fiscale ou de taux de change.

Une autre planche de salut résiderait dans le renforcement de la coopération entre les Etats. Celle-ci a déjà démontré son efficacité mais aussi ses limites : au cours de l'été 1993, les principales banques centrales sont parvenues à endiguer la vague spéculative mais au prix d'une mise entre parenthèses du Système monétaire européen. Pour que celui-ci fonctionne, une plus grande convergence des politiques économiques s'impose.

SYLVAIN ALLEMAND

---

1. Ces critères de convergence conditionnent la participation des Etats membres de l'Union européenne à l'Union monétaire.
2. *La Tyrannie des Marchés*, Economica, 1995.

POINTS DE REPÈRE
LES MARCHÉS FINANCIERS

A QUOI SERVENT LES MARCHÉS FINANCIERS ?

Ils organisent la rencontre entre les détenteurs d'épargne et les agents économiques en quête de financements, dans le cadre des bourses des valeurs mobilières (actions, obligations). Avec l'autofinancement et le recours au crédit bancaire, ils constituent ainsi la troisième source officielle de financement des besoins des entreprises et des Etats.

Au fil du temps, les marchés financiers se sont vu reconnaître deux autres fonctions : 1°) permettre les restructurations du capital à travers les OPA, OPE... ; 2°) limiter les risques sur les placements à moyen et long terme.

On distingue :

– **les marchés des valeurs mobilières** (actions et obligations) : le marché primaire, appelé aussi marché du neuf (où sont émises les nouvelles valeurs mobilières offertes aux souscripteurs) et le marché secondaire ou marché de l'occasion (où s'échangent les valeurs mobilières déjà émises). Au sens strict, la bourse des valeurs correspond à ce marché secondaire où s'échangent quotidiennement actions et obligations ;

– **les marchés dérivés :** ce sont les marchés spécialisés dans l'assurance contre les risques de pertes liés à l'inflation et la variation des taux d'intérêts (en France : le **MATIF** – marché à terme des instruments financiers créé en 1986 – et le **MONEP**, marché des options négociables de Paris, créé en 1987).

COMMENT ENTRE-T-ON EN BOURSE ?

Seules les sociétés de capitaux (sociétés anonymes ou en commandite par actions) peuvent avoir accès aux marchés financiers. Au sein des marchés de valeurs, on distingue :

– **le marché officiel,** réservé aux entreprises ayant fait la preuve de leur solidité ;

– **le second marché** (créé en France en 1983) ouvert aux entreprises moyennes (moyennant la mise à disposition du public d'au moins 10 % des actions qui composent le capital ; une certaine transparence des comptes ; un effort d'information auprès du public) ;

– **le marché hors cote,** accessible à toutes les entreprises.

Ajoutons à cette liste les marchés spécialement créés pour les sociétés liées aux nouvelles technologies et à Internet (par exemple, le Nasdaq aux Etats-Unis).

LES ACTEURS

On appelle opérateurs l'ensemble des investisseurs et des spéculateurs, individuels ou institutionnels, qui interviennent sur les marchés boursiers :

– **les traders :** c'est l'une des catégories d'opérateurs spéculateurs ; ils opèrent à partir des salles des marchés des banques en cherchant à réaliser des plus-values à court terme pour le compte de leurs clients.

– **les investisseurs institutionnels :** plus connus sous le diminutif « zinzins », ils représentent les plus gros opérateurs sur les marchés financiers. Les plus connus sont les fonds de pensions, mais il y a aussi les organismes de placement collectif

(OPCVM, SICAV...), les fonds mutuels, les compagnies d'assurances, les départements fiduciaires, les fonds spéculatifs *(hedge funds)*...;

– **les fonds de pension** : institutions spécialisées dans la gestion de l'épargne de retraités. Leurs investissements boursiers se chiffrent en milliards de dollars. Les plus connus sont américains : Calpers (fonds de pension des fonctionnaires californiens), Fidelity... Ces fonds de pension ont vu leur puissance financière croître considérablement depuis les années 70-80 sous l'effet du développement de la retraite par capitalisation et de la libéralisation des marchés ;

– **les actionnaires individuels** : les petits porteurs, les boursicoteurs, les actionnaires salariés... Environ 10 % des Français possèdent des actions en direct, 15 % des Britanniques et 22 % des Américains. Les actionnaires individuels ont la réputation d'être plus fidèles et pondérés que les investisseurs institutionnels. Ils sont un gage de stabilité pour les marchés financiers ;

– **les analystes financiers** : des professionnels de la finance spécialisés dans l'analyse du potentiel et de la situation financière d'une entreprise cotée. Ils identifient les sociétés dont les cours sont sous- ou surévalués par les marchés ;

– **les agences de notation** : ce sont des acteurs essentiels de la finance moderne. Elles évaluent la situation macroéconomique des pays ou des établissements bancaires en leur attribuant une note établie sur la base d'une batterie d'indicateurs. Leur pouvoir tient aux moyens d'informations et d'expertise considérables et à l'influence de leur note sur les comportements des investisseurs ;

– **la COB** : commission des opérations de bourse. C'est le gendarme des marchés financiers. Elle veille au bon déroulement des OPA, des OPE, etc. Des institutions de régulation analogues à la COB existent dans les autres pays.

Les approches du marché

Comment s'établit le cours d'une action ? A cette question, plusieurs réponses sont apportées qui correspondent à autant d'approches des marchés financiers :

– **l'approche fondamentale** : si, à court terme, le cours d'une action peut évoluer de manière erratique, sur le moyen et long terme, ce cours exprime la valeur intrinsèque de l'entreprise cotée. Dans cette perspective, une plus-value peut être réalisée en profitant de l'écart provisoire entre le prix d'une action et sa valeur réelle. C'est l'approche la plus ancienne et la plus répandue parmi les opérateurs et investisseurs, les gérants de portefeuilles, les macroéconomistes ;

– **l'approche technique** : elle pose l'existence d'un biais entre la réalité et la façon dont les marchés la perçoivent. Le cours ou le taux d'intérêt ne reflète pas la réalité mais la perception qu'en ont les opérateurs. Dans cette perspective, l'évolution d'une action n'est prédictible qu'à court terme. C'est l'approche des analyses graphiques ou statisticiens et des traders ;

– **l'approche quantitative** : les cours suivent un marché au hasard et ne sont donc pas prédictibles. Des trois, c'est l'approche la plus formalisée, utilisant les outils mathématiques et statistiques. Elle est notamment mobilisée pour la constitution d'un portefeuille d'actions.

D'autres approches ont été développées plus récemment à partir des théories du chaos, de l'information, des sciences de la complexité et du hasard... Elles tendent à remettre en cause l'hypothèse de l'efficience des marchés.

A lire...
G. Sauvage, *Les Marchés financiers. Entre hasard et raison : le facteur humain*, Seuil, 1999.

QUELQUES THÉORICIENS

Charles Dow (1850-1902) : financier américain, inventeur des premiers indices boursiers (indice Dow Jones), il est aussi à l'origine d'une théorie générale des mouvements des marchés qui fonde l'approche technique.

Benjamin Graham (1894-1976) : il est considéré comme le père de l'analyse financière. Contemporain de la crise de 1929, il contribuera à définir une méthode d'analyse de la situation financière d'une entreprise cotée et de ses perspectives. Il a également édicté un certain nombre de règles à l'intention des investisseurs, la principale consistant à acheter des sociétés sous-évaluées par rapport à leur valeur intrinsèque. Ses principaux ouvrages : *Security Analysis* (1934, co-écrit avec Dodd) et *The Intelligent Investor* (1949).

John Maynard Keynes (1883-1946) : le célèbre auteur de la *Théorie générale de l'emploi, de l'intérêt et de la monnaie* (1936) est l'un des premiers économistes à avoir analysé le fonctionnement des marchés financiers en termes de convention et de prophéties autoréalisatrices.

Georges Soros (né en 1930) : gourou de la finance international, qui s'est rendu célèbre avec ses actions de spéculation, il est aussi un théoricien reconnu par de nombreux spécialistes de la finance internationale. On lui doit la théorie de la réflexivité exposée dans un livre publié en 1987 et réédité en 1994 : *The Alchemy of Finance. Reading the mind of the markets* (*L'Alchimie de la finance*, Valor, 1998).

THÉORIES

Efficience des marchés : hypothèse selon laquelle les prix reflètent à chaque instant toute l'information disponible par les opérateurs qui interviennent sur un marché. Elle est depuis peu contestée par celle de la fractalité des marchés, selon laquelle le cours d'une action reflète l'information retenue par les intervenants en fonction de leur horizon temporel respectif.

Théorie des prophéties autoréalisatrices : due au sociologue américain Robert Merton, cette théorie souligne le rôle des anticipations dans la détermination des conduites individuelles. Transposée à l'analyse du fonctionnement des marchés, elle permet d'expliquer le phénomène des bulles spéculatives.

Théorie de la réflexivité : due au financier hongrois G. Soros, cette théorie fait l'hypothèse que les individus ont du fait de leur système de valeurs une perception biaisée de la réalité, qui, en pesant sur leurs décisions, agit en retour sur la réalité. Appliquée aux marchés financiers, elle permet d'expliquer l'instabilité des cours par l'existence d'une distorsion entre les fondamentaux et leur perception par le marché.

Théorie des conventions : contre la théorie des anticipations rationnelles qui postule que les intervenants sont des acteurs rationnels agissant individuellement, cette approche met en avant le rôle des conventions partagées implicitement par les opérateurs, dans la détermination de leur décision. Dans cette perspective, le prix d'une action ne reflète pas la valeur fondamentale de l'entreprise, mais est l'expression d'une convention : une crise financière s'interprète alors comme le résultat de la remise en cause d'une convention qui dominait jusqu'alors.

Les 7 changements qui ont transformé les marchés financiers depuis les années 70-80

La libéralisation des marchés financiers : initiée par les Etats-Unis au début des années 80, sous l'administration Reagan, elle s'est généralisée ensuite dans la plupart des pays occidentaux. En France, cette libéralisation a débuté à partir de 1983-84 avec la déréglementation des circuits de financement, la suppression de l'encadrement quantitatif du crédit, la disparition du contrôle des changes...

La désintermédiation : soit la possibilité pour les agents économiques de financer leurs besoins non plus par l'emprunt auprès des seules banques, mais directement sur les marchés financiers, par l'émission d'actions ou d'obligations.

La cotation des sociétés en Bourse : un nombre croissant d'entreprises se tourne vers les marchés boursiers pour trouver les financements dont elles ont besoin. En France, ce mouvement est renforcé par les vagues successives de privatisations. Aujourd'hui, plus de 1 000 sociétés sont cotées à la Bourse de Paris, soit deux fois plus qu'en 1990. La valeur totale des actions y représente à l'heure actuelle la moitié de la richesse nationale produite chaque année.

L'apparition de nouveaux instruments financiers : de plus en plus sophistiqués, ces instruments couvrent toutes sortes d'activités (notamment les risques pris dans la spéculation sur le marché).

La modernisation des places financières : avec la généralisation de l'informatique et la mise en place de la cotation en continu (à partir d'octobre 1986 à Londres, de juillet 1987 en France avec la création du CAC), la suppression de la corbeille...

La montée en puissance des investisseurs institutionnels : fonds de pension, fonds communs de placement (FCP) et sociétés d'investissement à capital variable (SICAV)... sous l'effet de l'extension des régimes de retraite par capitalisation et l'essor des produits d'assurance vie.

Le développement de l'actionnariat : accroissement du nombre de petits porteurs (sous l'effet des privatisations) et développement de l'actionnariat salarié (création du Compte d'épargne en actions en 1978, devenu depuis Plan d'épargne en actions en 1992, apparition des *stock options*)...

A lire...
E. Izraelewicz, *Le Capitalisme zinzin*, Grasset, 1999.

JEAN-PIERRE ALLÉGRET*

LES ENJEUX DE LA GLOBALISATION FINANCIÈRE**

Mobilité accrue des capitaux, interdépendance des places boursières, nouveaux acteurs... la globalisation financière est une réalité. En l'absence d'instances de régulation, signifie-t-elle plus d'instabilité ? Quels avantages pourrait-elle éventuellement offrir ? Les marchés financiers peuvent-ils être régulés ? Autant de questions auxquelles les développements théoriques récents apportent des réponses... contradictoires.

LA GLOBALISATION FINANCIÈRE occupe une place grandissante dans les débats contemporains. Pour certains, elle correspondrait à une *«situation chaotique»* (1). On aurait donné *«un pouvoir exorbitant aux marchés et à la spéculation»* (2). Pour d'autres, au contraire, il n'y aurait *«aucune base pour conclure que les marchés privés de capitaux fonctionnent habituellement mal»* (3).

Ces controverses trouvent leur origine dans la profonde transformation de l'économie mondiale à l'œuvre depuis les années 80. Au-delà de l'accroissement des flux de capitaux, nous assistons, en effet, à l'émergence d'une nouvelle configuration de l'économie mondiale, à savoir le passage d'un système régulé par les Etats (issu des accords de Bretton Woods de 1944) à un système régulé par les marchés. L'accroissement des mouvements internationaux de capitaux et l'interdépendance des marchés font émerger un système monétaire et financier globalisé. Cette nouvelle configuration pose la question de la capacité des marchés à coordonner dans le temps les actions des agents en l'absence d'instances de

---

* Chargé de recherche au CNRS. Gate, UMR 5824 CNRS et université de Lyon-II. Auteur de *Economie monétaire internationale*, Hachette, 1997.
** *Sciences Humaines*, hors série n° 17, juin/juillet 1997. Texte revu et complété par l'auteur, décembre 1999.
1. F. Chesnais, *La Mondialisation du capital*, Syros, 1997.
2. D. Plihon, « La montée en puissance de la finance spéculative » dans A. Cartapanis, *Turbulences et spéculations dans l'économie mondiale*, Economica, 1996.
3. M. Goldstein et M. Mussa, « The integration of World capital markets », *IMF Working Paper*, WP/93/95, 1993.

régulation internationales. Pour se faire une idée exacte des inconvénients mais aussi des avantages que l'on peut attendre de cette globalisation, il convient de prendre la mesure des transformations que la finance internationale a connues au cours de ces dernières années *(voir l'encadré pages suivantes).*

Finance libératrice ou répressive ?

Dans les années 70-80, la concurrence accrue entre les acteurs ainsi que la suppression des procédures administratives ont été perçues comme le moyen d'atteindre une répartition plus efficace des capitaux. Or, le visage pris depuis par la finance internationale suscite de nouveaux problèmes. Dès lors, la question se pose de savoir si la globalisation financière a permis de libérer l'économie des contraintes de l'économie administrée ou si, au contraire, la déconnexion apparente entre la sphère réelle et la sphère financière traduit une *« dictature des créanciers »* dans laquelle il serait *« vain d'attendre des marchés financiers qu'ils aient la prescience nécessaire pour anticiper le long terme »*, alors même que leurs erreurs peuvent avoir des *« conséquences sociales très considérables »* (4).

En quoi la globalisation financière peut-elle engendrer des phénomènes pervers néfastes à la stabilité économique ? Quels avantages peut-on éventuellement attendre de ce processus ? Autant de questions auxquelles les développements récents de la théorie économique, notamment ceux liés aux crises monétaires, permettent d'apporter un éclairage intéressant.

S'agissant des éventuels avantages de la globalisation, ils ont été soulignés par différents travaux portant sur la mobilité des capitaux et le fonctionnement des marchés financiers. Le concept d'efficience informationnelle et allocative des marchés (5) constitue la clef de voûte des travaux sur la mobilité. La filiation avec la théorie des anticipations rationnelles est ici importante. En effet, on suppose que les opérateurs connaissent toute l'information pertinente et qu'ils sont capables d'intégrer ses effets dans l'élaboration de leurs décisions.

S'agissant du fonctionnement des marchés, au moins trois arguments en leur faveur ont été avancés. D'abord, le développement des marchés dérivés a permis aux agents économiques de se protéger contre les risques de variations importantes des taux de change et d'intérêt. Ils ont été de ce point de vue des instruments importants de l'internationalisation des entreprises. Ensuite, les marchés sont dotés d'une forte capacité à répondre aux chocs financiers non anticipés (chocs pétroliers, réunification de l'Allemagne), argument important dans un contexte où les chocs extérieurs sont fréquents. Enfin, les marchés assurent une certaine discipline : les investisseurs internationaux auraient pour vertu d'empêcher les Etats de s'engager dans des stratégies inflationnistes et/ou d'accroissement de la dette publique. Ils garantiraient, en outre, l'assainissement des politiques économiques : un pays ne s'attachant pas à

---

4. J.-P. Fitoussi, dans J. Léonard (dir.), *Les Mouvements internationaux de capitaux*, Economica, 1997.
5. Voir les mots clés en fin d'ouvrage.

La globalisation financière en chiffres

Le processus de globalisation financière que l'on observe depuis les années 80 recouvre quatre séries de transformations.

• **La première concerne** l'activité sur les marchés des changes et sur les marchés dérivés. Rappelons que le marché des changes constitue le marché sur lequel s'échangent les monnaies convertibles, c'est-à-dire pouvant faire l'objet de transactions entre des agents résidents (en France, s'il s'agit du franc, par exemple), et des agents non résidents. Selon la Banque des règlements internationaux (BRI), le volume des échanges s'est élevé en 1998 à près de 1 490 milliards de dollars par jour, soit plus de 60 fois le volume journalier du commerce mondial ! Les marchés dérivés, dont la croissance a été exponentielle depuis les années 80, recouvrent deux catégories de marchés : les marchés organisés, d'une part, les marchés de gré à gré, d'autre part. L'expansion de tel ou tel compartiment n'est pas indifférente quant à la stabilité financière internationale. En effet, alors que les marchés organisés se caractérisent par la présence d'une chambre de compensation qui les protège contre les risques de défaillance, les marchés de gré à gré laissent subsister un risque de contrepartie en leur absence. Or, en 1997, le FMI a estimé que le volume du marché organisé s'élevait à près de 18 200 milliards de dollars (474 en 1987) et celui du gré à gré à près de 29 000 milliards (865 en 1987).

• **Deuxième transformation :** l'augmentation tout aussi considérable qu'ont connue les mouvements internationaux de capitaux des pays industrialisés. Entre 1973 et 1992, les sorties brutes ont été multipliées par huit pour atteindre plus de 1 200 milliards de dollars, soit un montant supérieur aux richesses produites en une année par le Royaume-Uni... Alors qu'ils représentaient moins de 8 % de ces flux, les investissements de portefeuille (actions et obligations) en représentent aujourd'hui plus du cinquième. Ce qui n'est pas sans accentuer les risques d'instabilité des marchés, les investissements de portefeuille ayant une volatilité plus forte que les investissements directs. En effet, les investissements de portefeuille représentent des placements de l'épargne fondés sur l'acquisition de titres de créances – les obligations d'Etat, par exemple – et/ou de titres de propriété – les actions – en vue d'obtenir des intérêts et/ou des dividendes. Nous sommes ainsi dans une logique de rémunération de l'épargne. Les investissements directs caractérisent les situations dans lesquelles un agent économique non résident désire acquérir des droits de propriété dans l'objectif d'obtenir un pouvoir de décision sur des entreprises basées à l'étranger. Nous sommes dans une logique industrielle ou commerciale par acquisition d'une entreprise étrangère ou création d'une filiale.

• **Les flux nets de capitaux privés** en provenance des pays développés et à destination des marchés émergents ont quant à eux plus que quadruplé depuis le début des années 90, passant de 48 milliards de dollars en 1990 à 212 milliards en 1996, pour retomber à 64 milliards en 1998 (effet de la crise asiatique). Cette progression signale une nouvelle étape dans la globalisation : d'une part, ces pays ont amorcé un processus de libéralisation rapprochant leur structure financière de celle des pays développés ; d'autre part, les entrées de capitaux dans ces pays participent à la standardisation des modalités de financement des économies. Ainsi, à l'instar de ce qui s'est passé dans les années 80 au sein des pays industrialisés, le financement par émission de titres négociables (les obligations et les actions) devient la norme dans les pays émergents.

• **Enfin, les investisseurs institutionnels** – les fonds de pensions, les fonds d'investissements collectifs, les compagnies d'assurances – se sont imposés comme les intervenants majeurs des marchés au côté des institutions financières traditionnelles. Depuis 1980, les actifs gérés par les investisseurs institutionnels américains ont été multipliés par cinq. En part de PIB, les investisseurs institutionnels sont passés de 59,3 % en 1980 à 141,7 % en 1997 aux Etats-Unis ; sur les mêmes périodes, nous avons 64,1 % et 151,1 % pour le Royaume-Uni, 35,2 % et 85,6 % pour le Canada. Selon le FMI, plus de la moitié des transactions sur les marchés des changes sont le fait des investisseurs américains (14,5 % des Britanniques). Certains considèrent qu'ils déstabilisent les marchés : en raison de leur manque d'informations et de leur souci de ne pas perdre des parts de marché, les gérants auraient en effet un comportement mimétique.

J.-P.A.

suivre cette règle du jeu s'exposerait à des attaques brutales de sa monnaie, mais aussi de ses cours boursiers.

Face aux manifestations de l'instabilité monétaire et financière internationale, d'autres développements théoriques récents ont cherché à comprendre le comportement des acteurs. Deux points doivent être soulignés à cet égard. Premièrement, les marchés financiers semblent être le théâtre d'une situation d'asymétrie informationnelle. Celle-là caractérise le fait que certains opérateurs sont parfaitement informés sur les facteurs des variations de cours, c'est-à-dire qu'ils sont capables de distinguer les variations relevant de déterminants fondamentaux de celles relevant de l'évolution conjoncturelle du marché, alors que d'autres opérateurs ne peuvent effectuer une telle distinction. Ces agents non informés amplifient la tendance des cours en vendant (achetant) quand les cours baissent (montent) ; la spéculation devient déstabilisante. En second lieu, la théorie de la microstructure du marché des changes établit une distinction entre les agents « fondamentalistes » (dont le comportement est guidé par les déterminants fondamentaux) et les « chartistes ». Ces derniers introduisent un bruit en raison de leur réaction aux modes et rumeurs. Ce faisant, ils déstabilisent les marchés en perturbant le comportement des autres investisseurs. Résultat : les acteurs du marché ne se comportent pas nécessairement de manière conforme à l'idée d'efficience évoquée plus haut.

Comprendre les crises

Enfin, la succession des crises monétaires depuis 1992 a réactivé les travaux relatifs à l'effondrement des régimes de change quasi fixe (6). Dans la lignée des modèles de crises de balances des paiements ou d'attaques autoréalisatrices (7), une importante littérature cherche à établir un lien entre les crises monétaires et les politiques économiques menées par les autorités.

Les enseignements de ces travaux sont relativement contradictoires. En ce sens, ils sont tout à fait représentatifs des différences de points de vue sur les avantages de la globalisation financière. D'un côté, des auteurs rejettent l'existence d'une relation directe entre l'attaque de la monnaie et la politique suivie par le pays (8). L'expérience du Système monétaire européen (SME) confirme ce point de vue.

L'implication la plus importante de cette observation est la suivante : aucune économie, même celle qui mènerait une politique de discipline budgétaire, ne peut se protéger contre une attaque spéculative. Les phénomènes de contagion et d'interdépendance entre les marchés peuvent ici se révéler déterminants. La capacité habituellement attribuée aux marchés financiers de distinguer entre les pays est ici remise en cause, ce qui pose des questions quant à la pertinence à demeurer résolument dans des politiques d'austérité. D'un autre côté, certains (9) ont identifié des déterminants fondamentaux (appréciation du taux de change réel, crises bancaires, faible niveau des réserves de change) qui permettent de comprendre pourquoi les marchés émergents ont été diversement contaminés par la crise du peso. Il y aurait une logique fondamentale à l'effet *tequila* ; les marchés seraient capables de réagir différemment selon les pays. Il convient cependant de relever la convergence de vue sur un point : les

---

6. Voir les mots clés en fin d'ouvrage.
7. *Idem.*
8. B. Eichengreen, A.K. Flood et C. Wyplosz, « Exchange market may hem, the antecedents and aftermath of speculative attacks », *Economic Policy*, octobre 1995.
9. J.-D. Sachs, A. Torell et A. Velasco, « Financial crises in emerging markets : the lessons from 1995 », *Brookings Papers on Economic Activity*, n° 1, 1996.

marchés réagissent tardivement et brutalement. Cette caractéristique est particulièrement importante pour les marchés émergents. En effet, certains travaux récents ont montré que les opérateurs avaient souvent tendance à traiter globalement ces marchés dans le cadre de la diversification internationale des portefeuilles, ce qui peut alors conduire à des réactions brutales à l'échelle mondiale. Il existe dès lors une forte logique autoréalisatrice à l'attaque : celle-ci produit le changement de politique qui, sans elle, ne serait pas intervenu. Le désaccord porte sur le rôle sous-jacent des déterminants fondamentaux dans le déroulement de la crise. Ce désaccord a ses origines dans le caractère nouveau des crises financières des années 90. Deux faits stylisés majeurs doivent être relevés. Tout d'abord, les crises se déclenchent brutalement – et de façon peu prévisible – alors même que des travaux empiriques identifient des indicateurs avancés de ces crises. Ensuite, le nombre croissant d'épisodes où crises bancaire et monétaire sont simultanées traduit l'imbrication des facteurs de fragilité financière. Ces faits stylisés trouvent leur unité dans le changement de nature des crises par rapport aux décennies précédentes. Alors que, dans ces dernières, les crises avaient été impulsées par le compte courant – et par là même par des déséquilibres réels –, les crises récentes sont davantage conduites par le compte de capital – suggérant le rôle déterminant des facteurs financiers.

L'action de ces derniers apparaît avec une force particulière lorsque l'on rappelle que les mouvements de capitaux peuvent se retourner rapidement et avec une extrême ampleur. Ainsi, lors de la crise du peso mexicain, le retournement – entre 1993 et 1995 – a représenté 13 % du PIB mexicain. Les cinq économies asiatiques les plus frappées par la crise (Corée du Sud, Indonésie, Malaisie, Philippines et Thaïlande) ont connu en 1997 un retournement équivalent à plus de 10 % de leurs PIB combinés.

Au total, quel que soit le rôle joué par les facteurs financiers – qui s'apparentent à de nouveaux fondamentaux –, les crises des années 90 reposent sur une logique autoréalisatrice. Cela pose la question de la maîtrise des marchés, nouvel objet de débats.

Que faire ?

Les régulateurs des opérateurs et des marchés (la Commission des opérations de Bourse, par exemple) ainsi que les institutions internationales refusent de voir dans les marchés financiers un fonctionnement par essence chaotique. Cependant, considérant les risques engendrés par leur instabilité, un accent particulier est mis sur l'amélioration de leur fonctionnement : procédures destinées à les rendre plus transparents, meilleure information des opérateurs à propos des conditions réelles des marchés. Un tel impératif a notamment été mis en avant par le FMI après la crise mexicaine de 1994 (mise en place d'un système d'alerte précoce ; normes de diffusion internationale de données macroéconomiques). Le point important à relever est le suivant : on recherche une plus forte interaction entre les autorités gouvernementales et internationales, et les marchés ; les premières contribuant à la formation des anticipations des seconds. Une telle interaction a récemment été accentuée par l'autorisation accordée aux banques par le Comité de Bâle d'utiliser leur modèle interne de gestion pour appréhender les risques de marché (10). Cette décision est tout à fait significative de l'orientation actuelle qui repose sur la responsabilisation et l'incitation des opérateurs. Le Comité de Bâle entend ainsi réduire le poids de la réglementation (considérée d'une efficacité limitée compte tenu de la complexité des instruments développés par les opérateurs). Cependant, la présence des autorités de régulation est indispensable pour inciter tous les opérateurs privés à adhérer aux mêmes règles du jeu.

D'une manière générale, ce que l'ancien directeur général du Fonds monétaire international – Michel Camdessus – appelle la « nouvelle architecture » du système financier international cherche précisément à responsabiliser les acteurs publics et privés de la finance globalisée autour de codes de bonne conduite et de principes directeurs dans la gouvernance des économies et des affaires. Cette logique d'incitation des opérateurs se heurte toutefois à leur capacité de réaction, et plus généralement à leur logique de fonctionnement. Ainsi, un certain nombre de travaux ont montré que, même lorsque des indicateurs macroéconomiques laissent suggérer une crise imminente, les opérateurs tardent à réagir. Se produit alors ce que A. Cartapanis qualifie d'« *aveuglement au désastre* » (11). Leur réaction est d'autant plus brutale et se traduit par une

véritable « surréaction » au sens où les ajustements monétaires dépassent de loin ce qui est nécessaire. Certains préconisent alors une mesure plus radicale pour contenir la puissance déstabilisatrice des marchés financiers : un contrôle sur les mouvements internationaux de capitaux. Il s'agit d'introduire un élément de rigidité dans un segment de l'économie de marché de plus en plus flexible considérant que « *lorsque certains marchés ne s'ajustent pas parfaitement, on peut accroître le bien-être en intervenant dans le processus d'ajustement des autres marchés* » (12). On cherche donc à rendre moins excessive la réaction des marchés. Cependant, les contrôles du type taxe Tobin doivent faire face à un certain nombre de limites. Les agents économiques sont conduits à effectuer un arbitrage entre le coût du transfert des capitaux et les gains attendus des placements à l'étranger. En conséquence, dans l'hypothèse d'une perturbation monétaire importante et durable, le contrôle est inefficace. L'expérience des crises monétaires des années 1969-1973 en témoigne. En outre, un taux élevé peut remettre en cause l'efficience des marchés ; mais un taux faible peut n'avoir aucun effet. Il y a là un dilemme important. Surtout, il est nécessaire d'obtenir un accord inter-

---

10. Le Comité de Bâle sur le contrôle bancaire a été créé en 1975 par les gouverneurs des banques centrales des pays du Groupe des 10. Sa fonction première est d'édicter des normes prudentielles et de surveiller les activités des banques qui ont une importante activité internationale.
11. A. Cartapanis, dans J. Léonard, *op. cit.*
12. B. Eichengreen, J. Tobin et C. Wyplosz., « Comment glisser quelques grains de sable dans les rouages de la spéculation internationale », *Problèmes économiques*, n° 2429, 1995.

national pour éviter les phénomènes de fuites vers les places non taxées. Les contrôles portant sur les entrées de capitaux – du type de la taxe appliquée au Chili – paraissent beaucoup plus praticables en raison de leur caractère unilatéral. En outre, en rallongeant la maturité de ces entrées, ils semblent avoir une certaine efficacité. Cependant, le recours au contrôle ne semble pas être en mesure de protéger durablement les économies des perturbations internationales. Tout au plus peut-il permettre aux banques centrales de bénéficier d'une marge de manœuvre temporaire dans leur réaction.

Ainsi, l'instabilité monétaire et financière internationale semble être un caractère dominant de la globalisation financière. Cette instabilité interroge les économistes quant à la pertinence de ce processus. Il est désormais reconnu que les acteurs des marchés ne se comportent pas nécessairement de manière conforme à la théorie de l'efficience. L'analyse économique a fait des progrès significatifs dans la compréhension de ces phénomènes de déstabilisation. Ces derniers sont importants, avec les conséquences macroéconomiques – difficiles à mesurer – qui en résultent. En dépit de cette instabilité, on ne peut pas en déduire une remise en cause du processus de globalisation financière. En effet, l'analyse économique ne permet pas d'affirmer la supériorité des coûts par rapport aux gains. On considère généralement que les mouvements de capitaux obéissent très largement à une logique fondamentale, même si à certains moments les marchés deviennent instables.

La complexité de la situation réside alors dans l'apparente contradiction qu'il y a à accepter les règles du jeu imposées par les marchés financiers tout en reconnaissant que ces marchés ne se comportent pas toujours conformément aux préceptes de l'efficience. L'enjeu auquel doit faire face la communauté internationale se situe dans la gestion de cette situation : arriver à tirer pleinement profit de l'intégration financière passe par une stabilisation des marchés financiers et des changes. Les discussions relatives à l'instauration de pouvoirs régulateurs à l'échelle mondiale ont été relancées par certains. L'un des principaux défis du XXIe siècle sera de trouver les moyens de rendre compatibles l'expression d'une certaine souveraineté nationale et l'unification de la finance, qui transcende ces souverainetés et rend nécessaire une régulation à son échelle. Les difficultés considérables pour contrôler directement les marchés incitent à accentuer la responsabilisation des acteurs, en l'occurrence les investisseurs. Une telle responsabilisation ne peut être atteinte que par une plus forte légitimité dans l'intervention des institutions internationales. La création d'un Conseil de sécurité économique, monétaire et financière pourrait s'inscrire dans cette recherche de légitimité (13). Il aurait quatre fonctions principales :
– fournir aux Etats un cadre de référence stratégique à long terme afin de promouvoir un développement plus équilibré de l'économie mondiale ;

---

13. J.-P. Allegret et R. Sandretto, *L'Esprit des lois et Bretton Woods : la gouvernance internationale en question*, à paraître.

– assurer la cohérence entre les différentes institutions aux compétences spécifiques ;

– offrir un forum sur les questions d'intérêt commun ;

– servir d'instance de coordination pour répondre de façon concertée aux situations financières d'urgence.

L'avantage d'un tel conseil est double : d'une part, intégrer un nombre croissant d'acteurs majeurs dans les négociations internationales ; d'autre part, trouver un compromis entre le respect des souverainetés nationales et la nécessité de créer des cadres d'action à l'échelle des opérateurs internationaux.

CHRISTINE ROLAND-LÉVY*

LES COMPORTEMENTS FINANCIERS DES MÉNAGES**

Le niveau de revenu n'est pas le seul élément qui incite des ménages à s'endetter ou, inversement, à épargner. Des « profils psychologiques » différenciés doivent également être pris en compte dans l'analyse de ces comportements.

QUEL RAPPORT l'individu entretient-il avec l'argent, quelles sont ses représentations de l'endettement, de l'épargne…? Pourquoi, à revenu égal, y a-t-il des « cigales » et des « fourmis »? Ces questions, qui intéressent non seulement les banques et les entreprises, mais aussi les familles elles-mêmes, sont explorées par la psychologie économique. La prise en compte de variables psychologiques et sociodémographiques permet en effet de décrire la diversité des comportements financiers des familles et de mieux saisir les logiques financières de certains ménages qui peuvent paraître peu orthodoxes au regard des critères économiques «classiques». En témoigne une recherche récente qui porte sur les représentations de l'épargne et de l'endettement des ménages. L'équipe pluridisciplinaire (1) composée de psychosociologues, d'économistes et de sociologues qui a mené cette recherche a eu l'idée, avec l'aide de l'ANVIE, d'associer une entreprise, le Crédit Mutuel (2), à sa problématique.

Le revenu est loin d'être le seul élément qui va décider une famille à s'endetter ou à mettre de l'argent de côté. Cette

* Maître de conférences, Laboratoire de psychologie sociale, université Paris-V René-Descartes. Elle a dirigé, avec P. Adair, *La Psychologie économique, théorie et applications*, Economica, 1998.
** *Sciences Humaines*, n° 55, novembre 1995.
1. L'équipe est composée de membres de deux unités de recherche : le Laboratoire de psychologie sociale, de l'Institut de psychologie de l'université Paris-V René-Descartes et le Groupe de recherche et d'analyse des théories, institutions et conventions économiques, de la faculté des sciences économiques de l'université Paris-XII.
2. Voir l'entretien avec A. Rousseau à la fin de cet article.

étude met en évidence, à travers une typologie des comportements financiers, l'existence de «tempéraments économiques» («épicuriens hédonistes», «emprunteurs fragilisés», «accumulateurs épargnants», «modestes pressurés») basés sur des styles de vie, eux-mêmes fondés sur des critères socio-démographiques et sur des représentations sociales. En effet, les représentations sociales ont une influence sur les comportements; la manière dont les individus perçoivent le crédit, l'épargne et l'endettement, peuvent les orienter vers toujours plus de conduites d'emprunt ou au contraire vers une épargne plus substantielle. Ainsi, selon les représentations que l'on aura, on pourra, par exemple, emprunter pour satisfaire les besoins et les désirs de ses enfants, désirs de faire comme les autres dans l'immédiat ou, au contraire, épargner pour leur assurer un avenir protégé.

S'endetter, c'est se projeter dans le futur

Cette étude est fondée sur l'analyse des représentations en matière de consommation et d'endettement, sur les conceptions que la population se fait de l'emprunt et de l'épargne, sur les attitudes et les valeurs éducatives. Un premier niveau d'analyse permet de décrire les usages des familles en termes de patrimoine et d'épargne (propriété immobilière, épargne-logement, épargne liquide, épargne financière), les produits financiers qu'elles utilisent, et de recueillir des informations relatives aux dépenses, notamment liées à la présence d'enfant(s). C'est la femme qui, le plus souvent, règle les achats. Les dépenses relatives à certains postes comme l'alimentation, l'habillement ou la scolarité connaissent des fluctuations importantes, elles varient parfois du simple au double. Les caractéristiques relatives au crédit (nombre et nature des crédits en cours, crédit relatif à l'acquisition du logement, d'une automobile, projets de crédits envisagés, organisme créditeur) et à la bancarisation des ménages (nombre de comptes bancaires ouverts et leur nature) montrent là aussi de grandes disparités dans la population étudiée. Ainsi, le crédit-logement concerne plus de la moitié des ménages interrogés. Dans plus de trois quarts des cas, il est contracté auprès d'une banque. Plus d'un tiers des ménages est concerné par le crédit automobile. Quant aux prêts personnels, au crédit-revolving et aux autres types de crédit, ils sont généralement peu utilisés. Les projets de crédit sont exclus par près de la moitié des ménages, alors que les autres envisagent (volontiers pour certains, inévitablement pour les autres) un recours au crédit. L'organisme créditeur sollicité serait alors la banque selon tous les ménages. Cela peut être en partie relié à l'image de la banque qui est perçue, dans plus de la moitié des cas, de manière positive. A ce stade de l'analyse, les revenus des ménages apparaissent comme des déterminants importants du niveau d'endettement; ils ont une incidence tant sur les dépenses que sur le taux d'endettement et sur la durée – aussi bien passée que future – des crédits en cours.

Crédit, emprunt ou dette?

La seconde étape consiste en une analyse lexicale. En premier lieu, celle-ci montre que lorsque les individus évoquent la «banque», il s'agit pour eux d'une entité concrète directement en prise avec leur propre banque. Ensuite, dans le domaine du prêt à intérêt, on se rend compte que les mots utilisés par les personnes interrogées pour désigner l'emprunt diffèrent selon la nature de celui-ci. Il est nommé «crédit» lorsqu'il concerne des biens très diversifiés de consommation durable à l'exception notable de la voiture; il devient «emprunt» lorsque cette dernière est évoquée ou lorsqu'il s'agit d'un logement. Lorsque le crédit devient «dette», endettement et surendettement se confondent en un *continuum* unique (3).

Enfin, une dernière catégorie d'emprunt semble émerger qui s'effectue en marge des banques et concerne le cercle des proches, évoquant une sorte de concurrence ou d'alternative aux banques.

Des éléments centraux des représentations s'expriment à travers les tests d'association de mots. Il s'agissait ici d'associer librement autour de quatre termes : «banque», «épargne», «crédit» et «dette». Les propos associés aux mots «emprunt» et «dette» relèvent d'une dialectique subtile. Si le crédit peut apparaître légitime lorsqu'il s'agit d'acquérir des biens durables (immobilier et voiture) et lorsqu'il est contracté avec parcimonie, il devient pesant lorsqu'on se trouve dans des cas de multiples crédits et singulièrement pour des crédits à la consommation. D'un autre côté, les dettes révèlent un univers non symétrique au premier : elles ne constituent pas le pendant de l'emprunt. Les dettes sont marquées par le sceau de l'infa-

mie : l'emprunt sous certaines conditions est respectable, l'endettement est toujours honni. En somme, pour tous, avoir des dettes est, au moins symboliquement, le premier pas vers la faillite personnelle, le début d'un engrenage dont il vaut mieux se garder.

Revenus et «styles de vie»

La synthèse de l'ensemble des observations recueillies permet de distinguer quatre groupes de ménages et de dégager des profils de consommateurs, dont les facteurs constitutifs s'organisent essentiellement autour de la notion de style de vie. Certes, le revenu est un facteur déterminant, mais il n'est ni unique ni univoque. Le lieu d'habitation, les conditions de logement et la situation dans le cycle de vie (âge, nombre d'enfants et âge des enfants) concourent tout autant à définir des stratégies ou des évolutions à plus ou moins long terme. On distingue deux principaux styles de vie et deux profils dominants : les dépensiers et les économes. Au sein de chacune de ces tendances, deux sous-groupes contrastés se révèlent : dans le groupe dit des dépensiers, on observe, d'un côté, les *épicuriens hédonistes* et, de l'autre, les *emprunteurs fragilisés*. Dans la classe des économes, il y a, d'une part, les *accumulateurs épargnants* et, d'autre part, les *modestes pressurés*.

---

3. En général, les banques préfèrent parler de «multiendettement» plutôt que de «surendettement». Sont considérés ici comme «surendettés» les ménages multiendettés qui ne réussissent plus à rembourser ou qui ont recours à la société soit au travers des aides sociales, soit par le biais des procédures légales issues de la loi Néiertz. Sont considérés comme «endettés normaux» les ménages dont le montant des remboursements mensuels ne dépasse pas 30% des revenus du ménage.

Epicuriens hédonistes. Ce sont des ménages aisés ayant trois ou quatre enfants, le plus souvent locataires de leur appartement, avec un équipement domestique très fourni comprenant un ou plusieurs ordinateurs, télécopieur, chaîne hi-fi... Tout en n'ayant pratiquement pas d'épargne – pas de crédit en cours non plus – ils ont une forte bancarisation. Ces ménages valorisent la qualité du cadre de vie et le bien-être de leurs enfants. Ils dépenseront volontiers leur argent pour rendre plus agréables leur vie et celle de leurs enfants. Leur équipement domestique vise à améliorer la communication avec le monde extérieur et à faciliter les contacts. Ils ne semblent pas envisager d'accéder à la propriété, préférant sans doute affecter leurs dépenses au cadre de vie et au bien-être. Ce style de vie suggère qu'il s'agit plutôt de parisiens « hédonistes » qui n'hésiteront pas à dépenser tranquillement tout leur argent, à vivre au jour le jour, en constituant plutôt le capital intellectuel et social de leurs enfants que le capital immobilier...

Emprunteurs fragilisés. Il s'agit de jeunes ménages ayant un ou deux enfants, propriétaires de leur résidence principale aménagée à l'aide d'une multitude d'objets, constituant un équipement domestique bien fourni. Ils ont une forte bancarisation, un ou plusieurs plans épargne-logement et des comptes épargne-logement, ainsi que plusieurs crédits en cours (trois crédits en moyenne) dont l'échéance finale est lointaine. Leur taux d'endettement est particulièrement élevé puisqu'il est généralement supérieur à 31 %. Ils valo-

risent la vie chez soi. Ce style de vie sous-entend qu'il s'agit plutôt de ménages provinciaux qui conjuguent prudence et prise de risque, multiendettement et épargne, dans le cadre d'une stratégie à long terme. Ces ménages sont ceux qui risquent le plus facilement de basculer à la moindre modification de leur situation – telle que séparation, veuvage, chômage ou maladie –, ces changements ayant des répercussions non seulement sur leurs revenus mais aussi sur leur style de vie familiale.

Différentes raisons de « se serrer la ceinture »

Modestes pressurés. Il s'agit de ménages jeunes à revenus faibles, ayant un ou plusieurs enfants. Ils sont locataires et ne disposent d'aucune épargne. Le (ou les) crédit(s) en cours relève(nt) du court/moyen terme. Leur taux d'endettement est compris entre 19 % et 31 % ; ils se trouvent ainsi dans une situation où la prudence est valorisée. Ils doivent selon leurs dires *« faire un maximum d'économies »*, *« se serrer la ceinture »*, et ils ont néanmoins du mal *« à boucler les fins de mois »*. Ces ménages sont économes par nécessité ; leur situation financière ne leur laisse pas d'autre conduite possible que celle de la cigale. Il s'agit donc de ménages peu solvables qui, faute d'épargne, mais aussi faute de rentrées suffisantes, sont loin de pouvoir emprunter pour s'acheter une maison.

Accumulateurs épargnants. Ce sont des ménages aisés, âgés d'environ 45 ans, propriétaires d'une résidence principale dont l'équipement domestique est bien

Profils des consommateurs

«Les cigales»		«Les fourmis»	
Epicuriens hédonistes	**Emprunteurs fragilisés**	**Accumulateurs épargnants**	**Modestes pressurés**
• Ménages «aisés/moyens» • 3 enfants ou plus • Equipement domestique très fourni • Pas/peu d'épargne • Pas/peu de crédit • Forte bancarisation. ➤ Valorisent la qualité du cadre de vie et le bien-être des enfants.	• Ménages «moyens» jeunes (35 ans) • 1 ou 2 enfants • Propriétaires • Equipement domestique bien fourni • Epargne-logement • 2, 3 ou 4 crédits • Forte bancarisation. ➤ Valorisent la vie chez soi, en province. Multi-endettement et stratégie à long terme	• Ménages «aisés» jeunes de 45 ans et plus • Propriétaires • Equipement domestique bien fourni • Avec épargne diversifiée • Pas de crédit • Forte bancarisation. ➤ Ayant déjà réalisé leur accumulation patrimoniale, ils épargnent.	• Ménages «modestes» jeunes (30 ans) • 1 enfant • Locataires • Equipement domestique peu fourni • Pas d'épargne • Petits crédits à court terme • Bancarisation minimum. ➤ Ménages peu solvables, pas de projet.

fourni. Ils disposent également d'une épargne diversifiée et n'ont aucun crédit en cours. Il s'agit donc de ménages qui, ayant déjà réalisé leur accumulation patrimoniale, n'empruntent pas (plus ?) mais épargnent. Ce sont ces ménages-là qui recherchent les placements les plus avantageux, qui furètent d'une banque à l'autre, à la poursuite de différents types d'épargne qui pourraient toujours leur servir le jour venu de la retraite…

Les domaines de la psychologie économique

Ces travaux s'inscrivent dans le champ de la psychologie économique. Celle-ci, d'une façon générale, se penche sur l'étude des comportements et des raisonnements économiques dans leur dimension psychologique. Ainsi, les recherches s'orientent sur la compréhension par le public des concepts économiques ou du fonctionnement des institutions financières, ou encore sur des phénomènes tels que le comportement vis-à-vis de la fiscalité, la fraude, les causes et les conséquences psychologiques du chômage ou de l'en-

dettement… Les comportements des consommateurs constituent un autre domaine privilégié d'étude. Le consommateur est influencé par une multitude d'éléments, éléments externes comme le produit lui-même bien sûr ou, plus généralement, la publicité, mais aussi par des éléments personnels comme le désir de satisfaire des besoins (4), de compenser des manques, de résoudre des conflits (5), de satisfaire un désir de puissance (6), d'accroître la recherche de prestige… Divers travaux étudient la formation du raisonnement économique chez l'enfant.

D'autres s'intéressent à la psychopathologie de la vie quotidienne et en particulier aux phénomènes de dépendance. En France, par exemple, Michel Gardaz étudie le surendettement compulsif ; il compare les dépenses excessives à des crises de boulimie. Pour lui, il n'y a pas d'un côté les bons suren-

---

4. P. Albou, *Besoins et motivations économiques*, Puf, 1976.
5. Voir la théorie de la dissonance cognitive de Festinger.
6. S. Viderman, *De l'argent en psychanalyse et au-delà*, Puf, 1992.

dettés – ceux à qui il serait arrivé un coup dur, tel le chômage, une maladie ou un divorce – et de l'autre les mauvais surendettés – ceux qui ne planifient pas, ceux qui dépensent sans compter – mais bien des individus ayant de bonnes raisons d'être «à la limite», les raisons objectives et subjectives étant étroitement liées. Différentes études ont d'ailleurs montré qu'il n'y a pas une personnalité type de consommateur, mais plusieurs styles de consommateurs ayant des registres de conduites différents. Il convient alors de chercher à comprendre ce qui fait varier les comportements des uns par rapport à ceux des autres. En effet, l'acquisition de connaissances appartenant au domaine de l'économie et l'apprentissage de comportements adaptés au monde de la consommation varient en fonction de facteurs tels que l'âge, le sexe, le milieu social et l'environnement. Valérie Charrière s'intéresse, quant à elle, tout spécialement aux liens entre les régions géographiques, les cultures régionales et les comportements financiers.

Ces quelques exemples témoignent de la pertinence et de l'étendue de l'analyse psychologique des comportements économiques. Les acteurs économiques, mais aussi les acteurs sociaux et politiques se rendent compte du fait que le modèle canonique de l'individu calculateur qui «optimise» son comportement et «maximise» son utilité ne rend que très partiellement compte de la réalité. La consommation, l'argent, le patrimoine sont aussi affaire d'imaginaire, de désirs, d'identité…

Bibliographie complémentaire
- P. Albou, *La Psychologie économique*, Puf, 1984.
- G. Antonides, *Psychology in Economics and Business. An introduction to Economic Psychology*, Kluwer Academic Publishers, 1991.
- C. Roland-Lévy, «Le crédit, l'endettement et la faillite personnelle : un enchaînement parfois trop "logique"», *Cahiers du GRATICE*, «La dette», n° 3, juin 1992.
- P. Vergès, «L'évocation de l'argent : une méthode pour la définition du noyau central d'une représentation», *Bulletin de psychologie*, XLV, n° 405, 1992.
- P. Adair et C. Roland-Lévy (dir.), *Psychologie économique. Théories et applications*, Economica, 1998.

A lire également
- *Journal of Economic Psychology*, Elsevier Science, BV Journal Department, P.O. Box 211, 1000 A.E. Amsterdam.
- Les Publications du Centre de recherche pour l'étude et l'observation des conditions de vie (CRÉDOC) Consommation et Modes de Vie, 142, rue du Chevaleret, 75013 Paris.

L'IAREP (International Association for Research in Economic Psychology) rassemble non seulement des psychologues et des économistes, mais également des spécialistes de gestion, de marketing et de comportements de consommation venant de nombreux pays. Elle organise un colloque annuel, une Université d'été, publie une Lettre, ainsi que le *Journal of Economic Psychology*.

IAREP : http//www.eiasm.be

LES BANQUIERS FONT PREUVE D'UNE DOCTE IGNORANCE DES COMPORTEMENTS FINANCIERS !

ENTRETIEN AVEC ANDRÉ ROUSSEAU*

Sciences Humaines : **Quel est votre rôle au sein du marketing du Crédit Mutuel ?**

André Rousseau : Ma mission est de connaître les clients et d'analyser leur comportement, leurs représentations et leurs pratiques de l'argent. A partir de cette observation, j'oriente l'action de l'entreprise, pour la vente, pour connaître les marchés sur lesquels elle souhaite entrer, pour tester les produits.

SH : **Vous avez piloté avec la confédération du Crédit Mutuel une recherche sur les comportements financiers des ménages, menée par une équipe universitaire composée de psychosociologues et d'économistes. Qu'en attendiez-vous par rapport à des travaux plus traditionnels ?**

A.R. : Une observation tout d'abord : les banquiers font preuve de ce que Pierre Bourdieu appellerait une «docte ignorance» des comportements financiers. Les commerciaux connaissent énormément de choses sur les comportements vis-à-vis de l'argent. Mais l'entreprise utilise finalement assez peu ces savoirs. Elle a tendance à instrumentaliser ses commerciaux en fonction d'objectifs à très court terme.

Ma conviction de départ était que les études classiques faites par les cabinets d'études de marché sont très attentives à des résultats utilisables, mais n'obligent pas les entreprises à se soucier d'enjeux sociaux (c'est-à-dire à comprendre les acteurs tels qu'ils sont, et non pas à les réduire à la source de profit potentiel qu'ils représentent). Elles ne sont pas assez soucieuses non plus de méthodologie : or, en étant plus exigeant en matière de méthodologie, on peut apercevoir des éléments que l'on aurait ignorés ou sous-estimés dans une étude classique.

Prenons un exemple tiré de cette recherche. Les chercheurs ont mis l'accent sur un point central : le client attend un service, alors que le banquier a tendance à le voir comme un assujetti, surtout quand il lui demande du crédit. Les psychosociologues nous ont montré, à travers une analyse lexicale, que c'est bien dans la tête du client que ce comportement se

* Responsable des études marketing au Crédit Mutuel de Bretagne, et responsable de la vie coopérative.

trouve, et non pas dans une sorte de mélange informe entre l'intérêt de l'entreprise et un certain discours sur le client que l'on retrouve dans la littérature managériale et marketing. J'ai d'ailleurs pu observer que les commerciaux se reconnaissaient davantage dans les résultats de cette recherche que dans les études marketing auxquelles ils étaient habitués.

SH : Quelles étaient les préoccupations qui guidaient le CMB lors du lancement de cette recherche?

A.R. : Nous cherchions essentiellement à répondre à deux questions : pourquoi les souscripteurs de petits crédits délaissent-ils leur banque et s'orientent-ils vers le crédit-vendeur (crédit directement octroyé, à l'occasion d'un achat, par le commerçant ou une de ses filiales), alors qu'en terme de rationalité pure, le client a tout intérêt à prendre un crédit bancaire? Nous souhaitions également disposer d'une typologie des clients en fonction des comportements vis-à-vis de l'endettement.

SH : Quels sont pour vous les principaux enseignements de cette recherche?

A.R. : Un point central des acquis de ce travail est la mise en évidence de l'unité du comportement financier : les gens ne sont pas tantôt épargnants, tantôt emprunteurs, ils sont les deux en même temps. Ce qu'ils demandent à leur banquier, c'est un suivi global : c'est de régler, de façon pratique, leurs problèmes avec l'argent. Ce constat répond à la première question que nous nous posions : si les clients trouvent intérêt à prendre un crédit-vendeur, c'est parce qu'ils ont trouvé là ce que la banque ne leur offrait pas : la facilitation de l'acte d'achat. Alors que le banquier se comporte souvent en juge de paix, qui «autorise» les gens à s'endetter, parce qu'il a cette hantise du risque (particulièrement forte pour les petits crédits, qui concernent souvent des gens qui frôlent le surendettement).

SH : Ce travail a-t-il eu des effets sur la pratique de l'entreprise?

A.R. : Je distinguerai deux types de retombées. A court terme, tout d'abord : la création d'une carte de crédit pour nos clients, qui est aussi une carte de paiement. C'est une ligne de crédit qu'on lui ouvre parce que, dans son comportement, il y a des indices de la confiance qu'on peut lui faire. C'est aussi un objet concret qui sert à lui rendre la vie plus facile : il peut payer son achat avec cette carte, sans avoir à recourir à un crédit vendeur plus coûteux. Cette décision renvoie à un des enseignements de la recherche : le client attend un service, et une facilitation de sa vie quotidienne. Sur un registre plus fondamental, je crois que nous avons là les éléments pour envisager une façon nouvelle de considérer et d'exercer le métier de banquier. Celui-ci n'a pas affaire tantôt à un épargnant, tantôt à un emprunteur, il traite avec un ménage comme il le ferait avec une entreprise. Le crédit, qui est vu par le banquier comme un acte administratif et technique, est replacé au centre d'une relation de service et de confiance avec le client.

Propos recueillis par
PHILIPPE CABIN
(*Sciences Humaines*, n° 55, novembre 1995)

Commerce international et globalisation

JEAN-CLAUDE RUANO-BORBALAN*

UN SEUL MONDE ?**

Qu'est-ce que la mondialisation ? Un diable responsable du chômage et de la pauvreté ou un horizon d'universel enfin atteint ? Du point de vue des sciences sociales, elle désigne des représentations et des phénomènes multiples. Elle est liée à la généralisation du capitalisme et à la mise en cause de la régulation de l'Etat.

L E MOT «MONDIALISATION» fonctionne comme fascination et, souvent, comme repoussoir. De manière générale, la mondialisation fait plutôt peur, parce qu'elle est invoquée comme une sorte de flux gigantesque et multiforme qu'on ne peut qu'accompagner et non pas diriger. Elle expliquerait autant le chômage en France que la crise en Corée du Sud (1). C'est aujourd'hui la vision d'un nombre croissant des habitants des pays occidentaux que Daniel Cohen, professeur de sciences économiques à l'Ecole normale supérieure, résumait récemment : *«La mondialisation est devenue, en quelques années, le terme honni par lequel il faudrait, pour les uns, accepter les transformations en cours, et contre quoi, pour les autres, il faudrait lutter pour préserver l'ordre social si chèrement conquis.»* (2) Mais comment un mot, inconnu il y a dix ans, a-t-il pu faire fortune en si peu de temps ? Probablement parce qu'il permet à chacun de désigner de manière simple et directe des phénomènes complexes et multiples. La force du mot «mondialisation» est de permettre le positionnement des acteurs face à la perception commune qu'existe désormais un seul monde, que nous y soyons prêts ou non.

* Directeur de la publication du magazine *Sciences Humaines*.
** *Sciences Humaines*, hors série n° 17, juin/juillet 1997.
1. Selon le titre de *Courrier international* du jeudi 23 janvier 1997 : «Chômage en France, crise en Corée du Sud, la faute à la mondialisation».
2. D. Cohen, «La troisième révolution industrielle au-delà de la mondialisation», note de la Fondation Saint-Simon, janvier 1997.

De quoi parle-t-on ?

Au-delà de la peur et des fantasmes, les réflexions des sciences sociales fournissent une vision démystifiée des processus conjoints de mondialisation et de replis identitaires. La mondialisation est avant tout caractérisée comme un phénomène économique ancien et continu, comportant des apogées et des reculs. Bien que nous soyons depuis vingt ans dans une phase d'accélération des échanges et de création d'une sphère financière globale, les visions actuelles sont en moyenne – surtout en France – plus prudentes sur la poursuite de la globalisation du capitalisme, tant du point de vue de sa mutation interne que de son extension à des régions et à des pays jusque-là en retrait ou moins développés (ancien bloc soviétique, Afrique, Amérique centrale).

Le deuxième aspect majeur de la mondialisation concerne la communication que marquent la création de réseaux, la numérisation des signaux, l'informatique, etc. Cette révolution technologique s'est accompagnée d'une dynamisation des activités de communication qui se trouvent pour la plupart dirigées des Etats-Unis. Nombre d'auteurs (3) y voient l'instrument du renforcement d'une hégémonie impériale, dont la généralisation planétaire de la culture «étatsunienne» serait le symptôme. Quoi qu'il en soit, la globalisation des réseaux est un fait et, par essence, ils fonctionnent sur le mode «universel». En matière de communication, la notion de mondialisation dissimule les enjeux et la complexité des nouvelles formes d'interaction et de transaction au niveau planétaire. Armand Mattelart estime

que : «*L'idée de globalisation de la communication et de "culture globale" est d'abord la propriété des spécialistes du marketing et du management.*» (4) Elle est en quelque sorte leur grille de lecture du monde.

Le troisième débat concernant la mondialisation se focalise sur la place de l'Etat-nation, traversé et contourné par des réseaux et des flux de toute nature. En effet, la situation contemporaine se caractérise par l'émergence de phénomènes planétaires transnationaux (écologie/défense des droits de l'homme, communications globales, etc.) et de régulations mondiales ou continentales (ONU/G7/Union européenne, etc.). Cette émergence d'une échelle globale comporte un corollaire : les phénomènes identitaires. Nombre de créations ou de replis nationalistes se donnent, par exemple, la mondialisation comme adversaire explicite.

On assiste également à l'activation de réseaux transnationaux (mafias, religions, diasporas, etc.) qui se servent souvent de tous les moyens de la globalisation économique ou communicationnelle (c'est par Internet que les GIA algériens ou les rebelles du Chiapas s'expriment, et la radiotélévision vaticane est sûrement aussi globalisée que CNN).

La dynamique
multi-séculaire du capitalisme

L'analyse de la «mondialisation» se décline donc en premier lieu du point

---

3. S. Proulx, « L'individu face à la mondialisation », *Sciences Humaines*, hors série n° 17, juin/juillet 1997.
4. *Sciences Humaines*, hors série n° 17, *op. cit.*

de vue économique. Or, en France, l'ombre de Fernand Braudel plane sur une partie des travaux concernant la mondialisation économique. F. Braudel a défini et approfondi la notion d'économie-monde. Dans cette conception, à chaque époque on peut définir des espaces relativement disjoints, dans lesquels se déploient de manière privilégiée les liens et échanges économiques ou commerciaux : «*Il y a eu des économies-monde depuis toujours, du moins depuis très longtemps. De même qu'il y a eu des sociétés, des civilisations, des Etats, et même des empires*» (5), rappelle F. Braudel, pour qui les vastes réseaux commerciaux des Phéniciens jusqu'au XVIIIᵉ siècle constituèrent tour à tour des économies-monde. Dans cette conceptualisation, l'économie-monde européenne s'unifie à partir du XVIᵉ siècle, et trois règles générales de fonctionnement s'imposent à elle. En premier lieu, la lenteur des transformations que contraignent les distances et les moyens de transport ; en deuxième lieu, l'existence systématique d'un centre, d'une ville capitaliste dominante ; en troisième lieu, la hiérarchie des espaces entre des centres et des périphéries, selon qu'ils sont plus ou moins intégrés à l'économie-monde dominante et à ses règles de fonctionnement. Le monde actuel serait une économie-monde en transition, dont le centre reste la mégapole est-américaine. Dans cette perspective, la vision de la mondialisation actuelle est réinscrite dans la longue durée des pulsations du capitalisme européen qui, à partir des XVIᵉ et XVIIᵉ siècles, a étendu ses tentacules aux dimensions de la planète. La

«globalisation» économique contemporaine se caractérise par la diffusion des mécanismes de marché à l'ensemble de la planète. Cette nouvelle avancée s'est produite en raison d'abord de l'effondrement de l'ex-Empire soviétique, de l'expansion capitaliste dans des zones jusque-là rétives (en premier lieu l'Asie-Pacifique), et, enfin, de l'action volontariste des instances internationales de régulation des économies et du marché. Cependant, cette extension du marché et du capitalisme est loin d'être générale car de nombreux pays y échappent. C'est aux Etats-Unis que l'on a tout d'abord parlé de globalisation sans référence à la longue durée. Théodore Levitt proposa en 1983, dans un article de la *Harvard Business Review*, ce terme pour désigner la convergence des marchés pour les produits des grandes firmes multinationales. Une définition très extensive de la globalisation s'est ensuite développée dans les cercles managériaux de la Harvard Business School. Le véritable promoteur de la notion, le consultant Kenichi Ohmae, estime que l'économie internationale est désormais caractérisée par l'interdépendance entre trois ensembles de tailles équivalentes : la triade Union européenne, Amérique du Nord et Japon. Dans *The Borderless World*, paru en 1990, il affirme que les nationalismes économiques deviennent sans fondements et qu'émergent des firmes multinationales déterritorialisées dont l'ensemble des fonctions est conçu de manière indépendante et mondialisée.

5. F. Braudel, *Civilisation matérielle, économie et capitalisme*, t. III, Arman Colin, 1979.

La firme globale, à la différence de l'entreprise internationalisée, est structurée en réseaux, liée par une culture d'entreprise propre. Robert Reich, à l'époque professeur à la Kennedy School of Government de Harvard, puis plus tard secrétaire au Travail dans le gouvernement Clinton, appuya cette vision de la globalisation (6).

La généralisation ou non des firmes globales est l'un des points de débat fondamentaux de la globalisation économique. La plupart des économistes pensent aujourd'hui que l'entreprise globale est un mythe. Seule une poignée de multinationales, implantées dans des «petits pays» comme la Suisse (Nestlé) ou la Suède (ABB), répondent aux critères de la globalisation totale : les autres restent pour la plupart des firmes centrées (7). La plupart des multinationales conserveraient une culture qui les distingue et garderaient une patrie même si elles ont besoin de se faire accepter partout.

La fin des politiques économiques ?

Pour R. Reich et K. Ohmae, les politiques nationales en matière économique n'ont plus de sens à l'ère de la globalisation des firmes. L'internationalisation de l'économie se traduit par une diminution des capacités d'intervention et d'action de l'Etat national (8).

Cette position fait débat chez les économistes. Comme le note Suzanne Berger, politologue au MIT, à cette première position s'en oppose une autre. De nombreux analystes pensent la mondialisation comme un facteur nouveau que les politiques économiques doivent prendre en compte, mais qui ne les rend pas impuissantes (9). S. Berger, se plaçant dans une position intermédiaire, souligne que les effets de la globalisation sur les structures sociales ou économiques nationales sont largement, si ce n'est entièrement médiatisées par l'Etat. Elie Cohen affirme, lui aussi, le maintien du rôle de l'Etat dans la régulation économique. Il montre, par exemple, le caractère limité de la globalisation financière que l'on décrit souvent comme le point majeur de perte de souveraineté des Etats. L'essentiel des activités bancaires, par exemple, n'est pas globalisé. Une part notable de la spéculation monétaire provient de l'endettement massif des Etats, et les banques centrales continuent de maîtriser les parités de change. L'essentiel serait aujourd'hui, au-delà du débat sur la capacité d'intervention économique des Etats, l'adaptation des formes nationales du capitalisme à la croissance des marchés et à la révolution technologique en cours.

On constate que la réponse passe, dans les pôles majeurs de l'économie mondiale, par une tendance à la constitution de blocs régionaux comme l'Union européenne ou l'Alena. Leur récent essor préfigure-t-il la véritable unification des espaces économiques de la planète ou, au contraire, montre-t-il les limites de la globalisation ? Quelle est la place de la politique, du social et de

6. Voir l'entretien avec R. Reich dans cet ouvrage.
7. Voir l'article de R. Boyer page 335.
8. K. Ohmae, *De l'Etat-nation aux Etats-régions*, Dunod, 1996.
9. Suzanne Berger, «Le rôle des Etats dans la globalisation», *Sciences Humaines*, hors série n° 14, septembre/octobre 1996.

l'identité culturelle dans ces processus ? Il convient, pour penser les phénomènes en cours, de croiser l'émergence de marchés communs économiques unifiés avec l'existence d'autres regroupements interétatiques fondés sur les aspects de défense, de culture ou de religion. Il est vrai que le système international n'est, loin s'en faut, plus fondé sur la seule relation politique entre les Etats : l'a-t-il jamais été ? Il n'est pas non plus uniquement orienté par les seules nécessités économiques, dont le mot « mondialisation » incarnerait l'alpha et l'oméga.

Des Etats-nations traversés de flux multiples

Le débat sur la souveraineté de l'Etat n'a pas que des aspects économiques. Les phénomènes de mondialisation en cours s'accompagnent de turbulences et de recompositions entre régions, pays ou couches sociales et professionnelles. Stanley Hoffmann estime que la France risque de moins bénéficier que d'autres de la redistribution permanente du développement, d'autant que, dans ce pays, *« toute intrusion du monde extérieur est souvent considérée comme un assaut contre l'identité française »* (10). Généralisant ce propos, Bertrand Badie considère que les Etats-nations sont écartelés entre la modernisation liée à la mondialisation, et la réinvention de la tradition. Dans cette vision, les flux économiques et les réseaux de toute nature redessinent les contours des communautés politiques. L'espace de ces dernières n'est plus uniquement borné par des frontières territoriales, mais reconstruit en fonction des stratégies d'entre-

prises, des circuits marchands, du déplacement des hommes, des effets de la communication. C'est le cas de l'Asie-Pacifique où se construisent des espaces économiques de croissance relativement autonomes vis-à-vis des réalités politiques.

La prise en compte des réseaux transnationaux constitue l'un des aspects majeurs de la compréhension des phénomènes d'interdépendance internationale. La Chine possède, par exemple, comme l'Inde, des liens forts et complexes avec ses diasporas qui expliquent en grande partie les investissements dans certaines régions et leur décollage économique.

Ces systèmes aux logiques floues, dont le territoire n'est plus l'unique référence, permettent d'interpréter la force et la place des Etats. C'est d'ailleurs fort d'une telle approche que le politologue américain Joseph Nye a, au tournant des années 90, fait sensation en refusant la thèse, populaire à l'époque, du déclin de l'Amérique (11). Il prenait en compte autant la force militaire que les réseaux économiques ou de communication pour définir la puissance des Etats-Unis. Parallèlement, dans de nombreuses régions, alors que les institutions étatiques sont parfois incapables de réagir à la pression économique, les formes politiques se recomposent. Des définitions communautaires, religieuses ou ethniques tendent à émerger : c'est particulièrement vrai dans les anciennes colonies où l'Etat « importé » est forte-

10. Voir entretien dans *Sciences Humaines*, hors série n° 17, *op. cit.*
11. J. Nye Jr, *Bound to Lead : the Changing Nature of American Power*, Basic Books, 1990.

ment mis à mal et se décompose par-fois, comme en Algérie, au Zaïre ou en Asie centrale.

Vers une société-monde ?

L'interdépendance économique entraîne la création d'une culture commune liée aux industries de communication (Hollywood, CNN, etc.). Ces dernières se diffusent essentiellement dans une élite mondialisée et urbanisée, grâce à l'explosion des voyages professionnels ou touristiques et aux outils de communication. L'un des traits de la mondialisation semble être la constitution d'une nouvelle échelle de référence cosmopolite. Comme le souligne Jacques Lévy : «*les artistes, chercheurs, universitaires, journalistes et "stylistes" de tous ordres, sans compter les cadres des firmes multinationales, ont fait de la mondialisation une pratique et une idéologie professionnelles qui retentissent sur leur vie personnelle. Plus généralement, les sociétés urbaines, surtout dans les grandes villes, représentent un concentré de mondialité : beaucoup d'étrangers, une culture internationalisée par son niveau d'excellence, une similarité des modes de vie quelle que soit la localisation de la métropole.*» (12) Les processus en cours doivent donc aussi être lus comme l'émergence d'une échelle supplémentaire d'appartenance, placée au-dessus des sociétés nationales. Désormais, les individus et les groupes peuvent se situer stratégiquement selon un niveau supplémentaire, tant pour en faire un horizon d'espérance que pour vilipender l'échelle de la mondialisation dans le cadre de stratégies politiques identitaires.

Cependant, l'émergence d'une élite mondialisée ne signifie pas la constitution d'une citoyenneté ou d'une communauté mondiale. Dans les multiples ordres de l'interdépendance mondiale, les modes de gouvernement et de prise de décision varient et ne sont pas forcément coordonnés. Les multinationales sont gouvernées par leurs actionnaires, les églises par leurs hiérarchies, les ONG par leurs militants et leurs bureaucraties, etc. Les instances internationales, dans lesquelles priment les Etats-nations, demeurent centrales, même si elles doivent désormais composer avec les réactions d'un nombre croissant d'acteurs, dans l'ordre de l'économie ou dans des registres nouveaux comme l'écologie, les droits de l'homme, etc.

Au total, la globalisation économique ne doit masquer ni le maintien d'une hégémonie des Etats-Unis (seule véritable société-monde), ni la capacité des individus et des communautés à choisir leur rapport à la mondialité, y compris dans le refus et le repli identitaire.

---

12. J. Lévy, «Vers une société civile mondiale?», *Sciences Humaines*, hors série n° 17, *op. cit.*

FRÉDÉRIQUE SACHWALD*

*CONCURRENCE IMPARFAITE, CONSTRUCTION
DES AVANTAGES COMPÉTITIFS...*

NOUVELLES ANALYSES
DU COMMERCE INTERNATIONAL**

Depuis les années 80, la théorie du commerce international analyse les effets de la concurrence imparfaite et le rôle des facteurs géographiques et historiques.

DEPUIS UNE VINGTAINE D'ANNÉES, la théorie du commerce international s'est développée dans deux directions principales : la prise en compte des contextes de concurrence imparfaite qui sont fréquents, d'une part, et la prise en compte du rôle de la géographie et de l'histoire dans la détermination des flux d'échanges, d'autre part. Par ailleurs, le rôle dynamique des investissements directs dans le processus de mondialisation a accentué le rôle des multinationales dans l'évolution des échanges commerciaux – de biens, de services et de capitaux.

Pourquoi échanger
des produits similaires ?

Dès les années 70, de nombreuses analyses statistiques du commerce international avaient souligné l'importance des échanges dits « intrabranche », c'est-à-dire des échanges de produits similaires. La France, par exemple, exporte des voitures Renault ou Citroën vers l'Italie, mais importe aussi des Fiat de ce même pays. Ce type d'échange s'explique mal dans le cadre de l'analyse classique du commerce international qui expose avant tout l'avantage que les pays ont à échanger des produits différents, fabriqués avec des combinaisons de facteurs de production différentes. Or les échanges intrabranche représen-

---

* Maître de recherche à l'Ifri, Professeur associée à Paris-XIII, auteur de *L'Europe et la mondialisation*, Flammarion, 1997 ; « Les multinationales au XXIᵉ siècle », *Ramses 2000*, Dunod.
** *Sciences Humaines*, n° 57, janvier 1996. Texte revu et complété par l'auteur, décembre 1999.

tent une large part du commerce international. Depuis une vingtaine d'années, les économistes ont donc élaboré des analyses qui permettent d'expliquer les échanges intrabranche. Ces nouvelles analyses tiennent compte de caractéristiques importantes de la production.

D'abord, la production de nombreux biens suppose des investissements importants ; c'est le cas lorsqu'il s'agit de lancer un nouveau modèle de voiture ou de concevoir un nouveau médicament. Ensuite, la complexité des fabrications peut aussi entraîner des « effets d'apprentissage » tels que l'efficacité croît avec la quantité produite. C'est le cas, par exemple, pour la fabrication de semiconducteurs : les premières séries comportent de très nombreux défauts et rebuts. C'est avec le temps que l'entreprise parvient à abaisser le taux de défauts.

Ces différents facteurs, souvent résumés sous la notion d'« économies d'échelle », font que le coût moyen d'un produit tend à baisser à mesure que la quantité produite augmente : le coût unitaire d'un téléviseur est moins élevé si on en produit 100 000 plutôt que 50 000. Ces conditions de production tendent à privilégier la survie des grandes entreprises. Compte tenu des investissements et des savoir-faire nécessaires, très peu d'entreprises ont la capacité de produire des automobiles ou certains microprocesseurs. Le faible nombre de concurrents implique que les marchés concernés ont une structure concurrentielle dite « imparfaite ». Sur ces marchés de type « oligopolistique », les producteurs cherchent souvent à différencier leurs produits pour limiter la concurrence sur les prix.

Dans des secteurs où les coûts fixes sont élevés et où chaque pays ne produit qu'un nombre limité de variétés d'un certain bien, les échanges internationaux ouvrent la possibilité d'importer des variétés différentes, et donc d'augmenter la satisfaction des consommateurs. Les modèles théoriques tels que ceux qui ont été développés par Paul Krugman au début des années 80 permettent ainsi d'expliquer l'existence et l'intérêt des échanges croisés de produits similaires. Des analyses détaillées des échanges européens ont récemment suggéré que les échanges intrabranche pourraient être moins contradictoires avec la théorie de l'avantage comparatif et de la spécialisation internationale (1). Ces données montrent en effet que les échanges de produits d'un même secteur entre pays européens sont en effet en partie de qualités différentes. Typiquement, l'Allemagne exporte des produits de haute qualité à des prix élevés, alors que la Grèce exporte des produits de faible qualité à bas prix. Ces nouvelles études ne contredisent pas les analyses précédentes et le rôle de la concurrence imparfaite, mais soulignent que les processus de spécialisation peuvent opérer à des niveaux très fins.

Les fondements du libre-échange remis en cause ?

Les analyses de la « nouvelle théorie du commerce international », apparue aux Etats-Unis au début des années 80, ont

---

1. Voir différents travaux de Lionel Fontagné publiés par le CEPII et la Commission européenne.

contribué à remettre en cause l'idée que le libre-échange était nécessairement l'optimum d'un point de vue économique. Certains modèles théoriques semblent en effet justifier l'intervention publique. Deux grands types d'intervention de l'Etat sont ainsi étudiés : les mesures protectionnistes et les subventions aux entreprises nationales. Les mesures protectionnistes seraient justifiées par l'argument dit de « l'industrie dans l'enfance ». De quoi s'agit-il ? Lorsqu'un pays veut se lancer dans la production d'un nouveau bien, par exemple des machines-outils à commande numérique, son manque d'expérience le rend peu compétitif. Pour démarrer l'activité dans ce secteur, l'Etat devrait donc protéger les entreprises nationales le temps qu'elles puissent conquérir un marché intérieur, maîtriser les techniques, amortir leurs investissements. L'expérience permet d'améliorer progressivement la compétitivité, et il devient possible d'exporter. L'argument en faveur du protectionnisme dit de l'industrie dans l'enfance, qui avait été développé dès le XIXᵉ siècle, a été largement utilisé par la suite pour justifier le protectionnisme dans les pays en développement.

La nouvelle théorie du commerce international aurait aussi comme corollaire d'apporter des arguments en faveur d'un « mercantilisme moderne ». Le modèle de James Brander et Barbara Spencer, construit au début des années 80, a conduit à justifier le principe d'une « politique commerciale stratégique » fondée sur l'argument suivant : dans certaines situations de concurrence imparfaite, les pays ont intérêt à pratiquer des politiques de soutien à leurs entreprises (*voir l'encadré page suivante*).

Largement utilisés aux Etats-Unis par les tenants de la « politique commerciale stratégique », les nouveaux modèles du commerce international n'offrent pourtant qu'une voie bien étroite à la défense du protectionnisme. La volonté de protéger son industrie se heurte à l'argument traditionnel de la riposte des pays dont les exportations seraient menacées. Toute mesure protectionniste ne manque pas d'entraîner des réactions de représailles de la part des pays concurrents. Depuis le désastreux enchaînement de mesures protectionnistes qui avait aggravé la crise des années 30, le risque de cercle vicieux constitue encore l'un des arguments les plus sérieux en faveur du libre-échange. Par ailleurs, les études empiriques indiquent que les cas sont rares où des mesures protectionnistes seraient susceptibles d'avoir des effets positifs.

De plus, des études ont montré que la libéralisation des échanges peut avoir des effets plus favorables sur l'efficacité économique en situation de concurrence imparfaite qu'en situation de concurrence parfaite (2). Ce résultat est en fait assez facile à comprendre : lorsqu'un marché devient plus ouvert aux importations – du fait de la réduction des droits de douane, par exemple – la concurrence augmente. Prenons le cas d'un monopole, celui d'un marché où

---

2. Voir J.D. Richardson, « Etats des recherches empiriques sur la libération des échanges dans les conditions de concurrence imparfaite », *Revue économique de l'OCDE*, n° 12, 1989.

Airbus contre Boeing

En 1982, James Brander et Barbara Spencer proposaient un modèle théorique qui allait fournir des arguments en faveur de politiques commerciales dites « stratégiques ». Le modèle « Brander-Spencer » a été popularisé (et critiqué) par Paul Krugman à travers le cas hypothétique de la concurrence entre Boeing, constructeur aéronautique américain, et Airbus, un constructeur européen.

Supposons qu'on envisage de construire un nouveau type d'avions de transport qui représente un marché potentiel de 210 millions de dollars. Si la fabrication exige un investissement de 110 millions de dollars, le bénéfice escompté par Boeing sera de 100. Mais si une autre firme (Airbus) se lance sur le marché, chacune devant faire le même investissement initial alors qu'elles se partageront le marché, elles perdront chacune 5 millions de dollars. Dans ces conditions, il est peu probable qu'Airbus entre sur le marché.

		Boeing	
		Produit	Ne produit pas
Airbus	Produit	bénéfice Airbus : −5 bénéfice Boeing : −5	bénéfice Airbus : 100 bénéfice Boeing : 0
	Ne produit pas	bénéfice Airbus : 0 bénéfice Boeing : 100	bénéfice Airbus : 0 bénéfice Boeing : 0

Supposons maintenant que les gouvernements européens versent à Airbus une subvention de 25 millions de dollars. Il devient alors profitable pour Airbus d'entrer sur le marché, que Boeing se maintienne ou non. Il est probable également que, face à une telle offensive, Boeing se retire du marché car il perdrait 5 millions de dollars dans l'affaire. Dans ce dernier cas, les gouvernements européens, en investissant 25 millions de dollars, auront permis à Airbus de réaliser 125 millions de dollars de bénéfices.

Aide de 25 M de $ à Airbus		**Boeing**	
		Produit	Ne produit pas
Airbus		bénéfice Airbus : 20 bénéfice Boeing : −5	bénéfice Airbus : 125 bénéfice Boeing : 0

On comprend alors que les gouvernements européens perçoivent un intérêt à aider leur firme à entrer sur le marché. Le modèle est un argument fort en faveur d'une subvention, même si elle viole les règles du jeu du commerce international.

Le modèle Brander-Spencer a donc pu être considéré comme un encouragement à l'adoption d'une «politique commerciale stratégique» qui constitue une forme d'interventionnisme en faveur des industries nationales.

P. Krugman a contribué à diffuser le modèle Brander-Spencer, mais il en critique les conclusions interventionnistes. Selon lui, de fortes subventions amèneraient à des représailles au détriment d'autres secteurs et, au final, aboutiraient à la perte de chacun.

JEAN-FRANÇOIS DORTIER

il n'y aurait qu'une entreprise. L'abaissement des barrières protectionnistes permettrait à des entreprises étrangères d'entrer sur ce marché. Il deviendrait donc plus concurrentiel, ce qui exercerait une pression à la baisse des prix par rapport à la situation de monopole.

La nouvelle théorie du commerce international ne remet donc pas en cause les fondements théoriques du libre-échange, mais souligne que la concurrence imparfaite détermine des contextes particuliers, moins simples que celui de la concurrence parfaite où la théorie de l'avantage comparatif s'impose. Ces circonstances, même si elles ne permettent pas de défendre des politiques systématiquement interventionnistes, les favorisent. Il est d'ailleurs symptomatique que les grands pays industriels s'opposent dans les négociations commerciales à propos des subventions que les pouvoirs publics accordent dans des secteurs où elles permettent des innovations, garantissant des rentes futures.

La compétitivité : une notion floue qui a fait avancer l'analyse

Les analyses des échanges internationaux ont aussi été renouvelées par l'émergence du thème de la «compétitivité». Comment une nation peut-elle être plus ou moins compétitive sur le marché mondial? Durant les années 80, en Europe comme aux Etats-Unis, cette question a donné lieu à de nombreux débats et recherches qui, au cours des années 90, se sont étendus au Japon, puis à la Corée à mesure que les «modèles» asiatiques de développement se sont heurtés à des difficultés grandissantes.

Dans quelle mesure l'analyse de la compétitivité des entreprises peut-elle être transposée au niveau des nations et des échanges internationaux? Ce transfert est problématique car, dans le cadre de la théorie du commerce international classique, c'est l'avantage comparatif et non la compétitivité qui détermine l'échange. La notion de compétitivité n'a pas une définition très claire qui serait acceptée par tous. Pour une entreprise, la compétitivité désigne sa capacité à faire face à la concurrence, à gagner des parts de marchés et à faire du profit. Transférée au niveau de la nation, la compétitivité désignera alors la capacité d'un pays à gagner des parts de marchés à l'exportation et à limiter les importations sur son marché intérieur. Mais la balance commerciale n'est pas le seul indicateur pertinent de la performance économique d'un pays. D'où la prise en compte d'une seconde composante : la capacité de croissance de l'économie. La compétitivité devient alors synonyme de «performance globale» – qui s'étend d'ailleurs au-delà des résultats obtenus pour prendre en compte la capacité de croissance future. Le débat sur la «compétitivité» s'inscrit dans un contexte de politique commerciale offensive, mettant aux prises les trois pôles de la triade : Etats-Unis, Japon, Europe. Ainsi, les Etats-Unis ont pratiqué au cours des années 90 une politique commerciale «musclée» qui tend à défendre les entreprises américaines contre les entreprises japonaises ou européennes présentes sur les mêmes marchés.

Malgré son imprécision, l'introduction de la notion de compétitivité dans les débats au cours des années 80 n'aura pas été inutile. Elle a contribué à développer de nouvelles approches de la formation des avantages comparatifs, de la productivité et, plus généralement, de la croissance. Diverses analyses comparatives ont eu pour objectif d'identifier les caractéristiques des économies

nationales pour savoir quelles sont celles qui favorisent – ou défavorisent – la compétitivité. Ainsi, après *Made in America* (3), la grande enquête sur la compétitivité américaine menée à la fin des années 80, la réplique française *Made in France* (4) a exploré les atouts et faiblesses de notre économie, tout comme la version japonaise de l'exercice quelques années plus tard (5).

L'analyse de la compétitivité est particulièrement pertinente au niveau sectoriel car les déterminants des performances des entreprises varient selon les branches. Par exemple, si les constructeurs automobiles japonais ont développé de forts avantages concurrentiels, les firmes chimiques nippones sont restées peu compétitives. Dans ce secteur, les entreprises allemandes ou américaines sont beaucoup plus compétitives. Ces exemples permettent de souligner l'importance des effets cumulatifs des innovations et des investissements des entreprises. Les forts investissements en R&D (recherche et développement) des entreprises chimiques allemandes à partir de la fin du siècle dernier et leurs découvertes dans le domaine des colorants ont longtemps constitué des actifs fondamentaux pour leur développement postérieur.

De même, les contraintes spécifiques auxquelles ont dû faire face les constructeurs automobiles japonais après la

3. Rapport de M. Dertouzos, R. Lester et R. Solow, *Made in America* (trad. française InterEditions, 1990); voir aussi M. Porter, *L'Avantage concurrentiel des nations*, trad. française, InterEditions, 1986.
4. D. Taddei et B. Coriat, *Made in France*, Le Livre de Poche, 1993.
5. *Made in Japan*, trad. française, Le Livre de Poche, 1998.

Seconde Guerre mondiale les avaient amenés à développer un système de production original qui s'est révélé particulièrement efficace à partir des années 70.

L'émergence de la notion de compétitivité dans les débats de politique économique a donc contribué à recentrer l'analyse de la formation des avantages compétitifs des entreprises. Dans cette mesure, elle a contribué au renouveau de l'économie géographique et à la prise en compte du rôle des territoires et de l'histoire dans la formation de la compétitivité des entreprises (6). Cette dimension dynamique qui a longtemps manqué à la théorie du commerce international donne lieu à des analyses qui explorent les interactions entre développement local ou national et échanges internationaux.

Prendre en compte la mondialisation

La «nouvelle» théorie du commerce international et les analyses de la compétitivité des nations ont apporté de nouveaux éclairages sur les échanges. La nouvelle théorie du commerce international représente plus un enrichissement qu'une remise en cause des analyses traditionnelles. En effet, si les échanges entre pays industrialisés concernent souvent des produits similaires, les échanges entre pays de niveaux de développement différents, ou le commerce des ressources naturelles, continuent d'obéir au principe de l'avantage comparatif.

L'approche en termes de compétitivité peut aussi être considérée comme complémentaire dans la mesure où elle per-

met d'aborder les aspects dynamiques de la formation de la productivité et, plus largement, certains fondements de la croissance.

Les nouveaux développements théoriques ont permis d'expliquer une plus grande partie des échanges internationaux mais ne permettent pas d'analyser le processus de mondialisation, qui peut être défini par une dynamique d'internationalisation qui va au-delà des échanges traditionnels. Le fait que, depuis les années 80, l'internationalisation se soit muée en «mondialisation» correspond à une amplification et à une diversification des échanges internationaux. A travers l'accroissement des échanges de biens, de services et de capitaux, les économies sont plus directement en contact qu'auparavant. Le mouvement de déréglementation a complété l'abaissement des droits de douane plus anciens pour ouvrir les économies à la concurrence étrangère dans de nombreux domaines.

Au cours des années 80 et 90, l'investissement des firmes à l'étranger a progressé très rapidement, et nettement plus que le commerce. En conséquence, l'internationalisation a surtout progressé par le biais d'implantations à l'étranger, et, tout particulièrement, à la fin des années 90, par la prise de contrôle d'en-

---

6. Parmi la littérature foisonnante suscitée par le renouveau de l'économie géographique, qui influence l'analyse des échanges internationaux, mais aussi l'économie de l'innovation, voir : M. Storper, « The limits to globalization technology districts and international trade », *Economic Geography*, n° 68 ; A. Saxenian, *Regional Advantage, culture and Competition in Silicon Valley and Route 128*, Harvard University Press, 1994 ; P. Krugman, *Geography and trade*, MIT Press, 1991 ; A. Rallet et A. Torre (dir.), *Economie industrielle et économie spatiale*, Economica, 1995.

treprises étrangères. Ce mouvement a accru le rôle des multinationales (7). Les plus grandes tentent d'organiser des réseaux de production, de distribution et de recherche à l'échelle mondiale. Ce faisant, les multinationales s'appuient sur les contraintes et les opportunités des différents pays, mais raisonnent de plus en plus à l'échelle mondiale. En conséquence, l'organisation des flux entre les différentes unités n'obéit pas nécessairement à la même logique que des flux internationaux entre agents indépendants. Il convient donc d'explorer les stratégies des multinationales pour bien comprendre l'évolution des flux internationaux qui dépendent d'elles – que ce soit le commerce de biens, les échanges de services ou les transferts internationaux de technologies et de savoir-faire.

7. Voir l'article de W. Andreff dans cet ouvrage.

Commerce international : les modèles traditionnels

Les nations ont-elles intérêt à échanger entre elles ? Et à quelles conditions ? Telles sont les questions auxquelles la théorie du commerce international veut apporter des réponses.

Ce n'est pas un hasard si Adam Smith et David Ricardo, les deux fondateurs de la théorie «classique» du commerce international vécurent tous deux en Angleterre. A l'époque, c'est la plus grande puissance marchande et industrielle du monde, le «centre de l'économie-monde» dirait l'historien Fernand Braudel.

Pour Adam Smith (1723-1790), la raison pour laquelle les nations ont intérêt à échanger des produits est simple : *«Donnez-moi ce dont j'ai besoin et vous aurez de moi ce dont vous avez besoin vous-même.»* (1) Chaque pays dispose d'atouts spécifiques pour produire un bien à moindre coût. Dans ce cas, un pays a intérêt à se spécialiser et à exporter cette marchandise (qu'il s'agisse de thé ou de chaussures...). Les pays étrangers ont intérêt de leur côté à l'acheter car ils la paieront moins cher que s'ils la produisaient eux-mêmes. Au final, chaque nation tire bénéfice du commerce et *«une opulence générale se répand»*. Tel est le fondement de la théorie des «avantages absolus».

Mais que se passe-t-il si un pays a beaucoup d'atouts et un autre aucun? Si, par exemple, l'Angleterre produit à moindre coût dans la plupart des secteurs par rapport à un autre pays comme la France? Il semble alors que l'Angleterre n'ait aucun intérêt à commercer avec la France; celle-ci n'ayant rien à offrir d'avantageux...

Ricardo et la loi de l'avantage comparatif

C'est contre cette fausse évidence que David Ricardo (1772-1823) a bâti sa «loi de l'avantage comparatif». Pour lui, même lorsqu'il est plus efficace dans la production de beaucoup de biens, un pays a tout de même intérêt à se spécialiser dans la production où il est vraiment le meilleur. Pourquoi?

Paul Samuelson (né en 1915) a donné une illustration intuitive de cette loi. Supposons, dit-il, qu'un brillant avocat soit également un très bon dactylographe, meilleur que toutes les secrétaires-dactylographes de la ville. A-t-il alors intérêt à taper ses rapports lui-même? La réponse est «non». Le temps passé à dactylographier lui rapporterait beaucoup moins que s'il le consacrait à la plaidoirie. Même s'il est meilleur dans les deux activités, il a intérêt à sous-traiter la dactylographie. La théorie des avantages comparatifs est un solide argument en faveur du libre-échange de Ricardo. Elle suggère, contre l'évidence, que le commerce international est profitable à tous, même si apparemment certains pays sont plus compétitifs et d'autres défavorisés dans presque tous les secteurs.

Cette loi des avantages comparatifs est-elle irréfutable ? D. Ricardo – lui-même habile banquier et spéculateur heureux – était directement impliqué dans le commerce de son pays. Il s'est empressé de faire valoir un aspect de l'avantage qu'il y a à développer les échanges. Sans entrer dans le détail, il faut savoir que pour parvenir à ses conclusions, il ne retient que des hypothèses très restrictives dans son modèle. Il suffit de changer parfois l'une d'entre elles – comme le feront nombre d'économistes par la suite – pour aboutir à des résultats diamétralement opposés aux siens.

Le modèle H.O.S.

Au début de ce siècle, deux économistes suédois, Eli Hecksher et Bertil Ohlin, vont renouveler la théorie du commerce international. Entre 1919 et 1933, ils ont créé un modèle (dit « Hecksher-Ohlin » ou « H.O. ») qui parvient aux mêmes conclusions que Ricardo : *« Les nations ont intérêt à commercer entre elles »*, mais à partir d'hypothèses différentes. Pour eux, ce ne sont pas les rendements du travail qui sont la source de l'avantage d'un pays, mais ses meilleures dotations en « facteurs de production » (terre, capital ou travail). Cette loi de « proportions des facteurs » démontre mathématiquement une idée simple : si un pays comme le Canada a des avantages comparatifs dans un secteur (par exemple la production de bois), ce n'est pas du fait que ses travailleurs sont plus efficaces que les Américains, mais parce que ce pays est mieux pourvu en ressources forestières par tête d'habitant. Le modèle « Hecksher-Ohlin » rejoint le sens commun : les fruits exotiques poussent mieux dans les pays exotiques que dans les pays tempérés... Encore fallait-il que cela soit démontré pour convaincre les économistes.

P. Samuelson enrichira par la suite le modèle en montrant mathématiquement que, sous certaines conditions, le modèle H.O. conduit à l'égalisation des prix des facteurs de production de nation à nation. Depuis lors, le modèle H.O. est appelé H.O.S. Des études empiriques réalisées dans les années 50 par W. Leontieff – autre prix Nobel d'économie – ont cependant fortement remis en cause les résultats du théorème H.O.S. Alors que la théorie prévoyait que les Etats-Unis devaient importer du Canada des marchandises riches en travail et plus pauvres en capital, les tests empiriques ont abouti au résultat contraire. C'est ce que l'on a appelé le « paradoxe de Leontieff ».

A partir des années 80, se sont développées aux Etats-Unis de nouvelles théories qui remettent partiellement en cause les principes classiques. Ces théories étudient particulièrement les conditions de la «concurrence imparfaite» au sein des échanges internationaux. Elles analysent notamment les échanges au sein d'une même branche (automobile, aéronautique, etc.) entre pays industrialisés et prennent en compte les phénomènes oligopolistiques, les rendements d'échelle. Ces théories ont donné des arguments en faveur de politiques commerciales stratégiques encourageant les Etats à soutenir leurs industries contre les concurrents étrangers (voir l'article précédent de F. Sachwald).

Hiérarchie et inégalités : regards critiques

A contre-courant de la pensée libre-échangiste du commerce international, s'est développée une traduction critique qui a voulu mettre en évidence les inégalités et effets de domination dans les échanges internationaux. Samir Amin et Aghiri Emmanuel, s'inscrivant dans la lignée de Karl Marx et de Rosa Luxembourg, voient dans les échanges internationaux des formes d'exploitation de la périphérie (pays du Sud) par le centre impérialiste. Dans les années 70, Aghiri Emmanuel a soutenu la thèse de «l'échange inégal». En raison de la plus grande concentration de machines dans les pays développés par rapport aux pays du Sud, une heure de travail issu d'un pays industrialisé vaut trois heures de travail d'un pays sous-développé. Il en résulte une inégalité des échanges qui contribue à renforcer les inégalités entre nations. Ce modèle, qui a eu son heure de gloire dans les années 70, a ensuite été fortement critiqué pour son manque de rigueur, y compris par des théoriciens marxistes.

L'économiste français François Perroux (1903-1987) a construit une analyse des systèmes économiques qui ne se réduit pas à un marché libre mais est marqué par des «champs de forces», une hiérarchie où les Etats, les firmes multinationales et les différences technologiques pèsent de tout leur poids dans les échanges. Tout un courant de pensée s'inscrit dans cette optique (2).

JEAN-FRANÇOIS DORTIER

---

1. *Recherche sur la nature et les causes de la richesse des nations.*
2. Voir R. Sandretto, *Le Commerce international*, Armand Colin, 1995.

POINTS DE REPÈRE
LA MONDIALISATION DU POINT DE VUE...

De prime abord, la mondialisation désigne l'intégration croissante des différentes parties du monde sous l'effet de l'accélération des échanges, de l'essor des nouvelles technologies de l'information et de la communication, des moyens de transports, etc. Selon le point de vue où l'on se place, elle recouvre des processus bien spécifiques qui, pour les uns, prolongent des tendances anciennes et, pour les autres, marquent une période nouvelle.

... DE L'ÉCONOMIE C'EST

• **La globalisation financière,** autrement dit l'intégration des marchés et des places boursières sous l'effet des politiques de déréglementation et le développement des nouvelles technologies d'information et de communication (NTIC) ; l'intensification au cours de ces toutes dernières années des flux d'investissements et de capitaux à l'échelle de la planète.
Le premier à avoir introduit le terme de globalisation est l'économiste Théodore Levitt dans un article paru en 1983 pour désigner la convergence des marchés dans le monde entier. Mais c'est à Kenichi Ohmae que revient le mérite d'avoir « popularisé » la notion dans le champ de l'analyse économique à partir d'un ouvrage paru en 1990, *The Bordless world : power and strategy in the interlinked economy.* Chez Ohmae, la globalisation est une étape nouvelle dans le développement des multinationales : la gestion à l'échelle mondiale de l'ensemble des activités d'une firme multinationale, de la recherche et du développement à la commercialisation, en passant par la production. Pour le courant de recherche sur les *«global cities»,* la globalisation financière s'accompagne du renforcement de grandes places boursières et l'émergence de villes globales : New York, Londres, Tokyo...

• **L'émergence de firmes multinationales globales,** intégrant les activités financières, commerciales, industrielles... soit une nouvelle étape dans le développement des firmes multinationales avec l'accélération des fusions et des concentrations dans certains secteurs (les télécommunications, l'audiovisuel, l'informatique, etc.).

• **Un processus de régionalisation** à travers la constitution de vastes zones de libre-échange, sur fond de « triadisation », l'organisation de l'économie mondiale autour de trois grands pôles de développement : l'Amérique du Nord, l'Union européenne et le Japon (la Triade).

• **L'intensification du commerce mondial :** depuis les années 50, les échanges de biens et de marchandises ont connu une croissance supérieure à celle des productions nationales.

• **Une tendance à la convergence** des politiques économiques nationales selon certains économistes ou, selon d'autres, un renforcement de l'interdépendance des économies nationales...

... DE LA GÉOGRAPHIE C'EST

• **La «glocalisation»** ou l'articulation accrue des territoires locaux à l'économie mondiale. A l'origine, ce néologisme a été forgé par les managers japonais pour désigner un mode de gestion à la fois global et local de l'entreprise-réseau dans le cadre de l'économie mondialisée. En géographie, la notion de glocalisation est une manière de souligner la persistance d'une inscription spatiale de phénomènes économiques : la localisation des sites de production d'une multinationale dans des territoires.

• **La constitution d'une «économie d'archipel»** ou l'émergence à l'échelle de la planète d'un «archipel mégalopolitain mondial» organisé autour des mégalopoles nord-américaines, européennes et du Sud-Est asiatique.

... HISTORIQUE C'EST

• **Une étape nouvelle** dans le développement d'un processus pluriséculaire : le capitalisme...

• **L'extension des «économies monde».** Les économies monde ont été décrites par Fernand Braudel dans sa monumentale *Civilisation matérielle et capitalisme* (1967-1979). Il s'agit des aires de développement qui se sont succédé à partir du XVe siècle au rythme des grandes découvertes et des innovations techniques. Leur dénominateur commun : l'existence de centres donneurs d'ordres (port ou capitale d'Empire, comme Amsterdam ou Londres) organisant les régions périphériques en fonction d'une division du travail et des productions. S'appuyant sur les travaux de Braudel, certains considèrent que la mondialisation parachève la constitution d'un système ou espace-monde.

... DES RELATIONS INTERNATIONALES C'EST

• **La fin de la bipolarité.** Du temps de la guerre froide, le monde s'appréhendait en termes de rapports Est-Ouest, Nord-Sud. L'usage de la notion de mondialisation dans le champ de l'analyse des relations internationales marque le changement de contexte.

• **L'accentuation des phénomènes de transnationalité et d'interdépendance.** La transnationalité s'exprime à travers les acteurs organisés en réseaux : multinationales, diasporas, sectes. Depuis les années 70-80, l'interdépendance des Etats s'est particulièrement faite sentir dans le domaine de l'environnement.

• **Des phénomènes plus ou moins anciens :** les guerres «mondiales» ; la constitution d'un ordre international à travers la création de l'ONU.

... DE LA SOCIÉTÉ C'EST

• **La convergence des modes de vie.** Sur le plan culturel : la diffusion d'une culture universelle, planétaire (à travers des marques emblématiques : Coca-Cola, Disney... ; les Jeux Olympiques...). En parallèle à des processus d'«hybridation», de métissage (voire de «créolisation»), des modes d'expression culturelle de dimension universelle puisent dans les cultures locales tout en étant réappropriés par ces cultures.

... DES COMMUNICATIONS ET DES TECHNIQUES C'EST

• **Le technoglobalisme :** la fusion d'innovations et de technologies émanant de nombreux territoires en un même savoir ; la mise en place de « macrosystèmes techniques » dans les transports, la production, la communication...

• **La révolution de la communication** avec le développement des télécommunications, des moyens de transmission (câble, satellites), l'extension d'Internet.

• **Le « village planétaire ».** Cette formule a été forgée en 1962, dans l'un des ouvrages majeurs du Canadien Marshall Mc Luhan : *La Galaxie Gutenberg.* Dans l'esprit de son auteur, elle exprime d'abord un retour du tribalisme à l'ère de l'électricité et de l'électronique (« Galaxie Marconi »). Alors que l'imprimerie aurait favorisé l'individualisme, les nouveaux médias (télévision, radio, etc.) entraîneraient l'isolement des groupes familiaux, sociaux... Dans le même temps, la transmission simultanée des informations aux quatre coins de la planète ferait de chaque téléspectateur ou auditeur un membre du « village planétaire ». Si la formule est particulièrement prisée à l'heure de la mondialisation, la toute-puissance des médias (déterminisme technologique) qu'elle suppose a depuis lors été relativisée.

... DES PHILOSOPHES C'EST

• **L'universalité des valeurs.** Face à la mondialisation, les philosophes ne sont pas en reste. En témoigne l'organisation récente, par le Collège international de philosophie, d'un colloque sur le thème « Mondialisation, universalité ». En outre, il n'est pas rare de trouver sous la plume de philosophes un néologisme significatif : la « mondialité », parfois utilisé dans le sens d'universalité vécue. Enfin, rappelons que le *Projet de paix perpétuelle* de Kant constitue une référence obligée dans le domaine des relations internationales et de la réflexion sur la possibilité d'un gouvernement mondial.

WLADIMIR ANDREFF*

LE RÈGNE DES FIRMES MULTINATIONALES GLOBALES ?**

Indissociables de la globalisation des années 80, les multinationales globales marquent une nouvelle étape dans le développement des grandes firmes. Leurs caractéristiques majeures : la présence sur les principaux marchés, la gestion unifiée des activités commerciales, industrielles et financières.

GLOBALES ? Cet adjectif accolé à firmes multinationales désigne le fait que ces entreprises ont peu à peu développé des stratégies poursuivies à l'échelle mondiale. Toutes les multinationales n'ont certes pas atteint un tel stade de développement, mais plus le nombre de celles qui l'atteignent croît, et plus elles tendent à devenir un mode d'organisation nouveau de l'économie mondiale, ou du moins des parties du globe qui les attirent le plus : l'Union européenne, l'Amérique du Nord et le Japon, soit la fameuse triade.

Vers des stratégies globales
Il en résulte une globalisation de l'économie, tant au niveau du commerce que de la production, et une réduction des capacités d'intervention de l'Etat.

L'histoire du développement des multinationales décrit une succession de stratégies. Apparues dès le XIXᵉ siècle, les premières multinationales (Michelin, Nestlé, etc.) avaient une stratégie d'approvisionnement : leurs investissements étaient réalisés pour approvisionner la société mère en ressources naturelles et en produits primaires. Au cours du XXᵉ siècle sont ensuite apparues des multinationales à stratégie de marché : les investissements prolongent l'activité d'exportation de la firme par une implantation de filiales dans ses

* Professeur en sciences économiques à l'université de Paris-I, vice-président de l'International Association of Sports Economists. Dernier ouvrage paru sur ce thème : *Les Multinationales globales*, La Découverte, coll. « Repères », 1996.
** *Sciences Humaines*, hors série n° 17, juin/juillet 1997.

marchés étrangers. Vers la fin des années 60, des multinationales ont adopté une troisième stratégie, fondée sur la rationalisation de la production et la délocalisation en vue de tirer parti de coûts de production inférieurs à l'étranger. L'opération consiste concrètement à décomposer le processus productif en différents segments et à délocaliser les segments exigeant une importante main-d'œuvre vers les pays à faibles coûts salariaux, les segments à forte intensité énergétique vers des pays où l'énergie est bon marché, et ainsi de suite. Le processus n'est pas irréversible : selon l'évolution des coûts et les changements techniques, les multinationales qui adoptent cette stratégie peuvent très bien être amenées ultérieurement à relocaliser tel ou tel segment de la production dans leur pays d'origine. Avec les années 80, certaines multinationales furent tentées par une stratégie «techno-financière» caractérisée par une orientation des investissements vers d'autres formes d'implantation sur les marchés étrangers, telles que la sous-traitance, les alliances et partenariats stratégiques, le désengagement de certaines activités et l'engagement dans la recherche et développement (R&D), ainsi que la recherche de gains, éventuellement spéculatifs, sur les marchés financiers internationaux.

On dira donc, en premier lieu, que la stratégie globale d'une multinationale se définit par l'utilisation des quatre stratégies précédentes, de façon simultanée ou alternative, selon les opportunités de coûts, de marché, d'approvisionnement, de nouveautés technologiques et de gains financiers qui se présentent à elle

à tout moment dans les différents pays. Une telle stratégie a commencé à se manifester à partir du milieu des années 80 dans quelques dizaines de multinationales et s'est répandue dans la présente décennie. Plus finement analysée depuis lors, la stratégie d'une firme est dite globale lorsque simultanément :
– elle a une vision mondiale des marchés et de la concurrence ;
– elle connaît bien ses rivaux (1) ;
– elle a le pouvoir de contrôler ses opérations à l'échelle du globe, ou au moins sur l'espace de la triade ;
– elle se comporte en «joueur global» et change sa façon de travailler lorsque sa survie est mise en jeu par ses concurrents directs ;
– elle opère dans des industries à haute technologie ;
– elle localise ses activités là où elles sont les plus rentables, suivant les avantages comparés offerts par les différents pays du monde ;
– elle a des activités coordonnées à l'aide de technologies d'information et de production flexibles et intégrées à une chaîne de valeur (2) internationale ;
– elle organise ses usines et filiales spécialisées en un réseau internationalement intégré et s'intègre elle-même dans un réseau d'alliances avec d'autres multinationales.

1. Dans le cadre d'un marché mondial, la concurrence tend à renforcer l'interdépendance des multinationales et à les placer en situation d'oligopole.
2. Une chaîne de valeur intègre les opérations verticalement liées de la firme : logistique, choix du site de production, production, circulation interne (c'est-à-dire entre les différentes filiales de la multinationale) des composants, assemblage, publicité, vente, service après-vente. Cette chaîne de valeur est internationale lorsque ces opérations, séparées, sont localisées en divers pays.

Quelques exemples de stratégies multinationales

La stratégie multinationale d'approvisionnement est encore répandue dans les industries liées à l'exploitation des matières premières, énergétiques (hydrocarbures) ou agricoles (semences, engrais), pour des firmes intégrées vers l'amont. C'est le cas de Cadbury dans le cacao, Dunlop dans le caoutchouc, ou encore des multinationales du pétrole : 70 % du pétrole d'Elf est produit en Angola, au Cameroun, au Congo, au Gabon et au Nigéria. Elle s'est étendue à des secteurs tels que l'électronique par la sous-traitance internationale en Asie du Sud-Est pour s'approvisionner en composants.

Longtemps typiques des firmes nord-américaines, les stratégies multinationales de marché restent encore fréquentes, dans presque tous les secteurs. L'agroalimentaire est exemplaire de cette stratégie suivie par Unilever, Nestlé, Reynolds-Nabisco, Coca-Cola, Rothmans, etc. On la retrouve dans d'autres secteurs faisant face à de vastes marchés étrangers : Nippon Steel dans la sidérurgie, Saint-Gobain dans le verre, Hyundai dans l'automobile, Rossignol et Salomon pour les skis ou encore toutes les multinationales produisant de l'électroménager (Philips, Siemens, Toshiba, etc.).

La stratégie de rationalisation de la production, avec délocalisation, est accessible à toutes les multinationales dont la production est segmentable. Le textile, les produits en cuir, les articles de sport, l'électronique et l'automobile sont parmi les industries les plus propices. Montée en Allemagne et au Royaume-Uni, la Ford Escort contient des pièces fabriquées en Autriche, en Belgique, au Canada, au Danemark, en Espagne, aux Etats-Unis, en France, en Italie, au Japon et aux Pays-Bas. Cette stratégie peut aussi s'appuyer sur la sous-traitance : Nike et Reebok ont ainsi délocalisé toute leur production en Asie, ne gardant que des services aux Etats-Unis. Le recours à la sous-traitance permet en principe d'éviter les difficultés telles celles de Renault à Vilvoorde. On observe aussi la stratégie de rationalisation de la production dans des industries moins typiques (ainsi Péchiney dans la métallurgie).

La stratégie globale est, pour l'heure, moins répandue. Hoechst, NEC, Sony, Mac Donald's, Mobil, Ford (avec la Mondeo), ABB, Swissair sont, notamment, citées à cet égard. ABB, firme suisso-suédoise, premier producteur mondial de matériel ferroviaire suite à 60 acquisitions d'autres firmes réalisées entre 1988 et 1991, a des unités dans 140 pays et une organisation dans laquelle 50 « leaders globaux » gèrent les opérations sur une base mondiale ; chaque unité vise à répondre sur mesure à des demandes locales spécifiques. En 1991, elle a créé son réseau privé de communication par satellite avec ses filiales ; elle a son propre centre mondial d'information, son centre de trésorerie mondial qui mobilise les ressources pour financer des opérations globales. Son réseau de 41 unités en Europe centrale et orientale dessert les marchés locaux d'infrastructures et de biens d'équipement, mais sert aussi de base d'exportation à faible coût pour des opérations globales (de même dans des PVD comme le Brésil). Swissair a transféré sa comptabilité en 1993 à sa filiale Airline Financial Support Services India, à Bombay. Quant aux transactions (achats réciproques de billets) entre Swissair et d'autres compagnies aériennes alliées, elles sont compensées par une unité localisée à Londres. Le logiciel connectant Bombay, Londres et le siège à Zurich a été élaboré par une firme californienne. Ce cas, comme celui de Mac Donald's, démontre que les stratégies globales commencent à se développer dans les services.

Pour mener à bien une stratégie globale, ces multinationales doivent le plus souvent procéder à des fusions, à des acquisitions ou à des prises de participation au capital d'autres firmes, et réaliser des rachats ou prendre le contrôle d'entreprises étrangères. De ce fait, les multinationales globales tendent de plus en plus à se constituer en grands groupes réunissant des sociétés industrielles, commerciales et financières. Depuis 1980, elles passent des alliances entre elles (Ford avec Honda, General Motors avec Toyota, Siemens avec Fujitsu et Hitachi, etc.). Au sein de ces réseaux d'alliances, ces firmes sont en même temps concurrentes pour telle activité ou tel marché, et coalisées pour d'autres, notamment la R&D. Dans chaque industrie, dans chaque secteur, le marché mondial est fondé sur cette coopération/rivalité où chaque multinationale coopère avec ses rivales pour rester compétitive. Le résultat des stratégies globales est la formation, à terme, d'un système commercial et productif international intégré, par rapport auquel les territoires nationaux et les Etats deviennent des variables secondaires.

Globalisation du commerce et de la production

En moyenne, près de 45 % des ventes totales des multinationales sont des exportations. Un investissement direct à l'étranger crée du commerce international dès lors qu'une filiale étrangère exporte une part de sa production et importe une part (majeure avec les stratégies globales) de ses intrants (matières premières, pièces détachées, composants, etc.). Les multinationales contrôlent une part appréciable du commerce mondial. La division internationale du travail et la répartition des activités productives dans le monde résultent, en outre, de plus en plus des décisions de ces firmes.

Leur commerce captif (flux internationaux de produits entre la société mère et les filiales) porte surtout sur des biens intermédiaires, des composants et des produits semi-finis. Le négoce international des produits de base est presque totalement sous leur contrôle : elles réalisent 90 % du commerce mondial du blé, du café, du maïs, du bois, du tabac, du jute et du minerai de fer, 85 % du commerce du cuivre et de la bauxite, 80 % de celui du thé et de l'étain, 75 % pour les bananes, le caoutchouc naturel et le pétrole brut. Les marchés des produits finis industriels sont globaux, spécialement dans l'électronique ou l'automobile, où des normes internationales s'imposent après avoir été mises au point par des multinationales.

Chaque année, depuis deux décennies, plus de la moitié des exportations américaines sont engendrées par des multinationales (américaines et étrangères), pour près de 80 % des exportations britanniques, plus de 90 % à Singapour, plus de 40 % au Brésil (3). La nouvelle division internationale du travail a cela de nouveau qu'elle intègre ensemble les pays de la triade et les nouveaux pays industriels d'Asie, et désintègre la plupart des pays en développement, qui représentent une fraction de plus en plus marginale du commerce mondial. S'agissant de la production, son intégration mondiale est mise en évidence par différents indices. D'un point de vue quantitatif, ses progrès peuvent être mesurés par les flux accrus de technologie contrôlés par les multinationales qui bouleversent et internationalisent

l'organisation et la structure de la production, en permettant un redéploiement de leurs activités productives en tout point du monde. D'où un effet qualitatif : la flexibilité du processus de production des multinationales. A la fin des années 80, la part de la production internationalisée (4) atteint près d'un tiers du PNB pour les Etats-Unis, près d'un quart pour le Japon, et pas moins de 42 % pour les Pays-Bas. Au niveau global, cette production internationalisée sous le contrôle direct des multinationales est estimée à un tiers de la richesse produite chaque année dans le monde. L'intégration de la production se manifeste encore à travers les investissements croisés effectués au sein d'une même branche et par les échanges d'actifs, tangibles et intangibles, entre les sociétés mères et leurs filiales. Les actifs intangibles concernent la circulation internationale de services au sein des multinationales dont il n'existe aucune estimation à ce jour. On peut néanmoins en donner une idée avec les paiements engendrés par les transferts de technologie, dont 80 % sont internes aux multinationales dans le cas des Etats-Unis et du Royaume-Uni, et plus de 90 % dans le cas de l'Allemagne. L'intégration mondiale de la production est pour l'heure plus avancée dans des industries telles que l'automobile, l'électronique, les machines de bureau, les instruments de précision, la chimie-

---

3. Ces chiffres sont obtenus en additionnant le commerce interne aux multinationales (commerce intra-MN) et le commerce d'une société mère ou de ses filiales avec des firmes nationales (commerce extra-MN).
4. La production internationalisée est évaluée comme la somme des activités des multinationales dans leur pays d'origine et des ventes de leurs filiales étrangères.

pharmacie et les services financiers. Il en résulte un fort degré d'interdépendance entre les processus de production localisés dans des pays différents, et une perte d'autonomie des systèmes productifs nationaux.

La globalisation financière
Les stratégies et les techniques financières multinationales ont fait des multinationales d'importants opérateurs sur les marchés financiers internationaux. Au sein d'une multinationale, les fonds sont déplacés d'un lieu à l'autre, par des transferts de capitaux entre les filiales et la société mère (ou une société holding). Ainsi les multinationales industrielles se diversifient-elles vers les activités de services, notamment financières : elles se «financiarisent».

Les multinationales globales se reconnaissent à cette diversité industrielle, tertiaire et financière. Il en résulte la circulation d'une masse importante et régulière de liquidités au sein de la multinationale, pouvant être mobilisée à tout moment pour intervenir sur les marchés financiers. L'objectif est de se couvrir contre le risque de variations du change (c'est-à-dire du cours d'une devise) ou de taux d'intérêt par le «termaillage» qui consiste à modifier les délais de paiement des transactions commerciales; ou par l'«endiguement» qui consiste à modifier les monnaies de facturation, de façon à réduire le risque ou à tirer des profits de la spéculation sur les fluctuations de change. Les multinationales exploitent les changements de parité quand elles ne les provoquent pas. La gestion du risque de change par les multinationales est déstabilisante car

elle contribue à renforcer les monnaies dont la hausse est anticipée et à affaiblir les monnaies menacées de dévaluation (5). Les opérations financières des firmes multinationales ont contribué à l'intégration des marchés de capitaux internationaux. Les réserves officielles de change des pays développés ne représentent pas plus que le montant quotidien des transactions sur le marché des changes. La trésorerie cumulée de toutes les multinationales du monde représente plusieurs fois le montant des réserves monétaires détenues par les banques centrales. Le déplacement de 1 ou 2 % de ces masses financières privées peut modifier la parité entre deux monnaies. Les multinationales considèrent souvent les opérations de change comme leur meilleur centre de profit. Les autorités monétaires d'un pays n'ont plus le pouvoir de défendre leur taux de change face à la spéculation, et les politiques économiques nationales perdent de leur autonomie et de leur efficacité. C'est pourquoi certains envisagent de re-réglementer les mouvements internationaux de capitaux ou de taxer les opérations financières pour décourager les transactions purement spéculatives (6).

L'Etat face aux stratégies globales
Des années 60 à 79, les Etats, et principalement ceux des pays en dévelop-

---

5. A cela s'ajoutent les opérations des banques multinationales (BMN) qui forment un seul marché planétaire des changes : les transactions sur le franc, la lire, le yen se font en même temps à Londres, New York, Hong-kong, Bahreïn, par téléphone et télématique.
6. Ces mesures ont peu de chances d'être adoptées : le principe de réserves obligatoires en xeno-dépôts a toujours été écarté au motif qu'il ferait perdre aux xeno-opérations leurs avantages pour les BMN.

pement et des pays socialistes, ont suivi des politiques restrictives vis-à-vis des investisseurs étrangers. Les années 80 ont marqué une convergence vers des politiques libérales d'accueil de ces capitaux. Ainsi, les nationalisations de firmes étrangères dans les pays en développement ont pris fin. A l'inverse, les programmes de privatisation sont désormais utilisés pour attirer les capitaux étrangers. Les zones franches sont créées dans ce but. D'autres instruments sont utilisés dans le cadre de ces politiques libérales : les exemptions fiscales, les concessions douanières, les bonifications d'intérêts et les primes de développement régional, la fourniture d'infrastructures publiques, le libre transfert des profits et des devises, la libéralisation de la réglementation sur les fusions et les acquisitions, la protection des droits de propriété privée, etc.

La réaction des multinationales aux anciennes restrictions et aux nationalisations – au moyen des stratégies globales – explique cette convergence libérale des politiques à l'égard des investissements directs. Avec la crise, les rapports de force se sont inversés entre pays hôtes et multinationales. Avant, ces dernières se concurrençaient pour entrer dans des pays réputés protectionnistes ; l'offre mondiale de capital prête à s'investir dépassait la demande ; les multinationales subissaient les politiques des Etats.

Depuis les années 80, les Etats surendettés, luttant contre le chômage, font face à des multinationales échaudées par les restrictions passées, moins désireuses d'investir que de passer des alliances, de s'engager dans la finance ou de spéculer. La demande mondiale de capitaux dépasse l'offre, et les multinationales mettent en concurrence les Etats. Ceux-ci, pour attirer une part des investissements internationaux, doivent offrir des avantages et des garanties aux multinationales. Dans ce contexte, il revient à l'Etat de veiller à maintenir l'«avantage concurrentiel» de son territoire national en créant un environnement d'affaires favorable à l'accueil des filiales et des quartiers généraux des multinationales, grâce à la simplification des réglementations et du droit du travail. Le risque aujourd'hui est celui d'une surenchère sans fin entre les Etats pour attirer les investissements, y compris au détriment des firmes locales et des salariés.

Politiques économiques et régulation

MICHEL CABANNES[*]

FRANCE, QUINZE ANS DE POLITIQUE ÉCONOMIQUE[**]

« Monnaie forte » et **« rigueur » : tels furent les maîtres mots de la politique économique ces quinze dernières années. Pensée unique ? Un regard rétrospectif sur ces années permet de mesurer les inflexions et les résultats de cette politique.**

EN MARS 1983, moins de deux ans après l'arrivée de la gauche au pouvoir et l'échec du plan de relance, le gouvernement de François Mitterrand, dirigé par Pierre Mauroy, décide un changement drastique de sa politique économique. La relance a profité surtout aux importations plutôt qu'à la production nationale, les déficits se sont creusés, le chômage n'a cessé d'augmenter, l'inflation est restée élevée (11,7 % en 1982). Le contrôle temporaire des salaires et des prix (juin 1982) n'a pas suffi à rétablir les grands équilibres. Dans ces conditions, F. Mitterrand décide de rester dans le Système monétaire européen et de donner la priorité à la stabilité du franc au nom de la construction européenne, ce qui implique dans l'immédiat un plan de rigueur budgétaire, monétaire et salarial. Cet épisode marque le début d'une nouvelle orientation de la politique économique qui sera désormais frappée d'un double sceau : rigueur et stabilité, d'une part (politique du franc fort, maîtrise des dépenses publiques, maîtrise de l'inflation), libéralisation «modulée», d'autre part (déréglementation monétaire et financière, libéralisation des prix, du marché du travail, etc.). Qualifiée de «pensée unique» par ses détracteurs, de «seule politique possible» par ses

[*] Maître de conférences à l'université Montesquieu-Bordeaux-IV. Spécialiste des politiques macroéconomiques, il a publié récemment *La Politique macroéconomique*, Armand Colin, 1994, et *Les Politiques conjoncturelles*, Armand Colin, 1998.
[**] *Sciences Humaines*, hors série n° 22, septembre/octobre 1998. Texte revu et corrigé par l'auteur, décembre 1999.

défenseurs (tour à tour les gouvernements de gauche comme de droite), cette nouvelle orientation guidera les politiques économiques successives pendant quinze ans.

Mais quels sont, au fond, les principes qui gouvernent ces politiques ? Quelles en furent les inflexions ? Y a-t-il vraiment eu une « pensée unique » ? Et quels sont les résultats de ces politiques ?

Stratégie macroéconomique : une rigueur persistante

En matière de politique économique, il convient de distinguer les « politiques conjoncturelles » des « politiques structurelles ».

Pour l'Etat, la politique conjoncturelle (ou politique macroéconomique) (1) consiste à veiller à ce que la machine économique tourne bien en agissant sur certains paramètres (la monnaie, les dépenses publiques, les prix, les salaires). Les politiques structurelles se préoccupent à plus long terme de modifications en profondeur et agissent sur les conditions de production (marché du travail, marché monétaire, rôle de l'Etat-providence, etc.). Avec les politiques conjoncturelles, on régule le système, avec les politiques structurelles, on cherche à le transformer.

Les politiques conjoncturelles, inspirées du « modèle allemand » des années 80, sont, en France, d'une grande continuité depuis 1983 et échappent largement au débat droite/gauche. Elles se concentrent sur la lutte vigoureuse contre l'inflation (désinflation) et le maintien d'un franc fort, remisant au second plan d'autres finalités, comme l'emploi. Cette politique de stabilité suppose trois niveaux d'intervention : maintenir une monnaie forte, équilibrer les dépenses publiques et, dans une moindre mesure, brider les salaires.

• **La politique monétaire :** priorité au « franc fort ». La politique monétaire est entièrement consacrée à la stabilité du franc et s'appuie sur une contrainte librement choisie : celle de maintenir la parité du taux de change entre le franc et le mark allemand. Pour y parvenir, les taux d'intérêt français vont donc évoluer d'après les taux d'intérêt allemands élevés (2). Ils le resteront tant que la confiance dans le franc n'est pas acquise.

Ce cap du franc fort a été tenu par tous les temps. Même lors du choc de l'unification allemande, accompagné d'une politique restrictive de la Bundesbank, la France a refusé un décrochage du franc et s'est condamnée à des taux d'intérêt très élevés (taux réel à court terme frôlant les 10 % en 1993), afin de ne pas ruiner sa crédibilité difficilement acquise après dix années de persévérance.

• **La politique de rigueur salariale.** Même si l'Etat n'agit plus directement sur les salaires du secteur privé, sa politique de limitation des traitements dans

---

1. En fait, le concept de politique macroéconomique va au-delà de celui de politique conjoncturelle car il englobe le moyen-long terme.
2. En effet, si le taux d'intérêt (le loyer de l'argent) du franc est plus faible, les créanciers préfèrent prêter du mark que du franc, et celui-ci se déprécie par rapport au mark. Pour maintenir la parité franc/mark, la Banque de France va alors maintenir des taux d'intérêt élevés. Mais, en même temps, le coût d'un emprunt devient très élevé et limite donc les investissements des entreprises ou les achats des consommateurs ; l'activité économique est donc bridée. En résumé : un taux d'intérêt élevé attire les épargnants, repousse les emprunteurs de francs et freine donc l'activité.

le secteur public (désindexation des salaires sur les prix) depuis 1983 sert souvent de référence aux accords signés dans les différentes branches professionnelles du secteur privé. Cette politique a été accompagnée par le chômage qui a aussi joué un rôle important dans le freinage des salaires.

• **La politique de rigueur budgétaire** a été appliquée de manière plus souple. Dès les années 80, l'objectif est la limitation du déficit du budget de l'Etat autour de 3 % du PIB. Mais des assouplissements de la politique de rigueur ont été acceptés en cas de récession. De fait, on constate que la politique budgétaire a subi plusieurs inflexions. L'austérité a été très prononcée dès le plan de rigueur de 1983 (plan Delors) et jusqu'en 1987. Elle s'est manifestée notamment par le freinage des dépenses publiques. De 1988 à 1990 (gouvernement Rocard), la politique budgétaire restrictive a été relâchée, puis abandonnée de 1992 à 1994 face à la crise : le déficit atteindra 5,6 % du PIB durant cette période. Puis, de nouveau, l'austérité a été très appuyée de 1995 à 1997 pendant la période où Alain Juppé était Premier ministre. Le déficit public a été finalement réduit à 3 % (critère de Maastricht) grâce au freinage des dépenses et à la hausse des impôts.

Ainsi, après une austérité générale de 1983 à 1987, la rigueur est centrée de 1990 à 1994 sur la politique monétaire, puis sur la politique budgétaire de 1995 à 1997. La persistance de cette politique s'explique par le rôle des marchés financiers qui veillent à ce que la France garde le cap, et par celui des gouvernants, certains que cette voie est le passage obligé pour la construction d'une Europe monétaire.

Politiques structurelles : une libéralisation modulée

Comme dans la plupart des autres pays occidentaux, la période courant des années 80 au milieu des années 90 est marquée par le libéralisme qui a progressé partout au détriment de l'interventionnisme étatique. En France, le libéralisme s'est heurté au consensus social fondé sur l'importance du secteur public et de la protection sociale. Dès lors, la libéralisation fut massive et consensuelle quand cela favorisait la globalisation sans gêner les équilibres sociaux (ce fut le cas pour la libéralisation des marchés financiers et la libéralisation des prix qui furent pratiquées par la gauche et par la droite), elle fut lente et conflictuelle quand cela mettait en cause les compromis sociaux et réactivait le clivage gauche/droite (privatisations, flexibilité du travail, réforme de l'Etat-providence).

• **La déréglementation monétaire et financière** a été rapide et massive. La France s'y est engagée résolument à partir de 1984, notamment par l'action continue de ministres (Pierre Bérégovoy puis Edouard Balladur) qui ont favorisé le décloisonnement des marchés monétaires et financiers, voté la Loi bancaire de 1984 (3), créé le Matif (4) et réformé la Bourse en 1986, assoupli puis supprimé l'encadrement du crédit (en 1987), puis éliminé le contrôle des

---

3. La Loi bancaire de mars 1984 libéralise le fonctionnement des marchés financiers et décloisonne les réseaux de collecte de l'épargne.
4. Voir les mots clés en fin d'ouvrage.

changes (en 1989), et enfin permis la libre circulation des capitaux dans la CEE (en 1990).

• **Libéralisation des prix et déclin du dirigisme industriel.** En 1986, l'abrogation de l'ordonnance de 1945 a permis la libéralisation des prix et l'alignement de la France sur les autres pays développés. De même, l'interventionnisme de l'Etat en matière industrielle a régressé sous l'effet de l'ouverture européenne et internationale. L'heure n'était plus à des interventions directes de l'Etat dans certains secteurs clés (automobile, sidérurgie, armement, etc.), mais plutôt à des «tactiques d'environnement» plus incitatives que dirigistes. A partir de 1984, les restructurations et les réductions d'emplois industriels se sont multipliées (dans l'automobile, la sidérurgie, les chantiers navals). L'ouverture européenne et la mondialisation exigeaient par ailleurs le déclin des politiques de soutien direct à l'industrie : la commission de Bruxelles a, par exemple, interdit les aides directes de l'Etat aux entreprises au motif qu'elles créaient des distorsions dans le jeu de la concurrence.

• **La politique fiscale** est le troisième versant des politiques de réformes structurelles. Cette politique comprend deux volets bien distincts. Des réformes importantes et peu discutées en ce qui concerne les impôts liés à l'ouverture internationale : harmonisation européenne des taux de TVA, baisse de la fiscalité de l'épargne et des sociétés (fin des années 80). Pour les impôts moins liés à l'ouverture vers l'extérieur, les réformes sont assez limitées et souvent controversées – impôt sur le revenu (IRPP), impôt sur la fortune (ISF). La France a toutefois légèrement réduit l'impôt sur le revenu sans être aussi radicale que les Anglo-Saxons, et a suspendu en 1996 une réforme de la fiscalité envisagée par le gouvernement Juppé.

La libéralisation des activités contrôlées par l'Etat a été plus mesurée et controversée. Une déréglementation sectorielle s'est effectuée sous la pression des directives européennes, notamment pour les télécommunications et les transports routiers et aériens. Néanmoins, il y a eu une sorte d'union nationale pour sauvegarder les spécificités des « services publics à la française ». Les privatisations ont cependant progressé en fonction des alternances politiques. Les gouvernements de droite ont procédé aux grandes vagues de privatisations menées en 1986-1987 par le gouvernement Chirac, puis en 1993-1997 par les gouvernements d'E. Balladur et d'A. Juppé (5). A gauche, après le choix du *statu quo* en 1988-1992 («ni privatisation, ni nationalisation» de F. Mitterrand), le pragmatisme gagne du terrain depuis 1995.

• **La politique du marché du travail** a donné lieu à une déréglementation progressive mais très discutée. Le soutien à la flexibilité du temps de travail (temps partiel notamment) fut général. En revanche, la politique de la flexibilité

---

5. En France, une douzaine d'entreprises ont été privatisées en 1986-1987 : la Banque du bâtiment et des travaux publics, la Banque industrielle et commerciale du Marais, le Crédit commercial de France, la Compagnie générale d'électricité (devenue Alcatel-Alsthom), Havas, Matra, Paribas, Saint-Gobain, La Société Générale, Suez, TF1. Ce programme a été interrompu par le krach boursier de 1987 et le changement de majorité politique en 1988. Il a été poursuivi à partir de 1992 avec la privatisation de la BNP, Rhône-Poulenc, Elf-Aquitaine, UAP, Bull.

externe (législation sur les embauches, les licenciements, le recours à l'intérim, etc.) fut plus mesurée, plus sélective et plus controversée : en témoignent les débats sur l'autorisation administrative de licenciement (6). La politique de baisse du coût du travail est passée par celle des cotisations sur les bas salaires et non par la mise en cause du SMIC (échec du SMIC jeunes). La voie très discutée du partage du travail a récemment été empruntée comme substitut à la flexibilité libérale (loi Robien, loi sur les 35 heures).

• **La politique de l'Etat-providence** comprend des ajustements limités et souvent controversés. L'objectif est de ralentir les dépenses sociales (maladie, retraites, famille) sans mettre en cause le système de protection sociale.

Divers plans ont accru le financement par les usagers et voulu freiner les dépenses de santé : forfait hospitalier, non-remboursement de certains médicaments, réforme du régime d'indemnisation du chômage, réforme du régime général des retraites de 1993, plan Juppé de 1995. Cependant, le principe de la protection universelle a été préservé et même élargi dans certains cas (création du RMI en 1989).

Les résultats : stabilité sans dynamisme

Les résultats généraux de ces politiques économiques peuvent être résumés par cette formule : «stabilité sans dynamisme».

• **Les succès dans le domaine de la stabilité sont incontestables.** L'inflation a chuté de plus de 10 points, passant de 11,7 % en 1982 à 1 % en 1997 ; l'écart a disparu par rapport à l'Allemagne et s'est même inversé par rapport à la moyenne européenne. Les profits des entreprises se sont reconstitués de façon spectaculaire (7). Les échanges avec l'extérieur sont devenus très nettement excédentaires après avoir été longtemps déficitaires. Le franc n'a plus été dévalué depuis 1986 et il est resté dans le SME en 1992-1993. En fin de période, il est devenu une monnaie forte.

• **En revanche, les résultats de l'activité économique sont plus mauvais.** De 1983 à 1997, la croissance du PIB n'a été que de 1,9 % l'an, moyenne inférieure à celle de l'UE (2,3 %) et de l'OCDE (2,9 %). Il en va de même pour la demande intérieure et la consommation. Les résultats ont été décevants non seulement pour le nombre d'emplois qui a très peu progressé (+ 2 % en quinze ans), mais aussi pour l'investissement qui a, lui aussi, très faiblement progressé (1,3 % l'an) par rapport aux voisins de l'UE (2,3 %) ou aux pays de l'OCDE (3,5 %). En bref, la dynamique de l'économie n'a pas été au rendez-vous (8).

• **Une explication structurelle de ces échecs.** Pour l'approche libérale, le

---

6. En 1985-1986, la législation sur les licenciements est assouplie (suppression de l'autorisation administrative). Mais la loi Aubry de 1993 limite les licenciements abusifs et contraint les entreprises à accompagner les licenciements économiques d'un «plan social».
7. La part des revenus du capital dans la valeur ajoutée a augmenté (+ 9 pts) plus fortement que dans l'UE (+ 6,7 pts) et dans l'OCDE (+ 3,4 pts).
8. En 1998 et en 1999, l'économie européenne est sortie de son ornière, et la croissance française évolue selon un rythme beaucoup plus soutenu. La croissance du PIB français a été de 3,2% en 1998, et de 2,86% en 1999. L'Insee prévoit une croissance supérieure à 3% pour l'année 2000 (voir aussi l'encadré sur la politique Jospin page 323).

manque de dynamisme de l'économie française durant cette période s'explique par l'insuffisante libéralisation de l'économie. Cette thèse dénonce «l'exception française», le taux de prélèvements obligatoires trop élevé, les rigidités et les corporatismes, voire «la préférence française pour le chômage» (9).

La solution consiste donc à approfondir les réformes de structures pour flexibiliser les marchés, surtout le marché du travail, ce qui permettrait sans doute d'augmenter l'emploi surtout dans les services, à l'image de ce que font les Anglo-Saxons. Mais cette interprétation structurelle est peu compatible avec certaines constatations : la hausse de la part des profits des entreprises, plus forte qu'ailleurs (ce qui n'a pas favorisé la reprise de l'emploi), la faiblesse particulière de l'investissement (et pas seulement de l'emploi), le niveau durablement élevé des taux d'intérêt réels et le retard de croissance concentré sur certaines périodes.

• **Une explication macroéconomique.** Les tenants de l'approche néokeynésienne mettent en cause au contraire la persistance de la politique de rigueur (10). Les mécanismes de la «désinflation compétitive» devaient conduire de la rigueur à l'expansion. Or, ils ont mal fonctionné. La hausse des profits s'est traduite par un faible investissement, en raison des débouchés insuffisants, des craintes pour l'avenir et des taux d'intérêt trop élevés. Mais des profits importants ne suffisent pas, il faut aussi la perspective de voir les carnets de commandes se remplir pour que les entreprises embauchent. De plus, les taux d'intérêt réels élevés (au-

dessus de 5 % depuis 1987) ont ralenti la production et dégradé les finances publiques. Enfin, les gains du commerce extérieur ont été limités. En effet, l'avantage de compétitivité lié à la baisse du coût relatif du travail est fragile en cas de fluctuation monétaire (1992-1993), et ne suffit pas pour assurer des gains de parts de marchés (la part de la France dans les exportations mondiales est restée assez stable).

Dans l'ensemble, les mécanismes économiques traditionnels conduisant de la rigueur aux grands équilibres ont bien fonctionné, mais au détriment de l'activité. Ces mécanismes économiques ont été les suivants : la politique d'austérité a ralenti la demande intérieure et la croissance, et a suscité une hausse du chômage qui, à son tour, a provoqué un freinage des salaires entraînant la désinflation et la hausse des profits. La montée du chômage et la faiblesse de la croissance ont pesé sur la consommation mais aussi sur les anticipations de tous les agents, y compris des investisseurs. La politique du franc fort a accentué la concurrence extérieure, ce qui a accéléré les restructurations, les gains de productivité et la désinflation. La limitation de la demande intérieure et les gains temporaires de compétitivité ont amélioré les soldes extérieurs. Ces mécanismes ont fonctionné notamment lors de la période de stabilisation (1983-1997) à partir de la compression de la demande et des salaires.

---

9. D. Olivennes, « La préférence française pour le chômage », *Notes de la fondation Saint-Simon*, 1994.
10. F. Lordon, *La Quadrature de la politique économique*, Albin Michel, 1997 ; J.-P. Fitoussi, *Le Débat interdit*, Arléa, 1995.

La politique Jospin : continuité ou changement ?

Le gouvernement Jospin a infléchi la politique de rigueur et ajusté les politiques structurelles, à des fins de croissance et d'adaptation de l'économie.

• **La politique macroéconomique** demeure axée sur la stabilité, conformément aux engagements européens (limitation des déficits, politique du franc, maîtrise des coûts salariaux). Mais la prise en compte de la demande globale a marqué plusieurs mesures immédiates (avantages réduits pour l'épargne, impôt accru sur les bénéfices). La politique budgétaire a cessé d'être restrictive en 1998-1999 pour tendre vers une certaine neutralité alors que la reprise a suscité de bonnes rentrées fiscales. La doctrine de la désinflation compétitive semble perdre de son influence au profit d'un néokeynésianisme modéré.

• **Les politiques structurelles** visent toujours à favoriser l'adaptation de l'économie française au marché mondial. Cela s'opère par certaines mesures d'inspiration libérale (privatisation, déréglementation). D'autres mesures visent l'acceptation des réformes par les salariés en privilégiant l'emploi (35 heures, emplois-jeunes, baisse des charges). Par ailleurs, une grande prudence subsiste en matière de réforme de la fiscalité et de la protection sociale.

M.C.

• **Politique de rigueur : des effets différenciés selon les périodes.** La politique de rigueur se justifiait à partir de 1983 en raison des déséquilibres initiaux (forte inflation et déficit extérieur), mais elle ne s'imposait plus dès que l'inflation était vaincue. Cela a même constitué un contresens face à la conjoncture défavorable de 1990 à 1993 : l'austérité monétaire visant à soutenir le franc face au mark a impliqué une surévaluation des taux d'intérêt réels prohibitive, ce qui a transformé le ralentissement de l'activité en récession, avec une forte hausse du chômage et des déficits. De 1994 à 1997, la croissance a été soutenue par l'exportation et par la baisse des taux d'intérêt, mais ralentie par la rigueur budgétaire.

En revanche, le coût de la désinflation compétitive diminue lorsque certaines conditions sont remplies : un contexte de relance mondiale stimulant les exportations, la hausse ou même la stabilité des monnaies concurrentes permettant l'amélioration de la compétitivité-prix, une meilleure crédibilité de la monnaie nationale permettant la baisse des taux d'intérêt. Ce fut le cas en 1988-1989, quand la France a bénéficié d'une embellie dans un contexte d'expansion mondiale et de stabilité monétaire dans le SME. C'est aussi le cas de la période actuelle : outre la conjoncture mondiale qui soutient l'exportation, la baisse des taux d'intérêt et le retour au calme sur le marché des changes résultent de l'intégration par les marchés financiers de la création de l'euro en 1999.

Quel va être l'avenir de la politique économique française ? Le gouvernement Jospin, sans être en rupture avec celle des gouvernements précédents, apporte des inflexions significatives (*voir l'encadré page précédente*).

A moyen terme, l'intégration européenne (passage à l'euro, pacte de stabilité, rôle de la Banque centrale européenne) tend à faire prévaloir des politiques macroéconomiques favorisant la stabilité : les Etats doivent avant tout veiller à contrôler leurs déficits, à gérer leurs finances. Toutefois, elle laisse pour les politiques structurelles (de transformation des structures économiques) une certaine marge de liberté dont l'ampleur dépend (négativement) de l'intensité de la concurrence.

Politique économique : les quatre stratégies

Faut-il continuer à lutter contre l'inflation ? La résorption du chômage passe-t-elle par un retour à la croissance ? Y a-t-il une alternative à la «pensée unique»? Telles sont, depuis les années 80, quelques-unes des questions qui ont nourri, en France, les débats autour des objectifs de la politique économique.

En France, quatre grandes familles de pensée émergent des débats sur la politique économique : les détracteurs de la pensée unique, les tenants de l'économie solidaire, les héritiers de Keynes et les libéraux.

Nous avons sélectionné quatre titres représentatifs de chacune de ces familles.

1. Les détracteurs de la «pensée unique»

Mots d'ordre : rompre avec la politique de rigueur économique menée depuis les années 80 (politique du franc fort), privilégier la lutte contre les inégalités sociales et l'exclusion, réduire le temps de travail…

Représentants : Hoang Ngoc Liêm, maître de conférences à l'université de Paris-I Panthéon-Sorbonne. Auteur de *La Facture sociale* (voir ci-après) et de *Salaires et emploi, une critique de la pensée unique* (Syros, 1995), il anime la revue *Pétition* (trimestrielle) ; Henri Guaino (ex-commissaire au Plan)…

Adversaires désignés : la Fondation Saint-Simon (Daniel Cohen, Alain Minc…).

Manifeste : l'«Appel des économistes pour sortir de la pensée unique», lancé en 1995.

La Facture sociale.
Sommes-nous condamnés au libéralisme ?
(Hoang Ngoc Liêm, Arléa, 1998)

«Loin d'avoir engendré une homogénéisation autour d'une classe moyenne (…) [notre société] est donc, plus que jamais, une société de classes où, loin de s'être atténuées, les inégalités se sont creusées. Le fossé s'est agrandi entre les revenus salariaux et ceux du patrimoine, entre la part des salaires et celle des profits dans la valeur ajoutée (…). Pire, la reproduction sociale continue de jouer à plein : la mobilité intergénérationnelle entre les classes sociales ne s'est pas améliorée.»

Tel est le diagnostic alarmiste que Hoang Ngoc Liêm dresse de la société française. Le responsable est tout désigné : il s'agit du «libéralisme social» qui inspire la politique économique menée par la plupart des pays industrialisés, à commencer par la France et l'Allemagne depuis les années 80. Le libéralisme social ? Un croisement curieux entre les thèses néoclassiques favorables à l'économie de marché et la social-démocratie. Sur le plan de la politique économique, il consiste à privilégier la lutte contre l'inflation par la maîtrise des coûts de production, et la déréglementation sur la lutte contre le chômage, en maintenant un minimum de protection sociale. A l'heure de la mondialisation, une alternative à une telle politique est-elle seulement possible ? Oui, répond Hoang Ngoc. Elle est non seulement envisageable, mais elle a déjà été esquissée dans les pays pourtant traditionnellement considérés comme les foyers de l'ultralibéralisme : les Etats-Unis et la Grande-Bretagne ! Revenant dans le détail sur les politiques menées dans ces pays depuis la fin des années 70, Hoang Ngoc rappelle que Ronald Reagan et Margaret Thatcher ont été tour à tour contraints d'opérer un tournant (en 1985 pour les Etats-Unis, en 1987 pour le Royaume-Uni). Après l'échec des politiques d'inspiration monétariste, ces pays n'ont pas hésité à user de la dévaluation compétitive et du déficit public pour relancer leur économie, non sans une certaine réussite. Reste la question des inégalités...

L'« autre politique » que prône Hoang Ngoc a une tout autre ambition. Sur le plan théorique, elle procède d'une synthèse originale entre le keynésianisme et le marxisme. Du premier, il retient non seulement la défense et l'illustration de la politique de relance mais encore et surtout l'idée d'incertitude. Keynes fut le premier, rappelle-t-il, à avoir souligné l'incertitude dans laquelle opèrent les agents économiques. Dans ce contexte, seule une « main visible » – celle de l'Etat – peut parvenir à coordonner efficacement l'offre et la demande. S'agissant de Marx, Hoang Ngoc souligne l'actualité de son analyse en termes de lutte des classes. De ce dialogue entre Keynes et Marx, il tire les arguments en faveur d'une réhabilitation du rôle du politique dans la redistribution des fruits de la croissance. Parmi les formes que celle-ci pourrait revêtir, il retient la diminution du temps de travail et diverses réformes fiscales visant notamment à privilégier les entreprises les plus créatrices d'emplois. Reste que les économies nationales sont interdépendantes. Si une politique de relance et de redistribution est menée, c'est à une échelle supra-nationale qu'elle doit être envisagée, en l'occurrence, pour un pays comme la France, à l'échelle de l'Europe. Tout en dénonçant le maintien des critères de Maastricht, Hoang Ngoc suggère la définition d'une politique de relance concertée entre les Etats membres.

2. Pour une économie solidaire

Mots d'ordre : créer de nouvelles formes d'emplois en encourageant l'émergence d'un nouveau secteur (l'économie solidaire, le tiers secteur, l'économie quaternaire...), réduire le temps de travail...

Représentants : Jean-Louis Laville, sociologue (à l'origine de la notion d'économie solidaire) ; Alain Caillé, économiste et sociologue (*Revue du MAUSS*) ; Bernard Perret, économiste (qui développe la notion de contrat d'activité du rapport Boissonnat)...

Manifeste : l'« Appel à débattre sur les voies de sortie de la crise et du chômage » (*Le Monde*, juin 1995) à l'origine de la création l'année suivante de l'association de l'« Appel européen pour une citoyenneté et une économie plurielles » (juin 1996).

Vers une économie plurielle.
Un travail, une activité, un revenu pour tous
(Guy Aznar, Alain Caillé, Jean-Louis Laville, Jacques Robin et Roger Sue, Alternatives économiques/Syros, 1997)
Sur un ton mesuré, même s'il renoue parfois avec les accents de l'utopie, les principaux animateurs de l'Appel européen pour une citoyenneté et une économie plurielles livrent leurs analyses sur la crise de l'emploi et leurs propositions pour en sortir. S'agissant du diagnostic, les signataires sont unanimes : la crise que connaît la France depuis le milieu des années 70 n'est pas économique. Roger Sue rappelle à cet égard qu'entre 1975 et 1995 la richesse nationale a crû de 70 % en France. La crise traduirait en fait des mutations profondes sous l'effet d'une nouvelle révolution : la révolution informationnelle. Celle-ci n'affecte plus seulement les emplois industriels, elle en détruit également dans le secteur tertiaire. D'où cette « croissance sans création d'emplois ».

Dans ces conditions, les principaux signataires de l'Appel s'accordent aussi pour considérer qu'une politique de relance de type keynésien ne changerait rien à l'affaire. Articulées autour de trois axes, leurs propositions visent à dessiner un nouveau projet de société. La première concerne la réduction du temps de travail. Si certains prônent en la matière une baisse rapide et d'autres une évolution plus graduelle, tous soulignent la nécessité d'une telle réduction dès lors que les innovations techniques permettent de produire toujours plus avec toujours moins de main-d'œuvre.

Deuxième proposition : le développement d'une économie solidaire (appelée aussi secteur quaternaire ou encore le tiers secteur) à partir du monde associatif (les associations loi 1901, les mutuelles, les régies de quartier, les systèmes d'échanges locaux, etc.). Selon Jean-Louis Laville, une telle économie pourrait constituer un vivier de nouveaux emplois dans le domaine des services à finalité sociale. Dans cette perspective, l'économie plurielle ne ferait que traduire la coexistence des économies classiques (marchande et non marchande) avec l'économie solidaire.

Enfin, contre l'exclusion, les auteurs militent en faveur du renforcement des dispositifs de protection sociale. Mais sans doute est-ce à ce niveau que se situent les plus fortes divergences, certains recommandant l'instauration d'un revenu universel (Alain Caillé), d'autres (Guy Aznar...) se bornant à demander l'application à la lettre du droit au revenu et du droit à l'insertion inscrits dans le RMI. Loin de se formaliser de ces divergences, les signataires les soulignent, pour montrer peut-être que de leurs débats contradictoires, peut aussi éclore une pensée plurielle.

3. Les héritiers de Keynes

Mots d'ordre : relancer la consommation par une politique d'expansion dans le cadre de politiques coordonnées au niveau de l'Europe, baisser les charges sociales sans baisser les salaires, privilégier la lutte contre le chômage sur la lutte contre l'inflation, etc.

Représentants : Jean-Paul Fitoussi, directeur de l'OFCE et auteur du *Débat interdit* ; Olivier Blanchard, professeur à Harvard ; Edmond Malinvaud, professeur au Collège de France ; Pierre-Alain Muet, de l'OFCE.

Croissance et chômage
(Olivier Blanchard et Jean-Paul Fitoussi,
La Documentation française, 1998)

Quels sont les liens entre croissance et emploi ? Quelles politiques économiques permettraient de réduire le taux de chômage ? Telles sont les questions auxquelles est consacré le rapport du Conseil d'analyse économique. Selon ses auteurs – Olivier Blanchard, professeur au MIT et Jean-Paul Fitoussi, professeur à l'IEP de Paris –, trois causes fondamentales expliquent le ralentissement de la croissance et la hausse du chômage dans les années récentes.

La première est la baisse de la « croissance potentielle » (soit, le taux de croissance qu'une économie peut atteindre compte tenu de son potentiel productif). Cette croissance potentielle ne peut dépendre que de facteurs structurels sur le long terme (popula-

tion active, productivité du travail, etc.). Les auteurs avouent cependant leur impuissance à agir durablement sur ce facteur. *«Malheureusement, en dépit d'efforts importants de recherche, les économistes n'ont pas découvert de remèdes magiques pour parvenir à ce résultat.»*
La deuxième cause est liée à l'offre (c'est-à-dire aux conditions de production). Les auteurs récusent les explications qui attribuent systématiquement le chômage aux seules «rigidités» du travail (salaires trop élevés, absence de flexibilité dans la gestion de la main-d'œuvre). Ils reconnaissent cependant qu'il existe certains facteurs structurels qui nuisent à l'emploi : le coût trop élevé des emplois peu qualifiés, par exemple. Dans certains secteurs (hôtellerie/restauration, commerce de détail), le coût du travail freine considérablement l'embauche. Mais comme il est socialement difficile d'envisager une baisse des bas salaires, les auteurs préconisent plutôt une réduction des charges sociales qui pèsent sur ces emplois. Il y aurait donc réduction du coût du travail sans baisse de salaire.
La troisième cause est liée à l'insuffisance de la demande et aux politiques budgétaires et monétaires restrictives menées durant les années antérieures. La politique du franc fort, les restrictions budgétaires ont bridé la demande et donc la croissance. Or, le taux d'inflation actuel est très faible, il est donc possible de pratiquer une relance par la demande (la consommation). A l'échelle européenne, il n'est pas inenvisageable de pratiquer une telle action de relance sans mettre en cause les équilibres financiers.
Pour ces auteurs, il faut une croissance de près de 4% l'an pendant cinq ans pour abaisser le chômage à un taux de 7,5%. Pari impossible? Le rapport rappelle que, de 1965 à 1975, le taux de croissance annuel en France était de 4%. En agissant de concert sur l'offre et la demande par des réformes structurelles couplées à une politique de relance européenne, les auteurs du rapport pensent qu'il est possible de *«contribuer de façon décisive à la solution au problème du chômage»*.

4. Les libéraux

Mots d'ordre : réduire le poids de l'Etat (privatisations, réduction des déficits publics), supprimer les rigidités du marché de l'emploi (flexibilité des emplois, suppression du RMI), abaisser les charges sur les entreprises. Tous ne sont pas favorables à la monnaie unique (exemple : Jean-Jacques Rosa, membre de la Fondation Marc-Bloch, proche des détracteurs de la pensée unique) ou aux positions ultralibérales (désengagement complet de l'Etat).

Représentants : Béatrice Majnoni d'Intignano (université Paris-XII) ; Jean-Jacques Rosa (IEP de Paris) ; Alain Minc (auteur de *La Mondialisation heureuse*, Plon, 1997).

L'Usine à chômeurs
(Béatrice Majnoni d'Intignano, Plon, 1998)

Béatrice Majnoni d'Intignano, professeur d'université, est la seule femme membre du Conseil d'analyse économique (CAE) mis en place par le gouvernement Jospin. Les thèses qu'elle y défend sont nettement libérales : il faut favoriser la création d'emplois plutôt que la défense des acquis. La France est paralysée par un Etat-providence pléthorique qui paralyse l'activité, par un esprit de protection plutôt qu'un esprit de conquête, etc. Sur ce point, le discours n'a rien d'original. Plus intéressants sont les arguments avancés. B. Majnoni d'Intignano propose d'aborder le problème de l'emploi, non à partir du taux de chômage, mais sous l'angle du taux d'activité. Le taux d'activité, c'est le nombre de personnes au travail par rapport à la population totale (en âge de travailler). Le livre débute par un graphique très parlant. En 1970, les taux d'activité aux Etats-Unis et en Europe étaient à peu près similaires (autour de 67 %). Aujourd'hui, le taux d'activité est passé à 79 % de la population aux Etats-Unis, alors qu'il est resté stable (66,6 %) dans l'Union européenne.

On travaille beaucoup plus aux Etats-Unis. C'est le cas des hommes (75 % en France, 85 % aux Etats-Unis), mais aussi des femmes (72 % contre 62 %), des jeunes (22 % en France, 57 % aux Etats-Unis). Les immigrés y trouvent également plus facilement du travail. Et ces emplois ne sont pas uniquement des emplois sous-payés comme on le dit généralement : un emploi sur trois est à forte qualification et bien payé. Bref, les Etats-Unis sont bien cette « machine à créer des emplois » et l'Europe une « usine à chômeurs ». Pourquoi ? L'économie américaine favorise l'activité, stimule la création, alors que l'Europe et particulièrement la France se contentent de défendre les situations acquises et de partager l'existant.

Pour l'auteur, le chômage n'est pas la cause du mal mais la conséquence d'un fait plus général : la paralysie de l'activité. B. Majnoni d'Intignano rappelle, en s'appuyant sur les calculs de l'Insee, qu'un emploi créé, c'est en fait trois emplois nouveaux et deux disparitions. Ce simple fait donne une vision beaucoup plus dynamique de l'activité économique, un processus incessant de « destruction créatrice » selon la formule de Joseph A. Schumpeter.

La question n'est donc pas de maintenir un hypothétique niveau d'emploi stable et de le partager. Il s'agit plutôt de créer des emplois nouveaux. Sur ce point, les Etats-Unis montrent la voie. La politique économique devrait être tournée vers l'innovation, la création, l'aide aux créateurs, aux investisseurs plutôt que vers l'emploi public, le partage du travail et l'assistance. Nous devons *« nous remettre au travail plutôt que de nous plaindre de sa disparition »*, conclut l'auteur.

JEAN-FRANÇOIS DORTIER
et SYLVAIN ALLEMAND

POINTS DE REPÈRE
LA POLITIQUE ÉCONOMIQUE

Elle consiste à « piloter » l'économie en intervenant à court ou moyen terme sur les indicateurs et les structures de l'économie.

LES ACTEURS

ETAT

Le gouvernement (le ministère de l'Economie et des Finances, le ministère du Budget), le Parlement... Il fixe les objectifs de la politique économique, procède aux arbitrages...
Même si son pouvoir d'intervention a été restreint, il conserve des marges de manœuvre à travers les politiques fiscales ou de l'emploi et les politiques structurelles.

BANQUE CENTRALE

La Banque de France est indépendante depuis 1993. A travers le Conseil de la politique monétaire, elle fixe des objectifs en matière monétaire (augmentation de la masse monétaire, taux d'intérêt...).
Depuis le 1er janvier 1999, la politique monétaire est fixée par la Banque centrale européenne.

« MARCHÉS » FINANCIERS

C'est-à-dire les investisseurs institutionnels, les opérateurs financiers, les grandes entreprises, etc., qui placent leurs capitaux dans les places boursières en fonction des perspectives de rentabilité. Ils ont vu leur poids considérablement augmenter au cours de ces dernières années à la faveur de la déréglementation financière et de la libéralisation des mouvements de capitaux. Ils ne « dictent » pas la politique, mais l'orientent en privilégiant les places boursières les plus rémunératrices.

ORGANISATIONS INTERNATIONALES

Elles participent à la coordination des politiques économiques (Groupe des pays les plus industrialisés). Le cas échéant, elles négocient avec les gouvernements des programmes d'ajustement structurel (FMI).

GROUPES DE PRESSION

La politique économique est soumise aux échéances du calendrier électoral et influencée par les luttes entre les agents qui composent l'Etat.

ET AUSSI...

Le Conseil économique et social (sollicité obligatoirement sur *« tout plan ou projet de loi de programme à caractère économique et social »*), le Conseil d'analyse économique (CAE), les experts...

Les instruments

Politiques conjoncturelles

Elles agissent à court terme sur les indicateurs macroéconomiques.

Politique budgétaire

C'est l'instrument privilégié des politiques de relance. En cas de récession, elle consiste à augmenter les dépenses publiques pour compenser la faiblesse des dépenses privées. L'utilisation de l'instrument budgétaire a été remise en cause à partir des années 70. Principale critique adressée : l'aggravation des déficits publics.

Politique monétaire

C'est l'instrument privilégié en cas de surchauffe de l'économie (inflation), dans le cadre de politiques d'austérité ou de rigueur. Elle recouvre les mesures agissant sur les conditions de financement de l'économie (taux d'intérêt, taux de réescompte, encadrement du crédit...).

Politique de change

Elle consiste à assurer le maintien du taux de change de la monnaie nationale par rapport aux devises des principaux partenaires. En cas de déséquilibre de la balance commerciale, elle consiste à réévaluer (pour réduire le coût des importations) ou à dévaluer la monnaie pour réduire les exportations.

Politique fiscale

Elle recouvre l'ensemble des mesures allant de la création de taxes à la définition de l'assiette fiscale (les catégories assujetties à l'impôt) et de sa progressivité.

Politiques structurelles

Elles portent à long terme sur les structures économiques et sociales.

Politique sectorielle (industrielle, agricole...)

Elle consiste à protéger ou à soutenir le développement d'une industrie ou d'un secteur. Traditionnellement active en France, son champ d'action a été restreint depuis les années 80-90.

Politique réglementaire

Elle consiste à définir les règles de la concurrence. Depuis les années 70, on assiste à un vaste processus de déréglementation, entamé aux Etats-Unis dans le secteur du transport aérien puis bancaire, puis dans le cadre de la construction européenne.

Politique commerciale

Un Etat dispose de tout un arsenal pour limiter les importations (politique défensive) ou promouvoir les exportations (politique offensive). La plupart des mesures protectionnistes (imposition de taxes douanières, contingentement) sont tombées en désuétude du fait de la libéralisation des échanges. Mais les Etats n'ont pas dit leur dernier mot : ils recourent à un protectionnisme déguisé (ou néoprotectionnisme) à travers l'imposition de normes ou de labels.

LES INDICATEURS

BALANCE DES TRANSACTIONS COURANTES : solde des échanges de biens et d'invisibles (services, transferts de salaires...).

TAUX D'INFLATION : évolution du niveau général des prix.

TAUX DE CHANGE : valeur de la monnaie par rapport aux devises étrangères des principaux partenaires économiques.

TAUX DE CHÔMAGE : nombre d'actifs à la recherche d'un emploi rapporté à la population active.

TAUX DE CROISSANCE : augmentation de la richesse nationale (biens et services) au cours d'une année.

LES CONTRAINTES

CONTRAINTE EXTÉRIEURE

Elle s'est renforcée avec la libéralisation des échanges de biens et de services et des mouvements de capitaux, même si celle-ci a dans le même temps offert de nouvelles sources de financement aux Etats.

DÉFICITS PUBLICS

Au cours de ces dernières années, les pays ont connu une augmentation de leurs déficits publics et de leur niveau d'endettement. Les remboursements au titre de la dette grèvent d'autant le budget. Le traité de Maastricht limite le niveau d'endettement des Etats membres à 60 % et le déficit budgétaire à 3 % du PNB.

FIXITÉ DES CHANGES

Dans le cadre d'un régime de change fixe, une monnaie ne peut pas en principe être dévaluée ou appréciée au-delà de certaines limites. C'est le cas de la plupart des monnaies européennes qui font partie du SME (mis en place en 1979). La création de l'euro exclut définitivement le recours à la dévaluation compétitive pour les pays y adhérant.

ANTICIPATIONS DES AGENTS

Au fil du temps, les agents économiques ont acquis une certaine connaissance des effets de la politique économique. Ils réagissent par conséquent aux mesures prises par le gouvernement en anticipant les effets de cette politique.

MAIS AUSSI...

Les normes européennes, les accords multilatéraux (Gatt ou OMC, par exemple).

ROBERT BOYER*

COMMENT RÉGULER L'ÉCONOMIE MONDIALE ?**

Replacées dans une perspective historique, les transformations récentes de l'économie internationale marquent la fin du fordisme, ce mode de développement fondé sur la production et la consommation de masse. Pour Robert Boyer, elles pourraient aussi annoncer l'émergence de nouveaux modes de régulation dans le cadre de grandes zones économiques régionales.

POUR LES ÉCONOMISTES et la plupart des chercheurs en sciences sociales, les analyses rétrospectives portent au mieux sur une période de une à deux décennies : à cet horizon, nul doute que l'économie internationale ait enregistré des transformations considérables. Mais le diagnostic est bien différent si l'on prend en compte le temps long du capitalisme. Les années 90 sont nouvelles par rapport aux années 60, mais nombre des caractéristiques contemporaines s'observaient déjà à la veille de la Première Guerre mondiale. En matière de commerce et d'investissements directs à l'étranger, le degré d'ouverture des économies industrialisées est aujourd'hui à peu près équivalent à ce qu'il était au début de ce siècle. Particulièrement dynamique, l'investissement financier se dirige toujours vers des pays émergents : la Russie et les pays latino-américains dans les années 1900, l'Asie de nos jours. Le développement des télécommunications, hier le télégraphe, aujourd'hui le satellite et le réseau Internet, permet de propager beaucoup plus rapidement que par le passé les nouvelles d'un marché à l'autre. Les crises et les scandales financiers contemporains ne sont pas sans rappeler des épisodes célèbres du passé

* Directeur d'études à l'EHESS, directeur de recherche au CNRS, chercheur au Centre d'études prospectives d'économie mathématique appliquées à la planification (CEPREMAP). Il a participé à l'ouvrage collectif *Mondialisation, au-delà des mythes*, La Découverte, 1997.
** *Sciences Humaines*, hors série n° 17, juin/juillet 1997. Cet article est tiré de la contribution de Robert Boyer, «Les mots et les réalités» dans *Mondialisation, au-delà des mythes, op. cit.* Texte revu et complété par l'auteur, décembre 1999.

(le scandale du canal de Panama dans les années 1880, par exemple), selon le processus bien réglé de l'essor puis de l'éclatement des bulles spéculatives (1). De même, l'effondrement des régimes communistes livre une configuration européenne et certaines stratégies nationales qui rappellent le contexte du début de ce siècle.

La mondialisation : fausses et vraies nouveautés

Il serait pourtant erroné d'en conclure à l'identité des configurations du régime international, car l'histoire se répète rarement à l'identique. En particulier, la diffusion du régime de croissance fordiste (2) fondé sur la production et la consommation de masse et les institutions correspondantes (Etat-providence, conventions collectives, etc.) a durablement affecté l'équilibre sociopolitique interne à chacun des grands pays industrialisés. En premier lieu, le système financier international actuel – caractérisé par l'absence de fortes interventions et réglementations émises et imposées par des organisations internationales – ne semble pas avoir la même stabilité structurelle qu'il présentait sous le régime dit de l'étalon-or (3).

En deuxième lieu, l'interdépendance des conjonctures économiques des différentes nations est quelque peu originale par rapport à celle du début du siècle. D'une part, le mouvement d'ouverture des frontières ne s'est jamais véritablement démenti de 1967 à 1999, contrairement aux très nombreuses frictions commerciales et tentatives de constitution de marchés protégés (par la constitution d'empires coloniaux)

qui marquèrent la fin du siècle dernier. D'autre part, cette interdépendance internationale accrue joue au détriment des pays anciennement industrialisés, lesquels rencontrent des difficultés à maintenir l'emploi dans les secteurs qui avaient assuré la croissance de l'après-guerre. Le phénomène est nettement plus marqué à la fin de ce siècle qu'à son début, ce qui implique aujourd'hui des coûts sociaux beaucoup plus importants, d'autant plus que la généralisation des principes démocratiques change les conditions d'exercice de la politique économique, voire de la politique tout court.

Une troisième différence tient à la vigueur du processus d'industrialisation des pays du Sud-Est asiatique, beaucoup plus marqué que celui de la Russie ou de l'Argentine dans les années 1900. En conséquence, la plupart des vieux pays industrialisés perdent des parts de marchés à l'exportation et, plus encore, voient leur part dans la production mondiale décliner continûment : leur croissance est au mieux de 3 % l'an alors que celle de leurs nouveaux compétiteurs fut longtemps proche de 10 % avant que la crise asiatique de 1997 vienne interrompre ce mouvement. Il se pourrait que le foyer de l'accumulation mondiale se déplace des pays riverains de l'Atlantique (côte est des Etats-Unis, Europe occidentale) à ceux bordant le Pacifique. Par ailleurs, ce basculement intervient au moment

1. C.P. Kinleberger, *Manias, Panics and Crashes : History of Financial Crises*, Basic Books, 1978.
2. Voir les mots clés en fin d'ouvrage.
3. M. Aglietta, *Macroéconomie financière*, La Découverte, coll. «Repères», 1995.

où s'établit un nouveau paradigme productif qui tend à renforcer le décalage entre la réforme d'institutions économiques forgées sur près d'un siècle en Europe et la constitution, plus aisée, de formes d'organisation nouvelles en Asie. Quatrième différence, les conditions d'émergence de nouvelles règles internationales sont distinctes. Au début du siècle, la Grande-Bretagne avait la volonté de continuer d'organiser le système international mais en avait de moins en moins les moyens économiques, alors que les Etats-Unis demeuraient une puissance hégémonique mais potentielle, faute de vouloir convertir leur dynamisme économique en une intervention directe dans l'organisation du système international. Par contraste, le monde contemporain est tripolaire, de sorte que de nouvelles règles du jeu ne peuvent émerger que par des négociations entre les Etats-Unis, l'Europe et le Japon. En effet, contrairement aux épisodes antérieurs de basculement du centre de l'économie-monde, il n'est pas évident que le Japon soit le successeur désigné des Etats-Unis : non seulement la diplomatie japonaise est balbutiante et se heurte aux ambitions de la Chine, aux legs de l'impérialisme japonais de l'entre-deux-guerres et à son impact sur l'Asie, mais la longue crise des années 90 a modéré les ambitions nippones. D'autant plus que l'éclatante croissance américaine coïncide avec un regain de la puissance diplomatique et militaire des Etats-Unis. La constitution d'un nouvel ordre international est rendue particulièrement difficile, comme en témoigne l'échec de la conférence de Seattle en 1999.

Enfin, l'intégration continentale qui est en cours sous des formes variées en Europe, aux Etats-Unis et en Asie est beaucoup plus avancée qu'elle ne le fut jamais au siècle précédent. Entre la nation et l'économie internationale s'introduit donc un échelon intermédiaire : des autorités supranationales mais pas mondiales, sur le modèle de l'Union européenne ou encore de l'Alena et de l'Asean. La nouveauté est alors que les contraintes et opportunités économiques font l'objet d'une intermédiation politique qui compense partiellement l'incapacité des trois pôles de la triade à s'accorder sur une refondation des institutions internationales de Bretton Woods (4).

Bref, la situation contemporaine s'inscrit dans une longue histoire ; elle comporte nombre de caractéristiques déjà observées dans le passé, mais la configuration d'ensemble est originale, de sorte qu'elle appelle une analyse spécifique et une interrogation : est-elle viable à moyen ou à long terme ?

Globalisation
ou « glocalisation » ?

Les deux dernières décennies ont apporté des changements considérables aux relations entre les niveaux local, national et international. Jusqu'aux années 70, les institutions les plus essentielles du régime de croissance fordiste (Etat-providence, compromis salariaux, etc.) avaient un enracinement clair au niveau de l'Etat-nation. Elles se déclinaient ensuite sur les espaces régionaux qui ne jouaient qu'un rôle

---

4. Voir les mots clés en fin d'ouvrage.

secondaire, tant étaient puissantes les forces d'homogénéisation des niveaux de vie et des institutions au niveau de la nation. Quant à l'insertion dans l'économie internationale, elle était plus permissive que contraignante puisque des ajustements périodiques de la parité, dans un univers financier stable, permettaient de retrouver, sans grandes difficultés, la compétitivité perdue : la dévaluation de la monnaie nationale, par exemple, autorisait à terme un rééquilibrage de la balance commerciale en rendant moins chères et donc plus compétitives les exportations.

Par contraste, les années 90 sont traversées de tendances beaucoup plus complexes dans lesquelles se conjuguent et dans certains cas s'affrontent des logiques et des niveaux de régulation hétérogènes. Quitte à simplifier beaucoup, on peut isoler les tendances principales.

En premier lieu, les firmes multinationales ont très largement bénéficié de l'ouverture de l'espace mondial, qui leur a permis d'optimiser leurs profits sur des territoires beaucoup plus variés. La concentration financière du capital est par elle-même une modalité de mise en cohérence partielle de l'économie internationale. Mais l'expérience historique montre qu'une rivalité concurrentielle peut toujours resurgir dès lors que le processus d'accumulation conduit à des surcapacités de production. Ce fut le cas, par exemple, dans l'industrie des microprocesseurs et celui de l'automobile.

Aussi observe-t-on un effort des firmes multinationales en vue de dégager des règles de droit privé qui s'appliqueraient à la partie de la concurrence internationale qui ne peut être codifiée par des règles émanant des organisations internationales (OMC, FMI, Banque mondiale, Banque des règlements internationaux, BIT, etc.). C'est tout particulièrement le cas en matière de droit commercial international qui semble se diffuser à partir de la jurisprudence américaine à un nombre croissant de pays (5). Un optimiste pourrait y voir la base d'un nouvel ordre international privé mais le pessimiste s'empressera d'ajouter que les multinationales aussi puissantes soient-elles n'ont ni l'intérêt ni le pouvoir d'instituer les conventions internationales les plus essentielles concernant le respect des droits de l'homme, des droits sociaux et politiques, ou encore de l'environnement et de la stabilité financière internationale.

Il est ainsi une troisième voie de construction de règles ou d'institutions internationales : les firmes appartenant à un même secteur peuvent négocier des arrangements sectoriels leur permettant de réguler la concurrence et les conflits susceptibles d'émerger. Qu'on songe aux accords nippo-américains sur la production des composants électroniques, à l'accord des Européens et des Japonais sur l'ouverture progressive du marché européen aux automobiles nippones. Entre dans cette même catégorie des accords sectoriels la réforme de la Politique agricole commune européenne sous la pression des négociateurs américains en vue d'homogénéi-

---

5. S. Saskia, « *The State and the Global City : Notes Towards a Conception of Place Centered Governance* », *Competition change*, vol. I (1), 1995.

ser les conditions de la concurrence à l'échelle mondiale.

Mais ces accords ne sauraient remplacer de nouvelles institutions internationales en bonne et due forme. Ainsi, une série d'accords commerciaux bilatéraux appelle une convention générale multilatérale (6), garantie par une organisation internationale pouvant être saisie par les partenaires et régler les différends, sur le modèle de l'Organisation mondiale du commerce. Il est à cet égard significatif que les conflits récurrents entre le Japon et les Etats-Unis aient été portés en 1996 devant cet organisme. Cependant, le commerce international est devenu de plus en plus dépendant des règles gouvernant l'investissement direct, le respect des droits de propriété intellectuelle, les droits sociaux et la préservation de l'environnement, qui pour l'instant n'ont pas trouvé d'institution internationale équivalente à celle régissant le commerce mondial. L'OCDE a, certes, une telle fonction généraliste mais elle se cantonne au domaine des analyses et des recommandations et n'est pas une instance établissant et garantissant des règles. Ce pourrait être le rôle de l'OMC, mais aucun consensus ne s'est jusqu'à présent dégagé pour concentrer ainsi l'ensemble de ces responsabilités.

En attendant
un nouveau Keynes...

On comprend dès lors que se sont développées des zones économiques qui ont précisément pour objectif et pour mérite de tenter de tirer le meilleur parti des interdépendances stratégiques entre divers domaines et divers pays dont les intérêts peuvent transitoirement diverger. N'est-il pas ironique que le thème de la globalisation apparaisse au moment où se constituent trois grandes zones économiques : l'Alena en Amérique du Nord, l'Union européenne et une intégration économique de fait de l'Asie du Sud-Est dans le cadre institutionnel flexible et peu contraignant de l'Asean ? On peut d'ailleurs interpréter le projet de la monnaie unique européenne comme exprimant la volonté des gouvernements de contourner l'inexistence d'un régime financier international cohérent et de peser éventuellement sur la négociation à venir sur un successeur au système de Bretton Woods. Quant au «Grand Marché européen», le projet initial de Jacques Delors visait à consolider le style des institutions nationales marquées par un Etat actif et une couverture sociale étendue et à s'affranchir partiellement des aléas et des chocs venus du reste du monde. Le terme «globalisation», popularisé par Kenichi Ohmae, devrait alors être remplacé par celui de «triadisation» que ce même Kenichi Ohmae a contribué à lancer ! S'il n'est guère plus heureux, il est cependant plus respectueux des tendances à l'œuvre.

Enfin, dernière ironie, l'aggravation dans les années 70 et 80 des déficits publics a incité les Etats à une décentralisation et à une régionalisation de la gestion des biens collectifs locaux tels que les infrastructures de transports, l'éducation, la formation, voire même les aides au développement et à l'insertion sociale des chômeurs. On découvre

---

6. Voir les mots clés en fin d'ouvrage.

alors que la densité des relations entre les acteurs locaux (entreprises, municipalités, universités, centres de recherche, syndicats) peut jouer un rôle déterminant dans la compétitivité de certaines activités industrielles et de services. Les districts industriels (7) italiens semblent avoir leur équivalent dans le Bade-Wurtenberg tout comme dans certaines préfectures japonaises.

L'horrible néologisme «glocalisation» exprime à sa manière cette subtile synergie entre des institutions locales infranationales et la compétitivité appréciée sur les marchés internationaux. L'espace des régions, ou encore celui des grandes agglomérations, permet, pour partie, la reconstruction de certaines des institutions économiques qui lors des Trente Glorieuses étaient exclusivement nationales. L'entrelacement de ces divers déterminants est si complexe que la plupart des décideurs privés et politiques ont assez logiquement préféré le concept erroné mais simple de globalisation à celui plus pertinent mais compliqué d'«ordre enchevêtré». Ce n'est pas une raison pour qu'analystes et chercheurs en fassent autant car, tôt ou tard, les limites de la configuration actuelle appelleront la redéfinition d'un ordre international digne de ce nom. Mais où est donc l'économiste et diplomate aussi talentueux que John Maynard Keynes qui aura l'audace d'imaginer, de négocier, puis d'implanter un véritable successeur au système de l'après-Seconde Guerre mondiale?

---

7. Voir les mots clés en fin d'ouvrage.

« IL FAUT PARIER SUR LA FORMATION ! »

ENTRETIEN AVEC ROBERT REICH*

Robert Reich, prenant l'exemple des Etats-Unis dont il a été le ministre du Travail durant quatre ans, estime que politique industrielle et politique sociale sont totalement liées : pour attirer des entreprises et du capital, il faut parier sur l'accroissement des infrastructures et sur la formation, et non sur le «dumping social».

Sciences Humaines : Le concept même de «mondialisation» vous doit beaucoup puisque vos articles dans la *Harvard Business Review*, dans les années 80, ainsi que votre ouvrage traduit en français sous le titre *L'Economie mondialisée* constituent des références d'interprétation du phénomène d'interdépendance des firmes et de la production. Pouvez-vous rappeler les principales étapes du processus de mondialisation ?

Robert Reich : Le terme mondialisation a actuellement une tout autre signification qu'il y a trente ou quarante ans. Il est même très différent d'il y a dix ans. De nos jours, nous trouvons un nombre croissant de produits qui sont ceux de consortiums mondiaux, dont les différentes pièces sont réalisées dans de nombreux endroits de par le monde. Même les services deviennent de plus en plus multinationaux. On propose maintenant, par exemple, les services de télémarketing d'un pays pour un autre pays. Les services du spectacle se mondialisent également.

L'économiste Ray Vernon a été l'un des pionniers de l'interprétation des phases de la mondialisation et de l'interdépendance. Il pensait que la mondialisation procédait par paliers. Au départ, le pays exporte ses produits, puis les entreprises multinationales de ce pays entreprennent des investissements directs dans les pays où il a exporté : particulièrement des investissements en rapport avec des équipements lourds et autres produits difficiles à transporter. Pendant ce temps, les autres services de plus grande valeur demeurent nationaux. Petit à petit, un nombre croissant de produits et de services en rapport avec ce produit se déplacent vers les endroits où ces produits et ces services sont achetés. On peut voir apparaître ces trois premières phases de la mondialisation tout autour de nous. Mais on assiste aussi à une quatrième, à une cinquième et à une sixième phases dans lesquelles les entités industrielles

* Professeur de politique économique et sociale à l'Université de Brandeis dans le Massachusetts, il a été durant quatre ans ministre du Travail des Etats-Unis sous le premier mandat du président Bill Clinton. Il est l'auteur de cinq livres et de plus de 200 articles sur la mondialisation, dont L'Economie mondialisée, traduit en 1993 aux Editions Dunod.

mondiales elles-mêmes se disloquent : pas au plan national, mais au plan fonctionnel. Les entreprises multinationales et transnationales se convertissent ainsi en des réseaux d'affaires dont certains couvrent plusieurs pays, d'autres un continent, alors que d'autres sous-traitent et que d'autres «sous-sous-traitent» encore avec un autre. Nous assistons au groupement de savoir-faire dans des régions continentales ou des sous-régions précises, au développement de centres du savoir et du savoir-faire autour de spécialités. Certaines de ces spécialités sont des spécialités techniques, d'autres concernent des catégories précises de programmation informatique, d'autres encore concernent plutôt la mode, l'ingénierie, la finance, ou même le domaine juridique. Ces nouvelles trames mondiales développent des nodules dans lesquels des groupes de personnes construisent ensemble du savoir. La somme totale des savoirs étant supérieure à la somme des savoirs individuels, l'entité «entreprise» elle-même devient de moins en moins pertinente.

SH : **Ces dernières années, de nombreuses critiques se sont élevées contre l'idée d'une généralisation de la mondialisation. Votre conception d'un éclatement de l'entreprise en réseau mondial administré n'a pas recueilli d'assentiment général. Cet éclatement des firmes dont vous parlez est-il toujours d'actualité ?**

R.R. : Il continue à un rythme élevé. Il est important de percer le voile des organigrammes d'entreprises. Ce n'est pas parce que quelque chose s'appelle IBM ou Ford ou Microsoft, ou tout autre nom, qu'il faut attacher une grande signification au nom. Regardons derrière le nom et demandons-nous où se situe le savoir-faire. D'où vient-il ? Qui le détient ? Où se trouvent les marchés ? La ville de New York, par exemple, devient de plus en plus le centre financier de la planète. C'est là que les échanges de dimension mondiale prennent de la valeur ajoutée. Los Angeles devient le centre mondial du spectacle. Le cinéma et le spectacle en général y gagnent une autre dimension. La télévision aussi. D'autres endroits dans le monde se spécialisent : pendant des années, des régions d'Italie ont perfectionné la mode et le design, et elles sont toujours à la pointe.

Une compagnie mondiale utilisera plusieurs de ces centres. Par exemple, ses dirigeants exploiteront peut-être quelques talents venant de Los Angeles pour élaborer le scénario d'un nouveau jeu électronique. Ils exploiteront peut-être la valeur financière et légale représentée par la place de New York pour conditionner ce jeu, et les centres de communication européens que sont Bruxelles, Londres, Paris pour développer des plans de pénétration de marchés afin de vendre le jeu. Le nom de la firme n'est que marginalement important dans l'élaboration de ce produit. Regardez derrière la firme et vous saurez ce qui se passe vraiment.

SH : Selon vous, comment la mondialisation affecte-t-elle la politique des nations et les identités nationales ?

R.R. : De différentes façons. La première est évidente. Les gouvernements nationaux se trouvent dans la position de bateleurs de cirque essayant d'attirer l'investissement mondial ou alors de garder l'épargne de leurs propres citoyens. Ils ne peuvent plus présumer sans efforts que leurs propres économies nationales se maintiendront, ce qui met les gouvernements nationaux dans une situation désavantageuse par rapport aux principaux investisseurs mondiaux. Le capital mondial est hautement mobile. Il peut aller où il obtiendra le meilleur retour sur investissement. Par conséquent, le capital mondial est par nature même en mesure d'exiger des conditions favorables de la part des gouvernements. Pour simplifier, les gouvernements nationaux ont deux grandes catégories de stratégies à leur disposition pour attirer les capitaux mondiaux. Ils peuvent soit proposer des coûts très bas, c'est-à-dire des salaires peu élevés, peu ou pas de réglementation et peu de taxes, soit, au contraire, proposer des atouts flatteurs de grande valeur tels qu'une main-d'œuvre hautement qualifiée, une excellente infrastructure de communication et de transports, des instituts de recherche, une stabilité politique ainsi que des ressources en énergie fiables.

Seule la seconde stratégie conduira à des revenus réels élevés pour les citoyens de cette nation. La première stratégie conduira inévitablement à de faibles revenus parce qu'une nation embarquée dans une telle stratégie devra entrer en compétition avec tout autre pays de la planète capable d'offrir des salaires encore plus bas, des réglementations encore plus inexistantes et des taxes encore moins élevées.

SH : Le développement récent de l'économie américaine correspond-il à l'une de ces stratégies d'attraction de capitaux ? Quels sont les autres facteurs qui l'expliquent ?

R.R. : Différentes raisons expliquent l'amélioration de l'économie des Etats-Unis. Pour commencer, de nombreuses compagnies se sont restructurées, souvent de manière douloureuse, dans les années 80, notamment dans l'industrie. Une partie de cette restructuration était purement financière. Cela n'a pas particulièrement aidé le redémarrage. On a assisté à des fusions, à des acquisitions, à des émissions d'actions, à des privatisations, à des raids boursiers, etc. Mais dans le même temps s'est déroulée une importante restructuration technologique. Et cela a eu des effets bénéfiques. En deuxième lieu, le contrôle du déficit budgétaire par le gouvernement central a été utile. Il a réduit les coûts du capital. Troisièmement, les Etats-Unis ont déréglementé certaines filières économiques : la finance, les transports et les industries connexes. La déréglementation a permis à des petites entreprises d'innover et de réduire l'emprise impitoyable de certains monopoles. La concurrence internationale a également aidé les Etats-Unis : elle a secoué quelques-unes des industries américaines et les a forcées à changer alors que dans un autre contexte les changements n'auraient pas eu lieu. Mais on ne doit pas se laisser abuser à penser que l'actuelle expansion est un peu particulière. Non, c'est une bonne expansion, le chômage et l'inflation n'ont pas été si bas depuis longtemps. Cependant, la croissance de la productivité est encore très lente. Il y a des disparités de plus en plus importantes au niveau des salaires et des avantages. Une large proportion de la population s'est retrouvée, et continue d'être, dans des situations précaires. Plus d'un enfant américain sur cinq vit dans la pauvreté, sans vêtements adéquats, sans toit ni nourriture. Une grande partie de la population n'a pas accès à la Sécurité sociale. Les Européens ont tendance à considérer l'économie américaine comme l'histoire d'un fantastique succès et dans un sens ce n'est pas faux. La création de 11 millions d'emplois en quatre ans est une réelle performance. Mais l'Europe doit aussi voir le revers de la médaille et ne pas s'imaginer que tout ce que nous faisons est valable.

SH : Cette vision positive de la croissance américaine n'est pas, loin s'en faut, spontanée en France. On pense plutôt que tous les emplois créés au Etats-Unis sont des emplois peu rémunérés.

R.R. : C'est en partie vrai. Certes, les nouveaux emplois qui sont venus s'ajouter à l'économie américaine ces quatre dernières années paient plutôt mieux que la moyenne des emplois existant en 1992. Cependant, les 116 millions d'emplois existant en 1992 ont éclaté en deux catégories : ceux payant beaucoup mieux et ceux payant beaucoup moins bien. Le tableau global que l'on peut brosser est celui d'un pays où les emplois sont moins bien rémunérés et plus précaires qu'ils ne l'étaient. Malgré tout, les nouveaux emplois qui sont créés ont tendance à être de bons emplois. Mais les Etats-Unis n'investissent pas suffisamment, ni dans la qualification de nos travailleurs ni dans l'éducation, ni dans l'éducation préscolaire, ni dans les soins infantiles. On néglige d'investir correctement dans les infrastructures, les transports de masse, les routes, les ponts, etc. Proportionnellement au PNB, on investit en réalité moins qu'il y a cinq ou dix ans, que ce soit pour les infrastructures, la recherche, l'éducation ou la formation.

SH : La faiblesse des investissements dans l'éducation, la formation et les infrastructures est-elle toujours due à la volonté de lutte contre le déficit du budget fédéral ?

R.R. : C'est en partie à cause du déficit du budget, mais ce n'est pas uniquement le fait du gouvernement fédéral. Les gouverneurs des Etats et les gouvernements locaux sont eux aussi moins désireux d'effectuer les investissements qui seraient nécessaires. Les Etats dépensent, par exemple, plus en construction et en entretien de prisons que pour l'enseignement supérieur. La Californie avait le meilleur enseignement supérieur public – financé par l'Etat – de tous les Etats-Unis, si ce n'est du monde. Cet enseignement est sur le point de s'effondrer, l'argent de la Californie étant englouti dans la construction de prisons.

SH : Vous avez été ministre du Travail des Etats-Unis pendant quatre ans et vous faites des politiques de formation professionnelle ou de recherche une priorité. Les gouvernements ont-ils aujourd'hui des politiques efficaces en matière d'amélioration de la formation ?

R.R. : Il y a beaucoup de programmes aux Etats-Unis qui fonctionnent extrêmement bien. L'un d'eux s'appelle Project Focus Hope. Son expérimentation a lieu dans l'un des quartiers les plus pauvres de Detroit. Ce programme offre aux jeunes qui ont laissé tomber le lycée la possibilité d'acquérir des savoir-faire techniques, et par là même de bons emplois, honnêtement rémunérés. Une grande partie des jeunes qui profitent de ce programme deviennent opérateurs de machines-outils à commande numérique ou techniciens de toutes sortes. Ce sont des emplois qui paient extrêmement bien. Autre exemple : le Los Angeles Skill Center dans lequel d'anciens membres de gangs apprennent à devenir des techniciens automobiles. Ils sont capables de diagnostiquer et de réparer l'électronique sous le capot des voitures et de s'engager dans d'autres métiers techniques relatifs à l'automobile. Ce sont là aussi de bons emplois.

Compte tenu de la spécificité du système de formation américain, ce sont des programmes relativement modestes. Mais on peut les reproduire ailleurs, ce qui se passe effectivement. Les meilleurs programmes de formation sont ceux qui orientent vers des métiers spécifiques nécessitant des gens qualifiés, et pour lesquels des patrons ont accepté d'offrir un emploi aux personnes ayant suivi le programme. Il est bien sûr beaucoup plus facile d'éduquer et de former quelqu'un qui vient d'un milieu aisé que quelqu'un qui a mené une vie difficile, dans la pauvreté au centre d'une ville, ou dans un « trou perdu ». Cependant, nous savons que pour chaque année d'études supplémentaire les futurs salaires augmentent de 10 à 15 %. Un gouffre sans cesse grandissant se creuse aux Etats-Unis entre les salaires de ceux qui font trois à quatre ans d'études supérieures et les rémunérations de ceux qui abandonnent leurs études au lycée. Il s'agit là de l'un des gros problèmes auxquels nous avons à faire face dans ce pays. L'écart se creuse entre les plus hauts et les plus bas salaires. Ce problème est directement lié à l'éducation et à la formation. Certes, il y a d'autres facteurs, mais cela constitue au moins la moitié de l'explication. Cette tendance à l'accroissement des inégalités de revenus qui a commencé dans les années 70 trouve sa source dans la demande croissante d'ouvriers qualifiés et la demande décroissante d'ouvriers non qualifiés. Les entreprises paient volontiers une prime pour trouver les personnes ayant les bonnes qualifications. Mais, parallèlement, il existe un surplus de gens n'ayant pas de qualifications ou des qualifications dépassées ou inadéquates. Une sorte de ligne de faille traverse la main-d'œuvre américaine. On peut observer que ceux qui ont quatre années d'université derrière eux sont en général satisfaits de leurs revenus élevés et de leurs avantages, alors que ceux qui n'ont pas dépassé le lycée sont sur une pente descendante.

SH : Quels sont les autres facteurs qui expliquent l'écart croissant des revenus aux Etats-Unis ?

R.R. : Un autre élément vient se greffer, le nombre d'années d'éducation n'est plus le seul critère : il faut avoir les bonnes qualifications. De nombreuses personnes dans notre pays ont des diplômes élevés (par exemple sur la littérature anglaise du XVIe siècle) mais ne gagnent pas beaucoup d'argent. Je n'ai évidemment rien contre la littérature anglaise du XVIe siècle. Cependant, lorsque nous examinons la relation entre l'éducation ou la qualification, d'une part, et les salaires et les avantages sociaux, d'autre part, il faut qu'il y ait adéquation, de façon à ce que l'on soit sûr que la courbe des salaires suive celle des qualifications. D'autres éléments encore entrent en jeu. Aux Etats-Unis, les syndicats ont peu de pouvoir. Au début et au milieu des années 50, environ 35 % des travailleurs étaient syndiqués. Maintenant, seuls 11 % des travailleurs du secteur privé le sont. Les salaires des hommes de ce pays ont baissé notamment à cause de la diminution du pouvoir des syndicats. Les femmes ont vu leurs salaires décliner (du moins celles qui étaient déjà les moins bien rémunérées), en partie parce que la valeur réelle du salaire minimum a chuté. Et la plupart des gens touchant le salaire minimum sont des femmes. Il existe aussi des facteurs culturels et institutionnels. Il y a trente ans, il était normal, lorsqu'une entreprise améliorait ses bénéfices, que les ouvriers en profitent sous forme d'augmentations de salaire, d'avantages supplémentaires, et de plus de sécurité de l'emploi. Ce n'est plus le cas. De nombreuses entreprises améliorent leurs bénéfices mais leurs employés ne bénéficient d'aucune augmentation sensible de leurs revenus. Ils sont même parfois obligés d'accepter des diminutions de salaires, des pertes d'avantages sociaux liées à une automatisation ou à une délocalisation de leur emploi.

Propos recueillis par
MARTHA ZUBER
et JEAN-CLAUDE RUANO-BORBALAN
Traduction de JOCELYNE HALLIER
(*Sciences Humaines*, n° 17, juin/juillet 1997)

MICHEL AGLIETTA*

COMMENT RÉGULER LES CRISES FINANCIÈRES INTERNATIONALES ?**

La succession des crises financières internationales de ces dernières années a suscité de nombreux travaux théoriques sur les dispositifs à mettre en place pour les réguler. Pour Michel Aglietta, cette régulation passe par le renforcement des organismes de contrôle et la mise en place d'un prêteur international en dernier ressort.

L A CRISE FINANCIÈRE intervenue en Asie au cours de l'année 1997 était-elle inévitable ? Quels sont les dispositifs à mettre en place pour réguler ce type de crise ? Pour répondre à ces questions, il importe de souligner d'emblée le caractère systémique des crises financières internationales intervenues au cours de ces dernières années. Comme celles des années 80-90, la crise asiatique n'est pas réductible à une seule cause ; elle est la résultante d'une multiplicité de causes interagissant entre elles.

Dans le cas de la crise asiatique, certaines causes sont profondes, d'autres plus circonstancielles. Les causes profondes sont liées au processus de libéralisation financière engagé dans la plupart des pays de cette région à partir de

1992-1993. L'ancien régime de finance des économies asiatiques avait sa logique. L'organisation du crédit était traditionnellement fondée sur une épargne importante des ménages. Cette épargne servait à financer les investissements des entreprises, à l'origine de la forte croissance que ces pays ont connue depuis les années 70. L'État exerçait un contrôle quantitatif du crédit. Ce contrôle était suffisamment cohérent pour empêcher que le (sur)endettement des entreprises

* Professeur de sciences économiques à l'université de Paris-X-Nanterre et conseiller scientifique au Centre d'études prospectives et d'informations internationales (CEPII), Michel Aglietta est spécialiste d'économie monétaire internationale. Il est l'auteur d'ouvrages de référence : *Régulation et crises du capitalisme* (1976), O. Jacob, 1997 ; *La Violence de la monnaie* (avec André Orléan), Puf, 1984.
** *Sciences Humaines*, hors série n° 22, septembre/octobre 1998.

n'explose. Sous la pression des Etats-Unis et du FMI, ces pays ont dû passer brutalement au début des années 90 à une logique de libéralisation. Celle-ci s'est traduite par trois changements importants. Il y a eu d'abord la disparition du contrôle sur le système de crédit, qui a donné toute licence au financement d'activités à rentabilité douteuse : prêts à des entreprises qui accumulaient des capacités de production excédentaires ou prêts nourrissant la spéculation immobilière. Ensuite, les crédits accordés à court terme ont progressé encore plus vite que le total du crédit. Enfin, l'ouverture des frontières aidant, les banques locales ont eu tendance à emprunter en devises étrangères (dollar essentiellement) pour prêter dans leurs monnaies nationales.

Ces banques ont donc combiné trois types de risque :
– un risque de crédit (lié au possible défaut de solvabilité de leurs débiteurs);
– un risque de distorsion d'échéances (les banques empruntaient à court terme pour prêter à long terme et risquaient donc de ne pas voir se renouveler leurs propres ressources);
– enfin, un risque de change (elles ont emprunté en devises étrangères en pensant que l'Etat était en mesure de garantir la valeur de la monnaie nationale).

Le processus de libéralisation a finalement fait des banques locales le maillon faible du système. La situation était particulièrement inquiétante en Thaïlande où la spéculation immobilière a accompagné le processus de libéralisation. Or, la rentabilité des investissements immobiliers est loin d'être garantie. On sait en effet que ces marchés immobiliers

engendrent des bulles spéculatives. L'effondrement des cours détériore les prêts qui ont été établis en contrepartie.

Ces différents changements ont engendré une très forte incertitude sur la situation des banques locales et de leurs prêteurs. Ces banques n'avaient ni l'expérience ni les compétences pour mettre en place des systèmes internes de contrôle des risques. Elles ont continué à ne se préoccuper que de la taille de leur bilan et du volume des crédits. La prise de conscience des risques de fragilisation de toute la structure de dette a été tardive. Il est intéressant d'observer à cet égard que les grandes banques internationales – qui ont pourtant des méthodes sophistiquées d'évaluation du risque – n'ont pas perçu le danger. A la veille de la crise, leurs indicateurs donnaient encore un signal positif.

Une crise systémique

A ces facteurs profonds s'ajoutent des facteurs plus conjoncturels liés à des chocs internes ou externes. Dans le cas asiatique, le choc ne fut pas monétaire mais industriel. Ce fut principalement, à partir de 1996, un ralentissement de la croissance du commerce international. Ce ralentissement concerne les secteurs où les pays asiatiques sont fortement spécialisés : l'électronique, l'automobile et les industries lourdes. Il a eu des effets immédiats. Les entreprises qui avaient pourtant fortement investi afin de gagner des parts de marchés à l'exportation ont vu leur rentabilité se détériorer. Il en a résulté ensuite un creusement du déficit de la balance des transactions courantes des pays asiatiques et donc de leur endettement. Or, les crises précédentes (notamment celles du système monétaire européen, celle du Mexique) ont rendu les investisseurs et les grands intermédiaires internationaux particulièrement sensibles à ce type de déficit. Ils se sont aperçus qu'un creusement trop important des déficits de la balance des transactions courantes produisait tôt ou tard des déséquilibres durables. En constatant les déficits des pays asiatiques, ils ont aussitôt fait le rapprochement avec les expériences passées.

C'est dans les pays où le déficit courant s'est le plus creusé que la crise s'est d'abord manifestée : la Thaïlande et les Philippines. Insistons bien sur ce point : dans ses manifestations initiales, la crise qui a affecté ces pays est alors relativement classique. Elle se manifeste par le creusement du déficit courant. C'est sous l'effet de facteurs proprement psychologiques liés à la dynamique des marchés que la crise s'est ensuite propagée dans les autres pays. Certes, si les systèmes financiers asiatiques n'avaient pas été fragilisés, la propagation n'aurait pas eu la même intensité. Le déroulement chronologique de la crise asiatique est instructif : il témoigne de l'importance de l'incertitude et par là même du caractère autoréalisateur de la crise intervenue en Asie.

Avant le déclenchement des mouvements de panique, il y a une période de latence : entre le mois de juillet 1997 (où le bath thaïlandais se déprécie fortement) et le début du mois d'octobre. Durant cette période, les opérateurs se trouvent dans une situation d'indécision. C'est la période où une action énergique des autorités internationales aurait pu tranquilliser les marchés. Au contraire, leur inaction a entretenu l'inquiétude sur le maintien de la parité des monnaies locales par rapport au dollar. A partir d'octobre, la crise s'est généralisée brutalement à Hong Kong (très forte baisse de la Bourse) et à la Corée et l'Indonésie : elle s'est propagée de marché à marché en alimentant les mouvements de panique.

La propagation ne s'est pas limitée aux seuls pays asiatiques. L'inquiétude s'est manifestée sur d'autres marchés, notamment au Brésil et en Russie. Il y a eu dans ces pays des secousses non négligeables. Les autorités ont dû réagir en relevant leurs taux d'intérêt afin de maintenir les capitaux étrangers.

Dès lors que la crise n'est pas déterminée exclusivement par des fondamentaux (la balance des transactions courantes, l'inflation, etc.) objectivement détériorés mais plus par des dynamiques psychologiques de marché, il en résulte une forte incertitude et une pluralité d'issues possibles. C'est dire si une crise financière internationale est difficilement prévisible.

Les banques internationales ont néanmoins une large part de responsabilité dans l'aggravation de la crise financière asiatique et sa transformation en crise économique et sociale. Ces banques ont prêté à court terme aux banques locales sous la forme de lignes de crédits destinées à financer le commerce extérieur. Devant la détérioration de la situation, elles ont préféré ne pas reconduire ces lignes de crédits. Les reflux de capitaux au cours de l'automne 1997 ont été très importants : ils ont représenté plus de

10 % du PIB cumulé des pays asiatiques. Il en a résulté une crise de liquidité dramatique qui a eu des répercussions immédiates sur l'activité économique. Ne pouvant plus obtenir d'avances auprès de leurs banques, les entreprises de ces pays ne pouvaient plus financer leurs exportations, ni, *a fortiori*, les composants qu'elles importent. Même les pays les plus compétitifs sur le plan industriel comme la Corée n'ont pas été épargnés. On voit comment une crise se transmet de la sphère financière à la sphère réelle par l'étranglement du crédit qui succède brusquement à sa pléthore.

La propagation de la crise s'accompagne de mouvements de panique importants. Ces mouvements ne se manifestaient pas au niveau international du temps où la circulation des capitaux était contrôlée. Ils traduisent l'incertitude où se trouvent les opérateurs. Faute de pouvoir estimer directement l'effet des facteurs qui accroissaient la variabilité des rendements de leurs placements, les opérateurs coordonnent leurs anticipations sur le mouvement des prix de marché eux-mêmes. Il en résulte une opinion collective qui, en orientant les choix des opérateurs, devient autoréalisatrice. Les prix varient fortement dans le même sens parce que leur mouvement récent persuade les acteurs du marché que le mouvement va continuer. Le facteur décisif qui fait passer la dynamique des marchés financiers d'une fluctuation normale autour d'un prix d'équilibre lui-même évolutif à un processus autoréférentiel qui les fait diverger de tout équilibre est la liquidité. Dans le cas des monnaies asia-

tiques, les prix d'équilibre étaient des taux de change ancrés sur le dollar depuis plusieurs années. La liquidité dépendait de la poursuite des entrées de capitaux à court terme par les banques internationales. Dès que les signes de difficulté des banques locales ont mis en doute la pertinence du taux de change, les mouvements de capitaux ont commencé à s'inverser, exerçant une pression sur le change ; les banques centrales des pays concernés ont vendu des dollars pour défendre ce qu'elles estimaient être des taux de change d'équilibre. Mais la perte des réserves a fait douter les opérateurs internationaux que la liquidité soit suffisante pour assurer cette défense. C'est alors que la spéculation est devenue autovalidante et s'est propagée entre les marchés de change de la région qui souffraient du même assèchement de la liquidité.

Que faire ?

La crise asiatique et ses effets ont relancé le débat autour des mécanismes à mettre en place pour réguler, à défaut de prévenir, de telles crises. Pour les libéraux, la crise viendrait fondamentalement d'une mauvaise information des opérateurs financiers et de l'absence de contraintes sur les pays qui utilisent les capitaux internationaux. Selon eux, il faut que les politiques économiques menées par ces pays soient davantage surveillées (par le FMI en l'occurrence) ; il faut également améliorer la transparence en exigeant des organismes financiers qu'ils produisent plus d'informations sur leur véritable situation financière. Placer les politiques économiques sous le contrôle d'un organisme comme le FMI implique de restreindre la souveraineté des Etats. Or, tous les Etats ne sont pas prêts à cette éventualité.

S'agissant de la transparence, elle ne résout pas tout. Dès lors que les crises financières sont de nature systémique, il existe en effet un niveau d'incertitude qui ne peut être *a priori* pris en compte et intégré dans des modèles probabilistes d'évaluation des risques. Les crises financières internationales ne sont pas des événements reproductibles selon des lois de probabilité connues.

Plutôt que de chercher à prévoir les risques de système, il convient d'assumer l'idée que ces risques existent en finance internationale. Tous les experts, qu'ils soient libéraux ou non, s'accordent sur la nécessité de mettre en place des dispositifs «prudentiels» (incitant les opérateurs à plus de prudence). De telles réformes sont de longue haleine et doivent respecter les différences des systèmes financiers. Dans certains pays, l'Etat joue traditionnellement un rôle central. Les conflits engendrés par les problèmes financiers sont gérés au niveau politique. Cette forme de régulation s'est révélée efficace même si elle se fait au prix de procédures opaques, voire occultes.

La mise en place de dispositifs plus conformes à une doctrine libérale doit donc être envisagée dans la longue durée. Cela passe aussi par des compromis qui reflètent des préférences nationales. Il est illusoire d'imaginer la création d'un système de normes valable pour tous les agents financiers et appliqué dans le monde entier. Hormis l'action en profondeur au sein des

pays qui s'engagent dans la libéralisation financière, il existe des moyens pour combattre les aspects proprement globaux des crises financières. Le premier consiste à redoubler les moyens de sécurité existants en renforçant notamment le dispositif de contrôle des grandes banques ; le second, à affirmer la nécessité d'un prêteur en dernier ressort international.

• La première voie vise à réduire l'aléa moral occasionné par l'attitude d'imprudence des grandes banques internationales qui, se croyant garanties, prennent des risques excessifs. Il faut durcir les exigences prudentielles pour les inciter à évaluer les risques sur leurs créances.

Si un tel rôle peut être confié à un organisme déjà existant, ce ne peut être au FMI. Cette institution traite avec des pays et non avec des agents privés. Il serait dangereux que le pouvoir soit concentré entre ses mains, qu'il soit transformé en organisme de supervision des banques et des Etats. Qui plus est, le FMI ne dispose pas de l'expertise adéquate. Il n'a d'ailleurs pas été en mesure de diagnostiquer la crise de liquidité des pays asiatiques.

Au contraire, le club des grandes banques centrales localisées à la Banque des règlements internationaux (BRI) est en mesure d'exercer un tel rôle. Les organismes de supervision bancaire peuvent renforcer la fourniture d'informations par les grandes banques internationales de manière à exercer une véritable supervision consolidée de groupes multiformes et habiles à cacher des positions à risque. Ces informations sont en principe confidentielles et permettent une action correctrice précoce des superviseurs sur les banques, comme cela existe déjà à l'intérieur des Etats-Unis. Le superviseur doit avoir un pouvoir d'injonction dès qu'il a détecté une anomalie : il peut recommander à la banque de modifier la structure de son portefeuille, de restreindre le versement de dividendes, d'accroître le montant des provisions, de désinvestir certaines activités, etc. Autrement dit, le superviseur exercerait une action coercitive, graduée et précoce, fondée sur une information de qualité.

• L'existence d'un prêteur en dernier ressort aurait également permis de contenir la crise asiatique. La fonction du prêteur en dernier ressort, lorsque des ventes s'effectuent en cascade, est d'injecter des liquidités (par l'achat de titres ou de devises). Cela permet de maintenir les prix à un niveau jugé crucial.

Seulement, les ressources d'un prêteur en dernier ressort ne peuvent être illimitées. D'où l'importance des actes symboliques. On en a eu une illustration avec, par exemple, les déclarations solennelles de la Banque de France et de la Bundesbank en 1992 au moment des mouvements de spéculation autour du franc. En affichant leur volonté d'user de tous les moyens, elles sont parvenues à y mettre fin.

Vers une régulation internationale

De même, en frappant les marchés par ce type de déclaration, le prêteur en dernier ressort peut dissiper la panique à la source sans avoir eu à mobiliser les fonds. Le FMI n'est pas le mieux placé pour jouer ce rôle. Il n'agit qu'à la demande des gouvernements. Une fois sollicité, il s'ensuit une période de négociation. Or, celle-ci ne fait que contribuer à la dramatisation de la situation. Dans le cas de la Corée, les négociations se sont échelonnées entre octobre et décembre 1996. Le coût social de l'action du FMI (en termes de licenciements, de baisse du pouvoir d'achat, etc.) a finalement été très élevé. L'action immédiate d'un prêteur en dernier ressort aurait pu réduire le coût social.

Dans un monde globalisé, les banques centrales sont les agents les mieux placés pour comprendre l'interdépendance des marchés monétaires et financiers. Elles sont les seules en mesure de comprendre les répercussions d'une crise localisée sur l'ensemble du système financier international.

Cependant, toutes les banques centrales ne sont pas concernées au même titre par une crise dans telle ou telle partie du monde. Seules les plus concernées interviendraient donc au titre de prêteur en dernier ressort. S'il y avait eu une action conjointe de la Fed (la banque centrale américaine) et de la Banque centrale du Japon (les deux pays les plus concernés *a priori*) sur le marché des changes de la Corée – pour surmonter la crise de liquidité –, la panique aurait pu être évitée. La Banque du Japon est aujourd'hui celle qui paie le plus cher les effets de cette crise. Sa passivité montre le chemin à parcourir pour ancrer le rôle de prêteur en dernier ressort dans les pratiques. Cependant, le rebondissement de la crise en juin 1998 et sa focalisation sur le yen ont fait avancer la prise de conscience

James Tobin : il faut taxer les mouvements de capitaux

« Mettre du sable dans les rouages trop bien graissés » de la finance internationale en taxant les mouvements de capitaux. Telle est la proposition formulée dès 1978 par l'économiste américain James Tobin. Le montant de cette taxe serait proportionnel à la durée des transactions. De cette façon, les opérations à court terme, généralement les plus spéculatives, seraient pénalisées par rapport aux placements à long terme. Trois ans plus tard, J. Tobin reçut le prix Nobel mais en récompense d'autres travaux (en microéconomie). Depuis, d'autres économistes ont repris sa proposition. A défaut de pouvoir l'instaurer à l'échelle internationale, certains ont prôné depuis sa mise en place dans le cadre de l'Union européenne.

de la fonction essentielle du prêteur en dernier ressort. La baisse du yen tendait à devenir un processus autoréalisateur dont les répercussions sur l'ensemble de l'économie mondiale étaient fortement perturbatrices. Le trésor et la banque centrale des Etats-Unis se sont convaincus de la nécessité d'arrêter ce mouvement en fournissant au marché des dollars (2 milliards, le 17 juin 1998) pour permettre aux opérateurs pris de panique de réestimer plus sobrement le niveau du yen. Le prêteur en dernier ressort traite les perturbations associées au manque de liquidité. Il permet de gagner du temps, d'éviter des désordres profonds qui aggravent la fragilité financière. Mais la solution durable de la crise au Japon comme dans le reste de l'Asie passe par la réhabilitation des banques, l'allocation des pertes et le rétablissement de la capacité à faire crédit.

A lire sur le sujet

• M. Aglietta, *Macroéconomie financière*, La Découverte, coll. « Repères », 1995.

• J.-P. Allegret, *Economie monétaire internationale*, Hachette, 1997.

• F. Chesnais (dir.), *La Mondialisation financière*, Syros/Alternatives économiques, 1996.

Annexes

MOTS CLÉS

Action
Titre de propriété sur une fraction du capital d'une entreprise, émis sur le marché primaire et négociable sur le marché secondaire.
→ *voir marché financier*

Billets de trésorerie
Titres émis par les entreprises sur le marché monétaire pour se procurer de la trésorerie. Ils sont rémunérés à taux fixe et permettent d'obtenir des capitaux pour un prix inférieur aux crédits bancaires.

Bretton Woods (Système de)
Il s'agit du système monétaire international mis en place à la suite des accords du même nom en juillet 1944. Organisé autour d'une institution supranationale de crédit (le FMI), ce système revenait à ériger le dollar comme monnaie de référence. Ce système a disparu avec la fin de la convertibilité du dollar en or, en 1973. C'est pour pallier l'absence de système monétaire international qu'a ensuite été créé en 1978 le SME dans le cadre de la Communauté européenne.

Bulle spéculative
Situation où l'on observe une surévaluation persistante des prix des actions par rapport à la valeur fondamentale des entreprises cotées.

Capitalisation boursière
Montant du capital d'une entreprise placé en Bourse sous forme d'actions.

**Concurrence parfaite et...
imparfaite**
L'hypothèse de concurrence parfaite a été posée par Léon Walras. Elle suppose un système, proche de ce que l'on observe dans certains marchés comme la Bourse ou le marché aux poissons, dans lequel les prix équilibrent l'offre et la demande de produit. Dans le modèle walrassien, il est supposé qu'il existe une entité – appelée « commissaire-priseur » – qui centralise les offres et les demandes des agents, et qui cherche, « par tâtonnement », à trouver les prix qui les égalisent (prix dits d'équilibre).
Ce modèle décrit donc en fait un système très centralisé, plus proche de la planification que du marché. Les néo-classiques lui accordent cependant un rôle privilégié car il est le plus simple possible sur le plan mathématique. Le modèle de concurrence pure et parfaite sera ensuite reformalisé, à l'aide de critères formels : atomicité du marché, information parfaite des agents, libre circulation et entrée...
Si on relâche l'une des hypothèses du modèle de concurrence parfaite, on dit alors qu'on est en présence de modèles

de concurrence imparfaite. Mais ceux-ci forment une sorte de nébuleuse, au traitement mathématique souvent compliqué, et dont il n'est pas possible de tirer de leçon d'ordre normatif.

Conventions (école des)
Selon cette approche, l'activité économique (mais aussi le jeu social) doit s'interpréter en fonction des conventions (systèmes de valeur, systèmes de références) partagées implicitement par les individus qui échangent ou coopèrent. Principaux représentants : Olivier Favereau, Laurent Thévenot, Robert Salais.

Corporate governance
Nouvelle conception du gouvernement d'entreprise fondée sur le renforcement du pouvoir des actionnaires au détriment des cadres dirigeants. Apparue dans les années 70-80 dans les pays anglo-saxons sous l'effet de la montée en puissance des fonds de pension, elle s'est accompagnée de l'adoption de procédures et d'indicateurs destinés à rendre plus transparentes la gestion et la comptabilité des entreprises cotées et à sensibiliser les dirigeants aux intérêts des actionnaires (avec notamment l'introduction des *stock options*).

Coûts de transaction
Il s'agit des coûts entraînés par les échanges économiques (par exemple, l'acquisition d'information, l'établissement de contrats, la négociation, etc.). Selon la théorie des coûts de transaction (dont les principaux représentants sont Ronald Coase et Oliver Williamson), c'est en fonction de ces coûts que s'effectuent les arbitrages entre les relations marchandes et l'organisation hiérarchique (l'entreprise).
→ *voir institutionnalisme*

Crises de balances des paiements et attaques autoréalisatrices
Ces deux modèles décrivent des situations dans lesquelles les réserves de change d'un pays s'épuisent, obligeant la banque centrale de ce pays à dévaluer la monnaie. Il existe cependant une différence importante entre les deux. Le premier modèle met en avant des déterminants fondamentaux de la crise (une politique laxiste). Le second considère que c'est la crise qui entraîne la politique laxiste, suite à la dévaluation. En ce sens, l'attaque contre la monnaie est autoréalisatrice : elle a provoqué le changement de politique redouté (la crise du SME de 1992-1993 correspondrait à ce cas de figure selon certains auteurs).

Délocalisation
Dans son acception courante, elle consiste à produire des biens dans les pays à bas salaires destinés à être ensuite exportés dans les pays où le pouvoir d'achat est élevé. La création d'une filiale à l'étranger constitue le cas de figure le plus courant. Mais il en existe d'autres :
– la délivrance d'une licence. L'entreprise donne droit à une firme étrangère de produire le même article en échange de «royalties» (exemple : l'hélicoptère Dauphin conçu par Aérospatiale et fabriqué en Chine);
– la sous-traitance. La fabrication est confiée à une entreprise étrangère. L'essentiel des articles Lacoste, Benetton,

Nike, etc., est ainsi fabriqué à l'étranger. Du point de vue géographique, la délocalisation n'est pas une notion heureuse puisqu'elle suggère la privation de toute localisation. Une entreprise «délocalisée» est en fait une entreprise relocalisée. A moins de désigner par délocalisation le fait qu'une décision soit prise par une firme ou un gouvernement par concertation et à distance.

Dépendantisme

Théorie économique développée à partir des années 50 qui met en évidence les raisons du sous-développement et de l'état de dépendance des pays du tiers-monde vis-à-vis des pays industriels.

Désintermédiation bancaire

Désigne le processus conduisant à la possibilité pour une entreprise de financer ses investissements en recourant directement au marché financier, sans faire appel au crédit des banques.

Districts industriels

Mise en avant par l'économiste anglais Alfred Marshall (1842-1924), cette notion désigne les systèmes de production locaux caractérisés par l'existence d'une large gamme de PME spécialisées et organisées autour d'une industrie dominante, une osmose entre la communauté locale et les entreprises, une organisation industrielle fondée sur un mélange de concurrence-coopération, enfin une «atmosphère industrielle» résultant de la formation et de l'accumulation de compétences. De tels districts existent principalement en Italie centrale (Toscane, Venétie), en Alle-

magne (dans le Bade-Wurtenberg). Il en existe aussi en France : la vallée de l'Arve (décolletage), par exemple.
→ *voir pages 189 et 197*

Economie de l'offre

« Trop d'impôt tue l'impôt. » Tel est le credo d'Arthur Laffer, le gourou de l'économie de l'offre, qui a inspiré la politique de Ronald Reagan dans les années 80. Selon lui, un taux d'imposition trop élevé décourage l'investissement et l'activité.

Effets d'éviction ou désincitatifs

Au-delà d'un certain seuil, les dépenses publiques produisent un effet d'éviction (les emprunts de l'Etat tarissent les sources de financement des dépenses des entreprises et des ménages). Une augmentation des impôts a, elle, des effets désincitatifs (plus les impôts sont élevés, moins les individus sont incités à travailler, à investir ou à recourir au travail légal). C'est le double effet mis en évidence par la courbe de Laffer, qui cherche à mettre en rapport le taux d'imposition et les recettes fiscales.

Effet multiplicateur

Lorsque l'Etat dépense un milliard de francs supplémentaire, cette somme correspond pour les entreprises et pour les ménages à un supplément de revenu qui, à son tour, est consacré à de nouveaux achats de biens d'équipements, et ainsi de suite. Au final, l'investissement initial a suscité un surcroît d'activité supérieur à un milliard de francs. C'est l'effet multiplicateur sur lequel se fondent les politiques keynésiennes. Il est fonction du degré d'ouverture d'une économie, du niveau d'inflation, et des anticipations des agents économiques.

Efficience informationnelle et allocative

Théorisée par l'économiste américain E. Fama, l'efficience informationnelle implique que l'information est disponible pour tous les intervenants et qu'elle est totalement intégrée dans le prix des actifs ; l'efficience allocative suppose, elle, que, dans le cas où les prix sont librement déterminés, les ressources (capital et travail) se dirigent vers les secteurs les plus rentables (R. Lucas).

Fondamentaux

Les données macroéconomiques susceptibles de peser sur les résultats d'une entreprise. Soit les technologies, les ressources disponibles et les préférences des consommateurs.

Fordisme et postfordisme

En tant que modèle de développement, le fordisme repose sur la conjonction de trois éléments : un modèle d'organisation du travail (en l'occurrence, la division interne du travail entre cadres, concepteurs, ouvriers qualifiés et ouvriers spécialisés) ; un régime d'accumulation (lois macroéconomiques, consommation et fabrication de masse, grandes entreprises dominant le système de production, etc.) ; un mode de régulation (conventions et négociations collectives, rôle de l'Etat comme intermédiaire, augmentation du pouvoir d'achat, etc.). La crise du fordisme appelle un autre modèle de développement : le postfordisme ou, selon d'autres, l'«après-fordisme» ou encore l'«accumulation flexible».

Futures

Contrat d'achat à échéance sur le marché financier, proche de la technique de l'option.

Hétérodoxes

Ce n'est pas une école bien constituée mais un ensemble d'auteurs et de courants hétérogènes qui ont en commun de penser l'économie à partir des institutions et des forces sociales qui la composent : c'est pourquoi on parle aussi de socio-économie. L'économie est structurée par des règles, conventions, normes, organisations. On rapproche habituellement les institutionnalistes américains (Thorstein Veblen, John Commons, John Clark) d'auteurs comme Joseph A. Schumpeter, Karl Polanyi, François Perroux, John Galbraith, Albert Hirschman, Amartya Sen. En France, la socio-économie est représentée par l'Ecole de la régulation et l'Ecole des conventions. Le néo-institutionnalisme de Oliver Williamson (Coûts de transaction) est intégré au courant socio-économique même si sa démarche relève en fait de l'économie néoclassique.

Indice boursier

Calculé à partir de la moyenne des variations de cours de titres les plus prestigieux, il indique la tendance du marché par rapport à une date de référence. Les indices les plus connus sont ceux des bourses de New York (le Dow Jones, établi à partir de 30 titres), de Tokyo (le Nikkey), de Londres (le FT), de Paris (le Cac 40).

Institutionnalisme

Courant de pensée en économie qui, s'opposant à la vision abstraite et désincarnée de l'économie néoclassique, cherche à prendre en compte le rôle des institutions sociales dans l'organisation économique. Par institution, on entend dans un sens très large la culture, le type de comportement d'un groupe social et, dans un sens restreint, les institutions qui, comme les banques, les administrations ou l'Etat, encadrent et régulent l'économie. Les deux chefs de file du courant contemporain du «néo-institutionnalisme» (ou *neo-institutional economics*) sont Oliver Williamson et Ronald Coase.

Interdépendance

L'idée d'interdépendance est d'abord apparue avec les problèmes d'environnement (encombrement des villes, pollution de l'air, risques nucléaires…), la prise de conscience de leur caractère transfrontalier et donc de la nécessité de les traiter à un niveau à la fois local et international. Sur le plan économique, la notion d'interdépendance revient à relativiser le schéma avancé dans les années 70 par la «théorie de la dépendance» et selon lequel les échanges internationaux entretiennent des rapports de dépendance économique des pays de la périphérie (en développement) par rapport au centre (les pays industrialisés). Les théories récentes soulignent au contraire l'interpénétration des centres et des périphéries.

Keynésianisme

Pour John M. Keynes (1883-1946), l'Etat doit intervenir dans l'économie pour pallier aux carences du marché. Le keynésianisme a dominé la pensée économique des années 50 aux années 70. Les enfants de Keynes s'étaient cependant séparés en deux familles : les théoriciens de la synthèse qui ont tenté une fusion de Keynes et des néoclassiques (John Hicks, Don Patinkin, Paul Samuelson, Robert Solow, etc.) et ceux qui sont restés fidèles à un Keynes anticlassique (Ecole de Cambridge autour de Nicholas Kaldor, Roy Harrod, Joan Robinson). Aujourd'hui, une nouvelle génération de keynésiens émerge.
→ *voir page 29*

Keynésianisme hydraulique

Une formule péjorative pour désigner une représentation dominante dans les années 60. L'économie est vue comme un circuit dans lequel entrent et sortent des flux (de monnaies, de marchandises…). En termes de politique économique, cela justifie, en cas de ralentissement de la croissance, un «réamorçage de la pompe» par l'Etat à partir d'une augmentation des dépenses publiques.

Marché des changes

Il s'agit des marchés où les banques commerciales, les investisseurs institutionnels et les entreprises peuvent se procurer ou vendre des devises.

Marché contestable

Un marché est dit contestable lorsque les entreprises sont libres d'y entrer ou de le quitter pour y réaliser des profits. Dans cette hypothèse, les entreprises déjà présentes sur un tel marché pratiquent des prix aussi proches que possible de la situation de concurrence pure et parfaite afin de dissuader les concurrents potentiels d'y entrer.

Marché financier

Désigne le lieu où s'échangent les capitaux (actions et obligations). On distingue le marché primaire, où sont émis de nouveaux titres, et le marché secondaire, celui de la bourse des valeurs où s'échangent les titres déjà créés, qui est le «marché de l'occasion» des capitaux.

Marché monétaire

C'est le marché des transactions d'argent à court terme qui s'effectuent entre les institutions financières (banques, investisseurs) et leurs clients.

Marx et les marxistes

Marx a voulu fonder une théorie générale des crises du capitalisme conduisant à son effondrement final. Face à la capacité du capital à survivre et à s'adapter, les marxistes proposeront une théorie de l'impérialisme (Lénine, Rosa Luxembourg, Samir Amin), puis du néocapitalisme (Paul Baran, Paul Sweezy, etc.), des cycles et crises (Ernest Mandel).

Matif

Marché à terme international de France, créé en 1986. Il vise à protéger des fluctuations des taux de change, les investisseurs qui achètent «à terme» (c'est-à-dire à une échéance fixée par avance) et à prix fixé.

Microéconomie et macroéconomie

La microéconomie part des unités élémentaires de décision (appelées souvent «agents») : les ménages et les entreprises. Elle s'intéresse à leurs choix et aux rapports de ceux-ci avec les prix. La microéconomie met surtout l'accent sur les équilibres du système, c'est-à-dire les situations où les choix des agents sont compatibles.

La macroéconomie raisonne de façon globale, à partir de concepts tels que le produit, la consommation, l'investissement d'un pays – concepts appelés des agrégats. Elle cherche à estimer les relations entre les divers agrégats, pour en tirer des conclusions de politique économique.

Monétarisme

Milton Friedman (né en 1912, Prix Nobel d'économie 1976) en est le chef de file. Opposé au keynésianisme, le monétarisme s'est développé à la fin des années 60. Selon la théorie «quantitative» de la monnaie, la quantité de monnaie en circulation a un effet direct sur les prix : trop de monnaie conduit à l'inflation. Pour lutter contre l'inflation, l'Etat doit veiller à limiter la création monétaire.

Multilatéralisme

C'est un mode de négociation économique et commerciale mettant en présence plusieurs Etats. Les négociations commerciales multilatérales du GATT et de l'OMC en constituent l'archétype. Les concessions sont mutuelles et étendues à l'ensemble des partenaires (clause de la nation la plus favorisée). D'autres modes de négociation existent : le bilatéralisme et le régionalisme. Le premier correspond à des négociations entre deux partenaires (des puissances économiques) sur la base de rapports de force ; le second, entre plusieurs Etats d'une même aire régionale.

Néoclassiques et « nouveaux classiques »

Le terme néoclassique désigne les économistes issus de la « révolution marginaliste » des années 1870, qui consistait à mettre l'accent sur les choix individuels – à la manière de la microéconomie actuelle. Le modèle néoclassique de référence est celui de l'équilibre général, d'abord proposé par Léon Walras, mais dont Kenneth Arrow et Gérard Debreu ont proposé la version la plus élaborée, au début des années 1950. On identifie souvent néoclassiques et libéralisme, alors qu'en fait beaucoup d'entre eux – dont L. Walras et K. Arrow – se sont nettement démarqués du libéralisme.

Les « nouveaux classiques » (dont Robert Lucas, Prix Nobel d'économie 1995 est le chef de file) désignent la théorie des anticipations rationnelles (les agents économiques interviennent en connaisseurs éclairés de l'économie) et « l'économie du cycle réel » qui jette les fondements d'une analyse microéconomique de la macroéconomie. Ce courant de pensée a eu un grand écho dans les années 80.

→ voir page 45

Nouvelle économie géographique

Dans les années 90, on assiste à une tentative de renouvellement de l'économie urbaine et régionale, sous le vocable « nouvelle économie géographique », qui reflète le nouvel intérêt des économistes envers l'espace géographique. Parmi eux, Paul Krugman se distingue particulièrement. Ce nouveau courant s'organise autour des apports de la nouvelle théorie du commerce international (ou plus généralement de l'économie internationale), des nouvelles théories de la croissance, des fondements microéconomiques des externalités, des rendements croissants et de la concurrence spatiale. Il ne renonce pas à la formalisation. Parmi les auteurs français on trouve Jacques-François Thisse, Gilles Duranton ou Françoise Maurel.

→ voir page 197

Obligation

Titre de créance à long terme émis sur le marché financier par une entreprise, une institution publique, ou l'Etat.

Option

Contrat qui donne à un acheteur le droit de pouvoir acheter ou de revendre un titre à échéance et à un prix fixé d'avance.

Optimum de Pareto

Un optimum de Pareto – du nom de l'Italien Vilfredo Pareto (1848-1923) – est une répartition des ressources disponibles telle qu'il n'est pas possible d'améliorer le bien-être d'un individu sans détériorer celui d'au moins un autre.

Price earning ratio (PER)

Il indique le rapport entre le cours d'une action et le bénéfice réalisé par action. C'est l'un des ratios les plus couramment utilisés par les opérateurs.

« Public choice »

Dans les années 70, les Américains James Buchanan et Gordon Tullock ont appliqué au domaine de la politique les démarches de la microéconomie. La démocratie est vue comme un marché politique.

Ratio Cooke

Instrument de contrôle prudentiel des banques à vocation internationale. Ce ratio les oblige à disposer d'un montant de fonds propres égal à un certain pourcentage de leurs engagements (leurs actifs pondérés par le risque de non-recouvrement).

Régime de change

Un régime de change désigne généralement la manière dont une monnaie est liée aux autres devises. Il existe trois régimes de change principaux : l'accrochage de la monnaie nationale à une devise servant de référence (la zone franc), la flexibilité limitée (le Système monétaire européen), et le flottement plus ou moins libre de la monnaie.

Régulationnisme

Développée à partir des années 70, cette approche privilégie l'analyse des facteurs qui contribuent à la stabilisation des structures (économiques, sociales, etc.), confrontées aux attentes, aux intérêts, aux actions *a priori* divergentes des agents (individus, entreprises, etc.) qui les composent. La réponse consiste dans l'analyse des habitudes et des formes institutionnelles qui conduisent ou contraignent les agents à composer entre eux et, ainsi, à reproduire la structure.

Spécialisation flexible

La spécialisation flexible est une forme d'organisation industrielle fondée sur les nouvelles technologies (microélectronique, informatique, machines à contrôles numériques, etc.). Elle donne lieu à une production en petite série et accroît la capacité de l'entreprise à s'adapter rapidement aux évolutions de la demande. En cela, elle constitue une alternative à la rigidité de la production de masse du modèle fordien.

Structuralisme

En économie du développement, les théoriciens dits «structuralistes» comme François Perroux (1903-1987) et Raul Prebish (1901-1986) ont voulu prendre en compte les effets de domination (relations centre-périphérie) et le développement différencié des différents secteurs (agricoles ou industriels) dans les logiques de développement.

Taxe Tobin

Taxe sur les transactions à court terme, proposée par le Prix Nobel d'économie James Tobin afin de limiter les mouvements spéculatifs.

Taylorisme

Méthode d'organisation du travail conçue par l'ingénieur américain Frederick W. Taylor (1856-1915). Sous la dénomination «organisation scientifique du travail», le taylorisme vise à accroître l'efficacité du travail par la séparation entre les tâches de conception et d'exécution, par la décomposition des activités de travail en tâches élémentaires et répétitives et, enfin, par la rémunération au rendement.

Théories de la croissance endogène

Ces approches nouvelles, développées dans les années 80-90, considèrent que la croissance est un phénomène auto-entretenu, par accumulation de quatre facteurs principaux : le capital physique, la technologie, le capital humain et le capital public.

→ *voir page 163*

Théorie des « étapes du développement »

Selon cette théorie, élaborée par l'économiste américain Walt Rostow, le développement des sociétés s'opérerait en cinq étapes, suivant un même schéma, la société de consommation constituant l'étape ultime :

– l'étape initiale : la société traditionnelle agricole caractérisée par la faiblesse de l'épargne, le poids de la structure familiale, des comportements peu enclins à la prise d'initiatives ;

– la préparation du décollage : transformation des comportements à l'égard de l'industrie, du profit, de l'épargne et recours plus fréquent à la solution la plus technique ;

– le décollage (ou *take off*) : élévation du niveau d'investissement, création d'industries par les élites, diffusion des techniques, modification de l'organisation économique et sociale en faveur de la croissance ;

– la société moderne : correspond à une phase de maturation importance de la fraction du revenu consacré aux investissements, généralisation du progrès technique, etc. ;

– la société de consommation : tertiairisation de l'économie, extension des loisirs, généralisation de l'éducation, de la protection sociale, rôle important de l'information.

→ *voir page 171*

Théorie des jeux

Développée par le mathématicien John von Neumann (1903-1957) et l'économiste Oskar Morgenstern (1902-1977), cette théorie s'intéresse aux interactions entre individus rationnels. La théorie des jeux attire l'attention sur le fait que des décisions «individuellement rationnelles» peuvent conduire à des issues absurdes (ce sont les «paradoxes» et les «dilemmes», dont la théorie des jeux est très friande).

Théorie du déséquilibre

Selon la «théorie du déséquilibre», dont Edmond Malinvaud est en France l'un des représentants, face à un déséquilibre entre offre et demande, les ajustements ne se font pas par les prix (conception de L. Walras) mais par les quantités échangées, les prix étant rigides à court terme.

BIBLIOGRAPHIE GÉNÉRALE

Face à une production pléthorique, il n'était pas question d'être exhaustif. Nous avons donc fait une sélection, sur la base des critères suivants : des ouvrages de synthèse, des ouvrages représentatifs des nouvelles théories et des nouveaux enjeux, récents et publiés en français.

Manuels

J.-M. ALBERTINI, *Les Rouages de l'économie nationale*, éd. de l'Atelier, rééd. 1996.

J. BRÉMOND et A. GÉLÉDAN, *Dictionnaire économique et social*, Hatier, 1990.

D. CLERC, *Déchiffrer l'économie*, Syros, rééd. 1999.

M. DIDIER, *Economie, les règles du jeu*, Economica, 1992.

J.-C. DROUIN, *Tous économistes. Guide d'introduction à l'économie*, Puf, 1999.

D. FLOUZAT, *Economie contemporaine*, 2 t., Puf, rééd. 1997.

A. FOURÇANS, *L'Economie expliquée à ma fille*, Seuil, 1997.

X. GREFFE, J. MAIRESSE et J.-L. REIFFERS (dir.), *Encyclopédie économique*, 2 t., Economica, 1990.

J.-L. LEVET, *Sept Leçons d'économie à l'usage du citoyen*, Seuil, 1999.

G. MANKIW, *Principes de l'économique*, Economica, 1998.

F. TEULON (dir.), *Dictionnaire d'histoire, économie, finance, géographie*, Puf, 1997.

F. TEULON et R. BARRE, *Economie politique*, 2 t., Puf, rééd. 1997.

M. VIGEZZI, *Analyse économique. Les faits et les pensées*, Pug, 1996.

«50 ans de problèmes économiques», revue *Problèmes économiques*, La Documentation française, 1998.

Histoire de la pensée économique

M. BLAUG, *La Pensée économique. Origine et développement*, Economica, rééd. 1987.

J. BONCŒUR et H. THOUÉMENT, *Histoire des idées économiques*, 2 t., Nathan, 1994.

D. CLERC, *Déchiffrer les grands auteurs de l'économie et de la sociologie*, 2 t., Syros, 1997.

Collectif, *Histoire des pensées économiques*, 2 t., Sirey, 1988.

P. COMBEMALE, *Introduction à Keynes*, La Découverte, 1999.

J.K. GALBRAITH, *L'Economie en perspective, une histoire critique*, Seuil, 1989.

J.-J. QUILÈS, *Schumpeter et l'évolution économique : circuit, entrepreneur, capitalisme*, Nathan, 1997

C. ROUGE-PULLON, *Introduction à l'œuvre de Walras*, Ellipses, 1996.

J. SCHUMPETER, *Histoire de l'analyse économique* (1954), éd. française, 3 t., Gallimard, 1983.

A. SILEM, *Histoire de l'analyse économique*, Hachette, 1995.

Les théories contemporaines

P. ADAIR et C. ROLAND-LÉVY, *Psychologie économique. Théories et applications*, Economica, 1998.

R. ARENA, *Keynes et les nouveaux keynésiens*, Puf, 1993.

M. BEAUD et G. DOSTALER, *La Pensée économique depuis Keynes*, Seuil, 1993.

R. BOYER et Y. SAILLARD (dir.), *Théorie de la régulation*, La Découverte, 1995.

P. CAHUC, *La Nouvelle Microéconomie*, La Découverte, 1993.

B. CORIAT et O. WEINSTEIN, *Les Nouvelles Théories de l'entreprise*, LGF Livre de poche, 1995.

J. GABSZEWICK, *La Concurrence imparfaite*, La Découverte, 1994.

B. GUERRIEN, *La Théorie économique néoclassique*, 2 t., La Découverte, 1999.

H. LAMOTTE et J.-P. VINCENT, *La Nouvelle Macroéconomie classique*, Puf, coll. «Que sais-je?», 1993.

H. LAMOTTE et J.-P. VINCENT, *La Nouvelle Macroéconomie keynésienne*, Puf, coll. «Que sais-je?», 1998.

P. LOROT, *Introduction à la géoéconomie*, Economica, 1999.

A. ORLÉAN (dir.), *Analyse économique des conventions*, Puf, 1994.

B. SNODOW, H. VANE et P. WYNARCZYK, *La Pensée économique moderne*, Ediscience international, 1997.

R. SWEDBERG, *Une histoire de la sociologie économique*, Desclée de Brouwer, 1994.

B. WALLISER, *L'Economie cognitive*, Odile Jacob, 2000.

O. WILLIAMSON, *Les Institutions de l'économie*, InterEditions, 1998.

«Les nouvelles théories économiques», *Cahiers français*, n° 272, 1995.

Ouvrages critiques

A. D'AUTUME (dir.), *L'économie devient-elle une science dure?*, Economica, 1995.

F.-X. CHEVALLIER, *Le Bonheur économique : le retour des Trente Glorieuses*, Albin Michel, 1998.

R. HEILBRONER et W. MILBERG, *La Pensée économique en crise!*, Economica, 1998.

A.O. HIRSCHMAN, *La Morale secrète de l'économiste*, Les Belles Lettres, 1997.

M. MUSOLINO, *L'Imposture économique. Bêtises et illusions d'une science au pouvoir*, Textuel, 1997.

D. SICOT (dir.), *Dictionnaire des idées reçues en économie*, Syros, 1992.

E. TODD, *L'Illusion économique, Essai sur la stagnation des sociétés développées*, Gallimard, 1998.

Marché et société

M. AGLIETTA et A. ORLÉAN (dir.), *La Monnaie souveraine*, Odile Jacob, 1998.

R. GUESNERIE, *L'Economie de marché*, Flammarion, 1996.

P. D'IRIBARNE, *La Logique de l'honneur. Gestion des entreprises et traditions nationales*, Seuil, 1992.

A. JACOB et H. VÉRIN (textes rassemblés par), *L'Inscription sociale du marché*, L'Harmattan, 1995.

R. LADWEIN, *Le Comportement du consommateur et de l'acheteur*, Economica, 1999.

B. LAUTIER, *L'Economie informelle dans le monde*, La Découverte, 1994.

M. LELART, *La Tontine*, John Libbey Eurotext, 1990.

P. ROSANVALLON, *Le Libéralisme économique. Histoire de l'idée de marché*, Seuil, 1989.

A. SEN, *L'économie est une science morale*, La Découverte, 1999.

J.-M. SERVET, *L'Euro au quotidien*, Desclée De Brouwer, 1998.

J.-M. SERVET, J. MAUCOURANT et A. TIRAN (dir.), *La Modernité de Karl Polanyi*, L'Harmattan, 1998.

C. THUDEROZ, V. MANGEMATIN et D. HARRISON (dir.), *La Confiance. Approches économiques et sociologiques*, Gaëtan Morin, 1999.

Capitalisme

M. AGLIETTA, *Régulation et crises du capitalisme*, Calmann-Lévy, 1982.

M. ALBERT, *Capitalisme contre capitalisme*, Seuil, 1991.

A. BIENAYMÉ, *Le Capitalisme adulte*, Puf, 1992.

L. BOLTANSKI et E. CHIAPPELLO, *Le Nouvel Esprit du capitalisme*, Gallimard, 1999.

R. BOYER et J.-P. DURAND, *L'Après-fordisme*, Syros, 1993.

C. CROUCH et W. STREECK (dir.), *Les Capitalismes en Europe*, La Découverte, 1996.

J. SAPIR et al., *Capitalisme et socialisme en perspective*, La Découverte, 1999.

I. WALLERSTEIN, *Le Système-monde du XVe siècle à nos jours*, 2 t., Flammarion, 1980-1984.

Croissance et développement

E. ASSIDON, *Les Théories économiques du développement*, La Découverte, 2000.

G. BENKO, *La Science régionale*, Puf, 1998.

G. BENKO et A. LIPIETZ (dir.), *Les Régions qui gagnent*, Puf, 1992.

G. BENKO et A. LIPIETZ (dir.), *La Richesse des régions*, Puf, 2000.

S. BRUNEL, *Le Sud dans la nouvelle économie mondiale*, Puf, 1994.

J.-F. DUFOUR, *Les Marchés émergents*, Armand Colin, 1999.

D. GUELLEC, *Economie de l'innovation*, La Découverte, 1999.

D. GUELLEC et P. RALLE, *Les Nouvelles Théories de la croissance*, La Découverte, 1995.

J.-M. HARRIBEY, *Le Développement soutenable*, Economica, 1998.

B. PECQUEUR, *Le Développement local*, Syros, 1992.

G. RIST, *Le Développement. Histoire d'une croyance occidentale*, Presses de Sciences-po, 1996.

I. SACHS, *L'Eco-développement*, Syros, 1998.

Emploi

L. BANCEL-CHARENSOL, J.-C. DELAUNAY et M. JOUGLEUX, *Les Services dans l'économie française*, Armand Colin, 1999.

J. BOURLÈS et J.-H. LORENZI, *Le Choc du progrès technique*, Economica, 1995.

R. BOYER, *La Flexibilité du travail en Europe*, La Découverte, 1996.

B. CORIAT, *L'Atelier et le robot*, Christian Bourgois, 1990.

J. FREYSSINET, *Le Chômage*, La Découverte, 1998.

J. GADREY, *L'Economie des services*, La Découverte, 1996.

E. MALINVAUD, *Essai sur la théorie du chômage*, Calmann-Lévy, 1983.

D. MERCURE, *Les Entreprises et l'emploi*, Publications du Québec, 1997.

A. PERROT, *Les Nouvelles Théories du marché du travail*, La Découverte, 1995.

M. PIORE et C. SABEL, *Les Chemins de la prospérité*, Hachette, 1989.

B. RÉAL, *La Puce et le chômage*, Seuil, 1990.

Finance

J.-P. ALLÉGRET, *Economie monétaire internationale*, Hachette, 1997.

H. BOURGUINAT, *Finance internationale*, Puf, rééd. 1999.

J.-Y. CARFANTAN, *Les Finances du monde*, Seuil, 1989.

A. CARTAPANIS, *Turbulences et spéculations dans l'économie mondiale*, Economica, 1996.

F. CHESNAIS (dir.), *La Mondialisation financière*, Syros, 1996.

R.-P. DROIT (textes réunis par), *Comment penser l'argent*, Le Monde Editions, 1992.

E. IZRAELEWICZ, *Le Capitalisme zinzin*, Grasset, 1989.

A. ORLÉAN, *Le Pouvoir de la finance*, Odile Jacob, 1999.

G. SAUVAGE, *Les Marchés financiers. Entre hasard et raison : le facteur humain*, Seuil, 1999.

Commerce international et globalisation

W. ANDREFF, *Les Multinationales globales*, La Découverte, 1996.

M. BEAUD, O. DOLLFUS, C. GRATALOUP *et al.*, *Mondialisation. Les mots et les choses*, Karthala, 1999.

R. BOYER, P. DEWITTE. P.N. GIRAUD *et al.*, *La Mondialisation : au-delà des mythes*, La Découverte, 1997.

O. DOLLFUS, *La Mondialisation*, Presses de Sciences-po, 1997.

G. KEBABDJIAN, *L'Economie mondiale. Enjeux nouveaux, nouvelles théories*, Seuil, 1994.

G. KEBABDJIAN, *Les Théories de l'économie politique internationale*, Seuil, 1999.

P. KRUGMAN, *La mondialisation n'est pas coupable*, La Découverte, 1998.

K. OHMAE, *De l'Etat-nation aux Etats-régions*, Dunod, 1996.

M. RAINELLI, *L'Organisation mondiale du commerce*, La Découverte, rééd. 2000.

R. REICH, *L'Economie mondialisée*, Dunod, 1993.

F. SACHWALD, *L'Europe et la mondialisation*, Flammarion, 1997.

R. SANDRETTO, *Le Commerce international*, Armand Colin, 1995.

J.-M. SIROËN, *La Régionalisation de l'économie mondiale*, La Découverte, 2000.

P. VELTZ, *Mondialisation, villes et territoires. L'économie d'archipel*, Puf, 1996.

Régulation et politiques économiques

M. AGLIETTA, *Macroéconomie financière*, La Découverte, 1995.

G. AZNAR, A. CAILLÉ, J.-L. LAVILLE, J. ROBIN et R. SUE, *Vers une économie plurielle*, Syros, 1997.

M. CABANNES, *La Politique macroéconomique*, Armand Colin, 1994.

M. CABANNES, *Les Politiques conjoncturelles*, Armand Colin, 1998.

J.-P. FITOUSSI, *Le Débat interdit*, Arléa, 1995.

J.-P. FITOUSSI et O. BLANCHARD, *Croissance et chômage*, La Documentation française, 1998.

J. GÉNÉREUX, *Une raison d'espérer*, Plon, 1998.

H.N. LIÊM, *La Facture sociale*, Arléa, 1998.

B. MAJNONI D'INTIGNANO, *L'Usine à chômeurs*, Plon, 1998.

Nouvelle économie et NTIC

A. BRENDER et F. PISANI, *Le Nouvel Age de l'économie américaine*, Economica, 1999.

E. BROUSSEAU et A. RALLET, *Technologies de l'information. Organisation et performances économiques*, Commissariat général au Plan, 1999.

G. DANG NGUYEN et D. PHAN, *Economie des télécommunications et de l'Internet*, Economica, 1999.

M. GUILLAUME, *L'Empire des réseaux*, Descartes et Cie, 1999.

P. PETIT (dir.), *L'Economie de l'information. Les enseignements des théories économiques*, La Découverte, 1998.

C. SHAPIRO et H.R. VARIAN, *Economie de l'information. Guide stratégique de l'économie des réseaux*, De Boeck Université, 1999.

Données et bilans économiques

CEPII, *L'Economie mondiale 2000*, La Découverte, 1999.

Y. CROZET, L. ABDELMALKI, D. DUFOURT et R. SANDRETTO, *Les Grandes Questions de l'économie française*, Nathan, 1997.

T. de MONTBRIAL et P. JACQUET (dir.), *RAMSES 2000 (Rapport annuel mondial sur le système économique et les stratégies)*, Dunod, 1999.

OFCE (Observatoire français des conjonctures économiques), *L'Economie française 2000*, La Découverte, 2000

L'Etat du monde 2000. Annuaire économique géopolitique mondial, La Découverte, 1999.

INDEX THÉMATIQUE

INDEX DES NOMS
DE PERSONNES

Achevé d'imprimer en avril 2000
sur les presses des imprimeries Quebecor
N° d'impression : 005268
Imprimé en France

Dépôt légal : 2e trimestre 2000